L a collection des Pilotes Côtiers est incontestablement une des meilleures sources d'informations pour les plaisanciers qui aiment découvrir des petits mouillages tranquilles en cabotant le long des côtes de France et des pays voisins.

BÉNÉTEAU est heureux d'apporter son soutien à ces guides nautiques afin de permettre à tous les plaisanciers de profiter pleinement de leur bateau.

Annette ROUX.
Président de BÉNÉTEAU

CONFORMÉMENT AU DÉCRET N° 84-810 DU 30 AOÛT 1984
MODIFIÉ LE 26 SEPTEMBRE 1996, CE PILOTE CÔTIER
RÉGULIÈREMENT MIS À JOUR, EST UN DOCUMENT NAUTIQUE
QUI PEUT FAIRE PARTIE DU MATÉRIEL D'ARMEMENT OBLIGATOIRE

MISE A JOUR

La valeur d'un guide nautique dépend de la précision de ses informations mais également de leur actualisation. Les Pilotes Côtiers sont entièrement remaniés et complétés à chaque nouvelle édition dont la fréquence dépend du volume des ventes et qui varie donc d'un ouvrage à l'autre.

Tous les **PILOTES CÔTIERS** sont vendus avec une fiche de correction assurant leur mise à jour pour l'année en cours. Pour obtenir une mise à jour pour l'année suivante, il suffit d'adresser à l'éditeur, une enveloppe timbrée au tarif lettre, portant l'adresse du destinataire et en précisant bien le titre de l'ouvrage dont on demande la fiche de mise à jour. Ce service est gratuit mais **les corrections ne sont données que pour la dernière édition.**

SOMMAIRE

11 ᴱᴹᴱ ÉDITION. DOCUMENTATION MISE À JOUR AU 15 AVRIL 1999.

Toutes les observations que nous adresseront les plaisanciers utilisant les Pilotes Côtiers seront étudiées avec la plus grande attention. Nous les remercions par avance de leur collaboration.

PRAXYS MARINE
17 rue de l'Abbé Borreau
78400 CHATOU

Praxys Marine est l'éditeur et le diffuseur exclusif des Pilotes Côtiers.

Copyright Alain Rondeau
Paris 1999
Tous droits de reproduction même partiels strictement réservés

Gravure numérique PICTOCOM 78400 Chatou
Imprimé par Lesaffre à Tournai Belgique
- Dépôt légal 2ᵉᵐᵉ trimestre 1999

BREST QUIBERON

Usé par l'érosion, le vieux massif montagneux de l'Armorique en s'affaissant, a permis à la mer dont le niveau s'est relevé, d'envahir les vallées d'anciennes rivières créant des rias où il est possible à marée haute de s'enfoncer profondément dans l'intérieur des terres à la découverte du bocage breton.

Mais l'action de la mer ne connaît pas de trêve. Sur ces côtes aux contours tourmentés, la houle ne cesse d'attaquer le granit, de creuser des failles, d'ébouler des escarpements et finit par réduire le chaos de roches en un beau sable fin qui s'amasse dans le fond des anses.

Le littoral de la Bretagne sud offre ainsi aux navigateurs sur des centaines de milles entre Brest et Quiberon de multiples possibilités d'abri et une étonnante variété de paysages. Aux grandes plages de sable fin des baies de Douarnenez, d'Audierne et d'Etel, s'opposent les falaises déchiquetées de Belle Ile, le fourmillement de roches de l'archipel de Glénan, aux plans d'eau tranquilles de Bénodet ou de la Forêt Fouesnant, les rivages dangereux de Penmarc'h et du Raz de Sein.

Peu de côtes offrent autant d'attrait pour les petites promenades comme pour les grandes croisières.

LES VENTS

Sur les côtes de Bretagne sud, on note une nette prédominance des vents soufflant du large et plus exactement des secteurs N. W au S.W. Bien établis ces vents favorisent la navigation à la voile.

Les coups de vents forts viennent également de cette direction mais ne sont jamais imprévisibles. Ils s'annoncent toujours par des changements assez visibles dans le ciel et l'état de la mer.

Les brises solaires ne sont pas à négliger l'été en période de beau temps. Les **brises de mer** se manifestent pendant les heures chaudes de la journée entre 11 h et 16 h. En revanche les **brises de terre** se font peu sentir, les terres étant rarement surchauffées par le soleil pendant la journée.

Aux vagues que lève le vent vient s'ajouter une houle persistante d'ouest et N.W. qui court librement depuis des centaines de milles, de sorte que la mer hors de l'abri des grandes baies est rarement calme le long des côtes de Bretagne sud.

LES COURANTS

Les variations du niveau de la mer dues au phénomène des marées donnent naissance sur toutes les côtes de Bretagne sud à des courants d'autant plus forts que la mer pénètre dans des golfes fermés, se glisse autour de nombreuses îles et îlots par des passes étroites. Des courants de 3 à 4 nœuds en vives eaux au flot comme au jusant sont fréquents.

En règle générale, le courant de flot porte vers l'Est et le courant de jusant vers l'ouest en tournant dans le sens des aiguilles d'une montre.

En s'opposant à un vent frais, les courants forts peuvent lever un clapot assez dur, voire même des brisants dangereux comme dans le passage du Raz de Sein. La prudence commande alors d'attendre la renverse qui s'accompagne d'une mer nettement plus calme.

LES MARÉES

Chaque jour, les marées présentent deux pleines mers et deux basses mers, avec un intervalle moyen de 6 heures et 13 minutes. L'onde marée qui, au large, est d'une faible amplitude atteint à peu près simultanément tous les points du littoral de la Bretagne sud d'où un faible écart dans les heures des pleines et basses mers entre les différents ports. Il suffit de retrancher environ une demi-heure pour obtenir à peu près les heures de pleines et basses mers par rapport à Brest. L'écart n'est même que d'un quart d'heure dans la baie de Douarnenez.

Pour les hauteurs, on note également une même constante. Environ 2,30 m de marnage en moins à la pleine mer entre Audierne et Belle Ile par rapport à Brest et 0,60 m à la basse mer.

A Camaret et Douarnenez au nord de la pointe du Raz le marnage est un peu plus important : 0,50 m seulement de moins à la pleine mer et 0,20 m à la basse mer par rapport à Brest.

Ces hauteurs de marée sont indiquées dans ce Pilote Côtier pour les principaux ports ainsi que les temps d'accès pour les principaux ports d'échouage.

LES ZONES DE NAVIGATION

5ᵉᵐᵉ catégorie : (navigation à moins de 5 milles d'un abri).
Sur les côtes de Bretagne sud, les ports ne sont jamais distants de plus de 5 à 10 milles de sorte qu'un bateau naviguant de port en port peut trouver rapidement un abri. On prendra garde toutefois à des passages plus exposés qui doivent être abordés avec la plus grande prudence.

Lors de la publication de ce Pilote Côtier, les toutes dernières informations sont prises en compte afin que l'ouvrage soit parfaitement mis à jour à la date de parution.

Toutefois, il n'est pas tenu compte des déplacements des bouées, des destructions des balises à la suite de coups de vent car le Service des Phares et Balises remet régulièrement tout le balisage en ordre. Il faut donc toujours se montrer vigilant car une bouée peut avoir momentanément disparue ou son feu peut avoir subi des modifications ou se trouver en panne.

Les pointes du Raz et de Penmarc'h : Loctudy en venant de l'Est doit marquer le terme ultime de toute navigation à bord d'un bateau de la 5 ème catégorie. Les conditions de navigation entre Loctudy et Douarnenez ne sont pas à la portée de ces petits bateaux même si les distances ne sont pas grandes entre les abris.En revanche la rade de Brest offre un plan d'eau tranquille.

Les îles de Glénan : La traversée doit être entreprise par beau temps bien établi car les possibilités d'abri dans les îles sont limitées et les abords de l'archipel délicats.

La côte de Lorient à Quiberon : :La rivière d'Etel, l'unique abri sur 14 milles étant fermée par une barre généralement dangereuse, toute navigation entre Lorient et Quiberon est exclue.

4ᵉᵐᵉ catégorie : (navigation jusqu'à 20 milles d'un abri)
Aucun cap ne constitue un obstacle véritablement difficile à franchir. Il convient toutefois par mer agitée de naviguer avec prudence et à partir de Lesconil de n'aborder que par beau temps les parages dangereux de la pointe de Penmarc'h et d'observer très scrupuleusement les horaires de renverses, si l'on veut franchir le Raz de Sein.

3ᵉᵐᵉ catégorie : (navigation jusqu'à 60 milles d'un abri). Les conseils de prudence pour le passage du Raz de Sein restent valables même pour un bateau capable d'affronter de grandes traversées. Peu de bateaux de plaisance sont taillés pour s'opposer de front aux brisants qui se forment par vents forts contre courants en ces parages.

Toutes les observations que nous adresseront les plaisanciers utilisant ce Pilote Côtier seront étudiées avec la plus grande attention. Nous les remercions par avance de leur collaboration.

PRAXYS MARINE
17 rue de l'Abbé Borreau
78400 CHATOU

LE SAUVETAGE

L'alerte lorsqu'un bateau se trouve en difficulté au large ou en bord de côte doit être donné auprès du :

CROSS CORSEN
T. 02 98 89 31 31 et 61 55.
V hf canal 16
Veille sur 2182 khz.

CROSS ETEL
T. 02 97 55 35 35.
VHF canal 16
Veille sur 2182 khz - 2716 khz - 2677 khz

Numéros de téléphone des sémaphores :

Pointe St Mathieu	T. 02 98 89 01 59
Portzic	T. 02 98 22 92 93
Le Toulinguet	T. 02 98 27 90 02
Cap de la Chèvre	T. 02 98 27 09 55
Pointe du Raz	T. 02 98 70 66 57
Pte de Penmarc'h	T. 02 98 58 61 00
Beg Meil	T. 02 98 94 98 92.
Port Louis	T. 02 97 82 52 10
Etel	T. 02 97 55 35 59
Beg Melen - Ile de Groix	T. 02 97 86 80 13
Taillefer - Belle île	T. 02 97 31 83 18
Le Talut - Belle île	T. 02 97 31 85 07

LES CARTES MARINES DU SHOM

Le Service Hydrographique SHOM propose pour la zone de navigation entre Brest et Quiberon les cartes suivantes :

7401 P :	Entrée du goulet de Brest.
7400 :	Rade de Brest.
6099 P :	Baie de Douarnenez.
7147 P :	Pointe du Raz à Pte de Penmarc'h.
7148 P :	Chenal du Four au Raz de Sein.
6645 P :	St Guénolé au Guilvinec. Pte de Penmarc'h.
6646 P :	De Kérity à Lesconil.
6649 P :	Baie de Bénodet. Loctudy à Pte de Mousterlin.
6647 P :	Nord de l'archipel de Glénan.
6648 P :	Sud de l'archipel de Glénan.
6650 P :	Baie de Concarneau.
7146 P :	Pte de Penmarc'h à Pte de Trévignon.
7031 P :	Pte de Trévignon à Lorient.
7138 P :	Brigneau. Merrien. Doëlan. Entrées des rivières de Port Manec'h ; Belon et le Pouldu.
7139 P :	Ile de Groix, côte ouest de Lorient.
7140 P :	Entrée de Lorient.
7138 P :	Entrée de la rivière d'Etel.
7042 P :	Belle Ile.
7032 P :	De Lorient à Belle Ile.

CARTES MARINES NAVICARTE

540 :	De Argenton à Camaret et goulet de Brest.
542 :	Rade de Brest.
541 :	De Camaret à Audierne. Raz de Sein.
543 :	Audierne à Concarneau.
544 :	De Concarneau à Lorient.
243 :	Archipel de Glénan.
545 :	De Lorient à Belle île.

LES NOMS BRETONS :

La langue bretonne étant très largement utilisée dans la dénomination des lieux et des dangers, il est bon de connaître la signification de quelques mots fréquemment mentionnés.

Aber : rivière

Al, ar , an : le

Batz, bas : haut fond, basse

Bosven : tête de roche, récif.

Bihan : petit

Braz : grand

Dour : eau

Du : noir

Enez : île.

Guen - gwen : blanc

Hir : haut, long

Karreg ou carrec : roche

Ker : maison

Leac'h : roche plate

Mean : caillou, petit îlot

Pen : pointe

Plou : paroisse

Pors ou porz : abri, anse, petit port.

Poul : fosse, mouillage.

Roc'h : roche

Treiz : passe

Vir : pointe effilée.

MODIFICATION DU ZÉRO DES CARTES POUR LES ABORDS DE BREST

Cette zone est délimitée au nord par le parallèle de Brest et une ligne s'éloignant au 330° vers le N.W. et au sud par le parallèle de la pointe du Raz.

En 1816, l'hydrographe Beautemps Beaupré avait repris pour l'établissement des cartes marines le zéro défini par Laplace qui se situe sans que l'on en sache véritablement la raison à 50 cm sous le niveau des plus basses mers observées à cette époque. Des mesures plus précises des grandes basses mers jointes au relèvement général des eaux montrent que l'écart aujourd'hui atteint 70 cm. ce qui aux yeux des hydrographes paraît excessif. Ils ont donc décidé de relever le niveau théorique du zéro dans les abords de la rade de Brest de 50 cm par rapport à l'ancien niveau soit à 20 cm sous le niveau actuel des plus basses mers. Les cartes marines sont corrigées au fur et à mesure des nouvelles éditions. Mais on se rend compte aisément que sur le plan pratique, ce relèvement a peu de conséquence . Ce n'est qu'une ou deux fois par mois, en marée de vives eaux qu'il faut se souvenir en utilisant une carte antérieure à janvier 96 que l'on dispose de 50 cm d'eau en moins sous sa quille.

LA MÉTÉO

La zone entre Brest et Quiberon est couverte par les deux zones météo **Ouest Bretagne**, de Morlaix à Lorient et **Nord Gascogne** de Lorient à St Gilles Croix de Vie.

LES RÉPONDEURS AUTOMATIQUES

08 36 68 08 08

Ce numéro donne un bulletin général pour les zones du large. Avis de grand frais, coup de vent et tempête. situation générale et prévisions pour les 5 jours.

08 36 68 08 29   pour le Finistère

08 36 68 08 56   pour le Morbihan

Ces numéros permettent d'obtenir un bulletin RIVAGE ou CÔTE. Rivage est un bulletin à 5 jours avec informations pour les activités nautiques. Le bulletin côte couvre une bande côtière de 20 milles et donne une prévision à 24 heures puis 5 jours avec avis de grand frais, tempête. Taxation fixe pour toute la France.

08 36 68 02 suivi du n° du département 29 ou 56 : Prévisions météo générale pour le département à 5 jours

MINITEL 36 15 MÉTÉO.

Les bulletins rivage, côte et large sont repris sur minitel.

MÉTÉO PAR FAX :

La plupart des capitaineries sont abonnées au service Prévifax de Météo France ou privé. Il est possible de consulter la carte météo de la journée ainsi qu'un bulletin de prévisions.

TÉLÉVISION : La présentation d'une photo satellite donne une bonne idée de l'évolution du temps.

MÉTÉO MARINE DES CROSS EN VHF :

Toutes les diffusions des bulletins météo des CROSS se font après annonce sur canal 16.

CROSS CORSEN OUESSANT

Bulletin « côte» du cap de la Hague à la pte de Penmarc'h
 Suivant l'ordre des émetteurs :
Raz de Sein : 4h45 - 07h03 - 11h03 - 15h33 - 19h03.
Stiff , Ile d'Ouessant : 5h03 - 07h15 - 11h15 -15h45 - 19h15.
:Avis de vent fort pour la côte toutes les heures à partir de H + 03.
Bulletin « large» Zones Manche ouest, Ouest Bretagne et Nord Gascogne. Toutes les 3 h de 1 h 50 TU à 22 h 50 TU.
Avis de vent fort pour le large à H + 10 et H + 40. avec observations concernant la visibilité si celle ci est inférieure à 2 milles.

CROSS - ETEL sur canal 80.

Bulletin côte de la pointe de Penmarc'h à la Vendée. S
Suivant l'ordre des émetteurs.
Penmarc'h : 7h03 - 15h33 - 19h03
Groix : 7h15 - 15h45 - 19h15
Belle ile : 7h33 - 16h03 - 19h33.
 Toutes les heures si besoin, pour avis de coup de vent fort.

MÉTÉO - SÉMAPHORE

Certains sémaphores diffusent à heures fixes, les bulletins « côtes» sur les fréquences VHF utilisées par les pêcheurs locaux. Se renseigner en appelant sur le 16.

MÉTÉO FRANCE TELECOM EN VHF

Bulletin à 7h 33 et 15h 33 heures locales après annonce sur canal 16.
Le Conquet canal 26 ■ Ouessant canal 82 ■ Pont l'Abbé canal 27 ■ St Nazaire canal 23
■ Belle île canal 25.

Les bulletins téléphoniques sont classés en 4 catégories. On utilise la touche étoile pour obtenir le bulletin désiré.

Rivage : Il donne les informations le long de la côte du département, les prévisions à 5 jours, les horaires de marée, l'évolution du temps. Ce bulletin intéresse plus le vacancier que le navigateur.

Côte : Information pour la navigation jusqu'à 20 milles au large. 5 bulletins donnent les avis de coup de vent ou de tempête. la situation générale, son évolution, les prévisions à 24 heures, les observations des sémaphores. Ce bulletin est le meilleur pour la navigation côtière.

Large : Informations pour la navigation jusqu'à 200 milles

Grande large : navigation océanique.

MÉTÉO RADIO FRANCE

France Inter GO 1829 m 162 KHZ.
Bulletin marine: avis de coup de vent et prévisions par zone. les samedis et dimanches à 6 h 54 heure locale.
Le soir, vers 20 h 05 tous les jours.
Radio Bleue en P.O même bulletin à 6 h 55 tous les jours.

MÉTÉO CONSULT :

Cette société privée propose des informations météo comme Météo France.
Minitel 3615 MET (2,23 F la mn.)prévisions à 5 jours et 36 17 METEOCONSULT (5,57 F la mn.) prévisions à 10 jours.
Infos par téléphone : 08 36 68 12 34 (2,23 F la mn).
08 36 70 12 34 (8,76 F l'appel plus 2,23 F la mn).
Fax 01 39 28 00 28 carte météo. 50 F.

Un téléphone mobile représente aujourd'hui une bonne sécurité en navigation côtière car on peut communiquer à plusieurs milles en mer, mais cette couverture varie considérablement d'une zone à l'autre. Il est bon de faire des essais.

En composant le n° **112,** on peut entrer en contact avec un organisme capable de déclencher des recherches.

LES POINTS GPS

La navigation électronique permet grâce au GPS de se situer avec une très grande précision. Aussi ce pilote côtier tenant compte de ce perfectionnement donne les coordonnées des phares, des balises et des bouées les plus importantes. Le GPS permettant de se situer sans avoir besoin d'aucun repère à l'horizon, les méthodes classiques de navigation se trouvent en partie modifiées. Il n'est plus besoin comme dans le passé de donner une description de l'aspect du rivage vu de la mer, des relèvements lointains pour se situer, il suffit d'indiquer 10 chiffres pour que le bateau se place à une cinquantaine de mètres près à la bonne position pour entrer dans un estuaire de rivière, une large baie encombrée de hauts fonds où la navigation demande une grande attention. Ces 10 chiffres permettent également de retrouver en quelques instants n'importe quel petit mouillage perdu dans un chaos de roches.

Nous avons tenu compte de ces évolutions dans la description de la côte et bien des positions dans les points GPS en marge des textes sont données pour des points qui par absence de relèvement ne peuvent être déterminés par une autre technique que la navigation par satellite

Mais le GPS a ses limites. Les coordonnées d'un point sur une carte ne correspondent pas rigoureusement aux latitudes et longitudes données sur l'écran du GPS pour deux raisons : les signaux émis par les satellites sont légèrement modifiés afin que les GPS civils ne puissent donner une position rigoureusement exacte à quelques mètres près comme les appareils de positionnement de l'armée américaine. Cet écart peut atteindre jusqu'à 200 m et explique la mise en service de GPS différentiels. Un écart insignifiant en eaux libres mais qui peut avoir de graves conséquences dans un chenal étroit bordé de roches.

Il existe en outre entre les cartes marines et les positions données par satellite un décalage provenant du choix des repères géodésiques. Ce décalage doit être corrigé par les fonctions EUROP 50 ou WG 84 mais également par les indications portées sur la carte et qui compliquent nettement les calculs.

Tous les points GPS doivent donc être considérés avec la plus grande prudence. Bien qu'évaluées sur des cartes électroniques, la technique qui actuellement donne la plus grande précision, les positions sont données à titre purement indicatif et n'engagent en aucun cas la responsabilité de l'auteur et l'éditeur. Une erreur d'impression est toujours possible.

Dès le moment où l'on peut se diriger vers l'entrée d'un port ou vers un mouillage à vue en utilisant les bouées et des alignements, il est inutile, voire même dangereux, de continuer à naviguer avec un GPS. Une navigation ne peut être plus précise qu'en se plaçant sur des alignements relevés à vue. C'est cette méthode qui est utilisée dans ce guide pour la navigation au ras de cailloux de jour comme de nuit.

Pour éviter des surcharges des textes, les coordonnées des points dans tout cet ouvrage sont indiquées sans référence au nord et à l'Est ou l'ouest entre Brest et Quiberon pour la simple raison qu'il ne peut y avoir de confusion., tous les points du rivage se situant à l'ouest du méridien de Greenwich.

LA LIAISON ATLANTIQUE - MANCHE PAR LES CANAUX

La liaison fluviale entre l'Atlantique et la Manche a été achevée en 1833. Elle présente toujours pour les plaisanciers un grand intérêt car elle permet d'éviter aux bateaux de faible tonnage le tour complet de la Bretagne et le passage souvent délicat de la pointe du Raz. Malheureusement la profondeur est souvent réduite à 1,20 m. En outre l'ancien canal de Nantes à Brest coupé à Mur de Bretagne près de Pontivy ne permet plus de rejoindre la rade de Brest par l'Aulne canalisée. Il faut longer les côtes de Bretagne sud jusqu'à la rade de Lorient qui par le Blavet est en liaison avec l'ancien canal de Nantes à Brest. Mais le plus simple est de rejoindre l'embouchure de la Vilaine. Voir Pilote côtier 5B . de Quiberon à la Rochelle.

La Vilaine Maritime qui est devenue un vaste plan d'eau douce depuis la construction du barrage d'Arzal, permet de rejoindre Redon en un parcours de 39 km comprenant seulement deux écluses soit 4 à 5 heures de navigation.

En amont de Redon, la Vilaine canalisée rejoint Rennes en une tranquille promenade de 89 km dans un paysage verdoyant. La dénivellation est rachetée par 12 écluses. On estime le temps du parcours à environ 14 heures. De Rennes à la Manche, le canal d'Ille et Rance compte 79 km et 47 écluses. On peut atteindre Dinan en environ 22 heures de croisière. Enfin deux écluses permettent de gagner la Manche par l'estuaire de la Rance.

Au total la liaison Manche Atlantique compte 253 km, 64 écluses et nécessite au minimum entre 45 et 50 heures de navigation.

LE CANAL DE NANTES A BREST

Empruntant sur 21 km le cours de l'Erdre, ce canal rejoint Redon à 95 km de Nantes après avoir franchi 16 écluses, ce qui nécessite environ 20 heures de navigation. De Redon où le canal coupe la liaison Manche - Atlantique, on peut remonter par Malestroit et Josselin, deux ports d'escale particulièrement pittoresques, jusqu'à Pontivy dont Napoléon voulait faire la grande place forte de la Bretagne sud. Cette portion de canal comprend 110 km et 89 écluses ce qui nécessite environ 35 heures de navigation.

Le canal de Nantes à Brest étant coupé depuis 1920 par le barrage de Guerlédan, à Mur de Bretagne, la partie ouest du canal entre Brest et Mur de Bretagne ne permet que de découvrir le bocage breton. On pénètre dans le canal par le fond de la rade de Brest en empruntant l'estuaire de l'Aulne jusqu'à Chateaulin.

La partie est du canal entre Pontivy et Redon par Josselin et Malestroit est accessible depuis Lorient par le Blavet qui sur 74 km compte 28 écluses mais la portion Pontivy - Josselin qui compte 48 km et 72 écluses, n'est profonde par endroit que de moins d'un mètre. Il est donc plus simple et rapide de rejoindre la Vilaine par la mer.

LES RADIOPHARES MARINES

Créac'h Ouessant. 48° 27,6 N - 5° 07,8 W . Indicatif CA. Fréquence 301 khz. Portée 100 milles.

Pte St Mathieu. Goulet de Brest. 48° 19,8 N - 4° 46,3 W. Indicatif SM, Fréquence 292,5 khz. Portée 50 milles.

Ile de Sein. 48° 02,6 N - 4° 52,1 W. Indicatif SN, Fréquence 289,5, Portée 70 milles.

Eckmühl. Pte de Penmarc'h. 47° 41,9- N - 4° 22,4 W Indicatif ÜH Fréquence 312 khz, Portée 50 milles.

Pte de Combrit Baie de Bénodet. 47° 51,9 - 4° 06,7 W, Indicatif CT, Fréquence 288,5 khz, Portée 20 milles.

Pen Men, île de Groix. 47° 38,9 N - 3° 30,5 W, Indicatif GX, Fréquence 298 khz, Portée 10 milles.

Pte St Gildas entrée de la Loire, 47°08 N - 2°14,8 W Indicatif NZ, Fréquence 308,5 khz, Portée 10 milles

PRINCIPALES DISTANCES

Brest													
8	**Camaret**												
27	19	**Douarnenez**											
29	13	18	**La Vieille Raz de Sein**										
51	35	40	22	**Pte de Penmarc'h**									
56	40	45	27	5	**Le Guilvinec**								
65	49	54	36	16	9	**Benodet**							
73	57	62	44	22	17	10	**Concarneau**						
71	55	60	42	20	14	11	9	Penfret Les Glénans.					
75	59	64	46	24	21	11	6	6	**Pte de Trevignon**				
80	64	79	51	29	25	17	11	10	6	**Port Manec'h**			
86	70	75	57	35	30	24	18	17	13	10	**LePouldu**		
91	75	80	62	40	35	30	27	22	21	17	11	**Port Louis Lorient**	
108	92	97	79	57	52	48	44	39	38	34	28	23	**Belle Ile Le Palais**
111	95	110	82	60	55	52	49	43	42	39	33	24	11	**Port Haliguen**

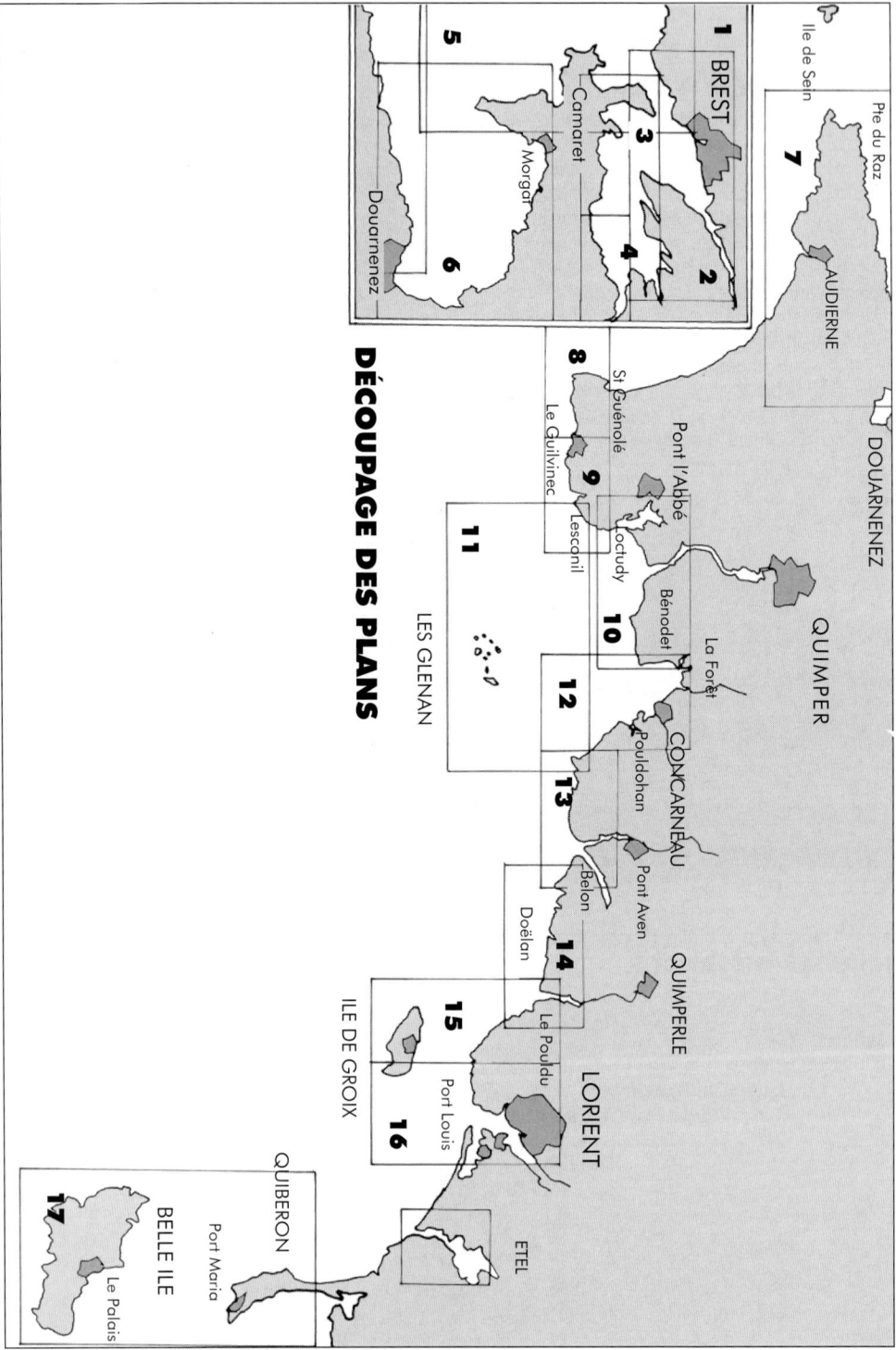

DÉCOUPAGE DES PLANS

1 BREST

5

3 Camaret

Morgat

6

Douarnenez

Ile de Sen

Pte du Raz

7

AUDIERNE

DOUARNENEZ

2

4

8

St Guénolé

Le Guilvinec

9 Lescanil

Loctudy

Pont l'Abbé

11

10

Bénodet

La Forêt

QUIMPER

12

Pouldohan

13

CONCARNEAU

LES GLENAN

Belon

Pont Aven

14

Doëlan

QUIMPERLE

15

Le Pouldu

LORIENT

ILE DE GROIX

Port Louis

16

ETEL

QUIBERON

Port Maria

BELLE ILE

17

Le Palais

POINTS GPS :

Phare de la pte St Mathieu
48° 19,85 - 4° 46,17

Tourelle des Vieux Moines
48° 19,39 - 4° 46,54

Bouée le Coq
48° 19,14 - 4° 43,90

Bouée de Pen Hir
48°20,07 - 4°39,47

Bouée du Swan Sea
48° 18,27 - 4° 38,18

Bouée Charles Martel
48° 18,91 - 4° 42,08

Bouée basse Beuzec
48°19,11 - 4° 44,52

Bouée du Swan Sea
48° 18,27 - 4° 38,18

Phare du Petit Minou
48° 20,25 - 4° 36,76

Pte des Capucins
48° 19,23 - 4° 34,90

Tourelle de Mengan
48° 20,39 - 4° 34,47

Bouée basse Goudron
48°20,09 - 4°34,76

Bouée Kerviniou
48°19,82 - 4°35,15

Cormorandière balise
48°20,66 - 4°31,69

Entrée de Ste Anne de Portzic
48° 21,51 - 4° 32,85

Mouillage du Dellec
48° 21,33 - 4° 33,63

Port de Camaret
48° 16.92 - 4° 53.14

La Louve
48° 16.83 - 4° 37.95

Balise Petit Leac'h
48° 16.30 - 4° 39.72

Bouée de Mendufa
48° 16.10 - 4° 39.35

Balise de Pelen
48° 15.71 - 4° 39.51

Parquette, tourelle
48° 15.96 - 4° 44.19

Bouée du Trepied
48°16,79 - 4°41,41

Bouée Goemat
48°15,17 - 4°46,24

Basse Royale
48°17,51 - 4°49,49

Bouée Swan Sea
48° 18.27 - 4° 38.74

Bouée Vandrée
48° 15.26 - 4° 48.15

Croisement Petit Leac'h et chenal Toulinguet
48°16,91 - 4°38,42

Croisement Grand Leac'h et chenal Toulinguet
48°15,33 - 4°38,20

11

POINTS GPS :

Phare du Petit Minou
48° 20,25 - 4° 36,76
Pte des Capucins
48° 19,23 - 4° 34,90
Tourelle de Mengan
48° 20,39 - 4° 34,47
Bouée basse Goudron
48°20,09 - 4°34,76
Bouée Kerviniou
48°19,82 - 4°35,15
Cormorandière balise
48°20,66 - 4°31,69
Entrée de Ste Anne de Portzic
48° 21,51 - 4° 32,85
Mouillage du Dellec
48° 21,33 - 4° 33,63
Bouée Penoupéle
48°21,52 - 4°30,40
Bouée R2
48°22,07 - 4°28,65
Bouée R3
48°22,55 - 4°27,27
Bouée du Moulin Blanc
48°22,87 - 4° 25, 88
Bouée Keraliou Elorn.
48°23,17 - 4°24,84
boué basse du Renard
48°19,82 - 4°29,00
Bouée de lanveoc
48°19,19 - 4°28,47
Bouée n°4 chenal de l'Aulne
48°18,45 - 4° 22,06

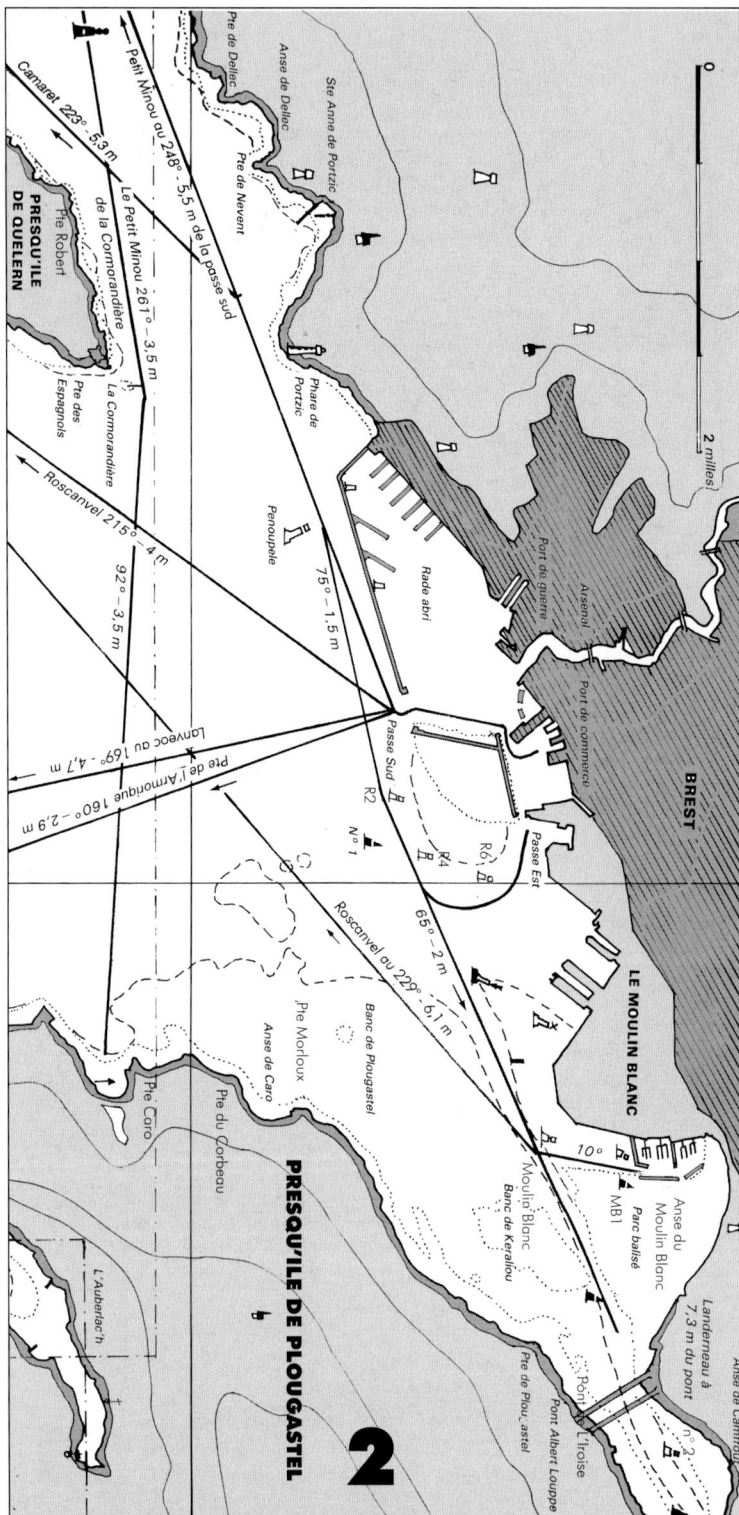

PRESQU'ILE DE QUELERN

Camaret 223° - 5.3 m

Petit Minou au 248° - 5,5 m de la passe sud

de la Cormorandière

Le Petit Minou 261° - 3.5 m

La Cormorandière

Pte Robert

Pte des Espagnols

Roscanvel 215° - 4 m

92° - 3,5 m

Lanveoc au 169° - 4,7 m

Pte de l'Armorique 160° - 2,9 m

Pte de Dellec

Anse de Dellec

Pte de Nevent

Pte de Portzic

Ste Anne de Portzic

Phare de Portzic

Penoupele

75° - 1,5 m

Rade abri

Port de guerre

Arsenal

Port de commerce

BREST

Passe Sud

Passe Est

R2

N° 1

R4

R6

65° - 2 m

Roscanvel au 229° - 6,1 m

LE MOULIN BLANC

Pte Morloux

Anse de Caro

Banc de Plougastel

Pte Caro

Pte du Corbeau

L'Aubertac'h

Moulin Blanc

Banc de Keraliou

Parc balisé

Anse du Moulin Blanc

MB1

10°

Pte de Plougastel

Pont Albert Louppe

Pont l'Iroise

Landerneau à 7,3 m du pont

Anse de Camfrout

n° 2

PRESQU'ILE DE PLOUGASTEL

2

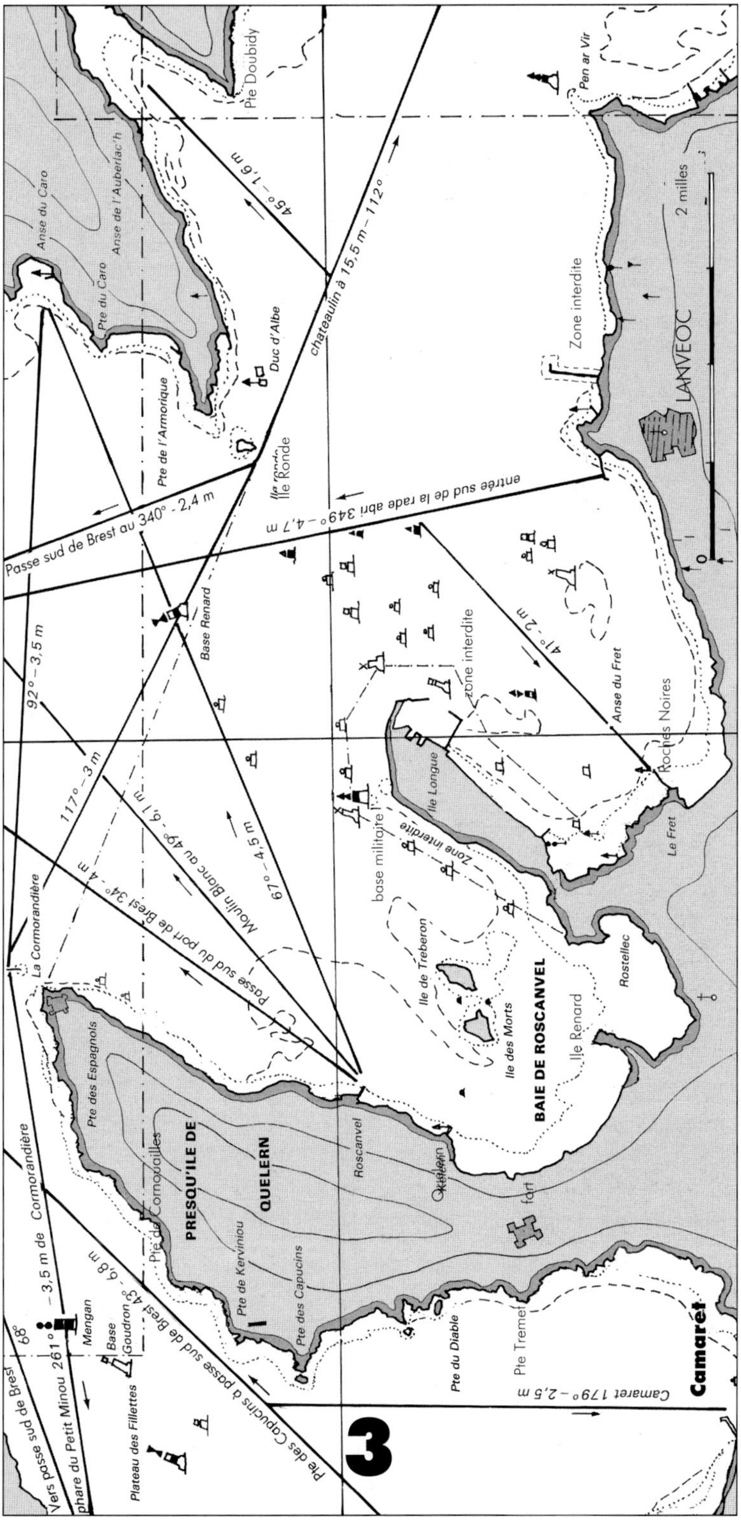

POINTS GPS :

Bouée Penoupéle
48°21,52 - 4°30,40
Bouée R2
48°22,07 - 4°28,65
Bouée R3
48°22,55 - 4°27,27
Bouée du Moulin Blanc
48°22,87 - 4° 25, 88
Bouée Keraliou Elorn.
48°23,17 - 4°24,84
boué basse du Renard
48°19,82 - 4°29,00
Bouée de lanveoc
48°19,19 - 4°28,47
Bouée n°4 chenal de l'Aulne
48°18,45 - 4° 22,06
Pointe de Pen ar Vir
48° 17.83 - 4° 24.84
Lanveoc Poulmic
48° 17.56 - 4° 27.94
Bouée de Lanvéoc
48° 17.79 - 4° 28.68
Le Fret
48°17,33 - 4°30,18
Cale de Quelern
48°18,39 - 4°32,89
Roscanvel
48° 18.88 - 4° 32.63
Cale de Quelern
48°18,39 - 4°32,89

POINTS GPS :

boué basse du Renard
48°19,82 - 4°29,00
Bouée de Lanveoc
48°19,19 - 4°28,47
Bouée n°4 chenal de l'Aulne
48°18,45 - 4° 22,06
Pointe de Pen ar Vir
48° 17.83 - 4° 24.84
Lanveoc Poulmic
48° 17.56 - 4° 27.94
Bouée de Lanvéoc
48° 17.79 - 4° 28.68
Rivière de l'Aulne
Bouée n° 3
48.18.49 - 4° 17.87
Bouée n° 4
48° 18.46 - 4° 22.06
Bouée n° 6
48° 18.52 - 4° 20.78
Bouée n° 7
48° 18.14 - 4° 16.00
Bouée n° 9
48° 17.61 - 4° 15.03
Bouée n° 11
48° 17.20 - 4° 15.28
Bouée n° 22
48° 16.90 - 4° 15.88
Bouée n° 24
48° 17.30 - 4° 16.68
Cale nord de Landevennec
48° 16.52 - 4° 16.63
Pont de Terénez
48° 16.19 - 4° 15.67
Poul Men
48° 15.17 - 4° 14.49
Trégarvan
48° 15.21 - 4° 13.61
Le Fret
48°17,33 - 4°30,18
Cale de Quelern
48°18,39 - 4°32,89
Roscanvel
48° 18.88 - 4° 32.63

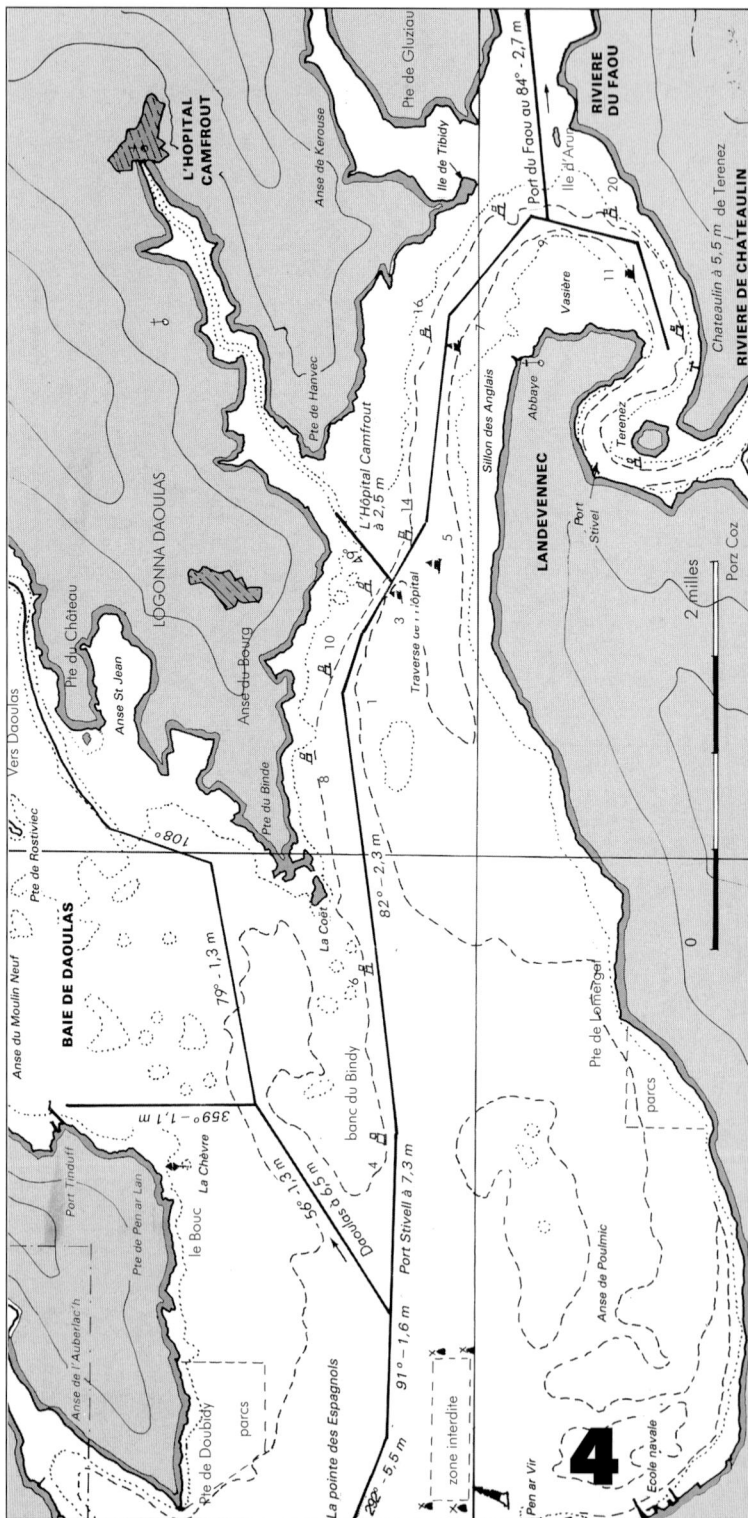

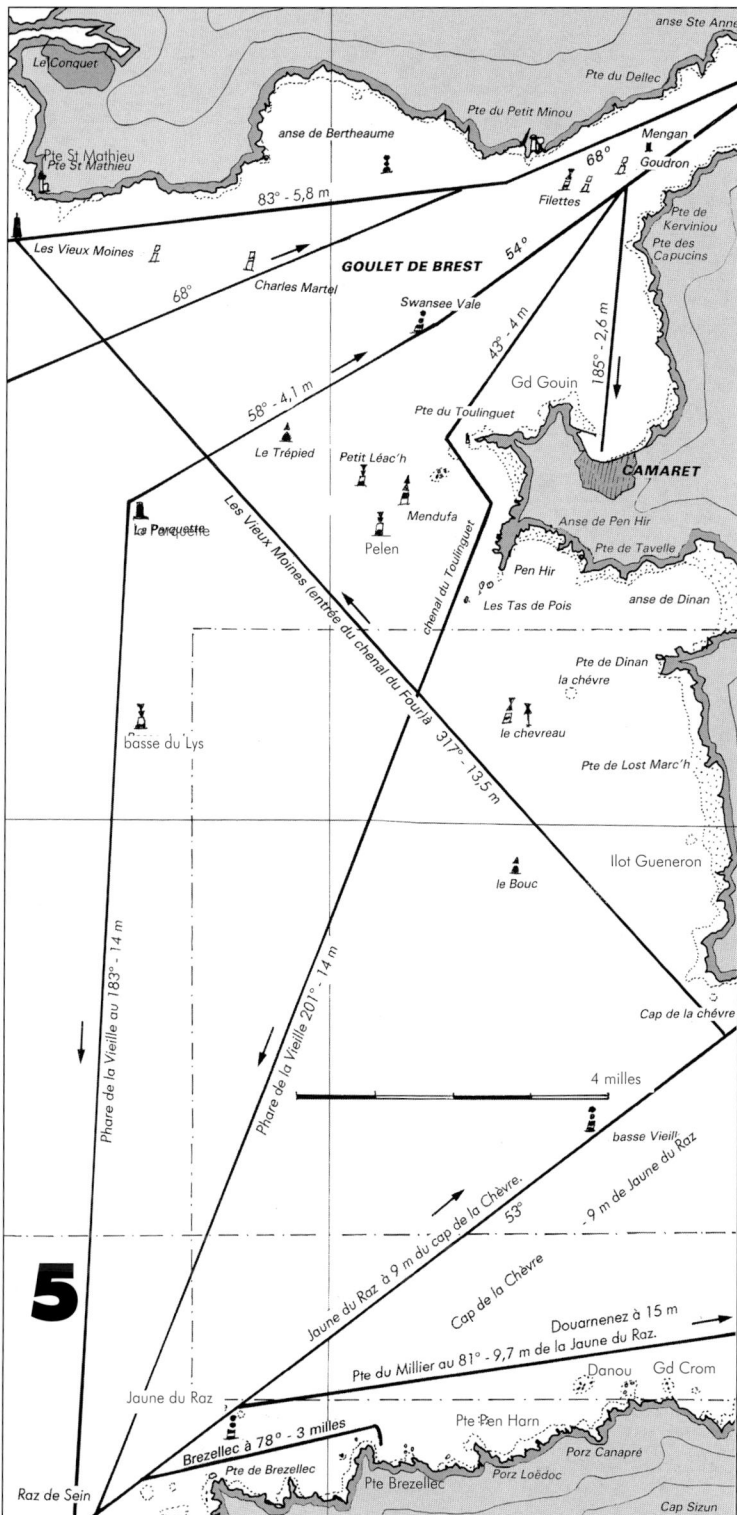

POINTS GPS :

Phare de la pte St Mathieu
48° 19,85 - 4° 46,17
Tourelle des Vieux Moines
48° 19,39 - 4° 46,54
Bouée le Coq
48° 19,14 - 4° 43,90
Bouée de Pen Hir
48°20,07 - 4°39,47
Bouée du Swan Sea
48° 18,27 - 4° 38,18
Bouée Charles Martel
48° 18,91 - 4° 42,08
Bouée basse Beuzec
48°19,11 - 4° 44,52
Bouée du Swan Sea
48° 18,27 - 4° 38,18
Phare du Petit Minou
48° 20,25 - 4° 36,76
Pte des Capucins
48° 19,23 - 4° 34,90
Tourelle de Mengan
48° 20,39 - 4° 34,47
Bouée basse Goudron
48°20,09 - 4°34,76
Bouée Kerviniou
48°19,82 - 4°35,15
Cormorandière balise
48°20,66 - 4°31,69
Entrée de Ste Anne de Portzic
48° 21,51 - 4° 32,85
La Louve
48° 16.83 - 4° 37.95Balise
Petit Leac'h
48° 16.30 - 4° 39.72
Bouée de Mendufa
48° 16.10 - 4° 39.35
Balise de Pelen
48° 15.71 - 4° 39.51
Parquette, tourelle
48° 15.96 - 4° 44.19
Bouée du Trepied
48°16,79 - 4°41 ,41
Bouée Goemat
48°15,17 - 4°46,24
Basse Royale
48°17,51 - 4°49,49
Bouée Swan Sea
48° 18.27 - 4° 38.74
Bouée Vandrée
48° 15.26 - 4° 48.15
Pointe du Millier
48° 06.07 - 4° 27.89
Pte de Luguenez
48°05,45 - 4°32,07
Pointe de Trénaouret
48° 05.56 - 4° 30.13
Pointe de Beuzec
48° 05.56 - 4° 31.25
Roche Grand Crom
48° 05.18 - 4° 34.03
Pointe de Pen C'Harn
48° 04.42 - 4° 37.78
Pointe de Brezellec
48° 04.50 - 4° 39.84
Bouée de la BasseJaune
48° 04.75 - 4° 42.35

POINTS GPS :

Tas de Pois ouest
48°14,87 - 4°37,90
Bouée Chevreau
48°13,42 - 4°36,90
Bouée le Bouc
48°11,56 - 4°37,29
Bouée de la basse Vieille
48° 08,28 - 4°35,67
St Nicolas, mouillage
48°10,66 - 4°31,72
Anse de Pen Hir
48° 15.44 - 4° 36.66
Anse de St Norgard
48° 11.82 - 4° 30.80
Morgat
48.13.63 - 4° 29.60
Pointe de Bellec
48° 12.59 - 4° 22.43
Pointe de Talagrip
48°10,12 - 4°17,82
Porz ar Veg
48° 10.29 - 4° 17. 84.
Tymarc, anse
48° 09.43 - 4° 17.29
Anse de Trefeuntec
48° 08.16 - 4° 16.30
Le Taureau, roche
48°12,60 - 4°27,04
Roxcher de l'aber
48°13,35 - 4°26,11
Les Verrés
48°12,62 - 4°26,27
Entrée nord de Douarnenez
48° 06.21 - 4° 20.38
Port de Rosmeur
48° 05.74 - 4° 19.24.
Pointe de la Jument
48° 06.52 - 4° 24.67
Porz Meilh
48° 06.39 - 4° 24.26
Pointe du Millier
48° 06.07 - 4° 27.89
Pte de Luguenez
48°05,45 - 4°32,07
Pte de Luguenez
48°05,45 - 4°32,07
Porz Peron
48° 05.33 - 4° 29.18
Pors Leven
48° 05.01 - 4° 32.52
Pointe de Trénaouret
48° 05.56 - 4° 30.13
Pointe de Beuzec
48° 05.56 - 4° 31.25
Pors Canapré
48° 04.61 - 4° 35.52

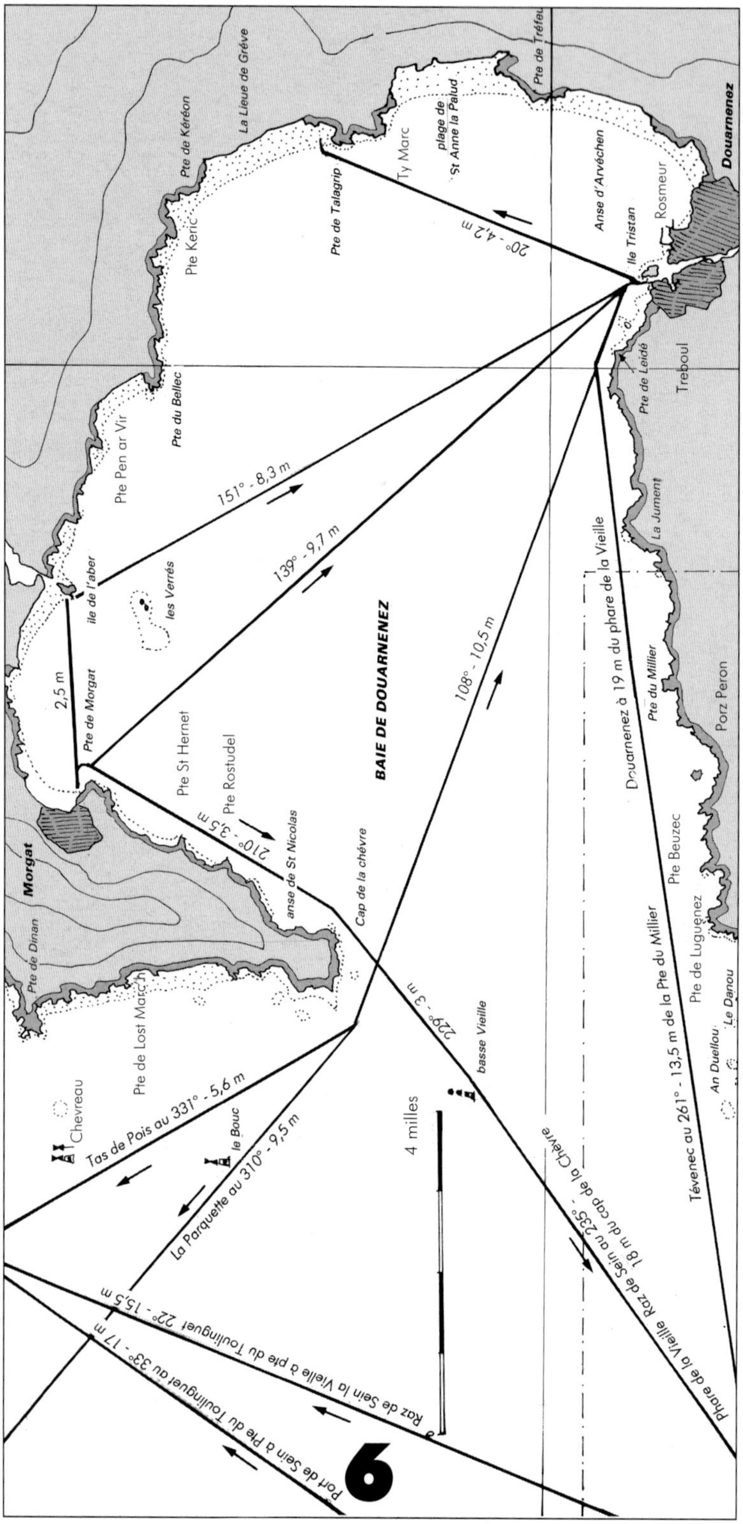

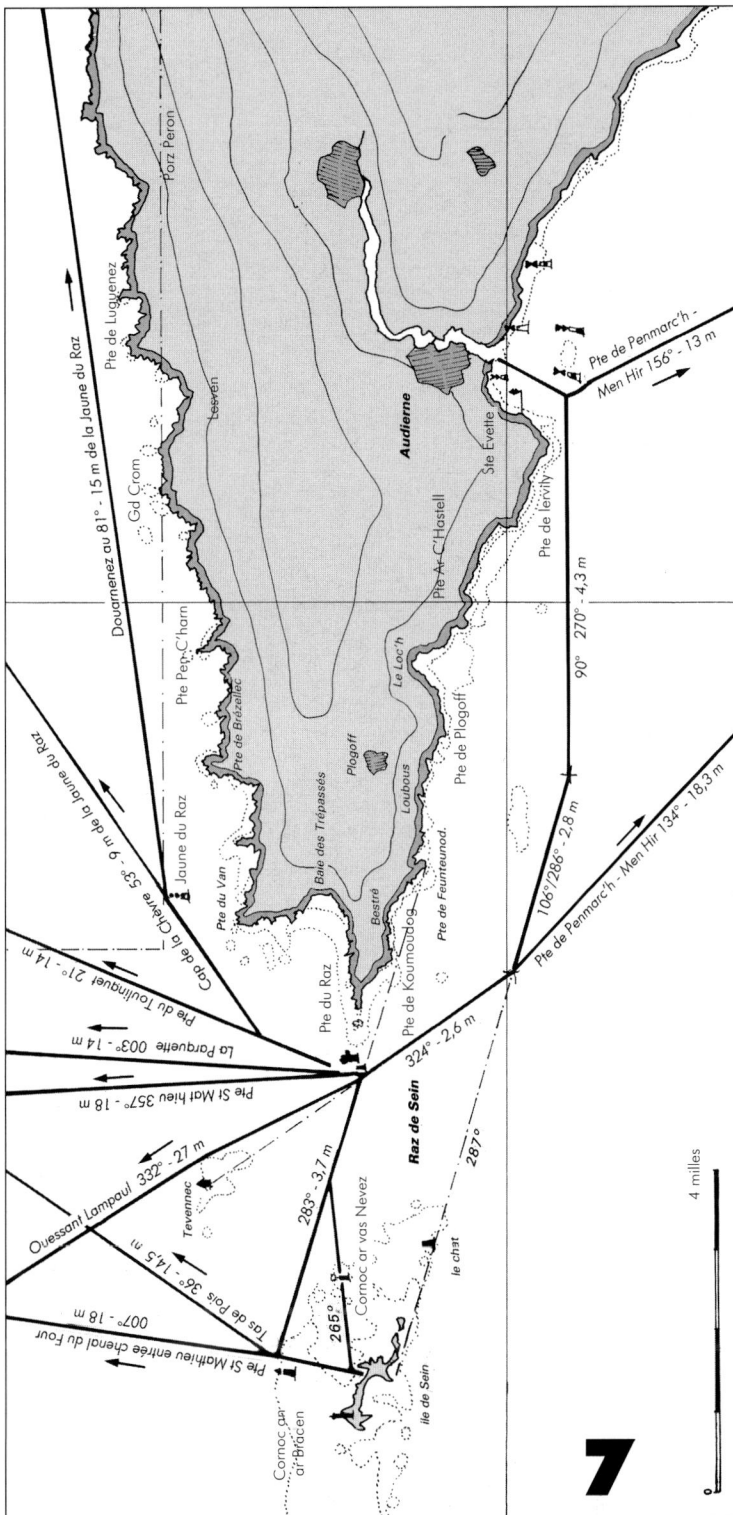

POINTS GPS :

Roche Grand Crom
48° 05.18 - 4° 34.03
Roche le Danou
Pointe de Pen C'Harn
48° 04.42 - 4° 37.78
Pointe de Brezellec
48° 04.50 - 4° 39.84
Pointe de Castelmeur
48° 04.06 - 4° 41.37
Bouée de la Jaune du Raz
48° 04.75 - 4° 42.35
Pointe du Van
Roche Ar C'Helleg
48° 04.06 - 4° 42.86
Plate
48° 02.3 - 4° 45.50
Phare de la Vieille
48° 02.49 - 4° 45.34
Phare de Tevennec
48° 04.32 - 4° 47.64
Le Chat
48° 01.49 - 4° 48.78
Roches de Masklou Greiz
48° 01.37 - 4° 45.78
Roches de Kornog Braz
48° 01.32 - 4° 46.93
Pointe de Koumoudoc
48° 02.03 - 4° 43. 57
Phare de Ar Men ouest
chaussée de Sein
48° 03.07 - 4° 59.78
Cornoc an ar Braden
48° 03.30 - 4° 50.77
Roche Ar Vas Du
48° 02.94 - 4° 49.74
Ar Gouelven roche
48° 02.36 - 4° 49.99
Cornoc ar Vas Nevez
48° 02.61 - 4° 49.36
Ar Gueveur
48° 01.99 - 4° 51.29
Pyramide de Nerroth
48° 02.51 - 4° 50.64
Pyramide nord de Sein
48° 02.34 - 4° 51.17
Grand Phare de Sein
48° 02.67 - 4° 51.93
Bouée Gamelle ouest
47° 59.53 - 4° 32.77
Bouée Gamelle Est
47° 59.53 - 4° 31.95
Mouillage de Ste Evette
48° 00. 44 - 4° 33.00
Corbeau, tourelle
48° 00.55 - 4° 32.08
Petite Gamelle, tourelle
48° 00.60 - 4° 32.79
Phare du Raoulic
48° 00.62 - 4° 32.36

7

POINTS GPS :

Basse Gouac'h, bouée
47° 48.67 - 4° 24.13
Tourelle Scoëdec
47° 48.48 - 4° 23.10
Men Hir, tourelle
47° 47.80 - 4° 23.91
Ile Nonna
47° 47.69 - 4° 23.90
Bouée Cap Caval
47° 46.54 - 4° 22.59
Groués Bihan, balise
47° 47.59 - 4° 22.69
Entrée de St Guénolé entre
deux premières bouées
47° 48.64 - 4° 22.93
Saint Pierre, épi est
47° 47.78 - 4° 22.37
Notre Dame de la Joie
47° 48.42 - 4° 22.29
Phare Ekmühl
47°47,94 - 4°22,28
Kérity musoir de la jetée
47° 47.69 - 4° 20.91
Balise le Rat
47° 46.97 - 4° 20.22
Locarec, tourelle
47° 47.35 - 4° 20.22
Men Hir, tourelle
47° 47.80 - 4° 23.91
Ile Nonna
47° 47.69 - 4° 23.90
Bouée Cap Caval
47° 46.54 - 4° 22.59
bouée Spineg
47° 46,27 - 4°18,81
Raguen, balise
47° 46.40 - 4° 19.85
Basse Nevez, bouée
47° 46.08 - 4° 19.67
Men Daniel
47° 46.84 - 4° 19.75
Lost Moan, tourelle
47° 47 08 - 4° 16.68
Basse Du
47° 46 . 76 - 4° 14.53
Karek Greiz, bouée
47° 46 . 11 - 4° 11.28
Reissant, balise
47° 46.45 - 4° 13.45
Basse Nevez, bouée
47° 46.07 - 4° 19.68
Spineg, bouée
47° 45.26 - 4° 18.81
Ar Guisty, bouée
47° 45.67 - 4° 15.48
Basse aux Herbes
47° 46,85 - 4°18,29

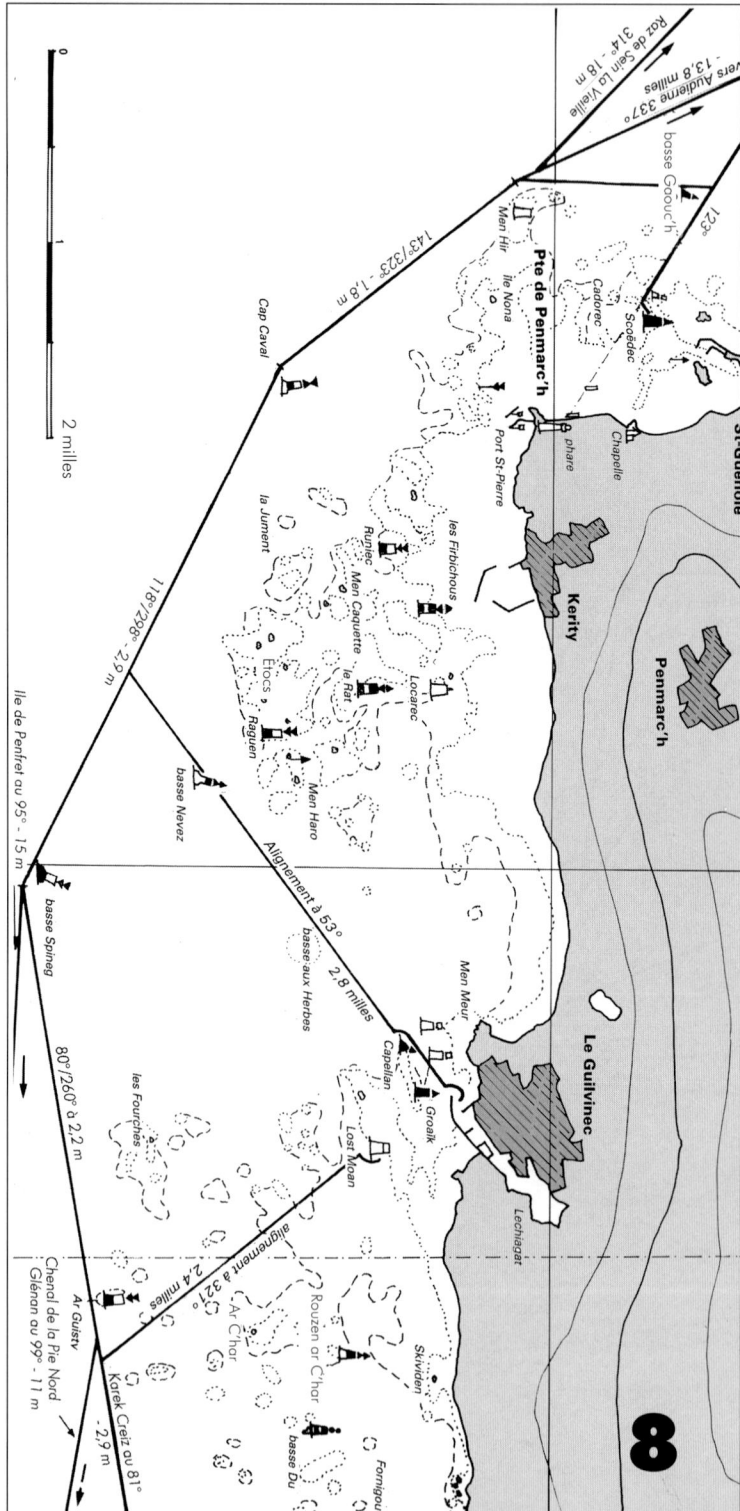

POINTS GPS :

Lost Moan
47° 47 08 - 4° 16.68

Basse Du, tourelle
47° 46 . 76 - 4° 14.53

Karek Greiz, bouée
47° 46 . 11 - 4° 11.28

Balise Reissant
47° 46.45 - 4° 13.45

Bouée Basse Nevez
47° 46.07 - 4° 19.68

Bouée Spineg
47° 45.26 - 4° 18.81

Bouée Ar Guisty
47° 45.67 - 4° 15.48

Roches d'Enizan
47° 47.43 - 4° 11.81

Men Kaés, balise
47° 47.57 - 4° 12.52

Entrée du port
47° 47.77 - 4° 12.55

Basse Du, tourelle
47°46,77 - 4°14,51

Rouzen ar C'har, balise
47°46,85 - 4°15,18

Les Bleds, balise
47°47,44 - 4°10,63

Men Du, balise
47° 47,88 - 4°10

Karreg Hir, balise
47°48,47 - 4°09,29

Basse Boulanger, bouée
47°47,44 - 4°09,07

Larvor musoir
47° 48.13 - 4° 10.72

Les Bleds, balise
47° 47.44 - 4° 10.63.

Karek Hir, balise
47° 48.47 - 4° 09.29

Men Bret, balise
47° 49.37 - 4° 08.99

POINT GPS

Les Bleds, balise
47° 47.44 - 4° 10.63.
Karek Hir, balise
47° 48.47 - 4° 09.29
Men Bret, balise
47° 49.37 - 4° 08.99
Karreg Soaz
47° 50.09 - 4° 09.29
Men Audierne
47° 50.37 - 4° 08.99
Phare des Perdrix
47°50,31 - 4° 09,90
Bouée Bilien
47° 49.17 - 4° 08.04
Basse Malvic, bouée
47° 48.52 - 4° 06.54
Rostolou, bouée
47° 46.70 - 4° 07.22
Basse du Chenal, bouée
47° 48.60 - 4° 06.99
Roch Helou, bouée
47° 47.18 - 4° 08.00
Men Du, balise
47° 47.89 - 4° 09.73
Les Verrés, balise
47° 51.63 - 4° 06.07
Basse Rousse, bouée
47° 51.68 - 4° 06.55
Le Four, balise
47° 51.86 - 4° 06.35

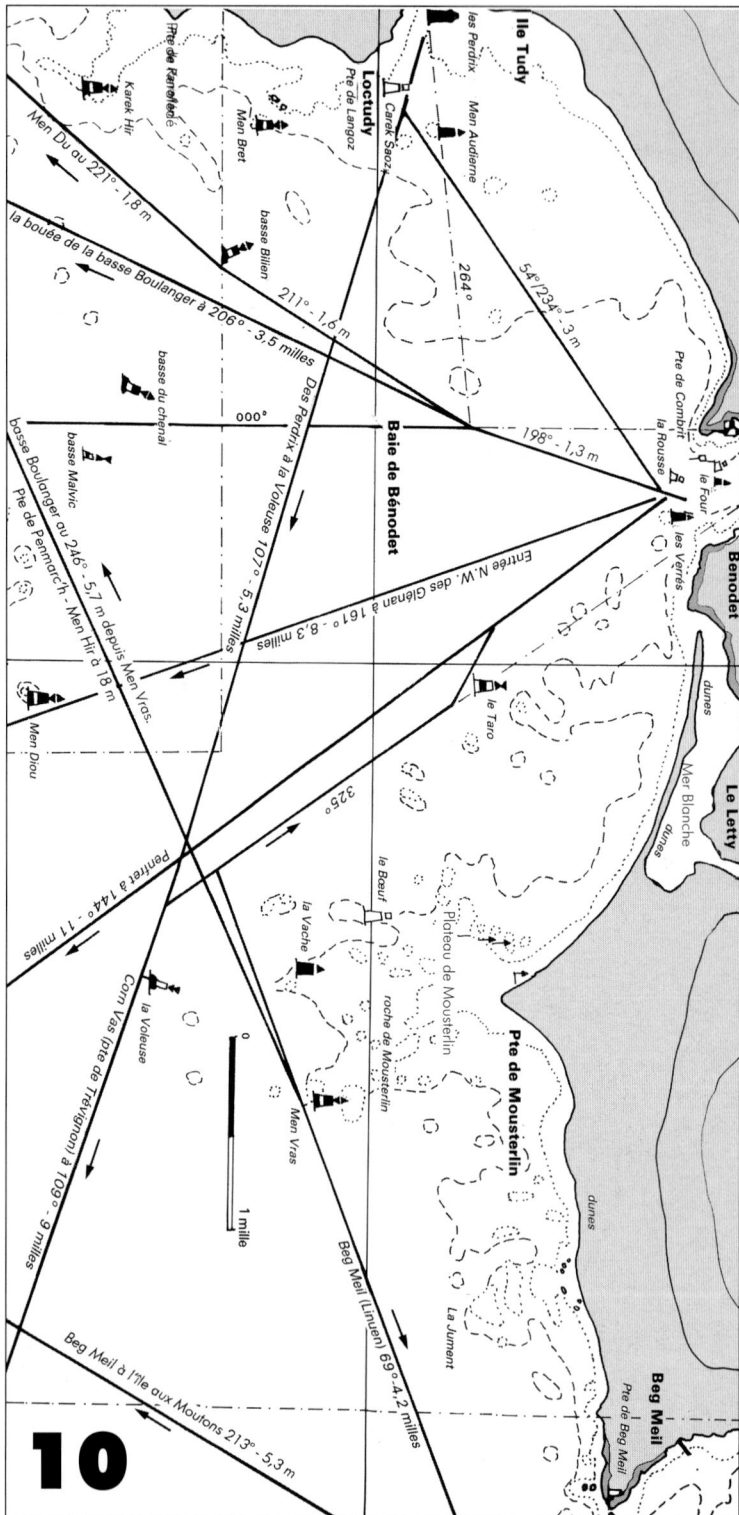

10

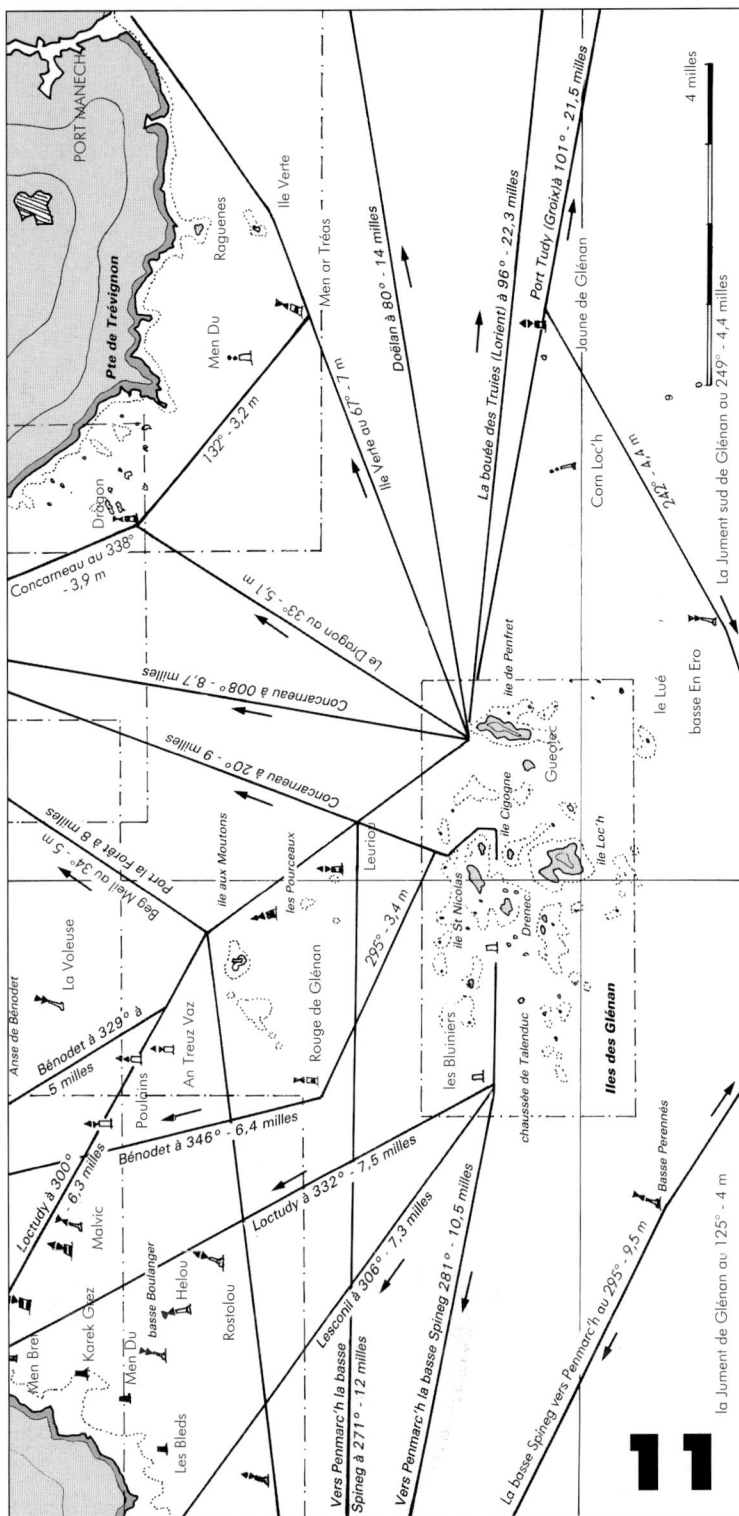

POINTS GPS

Bouée Bilien
47° 49.17 - 4° 08.04
Basse Malvic, bouée
47° 48.52 - 4° 06.54
Rostolou, bouée
47° 46.70 - 4° 07.22
Basse du Chenal, bouée
47° 48.60 - 4° 06.99
Roch Helou, bouée
47° 47.18 - 4° 08.00
Men Du, balise
47° 47.89 - 4° 09.73
Bouée Bilien
47° 49.17 - 4° 08.04
Iles aux Moutons
47°46.54 - 4° 01.59
Basse Rouge
47° 45.55 - 4° 03.88
Grands Pourceaux
47° 46.04 - 4° 00.74
Roche Leuriou
47° 45.21 - 3° 59.86
Les Poulains
47° 47.76 - 4° 03.34
Le Broc'h
47° 43.22 - 4° 01.30
Amer de Fort Cigogne
47° 43.05 - 3° 59.56
Le Huic
47° 43.95 - 4° 00.70
Axe du chenal de la Pie
47.43.87 - 3° 59.51
Sur l'alignement à 135° dans
l'ouest du Run
47° 43. 95 - 4° 02.15
Les Bluiniers
47° 43. 42 - 4° 03.73
Sur le chenal à 95° 30 dans le
sud de la tourelle des Bluiniers
47° 43.42 - 4° 03.73
Chenal à 359° dans l'est de
Deuzerat
47° 42.50 - 4° 01.48
La Vache, balise
47° 49.60 - 4° 02.54
La Voleuse, bouée
47° 48.83 - 4° 02.41
Men Vras, balise
47°49.72 - 4° 01.51
Les Poulains, balise
47° 47.76 - 4° 03.34
Men Dehou, balise
47°48,16 - 4°04,62
An Treus Vaz, balise
47°47,33 - 4°03,26

11

Baie de Concarneau

POINTS GPS ::

Sémaphore de Beg Meil
47°51.34 - 3° 58.52
Balise Le Linuen
47° 50.71 - 3° 57.70
Bouée Linuen
47°50.84 - 3° 57.24
Laouen Pod
47°51.31 - 3° 57.94
Cale de Beg Meil
47° 521.73 - 3° 58.86
Le Scoré
47° 52.81 - 3° 57.48
Les Ormeaux
47° 53.34 - 3° 58.26
St Laurent entrée
47° 53.68 - 3° 57.00
1ere bouée Port la Forêt
47°53,45 - 3°58,13
Pladen
47° 52.24 - 3° 56.41
Men Cren
47° 51.79 - 3° 55.71
Lué Vras
47°51.46 - 3° 55.65
Men Fall
47° 51.82 - 3° 55.22
La Médée
47° 52.13 - 3° 54.73
Sur l'alignement d'approche à
28° dans l'ouest du Petit Taro
47°51,16 - 3°55,85
Le Cochon tourelle
47°51,53 - 3°55,46
Entrée de Kersos
47° 51.71 - 3° 54.50
Petit Taro
47° 51.17 - 3° 55.22
Roche Tudy
47°50.59 - 3° 54.42
Men Ganou
47° 50.84 - 3° 54.49
Alignement d'approche à 60°
dans nord de la roche Tudy
47°50,72 - 3°54,41

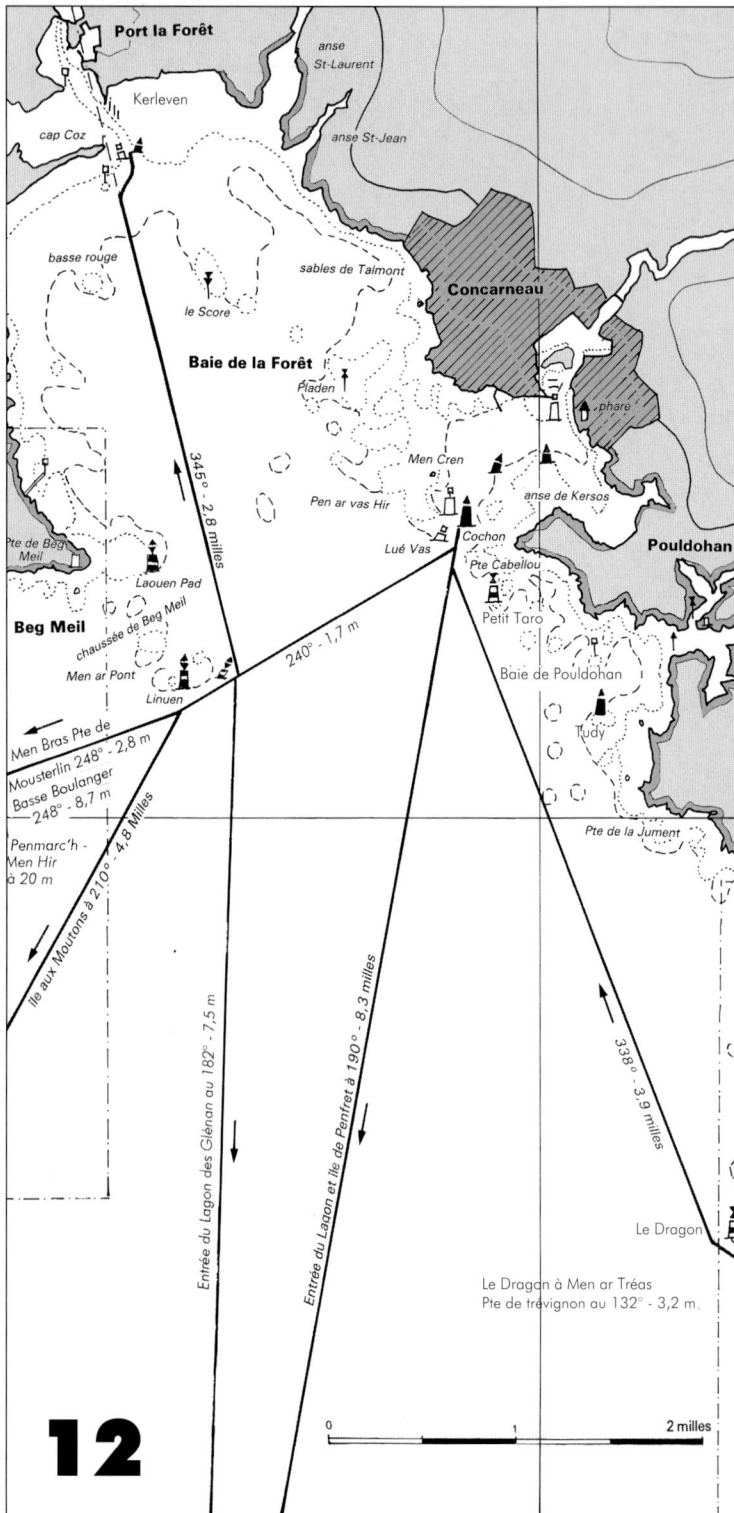

12

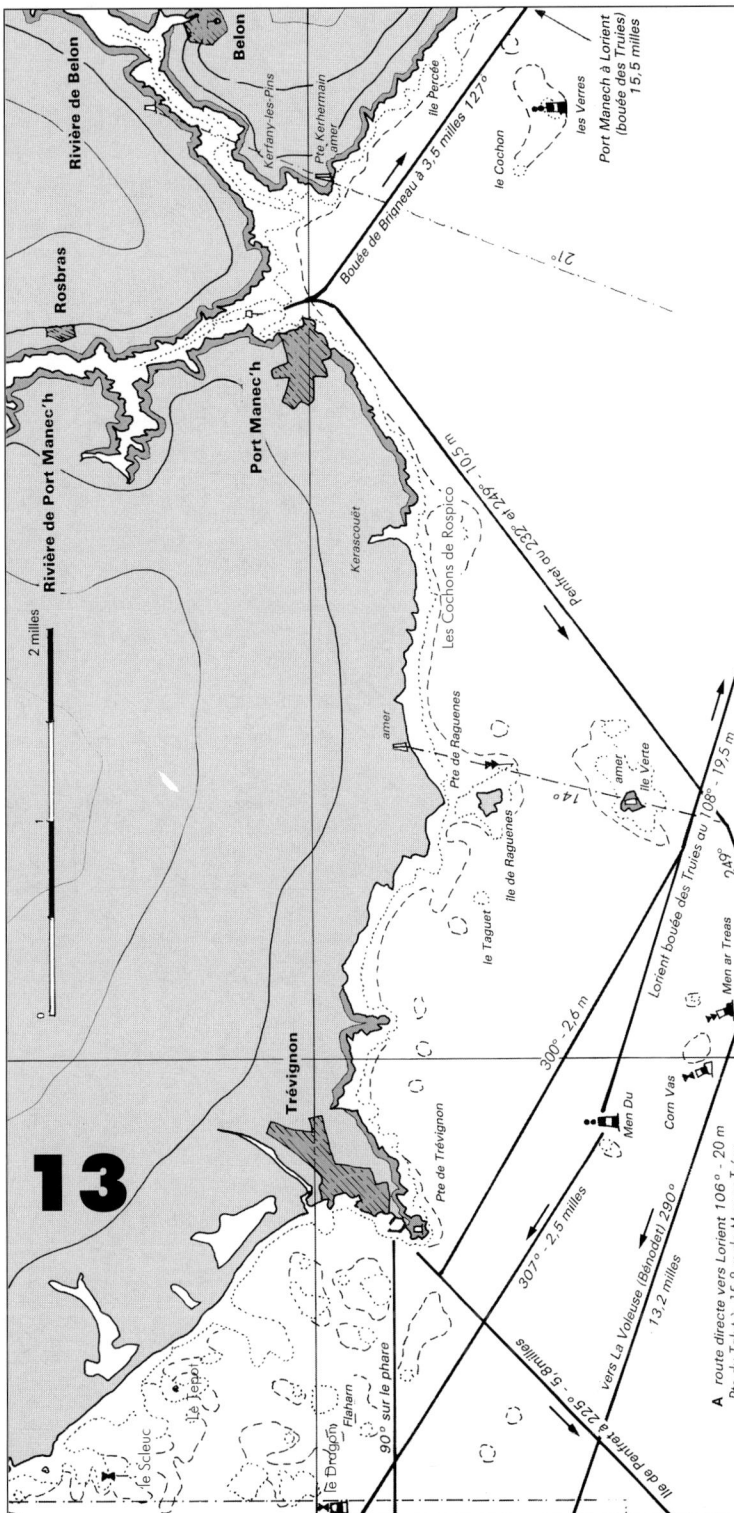

POINTS GPS

Entrée de Trévignon
47° 47.78 - 3° 51.22
Men Du, tourelle
47°46.47 - 3° 50.42
Le Dragon, Karreg Tangi
47°47.91 - 3° 53.34
Men ar tréas, bouée
47°45,78 - 3°49,74
Corn Vas
47°45,92 - 3°50,08
Perche sud de Raguenès
47°46,30 - 3°47,68
Cochons de Rospico
47°47,23 - 3°45,86
Pte de Beg ar Vechen virage
47° 48.04 - 3° 42.64
Les Verrés
47° 46.72 - 3°42.64
Entrée rivière de Port Manec'h
dans l'axe
47°48.13 - 3° 44.05
Entrée rivière de Belon dans
son axe
47° 48.12 - 3° 423.59
Les Verrés, tourelle
47°46,69 - 3°42,62

13

POINTS GPS :

Cochon de Beg Morg
47° 46.48 - 3° 40.19
Entrée de Brigneau
47° 46.87 - 3° 40.00
Bouée d'atterrissage
47° 46.18 - 3° 40.01
Passe entre les deux bouées
de Mérrien
47°46.50 - 3° 39.06
Entrée de Merrien
47° 46.83 - 3° 38.94
Entrée de Doëlan
47° 46.22 - 3° 36.50
Tourelle de la pointe du Moulin du Pouldu
47° 45.81 - 3° 32.19
Perche de la Pte St Julien
47° 46.07 - 3° 31.90
Musoir port du Guidel
47° 46.35 - 3° 31.72
Entrée de Kerselec
47° 45.86 - 3° 32.92Tourelle
de la pointe du Moulin
47° 45.81 - 3° 32.19
Perche de la Pte St Julien
47° 46.07 - 3° 31.90
Musoir port du Guidel
47° 46.35 - 3° 31.72
Sud du banc de Yann Zu
47°45,67 - 3°31,87

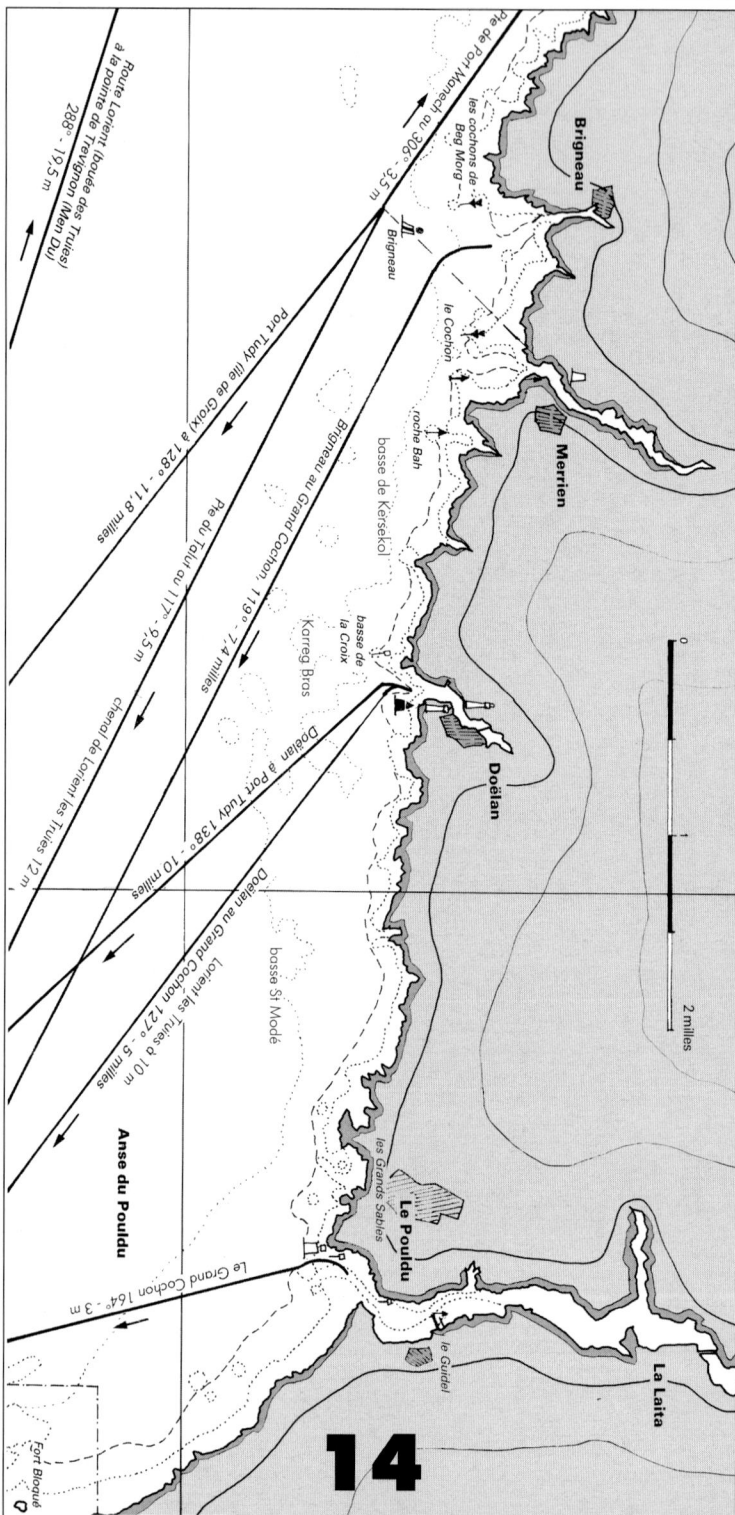

14

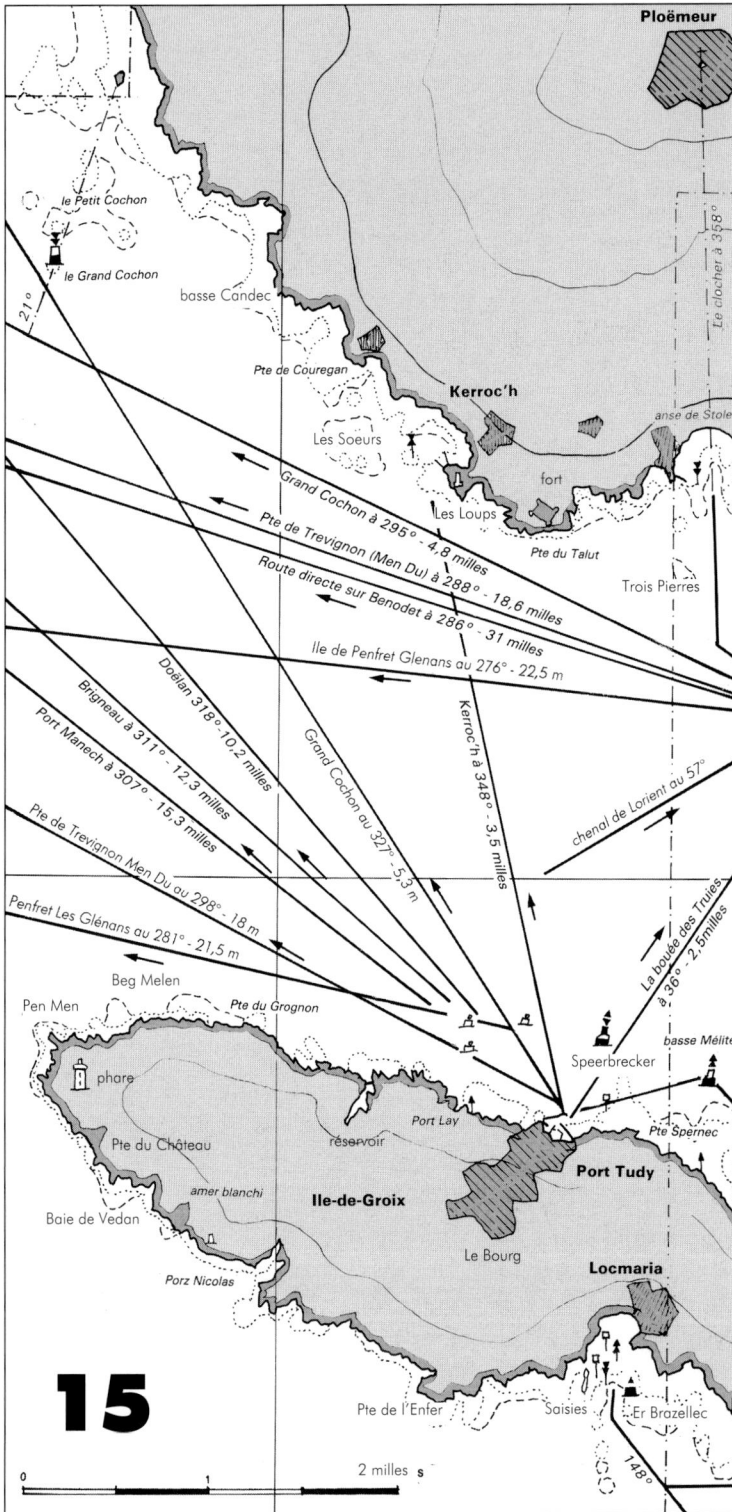

Ploëmeur

le Petit Cochon

le Grand Cochon

basse Candec

Pte de Couregan

Kerroc'h

anse de Stole

Les Soeurs

fort

Les Loups

Pte du Talut

Trois Pierres

Le clocher à 358°

Grand Cochon à 295° - 4,8 milles

Pte de Trevignon (Men Du) à 288° - 18,6 milles

Route directe sur Benodet à 286° - 31 milles

Ile de Penfret Glenans au 276° - 22,5 m

Doëlan 318° -10,2 milles

Brigneau à 311° - 12,3 milles

Port Manech à 307° - 15,3 milles

Pte de Trevignon Men Du au 298° - 18 m

Penfret Les Glénans au 281° - 21,5 m

Kerroc'h à 348° - 3,5 milles

Grand Cochon au 32° - 5,3 m

chenal de Lorient au 57°

La bouée des Truies à 36° - 2,5milles

Beg Melen

Pen Men

Pte du Grognon

phare

Port Lay

réservoir

Speerbrecker

basse Mélite

Pte Spernec

Pte du Château

amer blanchi

Ile-de-Groix

Port Tudy

Baie de Vedan

Porz Nicolas

Le Bourg

Locmaria

Pte de l'Enfer

Saisies

Er Brazellec

148°

15

0   1   2 milles S

POINTS GPS :

Grand Cochon
47° 43.18 - 3° 30.73
Entrée de Kerroch :
47° 42.24 - 3° 27.87
Les Deux Têtes, balise
47°42,17 - 3°27,87
Sud banc des Soeurs;
47°42,14 - 3°28,30
Axe de l'anse de Perello à l'ouvert
47°41.91 - 3° 26.47
Tourelle Grasu
47° 41.59 - 3° 25.08
Axe du mouillage de Lomeneur hauteur perche sud
47° 41.98 - 3° 25.45
Larmor Plage approche
47° 42.37 - 3° 22.66

ILE DE GROIX
Basse Melite
47° 38.91 - 3° 25.46
Bouée Edouard de Cougy
47° 37.98 - 3° 23.98
Bouée des Chats :
47° 37.10 - 3° 25.84
Entrée Port Tudy
47° 38.78 - 3° 36.62
Port St Nicolas
47° 37.92 - 3° 29.21
Entrée de Port Lay
47° 38.90 - 3° 27.47
Virage Pte de Pen Men
47° 39.23 - 3° 30.90
Bouée Speerbrecker
47° 39.16 - 3° 26.24

POINTS GPS :

LORIENT
Bancs des Truies
47° 40.82 - 3° 24.41
Les Truies Ouest
47° 41.15 - 3° 23.32
Les Trois Pierres
47° 41.59 - 3° 22.40
A2 boué
47°40,90 - 3°24,889
A6 bouée
47°41,59 - 3°23,25
Pierre d'Orge, tourelle
47°41,83 - 3°23,56
Changement de route 57° à 16°
47°41,99 - 3°22,20
Les Trois Pierres
47° 41.59 - 3° 22.40
Bouée des Errants
47° 41.16 - 3° 22.29
Bouée Bas tresses Sud
47° 40.83 - 3° 22.02
Le Pôt de Beurre
47° 42.30 - 3° 21.91
Le Soulard
47° 42.04 -3° 21.80
Goéland, bouée
47°41,65 - 3°22,01
Basse de la Paix, bouée
47°42,02 - 3°21,96
Potée de Beurre, tourelle
47°42,31 - 3°21,90

Kernevel

Cochon

Kerbel

Larmor Plage

Port Louis

Locmalo

Le clocher de Ploëmeur à 358°

anse de Stole

3 Soeurs

Gavres

Pierre d'Orge

Saisies

A3 A8

A7

Soulard

A6

A5

Goélant

Grasu

A4

les Trois Pierres

Grand chenal à 57°

A2

les Truies

les Errants

Bastresses nord

Pte de Gavres

banc des Truies

passe sud à 8°30

Bastresses sud

Port Tudy au 210° - 2,5 m

A Penfret (Glénan) 276° - 22,3 milles
B Bénodet 286° - 31 milles
C Pte de Trevignon 288° - 18,6 milles
D Le Grand Cochon (vers le Pouldu) 295° - 4,8 milles

Etel 115° - 7 milles

Les Pouilloux (Quiberon, Port Maria) à 144° 16,8 milles

Le Palais à 155° - 22,5 milles

Belle Ile (Pte des Poulains) à 164° - 18,5 milles

0   1   2 milles

basse Melite

19° - 3,2 m

129°

Ile-de-Groix

Pte de la Croix

Edouard de Cougy

Pte des Chats

Etel à 78° - 8,5 milles

Le Palais 150° - 20 milles

Port Maria Quiberon les Pouilloux au 133° - 16,5 milles

148°

16

Chaussée des Chats

les Chats

Locmariaquer à basse des Chats

120° - 2,7 m

Bouée de la Basse des Chats à :
Port Maria au 127° - 13,2 milles
Le Palais à 145° - 18 milles
La pointe des Poulains (Belle Ile) à 156° - 13,6 milles

basse des Chats

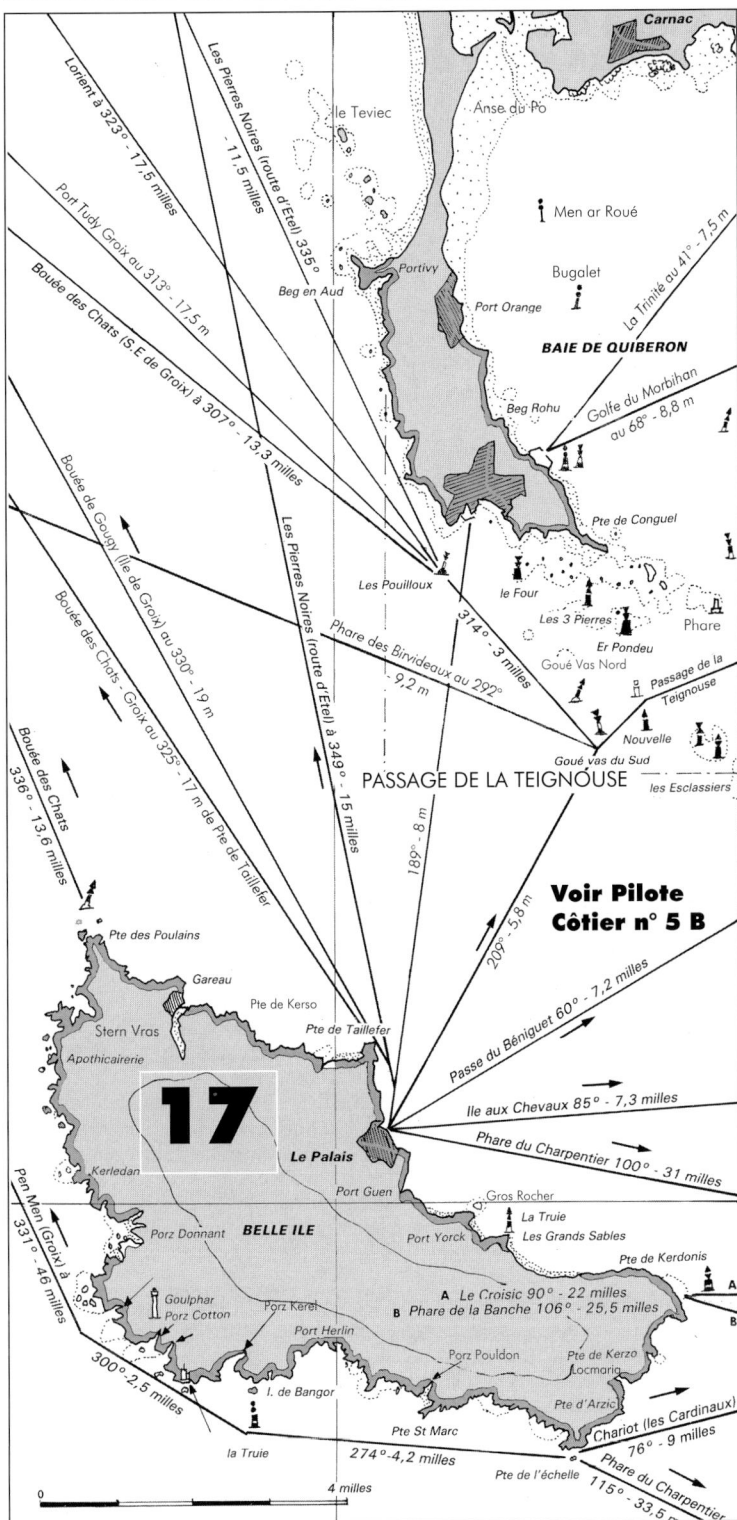

PASSAGE DE LA TEIGNOUSE

Voir Pilote Côtier n° 5 B

17

BELLE ILE

0   4 milles

POINTS GPS : :

Approche S.W de la barre d'Etel
47° 38.17 - 3° 12.85
Roches du Roheu
47° 38.61 - 3° 14.62
Ile Roëlan
47° 36.58 - 3° 11.88
Bouée Roche Guédic
47° 32.26 - 3° 09.40
Les Pierres Noires
47°35,59 - 3°13,17
An Treac'h, bouée
47°27,98 -3°07,11
Les Deux Fréres, tourelle
47°28,41 - 3°07,21
Basse Frégate, tourelle
47°28,54 - 3°07,01
Bouée Pouilloux
47° 27.95 - 3° 08.00

BELLE ILE

Entrée du Palais
47° 20.86 - 3° 08.94
Pointe de Taillefer
47°21,95 - 3°09,37
Balise le Gareau
47° 22.85 - 3° 12.92
Entrée de Sauzon
47° 22.60 - 3° 12.84
Bouée des Poulains
47° 23.4 - 3° 16.61
Roche le Cochon
47° 23.55 - 3° 14.64
Entrée de Stern Vras
47° 22.54 - 3° 15.27
Ile Kerledan
47°20,42 - 3°15,25
Port Donnant
47° 19.52 - 3° 14.53
Iles Bagueneres
47°18,72 - 3°15,10
Basse Coton
47° 18.26 - 3° 14.57
Port Coton
47° 18.54 - 3° 14.40
Port Goulphar
47° 18.00 - 3° 13.83
Entrée de Port Kerel
47° 17.75 - 3° 12.04
Tourelle de la Truie
47°19.59 - 3° 06.42
Port Herlin
47° 18.06 - 3° 10.30
Entrée Pouldhon
47.17.35 - 3° 08.40
Port en Dro
47° 18.44 - 3° 03.59
Port Maria
47° 17.62 - 3° 04.27
Port Blanc
47° 17.39 - 3° 04.31
Pte de l'Echelle
47° 16.60 - 3° 05.54
Bouée des Galéres
47° 18.81 - 3° 02. 70

Le phare de la Pointe St Mathieu qui marque au sud du chenal du Four l'entrée en mer d'Iroise.

Les roches des Rospects au nord de la tourelle des Vieux Moines

Le phare du Petit Minou accolé à une tourelle blanche donne l'alignement à 68° avec la haute tour du phare de Portzic sur la rive nord du goulet.

La Parquette balise la roche la plus avancée à 5 milles dans l'ouest de Camaret.

LA MER D'IROISE
L'APPROCHE SUR LE GOULET DE BREST

Entre la sortie sud du chenal du Four et le Raz de Sein, la mer d'Iroise est largement ouverte vers l'ouest et ne présente aucun haut fond non balisé. Elle se prolonge par le goulet de Brest au N.E et la baie de Douarnenez au S.E. séparés par l'avancée de la pointe de Camaret que débordent quelques îlots et roches affleurantes jusqu'à la tourelle de la Parquette.

La **Parquette**, une haute tourelle à bandes obliques noires et blanches, est isolée à 2 milles à l'ouest du **Corbeau**, une roche de 3,10 m qui également isolée n'est pas balisée. Le **Trépied** à 1 200 m au N.W. est moins redoutable car elle est signalée à 300 m au nord par une bouée verte. La mer brise vite sur ces hauts fonds par vent frais d'ouest mais l'entrée du Goulet de Brest n'en reste pas moins aisément praticable par un passage large de 3 milles. Il suffit simplement de reconnaître les différentes bouées qui balisent la route des grands navires qui dans le goulet se divise en deux routes au nord et au sud du plateau des Fillettes.

La ligne joignant la pointe du Toulinguet au sud à la bouée **Charles Martel**, la plus sud en bordure de la rive nord du Goulet, marque le début de la zone de pilotage où les navires de plus de 50 m ont une totale priorité de manœuvre. Une veille doit en outre être assurée sur canal 16 en VHF .

Au loin dans le goulet, le phare de la pointe du **Petit Minou** accolé à une tour blanche donne avec le phare de **Portzic**, une tour élancée sur la pointe à gauche de l'entrée dans la rade, l'alignement à **68°** du grand chenal. Mais de jour, il n'est pas nécessaire de suivre exactement cet alignement car il ne manque pas d'eau à courir pour un voilier.

En venant du nord, du Chenal du Four il faut prendre garde à 1 000 m à l'Est, à l'éperon des **Rospects** dont la roche la plus au sud affleure à 300 m du dernier rocher. On l'arrondira en faisant route vers la bouée bâbord **le Coq** depuis les Vieux Moines. Mais dès que l'éperon est doublé, un bateau de plaisance peut faire route directe sur le phare du Petit Minou. Les bouées **Charles Martel** et de la basse **Beuzec** peuvent être laissées à distance sur tribord. On peut longer le rivage rocheux et escarpé du goulet à petite distance, les fonds étant accores, ce qui permet d'esquiver partiellement les courants forts et l'on trouve rapidement un mouillage dans l'anse de Bertheaume.

En venant du sud, si l'on n'emprunte pas le chenal du **Petit Léac'h** ou du **Toulinguet** par suite d'une trop forte houle ou d'une visibilité réduite, on viendra doubler par l'ouest la tourelle de la **Parquette** pour laisser ensuite sur tribord la bouée verte du **Trépied** et à mi-parcours de l'entrée du goulet, on relèvera à petite distance sur bâbord, la bouée de danger isolé de l'épave du **Swansea Vale**. Une route large et profonde qui ne présente aucune difficulté de jour comme de nuit. Seul le clapot par vent contre courant peut être un peu pénible. On notera que l'alignement à **348°** du phare de **Kermorvan** au nord de la pointe St Mathieu par la tourelle des **Vieux Moines** fait passer à mi-distance entre la Parquette et les basses de **Goémant** et de l'**Astrolabe** où la mer peut lever dangereusement.

L'ANSE DE BERTHEAUME

La rive ouest de cette vaste anse, à l'entrée du goulet de Brest, offre un bon mouillage qui s'étend au nord du fort de Bertheaume perché au sommet d'un îlot. On prendra garde à environ 300 m du fort aux abords malsains du rocher du **Chat** qui découvre de 7,20 m. On arrondira largement sa route d'autant que par houle d'ouest la mer brise violemment sur les rochers au pied du fort.

Les bateaux mouillent sur quelques corps morts en avant du rivage boisé de la station de vacances assez plaisante de **Plougonvelin**. Les fonds de sable ne sont pas d'une excellente tenue mais l'abri est sûr contre les vents dominants d'ouest. Il est en revanche exposé aux vents d'Est et S.E qui lèvent un gros clapot. Les courants sont faibles dans l'intérieur de l'anse. Une belle cale s'avance sur le côté ouest de la plage enserrée entre les escarpements rocheux près du fort.

L'anse de Bertheaume est une bonne escale entre le chenal du Four et le raz de Sein lorsqu'on ne veut pas remonter tout le goulet jusqu'au port de commerce ou le port de plaisance du Moulin Blanc. C'est également le point de départ idéal pour attendre le moment le plus favorable pour s'engager dans le chenal du Four en fonction des courants.

POINTS GPS :

Phare de la pte St Mathieu
48° 19,85 - 4° 46,17
Tourelle des Vieux Moines
48° 19,39 - 4° 46,54
Point à 500 m au sud des
roches des Prospects
48° 19,11 - 4° 45,76
Bouée le Coq
48° 19,14 - 4° 43,90
Bouée de Pen Hir
48°20,07 - 4°39,47
Bouée du Swan Sea
48° 18,27 - 4° 38,18
Bouée Charles Martel
48° 18,91 - 4° 42,08
Bouée basse Beuzec
48°19,11 - 4° 44,52
Bouée du Swan Sea
48° 18,27 - 4° 38,18
Virage pte du Fort Bertheaume
48° 20,20 - 4° 41,24
Anse de Perzel
48° 20,46 - 4°41,80

La vieille forteresse sur le sommet d'un mamelon se repère de loin .à l'ouvert de la vaste anse de Bertheaume.

Le mouillage bénéficie de la protection de la pointe du fort.

Les bateaux se tiennent en avant d'une agréable plage de sable blanc enserrée entre des escarpements.

Voir carte de situation en p 11

LE GOULET DE BREST

Toute la rade de Brest se trouve parfaitement abritée du mauvais temps d'ouest par la presqu'île de Quelern, qui ne laisse qu'un passage resserré, un véritable goulet pour les grands navires. Mais pour les bateaux de plaisance, le chenal est un passage large de 1 200 m et profond de 20 m.

Les seuls hauts fonds à redouter dans le goulet sont parfaitement bien balisés par la bouée ouest du plateau des **Fillettes**, les bouées rouges de **Kerviniou** et de la basse **Goudron**, ainsi que par la haute tourelle de danger isolé de **Mengan**. On peut les laisser indifféremment d'un bord ou de l'autre, mais il ne faut pas s'engager entre les Fillettes et Kerviniou.

La tourelle des Vieux Moines que l'on double par le sud à la Pointe St Mathieu dont on voit le phare.

Le chenal emprunté par de très grands navires est parfaitement balisé. Une véritable avenue pour un bateau de plaisance.

Basse mer de Brest

faible

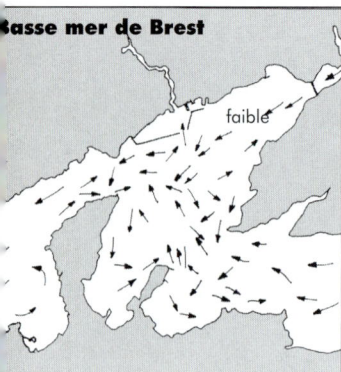

La tourelle de Mengan signale une roche isolée dans le milieu du Goulet.

Les **courants** en vives eaux, au flot comme au jusant, peuvent dépasser les 4 nœuds et lever contre le vent, des vagues très creuses. Le moment le plus favorable pour franchir ce passage se situe naturellement aux environs des renverses qui ne sont pas décalées par rapport aux étales de pleine et basse mer et ne durent guère plus d'un quart d'heure

Les **courants** sont pratiquement alternatifs, les plus grandes vitesses étant atteintes à mi-marée.

C'est à proximité du goulet qu'en 1513, la Cordelière. qui avait appareillé en catastrophe avec 300 invités à bord fêtant son lancement, se saborda contre le vaisseau anglais « Regent » qui venait, avec une flotte importante, attaquer Brest. Les 1 100 hommes d'équipage et les invités périrent tous brûlés vifs.

En venant du sud, on passera à proximité de la pointe des **Capucins**, une croupe massive dont le pied est bordé par quelques fortifications. Les bouées de **Kerviniou** et de la basse **Goudron** ainsi que la haute tour de **Mengan** sont laissées à distance sur bâbord. L'entrée dans la rade est encadrée par le phare de **Portzic** et par la pointe des **Espagnols** que déborde la perche de la **Cormorandière** signalant une tête de roche isolée.

On peut piquer directement sur les deux tourelles blanches qui encadrent la passe d'accès sud de la grande rade abri du port de Brest que ceinturent des jetées longues de plus de 5.000 m, derrière lesquelles se découpent les silhouettes des navires de guerre, à moins que fatigué par une longue navigation, on préfère trouver immédiatement le repos d'un mouillage dans l'anse de Ste Anne de Portzic ou du **Dellec**.

Par brume : Il n'est pas recommandé d'entrer par visibilité très réduite dans le goulet de Brest. Si l'on se trouve toutefois surpris par des bancs de brume sans GPS, on utilisera le **radiophare** de la pointe St Mathieu pour une première détermination de la position du bateau. On viendra ensuite chercher la bouée à sifflet **Charles Martel**. Le phare du **Petit Minou** se localise par son klaxon : un son toutes les minutes. La bouée des **Fillettes** se repère ensuite également par son sifflet.

L'ANSE DU DELLEC

Les rives du goulet sont partout élevées et escarpées. Seule l'anse du Dellec à l'ouest de la pointe du **Nevent** ou du **Diable,** une avancée assez nette juste à l'ouest de Ste Anne de Portzic offre une possibilité de mouillage. par 3 à 4 m. Quelques bateaux se tiennent dans un creux du rivage à l'écart des courants et à l'abri des vents de S.W à l'Est. Attention en basse mer de V.E. à une épave qui découvre de 0,70 m dans le milieu de l'anse. Le site est très champêtre.

5 heures avant la Pleine mer de Brest

faibles

On vient mouiller dans le creux que dessinent les escarpements de la rive nord du goulet dans l'anse de Dellec.

ST ANNE DE PORTZIC

Juste avant la pointe de Portzic qui porte la haute tour du phare, dans la partie la plus resserrée du goulet, cette anse forme un véritable port et permet à un voilier d'attendre la renverse pour sortir du goulet.

Un môle en enrochements protège partiellement du clapot, qui lève fréquemment dans le goulet, un quai sur pilotis où il ne faut pas s'amarrer car les places sont réservées aux bateaux de l'Ifremer dont on aperçoit les bâtiments sur la colline dominant le port. Les bateaux mouillent dans toute l'anse sur de nombreux corps morts. Une perche dans l'entrée signale une roche isolée. Des grilles ferment l'accès au môle que borde une large cale. Elles laissent passer normalement les piétons mais il peut arriver que les débarquements doivent se faire en annexe sur la plage.

De nuit : le musoir du môle est signalé par un feu rouge (éclat 2 sec.).

La balise de danger isolé dans l'anse de Ste Anne qui se situe au pied des bâtiments de l'Ifremer.

L'accostage à quai est réservé en priorité aux bateaux de l'Ifremer Les bateaux de plaisance restent au mouillage.

Les deux rives du Goulet présentent des parois parfois escarpées devant lesquelles on ne peut guère mouiller. En premier plan la cale de Ste Anne.

HAUTEUR D'EAU A BREST		
Coef.	P.M	B.M
118	7,70 m	0,25 m
110	7,35 m	0,50 m
100	7,20 m	1,00 m
90	6,75 m	1,15 m
80	6,55 m	1,60 m
70	6,00 m	1,70 m
60	5,70 m	1,95 m
50	5,55 m	2,40 m
40	5,15 m	2,75 m

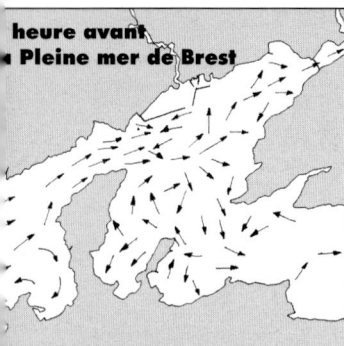

heure avant
Pleine mer de Brest

Pleine mer de Brest

faibles

POINTS GPS :

Phare du Petit Minou
48° 20,25 - 4° 36,76
Pte des Capucins
48° 19,23 - 4° 34,90
Tourelle de Mengan
48° 20,39 - 4° 34,47
Bouée basse Goudron
48°20,09 - 4°34,76
Bouée kerviniou
48°19,82 - 4°35,15
Cormorandière balise
48°20,66 - 4°31,69
Entrée de Ste Anne de Portzic
48° 21,51 - 4° 32,85
Mouillage du Dellec
48° 21,33 - 4° 33,63

L'ENTRÉE DE NUIT DANS LE GOULET DE BREST

L'alignement à **68°** de deux feux blancs scintillants directionnels à la pointe du **Petit Minou** et de **Portzic** dans l'entrée de la rade, indique clairement la route à suivre à 2 milles au sud du puissant feu blanc de la pointe **St Mathieu** (éclat 15 sec.) visible jusqu'à 29 milles à l'entrée nord du Goulet de Brest. Cette pointe est dotée d'un radiophare (indicatif SM sur la fréquence 289,6 khz.).

Ces deux feux blancs scintillants en alignement à 68° et visibles jusqu'à 22 milles présentent un secteur renforcé très étroit, moins de 2°. On viendra le relever en se plaçant sur l'alignement également à **68°** du feu blanc (2 occ. 12 sec.) du feu de **Portzic** qui est blanc de 360° à 65°5 par le feu (2 éclats 6 sec.) du **Petit Minou** lui aussi blanc de 15° à 65°5. Ces deux feux sont masqués sur l'alignement à 68° de manière à ne pas amoindrir l'efficacité des deux feux blancs scintillants.

En venant du chenal du Four, on peut virer la pointe St Mathieu au plus prés en laissant sur bâbord le feu rouge (éclat 4 sec.) visible de 280° à 113° de la tourelle des **Vieux Moines** puis le feu rouge (4 éclats 15 sec.) de la bouée à sifflet **Charles Martel** que rase l'alignement lumineux à 68°.

En se rapprochant du feu du Petit Minou, on s'écartera de cet alignement à 68° pour laisser à petite distance sur tribord le feu blanc scintillant rapide (9) 10 sec.de la bouée à sifflet du plateau des **Fillettes** et le feu également blanc (3 éclats 12 sec.)de la tourelle de **Mengan**. On notera que ce dernier feu couvre d'un étroit secteur rouge (34° à 54°) la bouée de la basse **Goudron** qui montre un feu rouge scintillant.

En passant à la hauteur du feu de **Portzic**, on peut faire route directement vers les feux scintillants rouge et vert balisant la passe d'entrée sud de la rade abri du port de Brest.

En venant du sud, les chenaux du **Petit Léac'h** et du **Toulinguet** étant impraticables ou dangereux à suivre dans l'obscurité, on viendra reconnaître à distance le feu blanc scintillant rapide (9) 10 sec. de la bouée ouest à sifflet de la **Vandrée** pour virer par l'ouest le feu vert (éclat 4 sec.) de la **Parquettte** d'où l'on fait route au **62°** sur le feu blanc (2 éclats 6 sec.) de la bouée **Swansea Vale**.

A son approche, on viendra légèrement sur tribord pour se placer dans le secteur renforcé du feu auxiliaire du phare de **Portzic** scintillant blanc (6) + EL 15 sec. intense de 45° à 50° qui indique la route à suivre dans la passe sud du goulet. Cette route laisse au nord le feu rouge (2 éclats 6 sec.) de la bouée de la basse **Kerviniou**, puis le feu scintillant

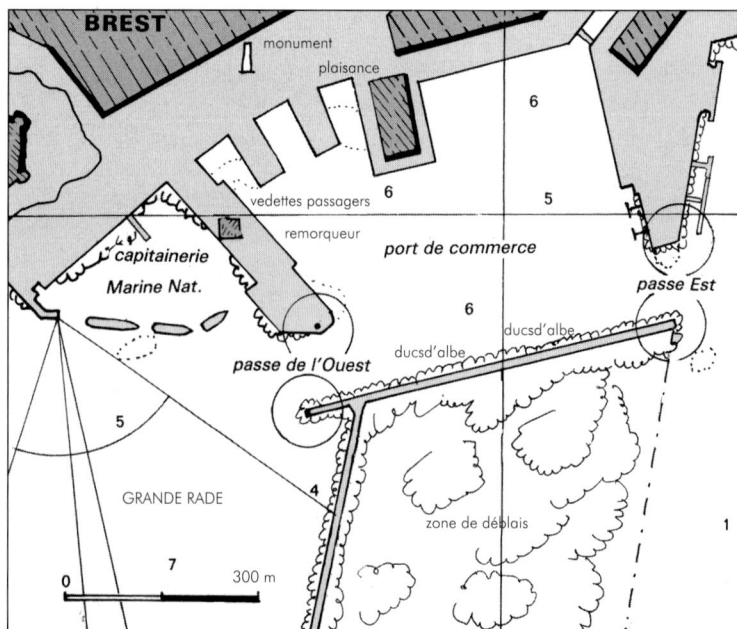

BREST

monument

plaisance

6

vedettes passagers

6

5

remorqueur

port de commerce

capitainerie

Marine Nat.

6

passe Est

ducsd'albe

ducsd'albe

passe de l'Ouest

5

GRANDE RADE

4

zone de déblais

1

7

0   300 m

également rouge de la basse **Goudron** et le feu blanc (3 éclats 12 sec.) de la tourelle de **Mengan**. Le secteur rouge (34° à 54°) du feu blanc de Mengan couvre les bouées Goudron et Kerviniou ainsi que le plateau des Fillettes.

Aucun feu ne signale le mouillage de **Bertheaume** et l'anse de **Ste Anne de Portzic** ne présente qu'un feu rouge (éclat 2 sec.) à l'angle du terre plein qui est masqué au sud par le môle.

La bouée de Kerviniou à l'Est du plateau des Fillettes.

La pointe élevée des Capucins sur la rive sud du goulet dont le pied est bordé de fortifications.

La jetée Est de la grande rade dont on aperçoit la tourelle de la passe sud sur la droite
En premier plan la tourelle qui borde au sud la passe d'entrée dans le port de commerce.

Une rangée d'anciens navires de guerre protège du clapot un plan d'eau réservé au club nautique de la Marine Nationale.

Le chenal qui passe devant les jetées de la grande rade, est balisé par des nombreuses bouées.

Voir carte de situation en p 11

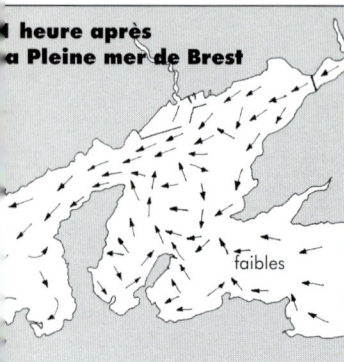

faibles

*L'accès de la rivière de la Penfeld
est interdit aux civils de même
que les installations du club
nautique sur les quais de la rade
derrière la rangée de vieux
navires.*

BREST

Depuis Colbert qui créa le collège des Gardes Marines, Brest est le premier arsenal de la Marine Nationale pour l'Atlantique. Il abrite une importante flotte de guerre dans la rivière de la Penfeld. Mais on ne peut venir admirer par bateau le château du XVe siècle dont les remparts dominent l'embouchure de la petite rivière car toute navigation est interdite dans la rade abri, dont les jetées ont été construites au XIXe siècle. Les bateaux de plaisance n'ont accès qu'aux darses du commerce à l'Est du port militaire.

Les bateaux de plaisance sont autorisés à pénétrer dans la rade par la grande passe sud, mais doivent gagner directement l'entrée du port de commerce à l'enracinement de la jetée Est, car tout le plan d'eau de la rade abri dans l'ouest de la passe sud, est réservé exclusivement aux navires de guerre.

La ligne à ne pas franchir relie le musoir de la jetée sud à la **bouée n° 1**, qui est mouillée du côté Est dans l'entrée de la rivière de la **Penfeld.**

La présence de quelques voiliers dans la rade derrière une rangée de vieux navires de guerre ne doit pas créer de confusion, car ces bateaux appartiennent au club nautique de la Marine dont les installations occupent le quai dans l'angle nord de la rade.

La passe d'entrée du port de commerce dans l'Est de la rade est encadrée par un pylône blanc et une tourelle à l'angle intérieur du mur abri.

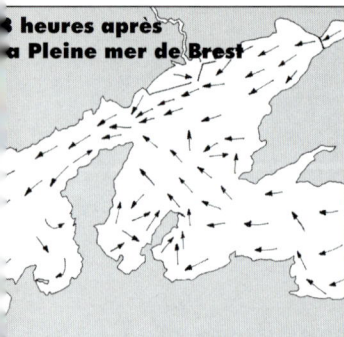

LE PORT DE COMMERCE

Trois darses échancrent la rive nord du port de commerce immédiatement en arrière de la passe ouest. La première darse est réservée exclusivement aux vedettes assurant les liaisons avec l'île d'Ouessant et à un gros remorqueur de haute mer surveillant le rail.

La darse **centrale n° 2**, à l'Est de l'immeuble du **Grand Large** et dans l'axe de la haute tour de granit rose d'un monument, est occupée en majeure partie par de petites barques de pêche et quelques bateaux de plaisance qui se tiennent sur plusieurs rangées de corps morts. Un peu de ressac peut se faire sentir par vent frais d'Est.

Les visiteurs viennent accoster le long des quais et plus particulièrement le quai Est que borde une cale. En saison, les places libres étant souvent rares, les bateaux en escale sont obligés de s'amarrer à couple.

Au sud du port de commerce, la digue abri en enrochements est bordée par une rangée de gros duc sd'albe qui permettent à quelques bateaux de croisière de s'amarrer avant/ arrière entre deux piles après autorisation de la capitainerie.

Ces trois darses sont également accessibles depuis l'extérieur de la rade par la passe Est en longeant plusieurs bouées qui délimitent la lisière d'une zone de déblais débordant assez largement le mur abri de la rade. Cette passe Est est large et s'embouque aisément. Le chenal à l'extérieur de la rade conduit plus à l'Est vers les quais du port des pétroliers où la plaisance n'a pas accès et vers le port du **Moulin Blanc,** la plus grande marina de la rade de Brest.

Cette haute tour de granit domine la darse centrale du port de commerce.

Pas de ponton, les petits bateaux locaux s'amarrent sur des corps morts dans le 3 éme bassin. Les deux premiers sont réservés au trafic commercial et aux services du port.

Le musoir de la passe Est. Dans l'intérieur du bassin, une rangée de ducs d'albe permet de s'amarrer sans risquer de toucher les enrochements.

De nuit : Depuis le goulet, il suffit de venir raser, le feu rouge (3 éclats 12 sec.) de la bouée **Pénoupéle** pour rejoindre l'entrée sud de la grande rade. Un seul danger : les navires de guerre dont il faut s'écarter impérativement et qui peuvent naviguer déjà à bonne vitesse.

La grande **passe sud** de la rade abri, est couverte par le secteur blanc (344° à 351°) d'un feu (2 occ. 6 sec.) placé dans l'intérieur de la rade, à l'angle des quais nord. On reste dans ce secteur blanc jusqu'à se trouver par le travers de l'axe de l'entrée du port de commerce qui est encadrée par un feu rouge (isophase 4 sec.) et un feu vert (éclat 4 sec.). Des lampadaires éclairent convenablement tous les quais des darses du port de commerce.

Les deux feux rouges (isophases 5 sec.) en alignement à **314°** dans l'intérieur de la rade indiquent l'axe de la passe d'accès du port militaire dont l'accès est interdit aux bateaux de plaisance. L'entrée par la **passe Est** du port de commerce ne présente aucune difficulté particulière. Elle est encadrée par deux feux rouge et vert (2 occ. 6 sec.).

POINTS GPS :

Bouée Penoupéle
48°21,52 - 4°30,40
Bouée R2
48°22,07 - 4°28,65
Bouée R3
48°22,55 - 4°27,27
Bouée du Moulin Blanc
48°22,87 - 4° 25, 88
Bouée Keraliou Elorn.
48°23,17 - 4°24,84

LE MOULIN BLANC

Le port de plaisance de Brest a été aménagé à la sortie Est de la ville, dans l'anse du Moulin Blanc à 3 milles de l'entrée principale de la grande rade. 1350 bateaux peuvent s'abriter dans deux bassins derrière des brise-lames flottants qui cassent le clapot par vent d'Est.

Plus de 1200 bateaux peuvent s'amarrer aux pontons en avant d'une vaste zone technique

Le port de plaisance du Moulin Blanc est accessible par tous les temps en remontant le chenal vers les deux viaducs visibles de loin à l'entrée de l'Elorn jusqu'à la bouée bâbord du Moulin Blanc où l'on embouque un court chenal profond de 4 m balisé à mi-parcours par deux petites bouées MB1 et MB2.

Le port est délimité au nord d'un ancien môle par deux rangées de pontons flottants formant brise clapot contre les vents d'Est et par une chaîne de bouées au nord qui casse également le clapot. Les fonds sont dragués entre 1,50 m et 3 m dans le bassin nord et à 5 m dans le bassin sud. Les deux bassins sont séparés par un haut môle central en enrochements inaccessible. La passe d'entrée commune au sud est encadrée par deux perches en bout des brise-lames et une bouée Est marquée **MBA** balise le musoir du môle dont les abords ne sont pas francs.

Pas de massives et coûteuses digues en enrochements. En dehors d'une courte jetée, le port est simplement protégé par des brise-lames flottants qui par leur poids se montrent efficaces. Leurs extrémités portent un feu.

Le brise lames en bout du môle central.

1320 bateaux peuvent s'amarrer le long de 13 pontons coulissant sur pieux et reliés par deux passerelles aux terre-pleins. On compte encore 70 places sur bouées dans la partie N.E du plan d'eau en lisière du brise lame. 100 places sur pontons sont réservées aux bateaux en escale qui sont invités à venir accoster le ponton de la capitainerie le long du môle central où se situe à l'enracinement le poste de carburant fonctionnant la nuit en libre service. Les plus grands yachts, jusqu'à 30m, s'amarrent le long du brise lames sud de chaque bord. Deux larges cales encadrent le môle central, au sud pour les dériveurs, au nord pour les mises à l'eau et les carénages que facilitent les quais latéraux. Le terre plein nord forme une vaste zone technique avec commerces, ateliers et restaurants tandis

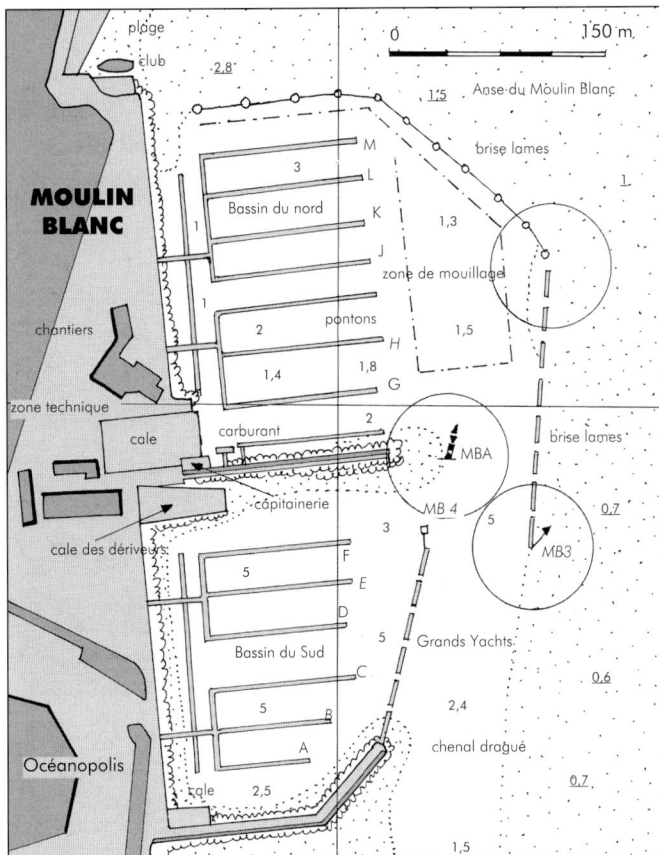

**SERVICES
BREST
PORT DU MOULIN
BLANC**

Capitainerie T. 02 98 02 20 02
fax 02 98 41 67 91. 8h/20h en
saison. h.s 9h/12h - 14h/19h.
VHF canal 9.
1330 places à flot sur pontons.
30 m maxi. 100 visiteurs.
Eau, électricité, sanitaires,
laverie, glace.
Élévateur 15 et 35 t. grues 6 et
12 t. slip 10 t. cale de
carénage. cales.
Carburant à quai près de la
capitainerie.

Accastilleurs -
Comptoir Maritime sur le port
T. 02 98 02 30 04
Le Couteur sur le port
T. 02 98 02 49 02
Navi Ouest sur le port
T. 02 98 42 03 57
Berra Marine Service 46 rue
Amiral Troude
T.02 98 44 44 91

Mécaniciens :
Armor Moteur 1 rue Alain
Colas T. 02 98 43 04 18
Jet Marine sur le port
T. 02 98 41 80 25
St Marc Plaisance sur le port
T.02 98 44 51 40

Voilerie :
Voiles Océan Rue A Colas.
T. 02 98 80 28 32.
Iroise Gréement rue Alain
Colas T. 02 98 44 70 61
Neil Pryde France 47 rue Bruat
T. 02 98 44 33 23
Voiles Incidences rue A. Colas
T. 02 98 44 79 80

Librairies maritimes
Librairie Dialogue forum Roull
T. 02 98 44 55 42
Italique 75 rue de Siam T.
02 98 44 36 14
Méridienne 31 rue Traverse
T.02 98 46 59 15
Belmar 7 quai Cdt Malbert T.
02 98 44 39 61

que le trre plein au sud a été aménagé en espaces verts autour du grand bâtiment pyramidal qui abrite les **Océanides,** un gigantesque aquarium évoquant le monde marin.

De nuit : Les bouées du chenal de **l'Elorn** sont toutes éclairées. Il suffit de laisser sur bâbord après avoir doublé les deux feux rouges (2 éclats 6 sec et Eclat Long 10 sec.) des bouées n° **R2** et **R4** puis le feu blanc scintillant (6) + EL 15 sec. de la bouée sud **R3** du bassin pétrolier pour venir virer le feu rouge (3 éclats 12 sec.) de la bouée du **Moulin Blanc.** Entre les deux derniers feux, un feu rouge (4 éclats 15 sec.) signale la prise d'eau de l'aquarium d'Océanopolis.

Les bouées **MB1** et **MB2** du chenal du port du Moulin Blanc se signalent par des feux rouge et vert (éclat 2 sec.) tandis que les extrémités du brise-lames flottant sont balisées au sud par un feu vert (éclat 2 sec.) et au nord par un feu rouge (éclat 2 sec.) de manière à encadrer la passe d'accès du bassin sud. Dans l'intérieur du port, la bouée **MBA** en bout de l'épi central se signale par un petit feu blanc scintillant (3) 10 sec.

Les plus grands yachts accostent le long du brise lame sud des deux bords.

Le vaste aquarium des Océanides se situe sur le terre plein du port. En premier plan la cale des dériveurs des écoles de voile.

La grande cale de la zone technique au centre du port. On peut échouer le long des deux quais qui l'enserrent.

La capitainerie à l'enracinement du môle central côté nord.

Vieux gréements et catamarans de course océanique ont pris le Moulin Blanc pour port d'attache.

LA RIVIÈRE DE L'ELORN

L'Elorn est navigable sur 7 milles jusqu'au vieux port de Landerneau qui n'est toutefois accessible qu'à marée haute. la remontée de la rivière est une belle promenade champêtre en bordure des prairies et des bois.

Le grand pont Albert Louppe dans l'embouchure de l'Elorn a été doublé par un second viaduc d'une même hauteur mais d'une seule arche.

L'**Elorn** se rétrécit rapidement après l'anse du **Moulin Blanc** pour passer sous les arches du pont Albert Louppe, un viaduc de béton à 3 arches qui laisse 30 m de tirant d'air. Il a été récemment doublé par un nouveau viaduc de 25 m, mais qui enjambe la rivière d'une seule arche. Seule la troisième arche, côté ouest, du plus vieux viaduc est praticable en basse mer de vives eaux.

Les **courants** dans la rivière varient entre 2,5 et 3 nœuds. Les bateaux restent au mouillage en lisière du chenal qui est balisé par de nombreuses bouées et perches jusqu'au port de Landerneau, accessible qu'à la pleine mer pour des bateaux calant au moins 2 m.

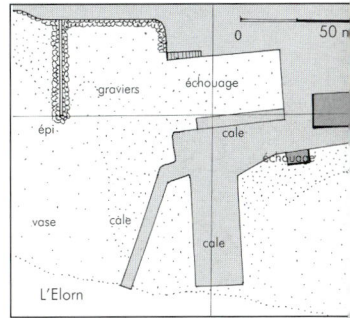

Les deux cales du Passage avec la zone d'échouage sur la gauche près d'un petit môle.

LE PASSAGE

On peut mouiller à 0,7 mille en amont des deux viaducs, rive sud en avant des deux cales du Passage en utilisant des bouées. Ces deux cales qui s'avancent sur les graviers de la berge jusqu'au lit de la rivière, servaient autrefois à un bac. Le clapot peut être désagréable par vent d'ouest sur le mouillage. Un large épi en enrochements protège de l'envasement en amont des deux cales, une petite darse où l'on échoue le long des quais. Une cale ne permet les mises à l'eau qu'à la pleine mer. Un site tranquille pour la nuit.

On peut échouer au droit des quais de la petite darse ou sur la cale elle-même.

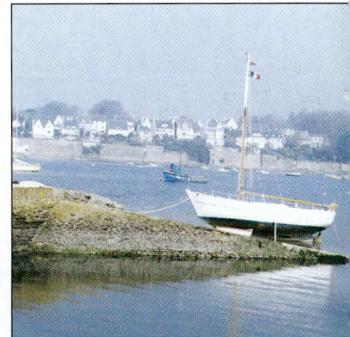

LE RELECQ KERHUON

On peut mouiller devant la cale du Relecq Kerhuon à la pointe du **Gué Fleuri**, sur la rive opposée du Passage. L'abri est médiocre contre le clapot que lèvent dans la rivière les vents d'ouest. Un épi en enrochements protège la cale où deux gros trépieds de bois facilitaient le carénage. On peut béquiller sur des fonds assez sains en haut de la cale du côté Est. Attention aux viviers sur le platin de sable et de roches un peu plus en amont A 300 m en avant de la digue qui ferme l'anse de Kerhuon, un vaste platin de sable et vase est utilisé pour l'échouage des barques locales.

La pointe du Gué Fleuri au Relecq Kerhuon à l'Est de la baie de Camfrout qui forme une première zone de mouillage en amont du pont sur la rive Nord.

La cale du Gué Fleuri facilite l'échouage avec dans son axe des blocs de maçonnerie

Le vaste platin d'échouage un peu vaseux dans l'anse de Kerhuon où une digue retient un plan d'eau.

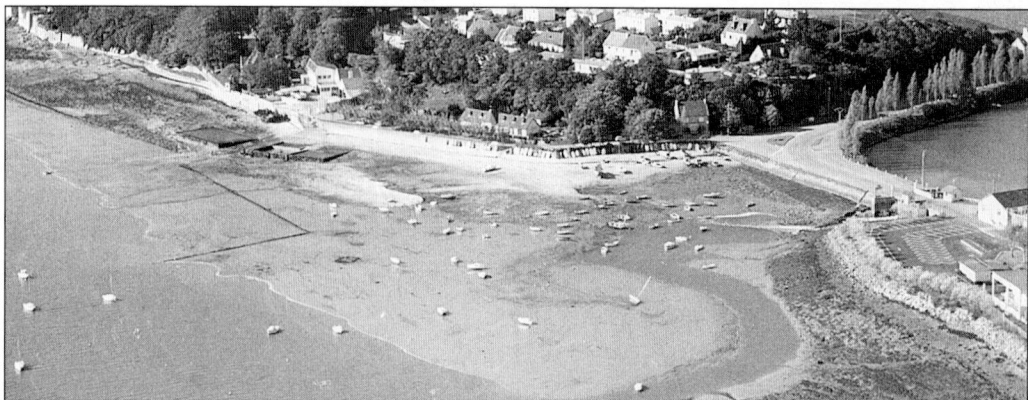

L'anse **St Nicolas** à 2,5 milles en amont du pont offre incontestablement une meilleure protection dans un creux de la rive nord que domine le pylône d'un feu. Un quai déborde la rive à l'ouest. On pourrait y accoster presque à basse mer (0,50 m) s'il n'était réservé aux militaires.

Plus en amont, après la tourelle rouge de **St Jean**, le chenal balisé par de nombreuses bouées se rétrécit mais n'est plus navigable à basse mer qu'avec un tirant d'eau réduit. Les rives sont partout débordées par des platins de vase découvrants. Quelques anses creusent légèrement le rivage au débouché de ruisseaux comme à **Poul ar Velin**, rive nord à un mille environ de la tourelle **St Jean**. Les bateaux échouent sur une grève en avant d'un petit quai dans un beau décor boisé.

Le pont à l'extrémité du canal qui en 1 300 m conduit jusqu'au port de Landerneau. Une traverse s'ouvre pour les voiliers.

Le port de **Landerneau** n'est accessible qu'à marée haute après avoir franchi un pont bas dont le tablier coulisse sur demande entre 1 h 30 avant et après la P.M. En outre la demande d'ouverture doit être faite 12 h à l'avance au centre de secours T. 02 98 85 16 16. Le passage est étroit. Un long canal bordé de peupliers et de pelouses conduit jusqu'aux quais du vieux port. On peut échouer au droit ou béquiller dans le milieu de la rivière. Un pont bas interdit de passer dans le fond de l'ancien port. L'environnement est fort joli avec les quais ombragés et les façades des vieilles maisons de granit. L'Elorn passe sous les vieilles demeures du pont de Rohan

Les quais sont bordés de vieilles maisons de granit qui forment un agréable décor pour les bateaux au mouillage dans le lit de la rivière.

De nuit : L'entrée de la rivière de l'Elorn est balisée par le feu vert (isophase 4 sec.) de la bouée **Keraliou** après le feu rouge (2 éclats 12 sec.) de la bouée du **Moulin Blanc**. L'arche navigable du viaduc au nord est encadrée par deux feux fixes rouge et vert et les axes des deux arches sur le tablier sont signalés par deux feux blancs également fixes. On double encore deux feux rouges (2 éclats 6 sec.) et (éclat 4 sec) sur les bouées n° 2 et 4 puis un feu vert (éclat 4 sec.) sur la bouée n°3 avant d'atteindre le virage de **St Nicolas** où un étroit pinceau blanc (18° à 22°) d'un feu directionnel (2 éclats 6 sec.) indique très exactement la route à suivre entre deux secteurs vert et rouge. Le quai de St Nicolas se signale par un petit feu rouge (éclat 4 sec.) à l'angle sud. Plus en amont les bouées ne sont pas lumineuses mais on peut se repérer à l'aide d'un projecteur.

LA POINTE DE L'ARMORIQUE

À la pointe de l'Armorique, qui sépare les embouchures des rivières de l'Aulne et de l'Elorn, le passage à terre de l'île Ronde est étroit mais praticable à basse mer. Les courants peuvent y atteindre près de 2 à 3 nœuds. Deux gros blocs en maçonnerie émergent en permanence à 700 m dans l'Est de l'île. Ils étaient utilisés pour l'amarrage de grands navires car la profondeur dépasse les 10 m..

Le passage à terre entre l'île Ronde et la pointe de l'Armorique vu du N.W.

Attention à bien rester dans l'axe sur une route Est/ouest dans le passage à terre.

À 600 m dans l'Est de l'île Ronde émergent deux gros blocs de béton qui peuvent servir de poste d'amarrage à des navires.

L'ANSE DU CARO

À moins d'un mille au nord de la pointe de l'Armorique, l'anse de Caro est un mouillage agréable par beau temps ou vent de terre mais intenable par les vents dominants de N. W et ouest. La cale balisée par une perche, n'offre guère de protection. Les posées assèchent d'environ 1,50 m. On peut rester au mouillage dans l'ouest de la cale par 2 à 4 m d'eau sans autre protection que des vents de terre. Les bateaux locaux s'amarrent sur des chaînes avec un orin très court.

Toute l'anse découvre des fonds de sable bien plats où débouche un petit ruisseau. Les fonds assèchent entre 3 et 4 m au centre de l'anse.

L'unique cale de l'anse Caro où la marée découvre des fonds de sable plat.

POINTS GPS :

boué basse du Renard
48°19,82 - 4°29,00
Bouée de lanveoc
48°19,19 - 4°28,47
Bouée n°4 chenal de l'Aulne
48°18,45 - 4° 22,06

L'ANSE DE L'AUBERLAC'H

À deux milles à l'ouest de la baie de Daoulas, l'anse de Lauberlac'h offre un mouillage à flot convenable sauf par vent frais de S.W. Le plan d'eau est vaste et l'entrée dégagée de tout danger.

On mouille par 2 à 3 m d'eau en avant du petit port de pêche de la rive N.W. Les fonds n'assèchent que de 1,60 m au musoir du môle que borde une belle cale. Les bateaux échouent l'étrave tournée vers le perré et le bar des Mouettes. Le site est plaisant. Un rendez-vous de vieux gréements. Un curieux cordon de sable isole à marée basse le fond de l'anse où se situe le petit abri de **Saint Adrien**, un creux du rivage entouré de quelques maisons où viennent hiverner de vieux bateaux. Le seuil est le plus bas à l'extrémité S.E du banc de sable au ras du rivage.

Sur la rive S.E de l'Auberlac'h, face au port, s'avance la cale du **Four à Chaux** que protège du clapot, un mur abri prolongé par un escalier. Les fonds découvrent de 2 m en bout de la cale.La cale est indépendante du mur. Les bateaux échouent aux abords.

Curieusement un cordon de sable et de gravier barre le fond de l'anse accessible uniquement à marée haute.

Les bateaux échouent en avant du terre plein du bar, un rendez-vous d'amateurs de vieux gréements.

La petite grève de St Adrien en arrière du cordon de sable. Un abri des plus tranquilles.

43

L'Auberlac'h

POINTS GPS :

boué basse du Renard
48°19,82 - 4°29,00
Bouée de lanveoc
48°19,19 - 4°28,47
Bouée n°4 chenal de l'Aulne
48°18,45 - 4° 22,06

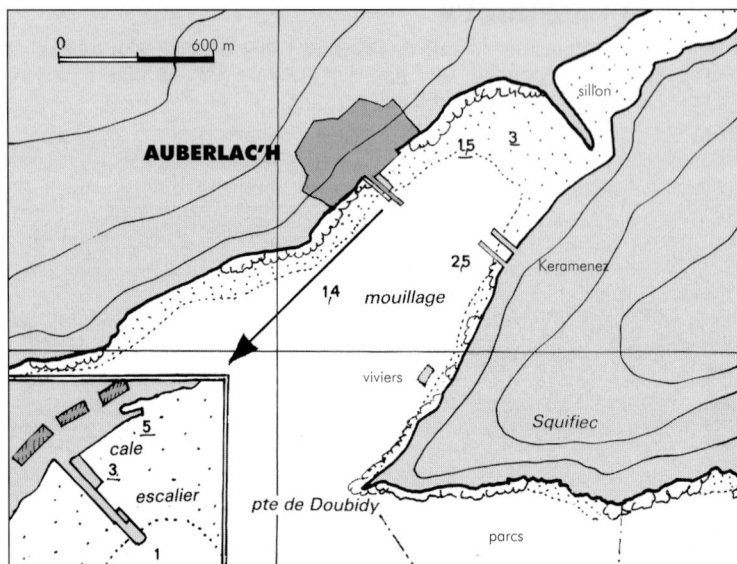

AUBERLAC'H

silhon

Keramenez

mouillage

viviers

Squifiec

cale

escalier

pte de Doubidy

parcs

Le musoir du môle de l'Aberlac'h est le meilleur point d'accostage avec l'échelle ou mieux encore l'escalier

Sur la rive opposée s'avance la cale du Four à Chaux que protège du clapot un petit môle.

LA BAIE DE DAOULAS

Les fonds de sable et de vase sont couverts de moins de 1 m d'eau dans l'entrée de la baie en basse mer de vives eaux. Mais aucune tête de roche n'est à craindre entre la perche de la Chèvre et la pointe de Bindy. Le plus simple est de faire route au **48°** depuis la bouée n° 4 de l'Aulne vers l'entrée du chenal de la rivière de **Daoulas**. Il ne faut pas tenter de mouiller dans la baie de Daoulas car le risque est grand d'échouer dans un parc à huîtres.

PORT TINDUFF

Cet abri sur la rive ouest à l'ouvert de la baie de Daoulas à 0,7 mille au nord de la balise de la **Chèvre**, est utilisé par une petite flotte de chalutiers qui reste à flot au mouillage par 2,50 m à 3 m dans l'Est et le N.E. d'un mur qui protège une longue cale parallèle mais indépendante dont le musoir vertical signalé par une perche à cylindre rouge est accostable avec 1,50 m d'eau à basse mer. Deux marques indiquent où les bateaux de passage peuvent accoster. Mais il ne faut pas gêner les pêcheurs actifs dans ce petit port.

La rivière de Daoulas vue du N.E. avec dans le fond le port de Tinduff. Il ne reste à basse mer qu'un filet d'eau au milieu de bancs de vase un peu molle.

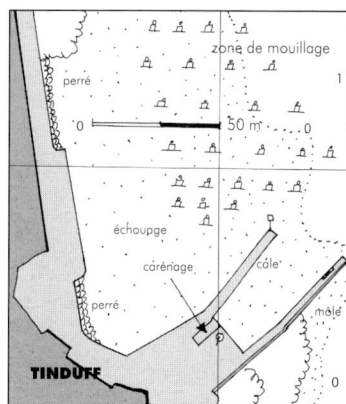

Le môle de Tinfuff protège une longue cale du clapot. Mais le mouillage bénéficie d'une protection naturelle par vents d'ouest.

La grande cale avec dans le fond la zone de mouillage.

Voir carte de situation en p 14

45

La grève de Rostiviec que bordent une cale et un perré.

Quelques barques et chalutiers échouent sur la grève au nord de la cale sur des fonds de sable et de graviers en avant du petit quai d'un terre plein. Quelques enrochements le séparent d'un second quai qui borde un long terre plein. Les fonds assèchent en avant des quais et des perrés. La zone de mouillage au nord de l'extrémité de la cale dispose de 170 bouées sur chaînes.

Les deux anses du **Moulin Neuf** et de **Penfont** qui s'enfoncent vers le nord assèchent totalement et ne comptent aucun mouillage ou abri particulier en dehors de Rostiviec sur la rive Est de l'anse de Penfont.

ROSTIVIEC

La pointe de Rostiviec délimite au nord l'entrée de la rivière de Daoulas. Sur son flanc ouest, à 1 000 m de la pointe, une vieille cale assez glissante, déborde l'extrémité sud d'un quai accostable que prolonge une large cale. Les posées sont franches au droit du quai et la grève au nord est bordée par le perré du terre-plein d'un club nautique. Les fonds découvrent de 1,80 m à 2 m au musoir de la cale et de 3 m le long du quai. Le site de Rostiviec est assez isolé. On prendra garde en le rejoignant à rester dans l'axe de l'anse et à parer un bloc de maçonnerie qui gît à environ 200 m dans l'ouest de la cale.

Dans l'anse de Penfoul, près de la cale de Rostiviec, les bateaux échouent sur les grèves comme dans toutes les petites rivières de la rade.

LA RIVIÈRE DE DAOULAS

Elle est navigable sur 2 milles presque à basse mer en suivant un étroit chenal non balisé parmi les bancs de vase.

On peut échouer en bordure des rives généralement boisées de la rivière de Daoulas en avant de nombreuses petites anses comme celles de **Roz** ou de **Saint Jean** au sud de la **pointe du Château**, un îlot qui recouvre au 3/4. ainsi qu'à **Porz Beach** en lisière de la même rive sud, face à la pointe de **Kersafloc'h** où le chenal prend une direction plein nord et se rétrécit. La pointe de Kersafloc'h protège une grève où les bateaux échouent jusqu'en lisière des arbres au milieu de bancs d'herbes dans le creux de la cunette d'un ruisseau.

Les bateaux restent au mouillage en avant de la petite plage de sable de **Porz Beac'h** dans 2 m d'eau . Le site fort tranquille, dans un environnement boisé, est apprécié par les vieux gréements. A l'ouest de la plage, une cale se terminant par un escalier forme un petit quai où l'on peut échouer.

Les deux anses du Roz et de St Jean au sud de la pointe du Château dans l'entrée de la rivière de Daoulas sur la rive Est.

Les anses St Jean et du Roz offrent à marée haute un plan d'eau bien abrité sauf des vents d'ouest.

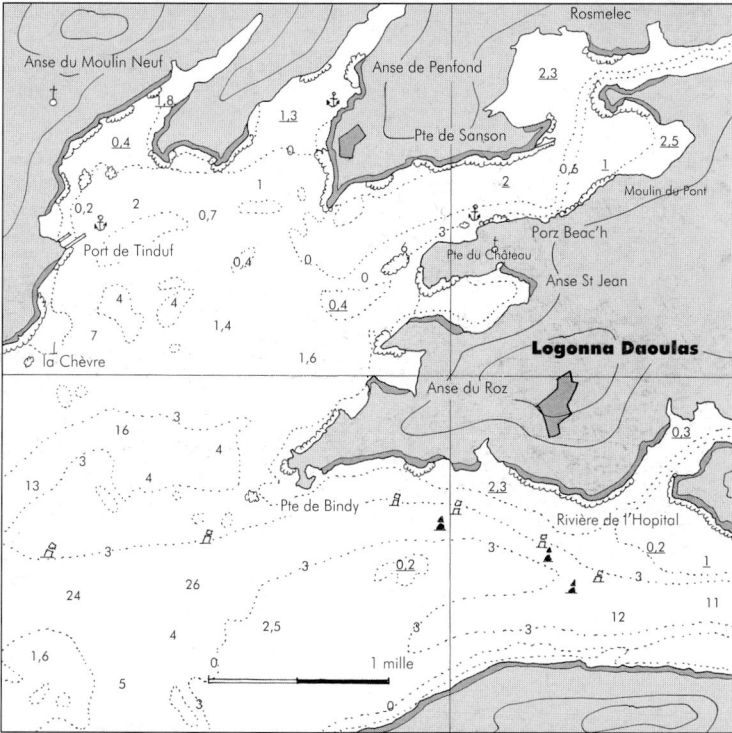

Anse du Moulin Neuf
Anse de Penfond
Rosmelec
Pte de Sanson
Anse du Moulin Neuf
0.4
1.8
1.3
2.3
0.2
2
0.7
1
0.4
0.6
1
2.5
Port de Tinduf
Pte de Sanson
Moulin du Pont
Porz Beac'h
Pte du Château
Anse St Jean
0.4
0
0.4
4
4
1,4
7
la Chèvre
1,6

Logonna Daoulas

Anse du Roz
3
16
4
3
4
13
0.3
Pte de Bindy
2.3
Rivière de l'Hopital
3
0.2
1
3
3
24
26
0.2
3
11
1,6
2,5
3
12
5
3
1 mille
0

Le mouillage de Porz Beach à 1 500 m en amont de la pointe du Château sur la rive sud. Des vieux gréements restent à flot dans le lit de la rivière profond de 2 m.

Passé la pointe de Rosmélec, la rivière se resserre pour s'enfoncer entre deux rives verdoyantes. Les bateaux se tiennent dans les creux où il reste un peu d'eau à basse mer.

Voir carte de situation en p 14

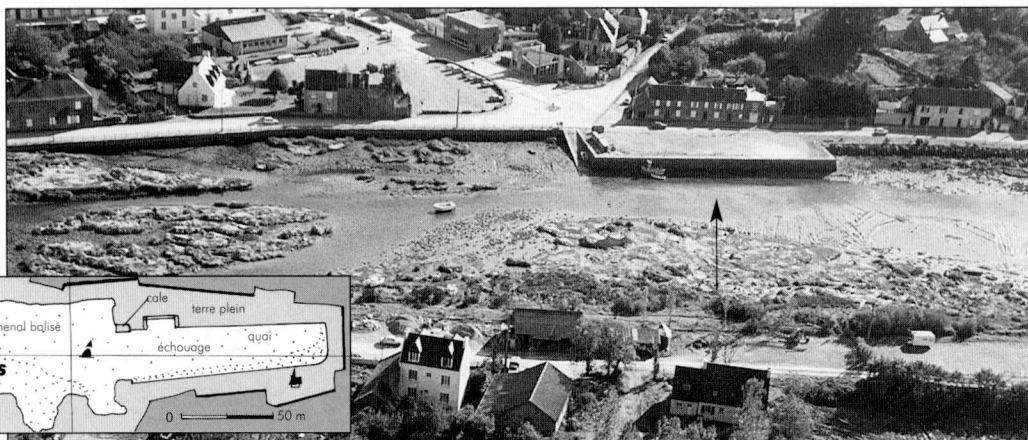

Tout le port de Daoulas est envahi par des bancs de sable et d'herbes la plupart du temps à sec.

Le **port de Daoulas** est pratiquement abandonné. Le terre plein sur la rive Est à 3 milles de l'entrée n'est accostable qu'à la pleine mer. Les fonds découvrent de 5 m et de 6 m tout au fond de la rivière qui se perd au milieu des bancs d'herbes et de vase.

Même les plaisanciers se font rares dans ce port très éloigné de la rade.

On accoste au quai de l'unique terre plein où il ne reste qu'un filet d'eau à basse mer.

Le rivage légèrement escarpé est souvent bordé d'une frange de roches comme ici à la pointe de Pen a Lan dans l'ouest de l'entrée de la baie de Daoulas.

LA RIVIÈRE DE L'HÔPITAL CAMFROUT

S'enfonçant de 2 milles dans la campagne, à hauteur des bouées n° 3 et 14, cette rivière bordée de bois épais et de belles prairies est un des plus beaux sites de la rade de Brest, mais elle assèche presque en totalité.
De nuit : Pas de balisage lumineux. La rivière est impraticable dans l'obscurité.

*Le vieux moulin à l'entrée d'une vaste retenue qui entraînait le mouvement des roues.
Un environnement boisé particulièrement agréable*

La petite cale près du moulin On peut mouiller en avant dans le milieu de la rivière à la limite du zéro des cartes.

MOULIN MER

Sur la rive nord de l'Hôpital Camfrout, à 800 m de l'entrée, l'anse de Moulin Mer offre un agréable site pour l'échouage sur un platin de sable près d'un vieux quai ombragé de pins. Il reste assez d'eau dans le chenal à basse mer pour atteindre le mouillage. On peut échouer également le long du quai intérieur de la cale qui est balisée au musoir par une perche à losange jaune. Du côté Est de l'anse, se situe le terre plein et la cale d'une importante école de voile tandis que dans le fond de l'anse, un étroit passage donne accès à un vaste plan d'eau asséchant qui servait autrefois de retenue pour actionner les roues d'un moulin à marée. La minoterie est transformée en restaurant. Le site est agrémenté par des arbres d'essences fort variées

KERASCOUET

A 0,8 mille de la pointe de **Hanec**, la rivière dessine un S et forme un plan d'eau abrité des vents d'ouest. Le mouillage est assez fréquenté en été. Une cale s'avance à la pointe de la rive sud.

Un agréable terre plein le long du quai qui fait face à la belle église de l'Hopital Camfrout.

LE PORT DE L'HOPITAL

Il faut attendre la marée haute avec 2 m de tirant d'eau pour rejoindre l'ancien port de l'Hôpital, un large bassin bordé au nord par un long quai où les posées qui assèchent de 5 m sont franches. Mais partout ailleurs les fonds de cailloux et d'herbes ne facilitent pas le béquillage. La rive sud est également bordée par un petit quai jusqu'à l'église, de sorte que les possibilités d'accostage ne manquent pas, d'autant plus que les bateaux de plaisance sont généralement peu nombreux.

La vieille église qui domine le port du Faou date du XVIe siècle et le bourg conserve d'anciennes maisons en encorbellement avec façades d'ardoises.

Le bassin pouvait accueillir des navires importants mais ils ne viennent plus que très rarement.

Il ne reste à basse mer qu'un filet d'eau le long du quai

LA RIVIÈRE DU FAOU

La rive nord de l'embouchure de l'Aulne est profondément échancrée par les estuaires de plusieurs petites rivières qui assèchent entièrement, ne laissant qu'un filet d'eau. La rivière du Faou est la plus à l'Est dans la première boucle de l'Aulne.

La remontée de la rivière du Faou comme celle de l'Hôpital Camfrout n'est possible qu'aux environs de la pleine mer, car les fonds de vase découvrent de 5 m dans l'ancien port au bout de la rivière. Une dizaine de bouées de 1 à 9 balisent le chenal. Un bateau calant 2 m doit atteindre le Faou au plus tard 30 minutes après la pleine mer. Le port est bordé au nord par un long quai qu'utilisent les sabliers et quelques bateaux de pêche. Les places ne manquent pas pour passer une nuit tranquille. Une cunette est creusée au droit du quai et les courants de la rivière assurent un dragage de la vase. Toute la rive sud est en revanche bordée d'enrochements inaccostables jusqu'à hauteur du terre plein de la vieille et belle église qui met une touche pittoresque en bordure de ce vaste bassin qui a perdu son activité d'antan. **De nuit :** Pas de feu dans la rivière du Faou qui est impraticable dans l'obscurité.

ANSE DE KEROULLE

Cette ria est très envasée et il reste peu d'eau à basse mer, 1 m sur le mouillage au nord de l'île **Tibidy** qui, dans l'entrée, offre un abri sûr.
Sur la rive opposée, la pointe de **Gluziau** dessine également une anse abritée des vents d'Est. On peut également échouer dans la rivière du Faou en lisière de la rive nord à hauteur du clocher de Lanvoy.

LA RIVIÈRE DE CHATEAULIN

Dans le fond de la rade de Brest, au S. E, se jette l'Aulne, une rivière large et profonde qui coule tranquille entre des collines boisées assez sauvages. Elle est aisément navigable sur 17 milles jusqu'au port de Chateaulin où l'on pénètre dans le canal qui menait autrefois à Nantes.

La navigation était importante sur l'Aulne au début du siècle, car elle mettait en communication le port de commerce de Brest avec tout le pays breton. Ce trafic a pratiquement disparu mais les plaisanciers ne sauraient sans plaindre.

La partie la plus resserrée du chenal se situe à la hauteur des bouées n° 12 et 3 de la Traverse de l'Hopital qui ne sont distantes que de 120 m et la largeur du chenal profond de 7 à 8 m ne dépasse pas 20 m.

Les premières bouées du chenal se repèrent à mi-distance entre les pointes de **Pen ar Vir** et du **Bindy** au sud de l'ouvert de la baie de Daoulas, où le chenal profond de plus de 15 m se rapproche de la rive nord. La première bouée n°4 est éloignée de 2 milles vers l'ouest de la première bouée tribord verte n°1. Le chenal est ensuite balisé plus régulièrement des deux bords jusqu'à la bouée n°24 dans la partie resserrée de la rivière où la sonde indique encore 10 m.

L'Aulne coule entre deux rives de plus en plus rapprochées dans un paysage de collines très verdoyantes, en avant de quelques belles maisons de granit qui rappellent que la rivière fut au siècle dernier une voie d'eau très commerçante.

LANDEVENNEC - PORT MARIA

Le chenal de l'Aulne décrit un large virage pour contourner à distance la pointe de Landévennec où s'élèvent les bâtiments d'une abbaye, car le rivage est débordé par un vaste platin de vase découvrant jusqu'à la bouée n°9. Toutefois sur la rive nord de la pointe, la ligne du zéro des cartes se rapproche de la petite cale de **Port Maria** qu'un mur abri protège du clapot par vent d'ouest. Son extrémité est balisée par une perche à cône.

Au N. E de la cale, un mouillage est organisé sur bouées. 10 places sur les bouées extérieures, numérotées de A à E et de A1 à E1 sont réservées aux visiteurs. Les 66 autres bouées sont attribuées aux plaisanciers locaux. Attention aux roches découvrantes qui séparent les deux zones de mouillage. L'abri est très médiocre par les vents d'ouest à l'Est par le nord, un dur clapot agitant le plan d'eau.

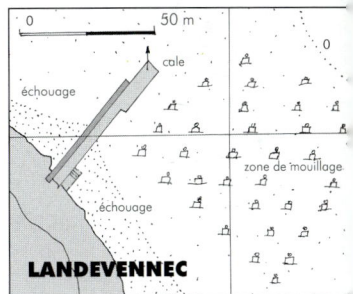

Le plan du mouillage de Landevennec sur la rive sud dans l'entrée de la rivière.

Les navires de guerre avant leur démolition sont mouillés au pied d'un rivage escarpé dans le coude nord de la boucle de l'île de Térenez à Port Styvel.

Le mouillage et la cale de Landevenec.

Le mouillage est bien organisé en avant d'une grève où s'avance une cale près de l'église

Les deux rives de la rivière sont ourlées d'une frange de sable où pointent quelques platins de roches.

Les **courants** peuvent être forts à mi-marée, jusqu'à 2,5 à 3 nœuds. Le flot débute 5 h avant la pleine mer et le jusant 15 à 30 minutes après.

PORT STYVEL

Le chenal au sud de la pointe de **Landévennec**, à hauteur de la bouée n° 22, passe en avant d'un appontement en eaux profondes mais l'accostage y est interdit car le ponton est englobé dans une zone militaire. Au nord de la courbe serrée que décrit ensuite la rivière, le chenal rase de près le pied de collines escarpées et boisées. De vieux navires de guerre et des chalutiers amarrés sur des coffres attendent en ce lieu tranquille dénommé **Port Styvel**, le moment d'être livrés au chalumeau des démolisseurs. L'abri est très sûr derrière les hautes collines et l'on peut profiter d'un coffre pour s'arrêter momentanément, mais il est interdit d'accoster les bateaux placés sous surveillance.

Passé l'**île de Térenez** qui est plutôt une presqu'île, la rivière s'enfonce entre des rives toujours boisées et assez élevées. La forêt de Landevenec recouvre tout le plateau à l'ouest de la rivière. On peut encore mouiller rive ouest à l'ouvert de deux petites anses. Plus amont, la rivière de Chateaulin vient passer sous le grand pont suspendu de Terenez de 27 m de tirant d'air.

Profonde de 5 à 8 m, l'Aulne serpente tranquille dans cette région assez accidentée et élevée du massif de l'Armorique. En été, de nombreux bateaux mouillent jusqu'au milieu du lit de la rivière.

Les **courants** dans ce passage peuvent atteindre 2 à 3 nœuds en vives eaux. Le flot débute 4 h 30 avant la pleine mer et le jusant 15 à 30 minutes après.

Le pont de Térenez haut de 27 m relie deux rives très boisées.

Le second coude de la rivière en amont du pont avec en premier plan le mouillage de Trégarvan.

À **Trégarvan** s'avance une petite cale à l'extrémité du perré d'un terre plein. Les fonds qui découvrent au droit offrent des posées assez franches. Plus en amont dans la courbe suivante, rive sud, on croise à hauteur du **Passage** une cale mais le perré du terre plein est inaccostable.

ÉCLUSE DE GUILVY-GLAS

A 12 milles de Landevenec, un grand viaduc de pierre de 20 m de tirant d'air enjambe la rivière juste en amont de l'écluse de Guilvy Glas, la première du canal de Nantes à Brest. Ses portes ouvrent pendant 2h avant et après la P.M locale qui est décalée d'une demi-heure du fait de l'éloignement de la rade. On peut franchir l'écluse à la pleine mer avec 3 m de tirant d'eau. La dénivellation est de 1,90 m. Par fort coefficient, la marée peut recouvrir les quais de l'écluse. Elle fonctionne entre 6h et 22 h en été . Renseignements au T. 02 98 86 03 21.

PORT LAUNAY - CHATEAULIN

Ce port était autrefois fréquenté par de nombreuses péniches et gabares lorsque le trafic des marchandises se faisait par la voie d'eau entre la rade de Brest et tout le pays breton, l'Aulne étant en liaison directe avec **Pontivy**, **Redon** et **Nantes**. Aujourd'hui seuls quelques bateaux de promenade et de plaisance s'amarrent le long des quais où s'alignent sur plus de 1.000 m des maisons anciennes qui forment un fort joli panorama au pied des collines boisées.

Port Launay, un ancien port fluvial aujourd'hui délaissé mais qui constitue une escale pittoresque.

Après un parcours en ligne droite que longe une route, l'Aulne canalisée rejoint le port de **Chateaulin** où quelques bateaux de plaisance s'amarrent le long des vieux quais bordant les deux rives juste avant la seconde écluse et le barrage de retenue du canal.

De nuit : Aucune bouée du chenal de l'Aulne n'est lumineuse ce qui interdit toute navigation.

En aval de l'écluse de Chateaulin, sur le canal de Nantes à Brest les quais de la rive gauche sont aménagés en halte nautique..

Voir carte de situation en p 13

Les deux blocs qui émergent en avant de la grève au sud du port du Fret.

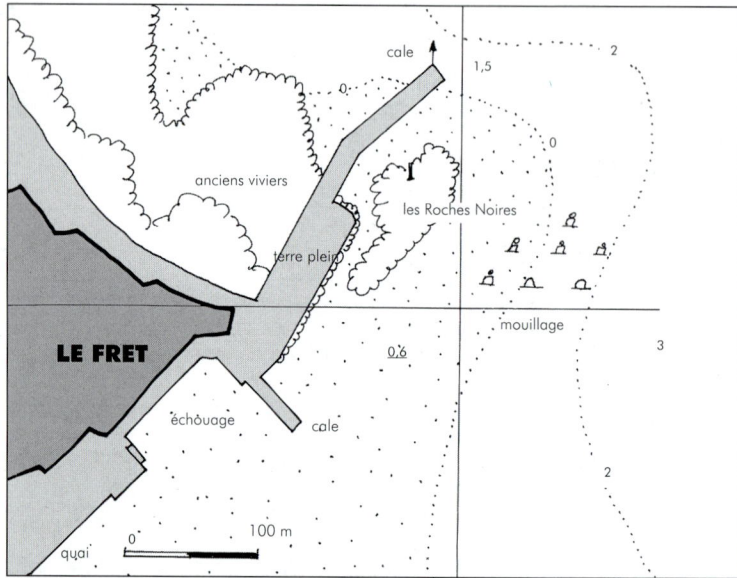

LANVEOC POULMIC

Le site appartient en majeure partie à l'**Ecole Navale** et pratiquement tout le rivage est une zone militaire où les débarquements sont interdits. C'est le cas de la jetée sur le flanc ouest de la pointe du fort où quelques bouées délimitent la zone interdite. En revanche du côté Est, la cale est accostable et l'on peut échouer sur des posées de sable plat de chaque bord. Les fonds découvrent de 0,50 m au musoir que balise une perche à voyant en losange jaune. Le mouillage est bien abrité des vents d'ouest mais exposé au clapot par vent de N.E. Tout accostage est naturellement interdit au grand appontement pétrolier à l'Est de la cale ainsi que dans la zone des installations de l'Ecole Navale qui dispose d'un petit port abri pour ses embarcations d'entraînement.

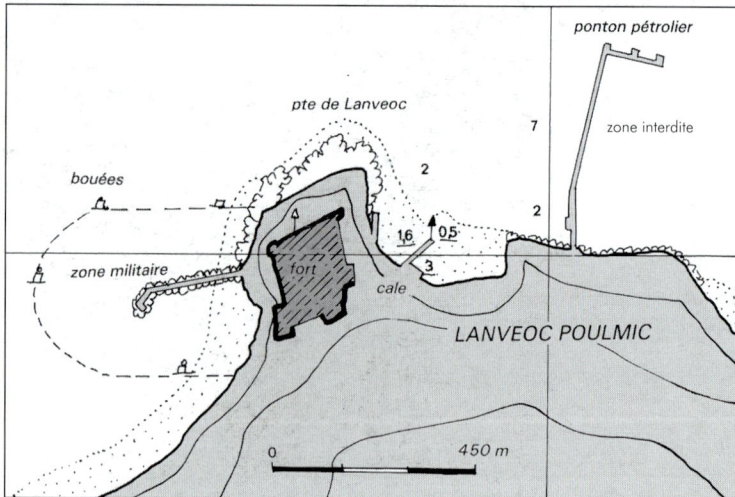

L'ILE LONGUE

Base des sous-marins atomiques, cette île ne doit être approchée en aucun cas à moins de 1 000 m. De nombreuses bouées jaunes délimitent la zone interdite où des vedettes rapides de la Marine Nationale assurent une surveillance très rigoureuse.

POINTS GPS :

Le Fret
48°17,33 - 4°30,18
Cale de Quelern
48°18,39 - 4°32,89

LE FRET

Ce petit port à l'enracinement de l'île Longue du côté Est, est assez animé car c'est le point de départ des bateaux qui assurent quotidiennement les liaisons entre les installations de l'île Longue et l'arsenal de Brest.

Le musoir de la grande cale du Fret, orienté vers le N. E, est accostable à toute heure de marée (0,70 m aux plus basses mers), mais elle est utilisée fréquemment par les bacs qui assurent les traversées de la rade vers Brest. Son musoir est signalé par une perche à cône. Le rivage est débordé au N. W par des bancs de roches largement découvrants mais les posées de sable plat sont franches le long des deux côtés de la cale. On s'écartera toutefois de la perche qui balise un îlot rocheux découvrant. Les abords de la seconde cale sont également francs. On peut mouiller dans son prolongement par des fonds de 1 à 3 m. L'abri est bon par vent d'ouest mais très médiocre par vent frais de N.E.

Le terre-plein où s'appuient les deux cales est bordé par un perré et se prolonge au sud par une petite darse entourée de quais où les fonds de gravier assèchent de 5 m. Le quai du terre-plein au S.W de la darse est également accostable. Il est souvent utilisé par les petits navires de la Marine Nationale. Attention sur la grande grève en avant du cordon de sable qui isole un étang, à la présence de deux gros blocs de béton. Seul le plus au nord est signalé à marée haute par une perche tribord.

L'étang du Fret est séparé de la rade par un étroit cordon de graviers où de vieux chalutiers échoués attendent d'être démolis.

Les posées sont franches dans la petite darse mais les fonds découvrent de près de 5 m au droit des quais.

Voir carte de situation en p 13

POINTS GPS :

Roscanvel
48° 18.88 - 4° 32.63
Cale de Quelern
48°18,39 - 4°32,89

ROSCANVEL

Sur la côte Est de la presqu'île de **Quelern**, à la hauteur d'un vieux fortin, à 1,8 mille au sud de la **pointe des Espagnols**, deux cales à angle droit sont accostables à basse mer et leur musoir est signalé par une perche. Le mouillage est sûr par vents du large au voisinage car les hauteurs boisées de la presqu'île assurent un écran protecteur. Il est possible d'échouer entre 2 et 4 m le long des cales en prenant garde aux cailloux et à quelques roches plates. Le terre-plein en avant du fortin est bordé par un perré difficilement accostable. Quelques barques de pêche échouent sur la grève dans le sud des deux cales ou restent au mouillage au voisinage par 2 à 3 m d'eau.

Le rivage de la presqu'île de Quelern est assez élevé et accidenté. Quelques grèves coupent un rivage partout rocheux.

Les chalutiers et bateaux de plaisance échouent sur des fonds plats mais assez durs.

L'île de Tréberon vue de l'Est avec en arrière plan, le fortin de l'île des Morts, une ancienne poudrière.

Le terre plein de Roscanvel devant un vieux fortin dispose de deux longues cales.

A 1.000 m au sud de Roscanvel, la **cale de Quelern** déborde un même rivage un peu boisé et légèrement accidenté qui ne manque pas d'attrait. Elle est accessible aux plus basses mers avec 1,60 m d'eau au musoir. La zone de mouillage est toute proche.

Les **courants** en ces parages sont alternatifs et portent au nord au jusant et au sud au flot.

LES ÎLES DES MORTS ET DE TRÉBÉRON

Ces deux îles dans la baie de **Roscanvel** sont deux anciens dépôts de poudre appartenant à la Marine Nationale mais il est permis d'y débarquer. On peut accoster au môle Est de l'**île des Morts** où les posées découvrent entre 1,50 m et 2 m. Le passage entre les deux îles assèche au voisinage du zéro.

DE LA POINTE DES ESPAGNOLS A CAMARET

On emprunte la route sud dans le goulet de Brest (voir p 30) jusqu'à la pointe des **Capucins.** Plus au sud, le rivage de la presqu'île de **Quelern** rocheux et escarpé, est inabordable. Les vagues battent les rochers dès que la mer est un peu agitée.

CAMARET

Ce port sur la côte sud de l'entrée du Goulet de Brest, est depuis des siècles, orienté vers la pêche à la langouste. La vieille chapelle de Roc' Ham adour construite en 1527 sur une langue de galets du Sillon, a connu bien des combats et vu appareiller d'imposantes flottes de voiliers pour les grandes campagnes de pêche à Terre Neuve.

Camaret est masqué en approchant par l'ouest par les falaises de la pointe du **Gouin** assez élevées mais ses abords ne sont pas malsains. Il suffit d'arrondir légèrement la pointe pour voir se dégager le môle qui ferme le port de Camaret. On peut alors piquer droit sur le musoir, la route d'approche étant couverte par l'alignement à **165°** d'un château d'eau par le musoir de la digue. Attention en venant du N.E. à la présence de viviers flottants le long de la côte Est près de la pointe Ste Barbe.

Dès 1689, la presqu'île de Crozon a été fortifiée pour protéger l'entrée du goulet de Brest. Le fort de Camaret réussit en 1694 à repousser un débarquement anglo hollandais. 1200 ennemis furent tués et 450 prisonniers alors que les Français ne perdirent que 45 soldats. Sur le sillon, la chapelle Roch an adour construite entre 1610 et 1683 doit son nom aux pèlerins qui débarquaient à Camaret pour se rendre à Rocamadour dans le Quercy. Devant Camaret, l'Américain Fulton procéda aux premiers essais d'un sous-marin mû à l'aviron et pouvant rester immergé 6 heures.

Trois pontons flottants reliés entre eux, peuvent accueillir 80 bateaux dans l'avant-port dans une fosse profonde de 4 m Ils permettent aux bateaux en escale de rester à flot mais la houle par vent de N.W. à Est peut y être désagréable. Elle vient toutefois s'expanser sans former de ressac sur un perré en enrochements. En arrière du môle sud, les fonds sont dragués à moins 1,50 m de même que dans toute l'entrée du port jusqu'à la hauteur du slip qu'utilisent les grands chalutiers

Le port de Camaret est entouré de collines élevées, pierreuses, qui masquent totalement les jetées en venant de l'ouest, du chenal du Toulinguet.

En venant du sud, de la pointe du Toulinguet, on fera route vers l'E.N.E. de manière à déborder d'au moins 200 m la côte à l'ouest de la pointe du **Grand Gouin**, ses abords n'étant pas francs. La pointe en revanche est assez accore et une fois que le clocher de la chapelle à droite d'un fortin s'est nettement dégagé derrière la pointe du Grand Gouin, on peut piquer directement vers le musoir de la jetée de Camaret.

Les pontons de l'avant port sont accessibles à toute heure de marée. Ils sont fréquentés en majeure partie par les bateaux en escale.

Au N.W. une souille a été également creusée à 1,50 m pour permettre aux bateaux de plaisance de rester à flot dans le port du Styvel. Cinq pontons flottants reliés entre eux à la rive nord et 4 autres pontons reliés à la rive sud, peuvent accueillir 368 bateaux. L'accès au port de Styvel se fait entre l'extrémité du slip et une perche bâbord mais il reste un risque de talonner en basse mer de vives eaux avec plus de 1,80 m de tirant d'eau.

Tout autour de la souille les fonds assèchent à basse mer. Il est interdit de mouiller dans le milieu du port en dehors des deux zones organisées sur corps morts. L'échouage est recommandé sur la grève, au fond du port, près des carcasses de quelques vieux thoniers. Les posées de sable et de graviers sont plats et fermes mais on prendra garde à la présence d'anciennes pattes d'ancre. Toutes les places le long du quai bordant les maisons du bourg, sont réservées en priorité aux chalutiers qui échouent sur des fonds découvrant de 3 à 4 m. Un bateau de plaisance peut y béquiller, après autorisation de la capitainerie.

POINT GPS

Port de Camaret
48° 16.92 - 4° 53.14

Voir carte de situation en p 15

La célèbre et vieille chapelle de Roc'h am Adour forme avec le fort de Vauban, une bien jolie toile de fond sur le Sillon.

Dans l'angle sud du port, le perré du quai Kléber interdit tout accostage jusqu'à la cale que balise une perche bâbord où il reste environ un mètre d'eau au musoir. Le haut quai Tiphany entre la cale et le môle Sud, bordé par les bâtiments de la criée, est accostable aux plus basses mers mais reste exclusivement réservé aux chalutiers. Seul, le petit terre-plein peut être utilisé momentanément pour un carénage, la mise à terre se faisant à l'aide d'une grue mobile.

Les plus gros chalutiers peuvent être mis à terre sur un puissant slip en avant du fort.

Tout le quai ouest réservé à la pêche est bordé de vieilles maisons typiquement bretonnes.

Les pontons de l'avant port et ceux du Styvel dans l'arrière port, font de Camaret un vrai port de plaisance, mais qui n'a pas perdu pour autant sa vocation de pêche.

SERVICES CAMARET

Capitainerie : T.02 98 27 95 99, fax 02 98 27 96 45 7 h 30/22 h en été, 8 h 30/12 - 13 h 30/17 h 30. hors saison. VHF canal 9.
100 sur pontons dans l'avant port 15 m maxi. 80 pour visiteurs. 4 h de franchise. 12 bouées dans l'avant port.
368 places dans Port Styvel sur pontons.
Météo : affichage à la capitainerie.
Eau, électricité, douches, sanitaires, glace, laverie, tél. public.
Grue mobile 20 t. grue 5 t. slip 350 t. cales.
Carburant : T.02 98 27 95 29, 8/12 h - 13 h 30/18 h 30 en été.
Avitaillement : Commerces à petite distance du port.

De tout temps, le Sillon a constitué un cimetière pour les vieux chalutiers.

De nuit : De la pointe du Toulinguet, on remontera vers le N.E. pour parer largement la pointe du **Grand Gouin** qui ne porte aucun feu et masque ceux de Camaret. Quand le feu blanc (isophase 4 sec.) au musoir de la jetée de Camaret, sort de l'obscurité, on arrondira légèrement sa route dans sa direction. Ce feu va découvrir en s'approchant le feu rouge (2 éclats 6 sec.) balisant la jetée sud dans l'entrée du port. Le feu blanc (isophase 4 sec.) montre au relèvement supérieur à 182° une coloration verte qui couvre la pointe des **Capucins**. En venant du Nord, depuis le goulet de Brest, il faut donc naviguer constamment dans le secteur blanc.

Attention dans l'entrée du port entre la pointe Ste Barbe au N.E et le port à la présence de nombreux viviers lourds et non éclairés.

La grève dans le fond du port est un échouage bien abrité du clapot, sur des fonds de sable et graviers.

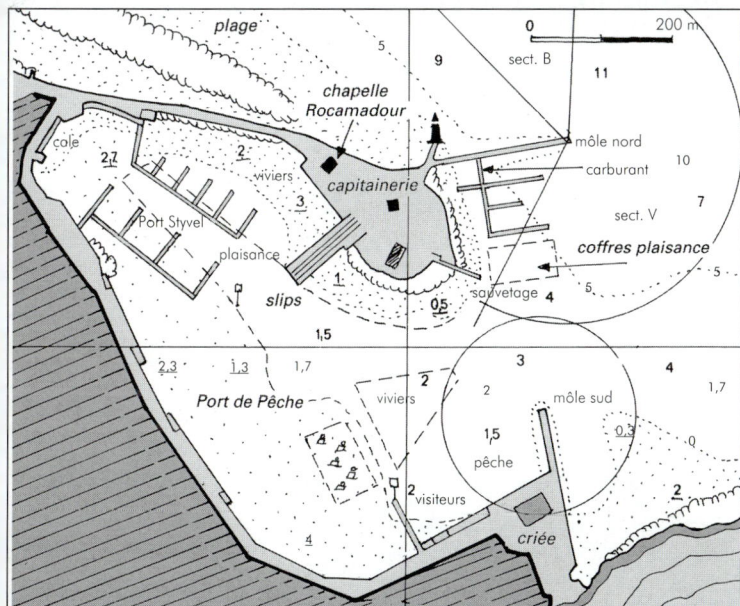

HAUTEUR D'EAU

Coef.	B.M	P.M
45	2,45 m	5,05 m
95	0,95 m	6,70 m

Accastilleur :
Coopérative maritime quai Tephany T.02 98 27 91 03
Le Couteur T.02 98 27 95 90
Mécaniciens :
Le Roy 16 quai Kleber
T.02 98 27 94 32
Mecamar le Sillon
T.02 98 27 95 29
Librairie :
Hugot Maison de la Presse
1 place St Thomas
T. 02 98 27 90 88
Hugot 1 place St Thomas T. 02 98 27 90 88

Voilerie :
Voilerie Lastennet rue des Palenguiers
T.02 98 27 92 32.

Voir carte de situation en p 15

La tourelle ouest de la Louve

LE CHENAL DU TOULINGUET

Ce chenal est un bon raccourci pour rejoindre la baie de Douarnenez en venant du goulet de Brest ou inversement. Mais le passage réclame un peu d'attention par mer agitée, car la mer peut y être dure.

Même par mer un peu agitée, on peut gagner directement Les Tas de Pois en serrant la côte de près, les fonds étant accores, après être passé à mi-distance entre les hautes roches et les îlots des **Roches du Toulinguet** et la balise noire et jaune ouest de **la Louve** en avant de la pointe du phare du Toulinguet.

La tourelle de la Louve qui déborde la pointe du Toulinguet surmontée par la tour blanche du phare.

Cet îlot du Toulinguet présente des roches déchiquetées, des grottes profondes et de beaux aplombs sous-marins fréquentés par les plongeurs. La côte forme une muraille de granit très escarpée dominée près des Tas de Pois par une grande croix de granit élevée à la mémoire des Français Libres. Un amer remarquable de loin.

Les roches déchiquetées par les tempêtes d'ouest, des îlots du Toulinguet vues du chenal à terre dans le sud de la tourelle de la Louve.

Après avoir doublé la tourelle de la **Louve** à 2 ou 300 m, on s'engagera dans la passe à terre des Roches du Toulinguet en venant se placer sur l'alignement à **156°** des deux pointes de **Pen Hir** juste à gauche du monument, puis l'on s'éloignera vers le S.S.W en suivant derrière soi l'alignement à **11°** du phare du **Petit Minou** par la pointe du Toulinguet.

De nuit : Ce passage est délicat mais praticable par nuit claire et mer peu agitée.

En venant du sud, on viendra passer à environ un mille dans l'ouest des **Tas de Pois** pour voir à **28°** le feu blanc du **Toulinguet** (3 occ. 12 sec.) virer au rouge. On peut également faire route sur le feu blanc du **Petit Minou** (2 éclats 6 sec.) lorsqu'il sort derrière la pointe du Toulinguet. Quand le feu blanc de la pointe St Mathieu (éclat 15 sec.) est masqué par les roches du Toulinguet, on manœuvre pour les contourner par le nord et doubler la pointe du Toulinguet en plaçant derrière soi le feu blanc du phare de la **Vieille**, sur l'horizon dans le Raz de Sein, à raser à l'ouest les roches du Toulinguet, ce qui correspond à un alignement à **198°**.

Le phare au sommet de la pointe du Toulinguet est un amer visible de loin qui est utilisé dans le chenal du Petit et du Grand Leac'h.

Alignement à 11° du phare du Petit Minou (2) par la passe entre la pointe du Toulinguet et la tourelle de la Louve (1)

Alignement à 155° du Tas de Pois de terre (2) par le cap de la Chèvre (1).

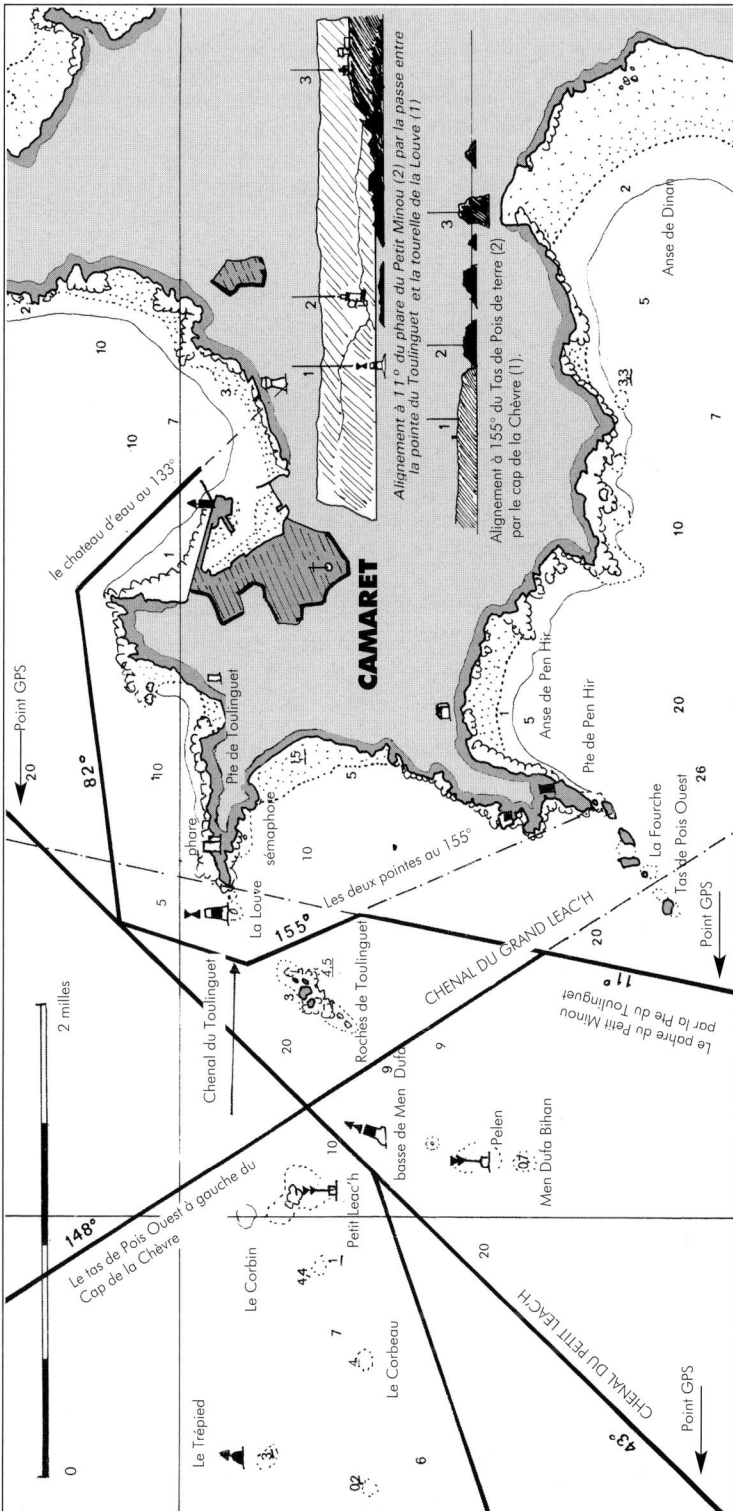

La gigantesque croix de granit du monument à la France Libre domine la crête de la falaise à la pointe de Pen Hir et des Tas de Pois.

CAMARET

Anse de Dinan

Anse de Pen Hir

Pte de Pen Hir

le château d'eau au 133°

Pte de Toulinguet

phare

La Louve

sémaphore

Les deux pointes au 155°

155°

82°

Point GPS

2 milles

Chenal du Toulinguet

148°

Le tas de Pois Ouest à gauche du Cap de la Chèvre

Le Trépied

Le Corbeau

Le Corbin

Petit Leac'h

basse de Men Dufa

Pelen

Men Dufa Bihan

Rochès de Toulinguet

CHENAL DU GRAND LEAC'H

Le phare du Petit Minou par la Pte du Toulinguet

CHENAL DU PETIT LEACH

La Fourche

Tas de Pois Ouest

Point GPS

Point GPS

POINTS GPS :

La Louve
48° 16.83 - 4° 37.95 Balise
Petit Leac'h
48° 16.30 - 4° 39.72
Bouée de Mendufa
48° 16.10 - 4° 39.35
Balise de Pelen
48° 15.71 - 4° 39.51
Parquette, tourelle
48° 15.96 - 4° 44.19
Bouée du trepied
48°16,79 - 4°41,41
Bouée Goemat
48°15,17 - 4°46,24
Basse Royale
48°17,51 - 4°49,49
Bouée Swan Sea
48° 18.27 - 4° 38.74
Bouée Vandrée
48° 15.26 - 4° 48.15
Croisement chenaux Petit et Grand Leac'h
48°16,38 - 4°39,19
Croisement Petit Leac'h et chenal Toulinguet
48°16,91 - 4°38,42
Croisement Grand Leac'h et chenal Toulinguet
48°15,33 - 4°38,20

Voir carte de situation en p 15

LES TAS DE POIS

La pointe de Pen Hir au S.W. de Camaret, haute et escarpée, est prolongée vers le S.W. par cinq hautes pyramides de roches, la plus élevée atteignant 66 m. Ces Tas de Pois forment un site assez impressionnant lorsque la grosse houle d'ouest brise entre les passes étroites.

Les courants sont naturellement forts vers la mi-marée dans les goulets étroits qui séparent les cinq hautes pyramides : le **Tas de Pois ouest** (47 m) le plus éloigné, la **Fourche** (10 m) le **Dentelé** (35 m) le **Grand Tas de Pois** (64 m) et le **Tas de Pois de Terre** (58 m).

Le Grand Tas de Pois au sommet plat, le Dentelé qui masque la Fourche et le Tas de Pois de l'ouest.

On peut à basse mer, si la mer est bien calme, s'engager entre le **Tas de Pois ouest** et la **Fourche** en serrant un peu plus ce dernier. Le passage est plus étroit entre la Fourche et le Dentelé mais profond, de même qu'entre le Dentelé et le Grand Tas de Pois où il convient de rester bien dans l'axe. Les deux passages plus à terre sont impraticables.
À l'Est des Tas de Pois, on peut venir mouiller dans l'anse de **Pen Hir** en avant de la belle plage de sable juste dans le sud d'une grande maison bien à l'abri des vents d'ouest à l'Est par le nord. le site est sauvage.

L'ANSE DE DINAN

Elle est trop ouverte vers l'ouest pour offrir un mouillage bien qu'elle soit ourlée d'une belle plage de sable. La mer déferle souvent en gros rouleaux. Par vent du nord au sud par l'Est, on se tient à distance de la plage dans 3 à 4 m d'eau.

La grève sur le rivage élevé au nord de l'anse de Pen Hir.

Les Tas de Pois vus du sud. De gauche à droite : Le Tas de Pois ouest - La Fourche (flèche) - Le Dentelé - le Grand Tas de Pois - Le Tas de Pois de terre.

De l'anse de **Dinan** au cap de la **Chèvre**, le rivage est exposé au ressac par vent du large. La grande houle vient briser, même par beau temps, en rouleaux sur toutes les plages et têtes de roches. Vouloir aborder le rivage en ces parages conduirait aux pires dangers. Il faut se contenter à la pointe de **Dinan** qui ferme au sud l'anse de Dinan, d'admirer à distance les grottes et l'arc de pierre de la **percée des Korrigans** que la mer a patiemment sculpté pendant des siècles dans le granit du massif armoricain.

La pyramide bien régulière du Tas de Pois ouest haute de 47 m, est utilisée dans plusieurs alignements.

Mais il suffit de se tenir à 300 m du rivage pour naviguer sur des fonds de 8 à 10 m exempts de toute tête de roche. La seule roche à craindre, **la Chèvre** haute de 7,80 m, est rarement couverte et se repère à l'écume des brisants, à 1,2 mille de la pointe de **Dinan** en direction (**247°**) du **Chevreau.** Cette roche moins élevée (6 m) porte une balise ouest et est également débordée par une bouée ouest. Ce balisage est important car le Chevreau se situe très exactement sur la route directe entre les Tas de Pois et le cap de la Chèvre.

La roche isolée du **Bouc** à 1,8 mille au sud du Chevreau émerge de 7,20 m. Elle est signalée par une bouée ouest à cloche qui est mouillée à 500 m dans l'ouest de la roche. Il ne faut pas l'oublier quand on fait route directe entre les Tas de Pois et la bouée de la basse Vieille, la route directe pour rejoindre Douarnenez.

Des roches déchiquetées par les tempêtes d'ouest qui présentent des formes étonnantes comme ce pont de pierre dénommé la Percée des Korrigans à la pointe de Dinan.

LE CHENAL DU PETIT LEAC'H

La chaussée sous-marine à l'ouest de la pointe du Toulinguet, se prolonge sur 5 milles jusqu'à la Parquette. Mais les roches sont généralement espacées et laissent des chenaux larges, profonds qui s'emboucquent aisément même par mer un peu agitée. Un seul passage présente toutefois un réel intérêt : le chenal du Petit Leac'h qui permet, en venant du Raz de Sein, de couper au plus court vers le goulet de Brest.

Son alignement à **43°** est donné par la haute tour grise du phare de **Portzic** dans l'entrée du goulet de Brest, légèrement à gauche de la pointe de **Kerviniou** qui se repère aisément juste en arrière de la **Pointe des Capucins**, identifiable au fortin sur un rocher isolé au pied de la pointe. Cet alignement fait passer entre la balise du **Petit Léac'h**, une perche sud sur un trépied, et la bouée nord de **Mendufa**. On reste bien sur cette route à 43° pour traverser la chaussée que l'on vienne de Brest ou du raz de Sein.

Mais les deux amers de Portzic et de Kerviniou sont assez lointains. Si la visibilité est moyenne, le plus simple **en venant du S.W** est encore de se placer à un bon mille au sud de la tourelle de la **Parquette** pour faire route au **62°** sur la croupe rocheuse de la pointe du **Toulinguet** qui porte un phare et un sémaphore visibles de loin. Cette route fait passer entre la balise du **Petit Léac'h** et la bouée de **Mendufa**, passage large de 500 m où un voilier peut tirer des bords, aucune roche n'étant à craindre sur une largeur de 400 m.

POINTS GPS :
Tas de Pois ouest
48°14,87 - 4°37,90
Bouée Chevreau
48°13,42 - 4°36,90
Bouée le Bouc
48°11,56 - 4°37,29
Bouée de la basse Vieille
48° 08,28 - 4°35,67
St Nicolas, mouillage
48°10,66 - 4°31,72

Le fortin au pied de la pointe des Capucins.

La balise du Petit Leac'h qui encadre la passe la plus étroite du chenal à 43° avec la bouée de Mendufa

POINTS GPS :

Petit Leac'h
48° 16.30 - 4° 39.72
Bouée de Mendufa
48° 16.10 - 4° 39.35
Balise de Pelen
48° 15.71 - 4° 39.51
Croisement chenaux Petit et Grand Leac'h
48°16,38 - 4°39,19
Croisement Petit Leac'h et chenal Toulinguet
48°16,91 - 4°38,42
Croisement Grand Leac'h et chenal Toulinguet
48°15,33 - 4°38,20

Le phare et le sémaphore sur les hauteurs de la pointe du Toulinguet.

Par vent frais d'ouest, la houle vient briser assez violemment sur les bancs de roches au nord du Petit Leac'h, et il faut tenir compte des courants traversiers d'environ un nœud qui entraînent vers le nord au flot et vers le sud au jusant.

Si la mer est agitée et brise sur les hauts fonds, la prudence commande de s'écarter largement de la chaussée de la Parquette en venant relever de près la bouée de la **Vandrée** mouillée à 2,6 milles dans le **256°** de la tourelle de la Parquette et de passer à un bon demi mille, au nord de cette dernière pour se diriger vers l'entrée du goulet de Brest.

De nuit : Pas question d'emboquer le chenal du **Petit Léac'h**, dont l'alignement n'est matérialisé par aucun feu, d'autant plus que la balise du Petit Léac'h comme la bouée de **Mendufa** sont plongées dans l'obscurité. Il faut emprunter la route au nord de la **Parquette**, comme par mer agitée.

Le feu de la **Parquette** (éclat 4 sec.) étant le seul feu vert dans ces parages, il n'est pas difficile de le localiser et de situer du même coup, le feu blanc de la bouée à sifflet de la **Vandrée**, (scint. rap. (9) 10 sec.) nettement isolé à environ 2,5 milles plus à l'ouest et d'une portée de 8 milles

En venant du sud, on viendra arrondir assez largement par l'ouest le feu vert de la **Parquette**, qui couvre d'un secteur rouge (244° à 285°) la chaussée de roches de manière à voir le feu de la pointe de Toulinguet (3 occ. 12 sec.) dans son secteur blanc (90° à terre). Le secteur rouge de 028° à 090° couvre les dangers de la chaussée de roches. On remonte ensuite en direction du feu blanc (2 éclats 6 sec) de la bouée de danger isolé de l'épave du **Swansea Vale** et des feux plus lointains dans l'entrée du goulet de Brest.

Un peu à l'Est du feu blanc de la bouée du Swansea Vale, les feux blanc (isophase 4 sec) et rouge (2 éclats 6 sec.) du port de Camaret sortent soudainement de l'obscurité derrière la pointe du **Gouin**. On pourra se diriger dans leur direction en arrondissant légèrement sa route vers l'Est à l'approche de la pointe. En venant dans le nord du musoir du môle, le feu blanc vire au vert à 182° et la passe se trouve délimitée sur bâbord par le feu rouge (2 éclats 6 sec.) au musoir du môle sud.

LE CHENAL DU GRAND LEAC'H

Venant de la baie de Douarnenez, ce chenal permet de rejoindre directement le chenal du Petit Leac'h et d'éviter ainsi le passage du Toulinguet ce qui ne présente pas pour un bateau de plaisance un net avantage. L'alignement à **148°** est donné par la chute du cap de la Chèvre vue entre le **Tas de Pois Ouest** et la **Fourche**. Par mauvaise visibilité et mer agitée, on viendra virer le Tas de Pois par l'ouest et l'on fera route à environ **325°** jusqu'à situer la bouée de **Mendufa** au nord de la perche sur un trépied de **Pelen** identique à la balise du Petit Leac'h. La bouée de Mendufa est laissée sur tribord avant de couper le chenal du Petit Léac 'h.

LE CAP DE LA CHÈVRE

Ce promontoire rocheux très élevé, aux parois escarpées, surmonté d'un sémaphore n'est pas franc. La mer brise presque en permanence sur un éperon sous-marin qui s'avance de 700 m vers le S.W.

Par mer calme, on peut arrondir le cap à un demi-mille en repérant bien à basse mer, dans le sud du sémaphore, l'écume qui se forme autour de la roche découvrante de 2 m de **la Lentille** et dans l'Est, la **basse Plate**, haute de 5 m.

Cette route est naturellement à déconseiller par mauvais temps. Il est plus prudent de se tenir à l'extérieur des fonds de moins de 10 m où la mer peut lever durement, et de virer par le sud la bouée à sifflet de danger isolé rouge et noire de la basse Vieille mouillée à 2,5 milles dans le S.W. du cap.

On trouve derrière les hauteurs du cap, une zone de calme par vent d'ouest ou N.W. et les bateaux qui veulent franchir le Raz de Sein peuvent attendre l'heure favorable de la renverse en mouillant dans l'anse **St Nicolas**.

POINTS GPS :

Tas de Pois ouest
48°14,87 - 4°37,90
Bouée Chevreau
48°13,42 - 4°36,90
Bouée le Bouc
48°11,56 - 4°37,29
Bouée de la basse Vieille
48° 08,28 - 4°35,67
St Nicolas, mouillage
48°10,66 - 4°31,72
Anse de Pen Hir
48° 15.44 - 4° 36.66
Anse de St Norgard
48° 11.82 - 4° 30.80

L'imposant promontoire rocheux du cap de la Chèvre vu du S.W.

L'ANSE ST NICOLAS

Elle est entourée de collines rocheuses, escarpées qu'on ne peut aborder qu'en annexe à un escalier naturelle. Le plan d'eau peu rouleur est à l'écart des courants. La sonde indique 5 à 8 m d'eau sur le mouillage.

À l'Est du cap, entre Morgat et la pointe du cap de la Chèvre, le rivage reste très escarpé et difficilement abordable. On peut mouiller dans l'anse de **St Norgard** ou au nord de l'éperon rocheux déchiqueté de **St Hermot.**On n'aperçoit que quelques maisons sur la crête des falaises. Par mer calme, il est possible de visiter en annexe plusieurs grottes profondes dans les falaises.

Les courants en avant du cap sont sensiblement alternatifs. Le flot porte vers l'Est, le jusant vers l'ouest entre 0,5 et 1 nœud avec des renverses qui se situent sensiblement aux heures d'étale. Elles ont un retard d'un quart d'heure sur les pleines et basses mers de Brest. - 5 h 45 et + 0 h 1 5.

De nuit : Le virage autour du cap de la Chèvre ne présente pas de réelles difficultés, bien que le cap lui-même ne porte aucun feu. **En venant du sud,** on viendra relever de près le feu blanc (2 éclats 6 sec) de la bouée à sifflet de la **Basse Vieille**, qui se situe dans le secteur rouge (113° à 120°) du phare de la pointe du **Millier** (2 occ 6 sec.) au S.W. sur la côte du cap Sizun dans l'ouest de Douarnenez.

Si l'on vient du nord, par mer peu agitée, on peut couper au plus court en naviguant depuis le feu blanc scintillant (9) 15 sec. de la bouée à sifflet du **Bouc,** qui signale un haut fond isolé en direction du feu blanc de la bouée de la Basse Vieille. Peu après le feu vert (2 occ 6 sec.). de la pointe du **Millier** dans le S.E. vire au blanc

On pourra dès lors, naviguer à la limite à 129° de ces deux secteurs blanc et vert jusqu'à relever le feu blanc (2 éclats 6 sec.) de la bouée à sifflet de la **Basse Vieille** à plus de **235°.** Une route plein Est fait alors découvrir, derrière le cap, le secteur rouge du feu de **Morgat** (4 occ 12 sec) qui vire au blanc à 21°. On saura à ce moment que l'on peut commencer à se diriger dans sa direction pour rejoindre le port de Morgat.

Le sémaphore au sommet du cap.

Le phare de Morgat sur la crête
de la falaise.

LA BAIE DE DOUARNENEZ

L'avancée du cap de la Chèvre ne ferme pas suffisamment la baie de Douarnenez pour empêcher la houle par vent d'ouest d'entrer librement dans toute la baie. En revanche l'entrée est claire de tout danger si l'on se tient au sud de la bouée de la basse Vieille et si, par vent de noroît, on s'écarte prudemment de la côte sud. La légende affirme que la baie formée à la suite d'un effondrement des terres, aurait englouti la ville d'Ys.

Les courants perdent rapidement de leur force en baie de Douarnenez et ne dépassent guère plus d'un nœud, en prenant des directions parallèles au rivage, le flot portant vers l'Est et le jusant vers l'ouest, ce qui simplifie la navigation. Ces courants prennent un léger mouvement giratoire au centre de la baie, vers la droite. Les vitesses les plus grandes sont atteintes à mi-marée.

MORGAT

Adossé au pied de collines boisées et escarpées, en bordure d'une longue et belle plage de sable découvrant largement, Morgat à 4 milles au nord du cap de la Chèvre est le cœur d'une élégante station balnéaire. La pêche et la plaisance se partagent un port disposant d'une large zone de mouillage.

Les pontons perpendiculaires à la digue peuvent accueillir plus de 500 bateaux.
Les quatre pontons brise-lames servent de postes d'amarrage en été pour les visiteurs.

Le port s'appuie sur des falaises élevées et abruptes.

La tourelle blanche d'un petit phare sur les hauteurs au milieu des pins annonce le port de Morgat qui vers le S.W. se trouve complètement masqué par une avancée de roches se prolongeant par une belle arche de pierre. On arrondira les enrochements de la digue abri en virant la bouée rouge puis on contournera les pontons du brise-lames installés en bout de la digue pour casser la houle qui par vent d'Est et de S.E pourrait secouer durement les bateaux amarrés le long des pontons flottants. Deux petits pontons sont détachés de l'extrémité du brise lame et laisse un étroit passage pour le chenal d'accès.

Les pontons brise-lames disposent de catways de manière à offrir en été quelques places supplémentaires pour les bateaux en escale mais l'abri n'est pas le meilleur.

Les six grands pontons flottants reliés par des passerelles à la digue abri en gros enrochements inaccostables, offrent 580 places pour des bateaux de moins de 12 m 30 places sont réservées aux courtes escales le long du brise-lames et du premier ponton A.

A ces places s'ajoutent 60 bouées de corps morts mouillées dans le prolongement des 3 premiers pontons et qu'utilisent en priorité les chalutiers.

La profondeur varie entre 1,70 m et 2 m à basse mer sur tout le plan d'eau du port. Elle atteint 4 m en vives eaux. Le quai du môle central qui forme un terre-plein, est accostable à basse mer avec un tirant d'eau réduit. On accostera le ponton à l'Est de ce môle pour s'enquérir de la place à occuper auprès du bureau du port dans le grand bâtiment qui se dresse en bordure du vaste terre plein central formant parking.

POINT GPS
Morgat
48.13.63 - 4° 29.60

Le poste de carburant près du ponton en L et d'une grue est ouvert de 8 h à 20 h. Une large cale borde le môle central du côté ouest, mais elle est difficilement utilisable par vent de N. W au N.E., un dur clapot pouvant se former aisément sur le vaste plan d'eau de la baie.

Les pontons perpendiculaires à la digue peuvent accueillir plus de 500 bateaux.

Le quai du môle central et la zone de mouillage sont occupés principalement par les pêcheurs.

Les fonds de sable vasard découvrent largement autour de l'ancien môle à l'ouest du nouveau port.

SERVICES
MORGAT

Capitainerie :
T. 02 98 27 01 97.
Fax 02 98 27 19 76.
8h/12h - 14h/20h en été,
18h hors saison. VHF canal 9
500 places, 12 m maxi. 50
visiteurs. accueil au ponton H
32 places.
60 bouées de mouillage.
Météo affichage à la
capitainerie.
Eau, électricité, sanitaires,
douches, glace, tél public,
laverie.
Grue 6 t et 8 t. cale
Carburant : sur le port. pas
de gazole. heures d'ouverture
de la capitainerie.
Avitaillement : Quelques
commerces à petite distance
du port.
Accastilleur Mécanicien :
Le Breton 88 Bd de la France
Libre T. 02 98 27 02 19
Mecamar sur le port
T. 02 98 26 26 13

Le second môle qui porte le pylône d'un feu est réservé en priorité aux chalutiers mais il est généralement possible de s'y amarrer lorsque le ressac n'est pas trop dur. Les fonds découvrent de 0,50 m au musoir et de 3 m à l'enracinement du môle. Dans l'ouest, les fonds de sable plat et ferme facilitent l'échouage.

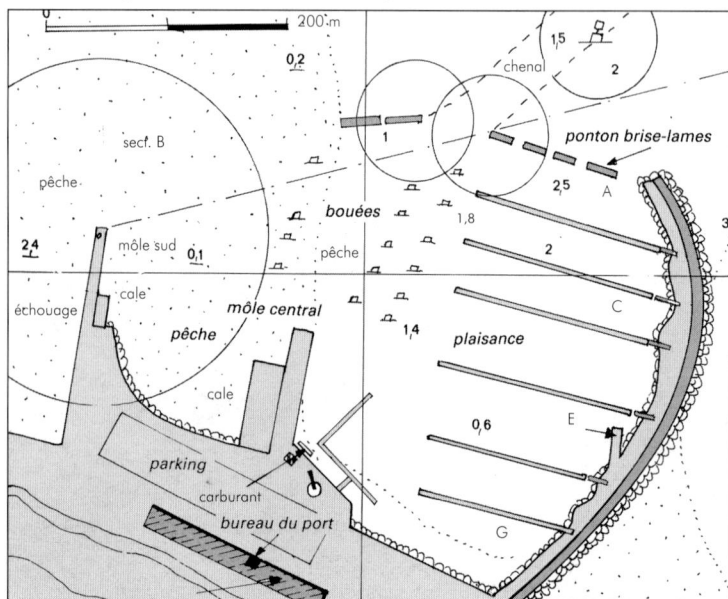

HAUTEUR D'EAU

Coef.	B.M	P.M
45	2,40 m	4,95 m
95	0,95 m	6,90 m

Il est possible de rester au **mouillage** dans la baie de Morgat au nord du port sans gêner l'accès, sur des fonds de 3 m. La tenue est convenable sauf par vent frais d'Est. Par vent de S. W, une grosse houle contourne la pointe de Morgat et agite le plan d'eau. Aucune tête de roche n'est à craindre en avant de la longue plage de sable. Les possibilités ne manquent pas pour échouer. Mais il faut toujours penser à la formation de rouleaux si le vent tourne lors du retour du flot.

De nuit : Le phare de **Morgat** sur les hauteurs du rivage (77 m) montre un feu blanc (4 occ 12 sec) visible jusqu'à 15 milles, qui présente un secteur rouge (21° à 43°) sur tous les dangers de la côte Est du cap de la **Chèvre** et un secteur vert (281° à 301°) sur le groupe des roches des **Verrés**. Le môle des pêcheurs dans l'intérieur du port montre à son musoir un feu rouge (2 occ. 6 sec.) dont le secteur blanc de 007° à 257° couvre la zone d'approche du port de Morgat en direction du N.E.

Parant les dangers des **Verrés à 2 milles** dans l'Est du port de Morgat, on viendra virer par le nord le feu rouge (éclat 4 sec.) de la bouée de la digue abri et le feu également rouge (éclat 4 sec.) à l'extrémité ouest du brise-lames flottant. Les deux pontons décalés en bout sont signalés par un feu vert (éclat 4 sec.) ce qui permet de s'engager dans le passage étroit délimité par ces deux petits feux.

Des grottes profondes creusent le rivage juste au pied du phare de Morgat perché sur la crête de la falaise.

LA COTE EST DE LA BAIE DE DOUARNENEZ

Le fond de la baie de Douarnenez est bordé par plusieurs longues et belles plages de sable fin, en avant d'un plateau côtier peu élevé mais coupé de nombreuses petites falaises parfois escarpées. La houle vient déferler sur toutes ces plages par vent fort d'ouest. Il est alors dangereux de vouloir s'en approcher. Mais, par vent de nord au sud par l'Est, on peut trouver, près de quelques petites pointes, des mouillages agréables et tranquilles généralement déserts car la navigation de plaisance dans le fond de cette baie est limitée.

LE MOUILLAGE DE L'ABER

L'île de l'**Aber** à 2,1 milles exactement dans l'Est de Morgat, déborde la côte et constitue un bon point de repère pour situer l'entrée de la rivière de l'Aber dont l'embouchure forme un étroit goulet asséchant à basse mer, interdisant tout accès aux bateaux de croisière. Mais ils peuvent échouer sur de beaux fonds de sable plat à l'abri des vents du nord au S.E en lisière de la rive ouest de l'île que sert le lit de la rivière. Ils peuvent également rester à flot dans l'Est de l'île mais attention au platin de roches qui s'étend jusqu'au rocher de l'aber à 250 m au sud de l'île. Le passage est dangereux. La baie de Morgat offre naturellement l'abri de son port en cas de mauvais temps.

De nuit : pas de feu pour situer le mouillage.

Tout autour de la baie de Douarnenez, le rivage présente des petites falaises parfois escarpées, que déborde un plateau de roches plates et qu'entrecoupent de superbes plages de sable fin.

La pointe sud de l'île de l'Aber que déborde un gros rocher dont le passage à terre est praticable avec prudence.

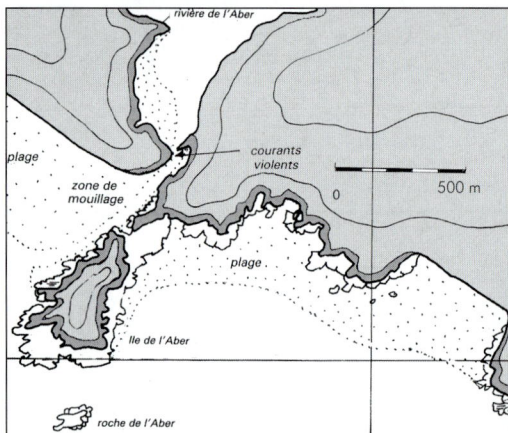

Au Nord de la baie de Douarnenez entre Morgat et l'aber, le relief est élevé et le rivage souvent escarpé.

Les bateaux échouent sur de vastes étendues de sable plat et ferme dans l'ouest de l'île de l'Aber.

POINTS GPS :

Pointe de Bellec
48° 12.59 - 4° 22.43
Pointe de Talagrip
48°10,12 - 4°17,82
Porz ar Veg
48° 10.29 - 4° 17. 84.
Tymarc, anse
48° 09.43 - 4° 17.29
Anse de Trefeuntec
48° 08.16 - 4° 16.30
Le Taureau, roche
48°12,60 - 4°27,04
Roxcher de l'aber
48°13,35 - 4°26,11
Les Verrés
48°12,62 - 4°26,27

LES ROCHES DES VERRES

Au sud de l'île de l'Aber, la roche des **Verrés,** haute de 12 m, pointe à près d'un mille du rivage. La roche voisine de la **Pierre Profonde** émerge également de 7 m à 1.000 m au S.W. Toujours découvrantes ces roches ne sont pas à craindre sauf par visibilité très réduite. En revanche, il faut se méfier à basse mer de la roche du **Taureau** à 500 m dans le **348°** de la Pierre Profonde et dans le **267°** des Verrés car cet écueil ne découvre que de 1,80 m.

De nuit : Ces dangers sont couverts par le secteur vert (281° à 301°) du feu (4 occ. 12 sec.) de la pointe de Morgat.

LA POINTE DE BELLEC

À 2,8 milles dans l'E.S.E de l'Aber, la croupe de la pointe de **Bellec** est débordée par une roche isolée de 3,20 m dont le passage à terre est praticable mais étroit. Par beau temps, quelques bateaux mouillent au N.W de cette pointe où l'on commence à bénéficier de la protection des hauteurs du cap de la Chèvre. Mais le clapot reste dur par vent d'ouest. Au nord de la pointe s'étend la belle plage de Trez Bellec. Il faut rester à distance de la plage qui découvre largement.

PORZ LOUS

Au nord de la grande plage du **Lieu de Grève,** la plus longue de la baie de Douarnenez, qui forme un beau tapis de sable plat et ferme sur 4 km, la pointe de **Kernic** forme l'avancée la plus nette après celle de **Kéréon**. Juste à l'ouest de cette avancée, l'anse de **Pors Lous** ou encore de **Cameros,** offre un abri convenable par vent de N.W à l'Est. On peut rester au mouillage à l'ouvert de l'anse. L'échouage le long d'une petite cale est plus risqué car la houle d'ouest peut déferler.

La pointe de Kerion au nord de la longue plage du Lieu de Grève.

TYMARC

Au nord de la longue plage de **Ste Anne la-Palud**, le rivage redevient à nouveau rocheux, découpé, et juste au S.E. de la pointe de **Lanvelliau**, l'anse de **Ty-Marc** offre un bon mouillage par vent de nord à l'Est, mais il faut rester à l'ouvert car le rivage n'est pas franc. On évite ainsi d'échouer.

La pointe de **Talagrip** au nord de Ty Marc, pourrait assurer une bonne protection contre les vents du sud sur son flanc nord à l'extrémité sud du Lieue de Grève, mais les fonds de sable qui assèchent obligent à béquiller et il faut être certain que les vents ne vont pas tourner à l'ouest pour venir s'y abriter.

La pointe de Talagrip l'avancée la plus remarquable dans le fond de la baie de Douarnenez

Le mouillage de Ty Marc au nord de la plage de Ste Anne de la Palud.

71

POINTS GPS
Entrée nord de Douarnenez
48° 06.21 - 4° 20.38
Port de Rosmeur
48° 05.74 - 4° 19.24.

DOUARNENEZ

À cheval sur l'estuaire de la rivière de Pouldavid, où est aménagé le musée maritime de Port Rhu, Douarnenez dispose d'un véritable port de plaisance à Tréboul, le faubourg voisin, et de deux zones de mouillage dans la rade du Guet et à Rosmeur. Seul l'accès du port de pêche est interdit aux plaisanciers. Des quais souvent pittoresques, où l'on rencontre fréquemment et plus encore dans les tavernes de joyeux marins aimant les vieux gréements.

Derrière la pointe de **Leidé**, on ne tarde pas à découvrir l'**île Tristan** dans l'entrée de la rivière de Pouldavid et du port de Tréboul. Le rivage étant débordé par de larges semis de roches, il est prudent de ne pas piquer directement depuis la pointe de Leidé sur la droite de l'île Tristan où la petite tour d'un phare se dresse au milieu d'un bois de pins avant d'avoir doublé à distance l'îlot **Coulinec**. Une route au **125°** sur le phare pare tous les dangers.

L'ENTRÉE DE LA RIVIÈRE DE POUL DAVID

Elle est fermée par une courte jetée s'appuyant sur la rive ouest et quelques petits bateaux s'amarrent en arrière sur des va et vient. La longue cale bordant cette jetée **Biron** est accostable à toute heure de marée. Mais elle est souvent utilisée par les pêcheurs. Il reste environ 1 m d'eau au musoir.

Le ressac rendant l'accostage dangereux, les bateaux de croisière préfèrent s'amarrer en ligne sur des bouées de corps morts mouillées dans le lit de la rivière par 3 m ce qui évite un échouage à basse mer. L'amarrage avant arrière est impératif pour ne pas éviter avec les **courants** qui dépassent les 2 nœuds.

Les fonds sont très variables, le sable formant des bancs transversaux. La hauteur d'eau avant le ponton visiteur ne dépasse pas 1,50 m à basse mer.

Le terre plein de la rive ouest, utilisé par l'école de voile, est bordé par un long ponton flottant qui peut recevoir une bonne quinzaine de bateaux. Il est relié au haut de la grande cale par une passerelle. Les visiteurs sont invités à y accoster en saison.

Le ponton d'accueil sur la rive ouest avant le port de Treboul.

La petite île Tristan, domaine privé, qu'on laisse sur bâbord pour entrer dans la rivière de Pouldavid, et rejoindre le port de Tréboul. L'île est vue ici du sud, du côté de la rade du Guet

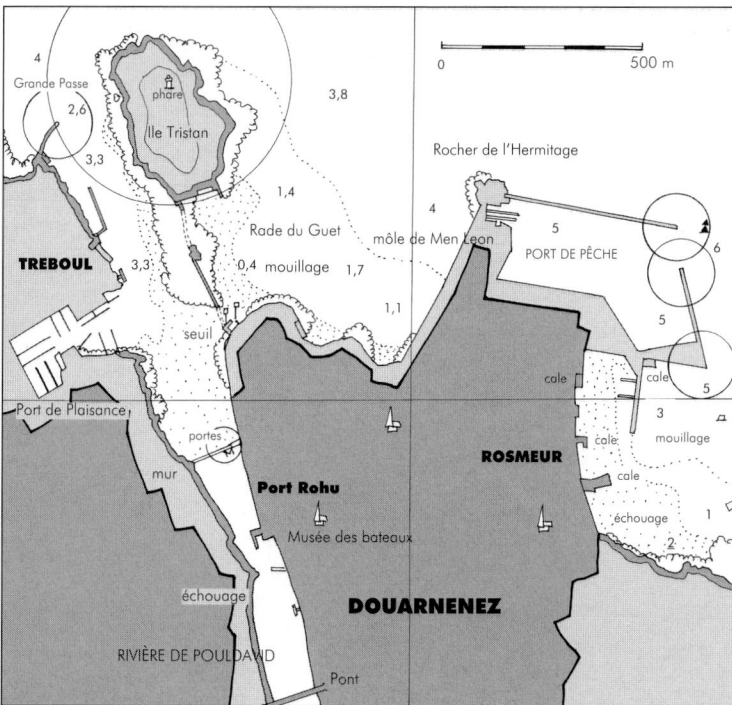

4
Grande Passe
2,6
phare
Ile Tristan
3,3
3,8

Rocher de l'Hermitage

0   500 m

1,4

4

Rade du Guet

môle de Men Léon

5

PORT DE PÊCHE

6

TREBOUL

3,3   0,4 mouillage 1,7

1,1

5

seuil

cale

cale

5

Port de Plaisance

3

ROSMEUR

cale

mouillage

portes

cale

mur

Port Rohu

échouage

1

Musée des bateaux

2

échouage

DOUARNENEZ

RIVIÈRE DE POULDAVID

Pont

À la fin du XVIe siècle, le sire de la Fontenelle, brigand de très grand chemin, occupait l'île Tristan qu'il fortifia en démolissant les maisons de Douarnenez. De là il partait ravager toute la région du Finistère et mis particulièrement à sac la pointe de Penmarc'h. Il tint tête à Henri IV mais finalement en 1602, fut arrêté pour conjuration et exécuté.

HAUTEUR D'EAU

Coéf.	B.M	P.M
45	2,30 m	4,85 m
95	0,90 m	6,55 m

Le mouillage derrière la jetée Biron dans l'entrée du port.

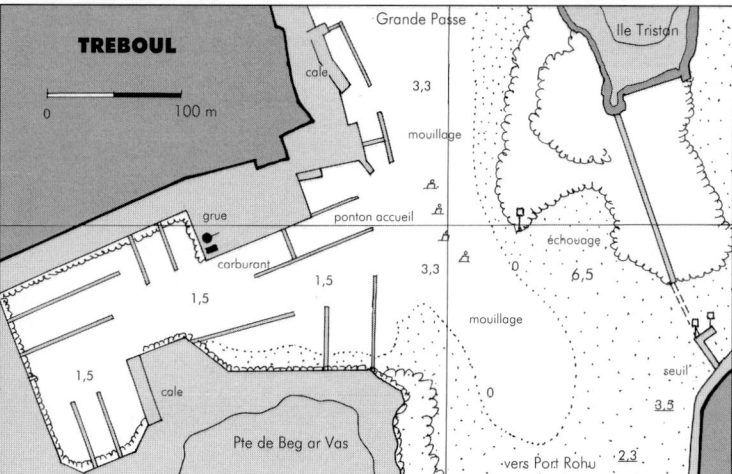

TREBOUL

Grande Passe

Ile Tristan

cale

3,3

mouillage

0   100 m

grue

ponton accueil

échouage

carburant

3,3

0

6,5

1,5

1,5

mouillage

1,5

cale

seuil

3,5

Pte de Beg ar Vas

0

vers Port Rohu

2,3

La rivière de Pouldavid vue du
N.W. De droite à gauche, le
ponton des écoles de voile et
d'accueil, le port de Treboul, les
portes du bassin de Porz Rohu et
la passe du Guet. En premier
plan l'île Tristan.

Derrière la jetée Biron, la rivière
de Pouldavid, forme une vaste
zone de mouillage où les bateaux
s'amarrent sur des files de bouée

Ancien port sardinier et de
construction navale, Tréboul
présente un caractère très marin

TREBOUL

Cette ancienne darse pour la construction navale sur la rive ouest de la rivière de Pouldavid a été transformée en un port de plaisance. C'est l'abri le plus proche du musée du bateau de Douarnenez.

Le terre plein de la zone technique sur la rive nord dans l'entrée du port dispose d'une grue et d'un poste de carburant à l'extrémité du ponton qui borde le haut quai du terre plein sur lequel s'appuie la passerelle d'un ponton plus lourd utilisé par les chalutiers pour des débarquements de courte durée. Les commerces de Tréboul ne sont qu'à quelques pas.

Le perré de la rive sud face au terre plein est débordé par 3 pontons flottants qui offrent environ 80 places où il reste 1 m d'eau à basse mer. Mais la grande majorité des plaisanciers locaux viennent s'amarrer à l'un des 6 pontons du bassin intérieur dragué à 1 m et qui comptent 350 places dont une trentaine pour les visiteurs.

Les hauts perrés qui entourent le bassin ne sont pas accostables en dehors du quai de la grande cale au S. E.. Elle est utilisable presque à basse mer. L'abri de ce bassin intérieur est très sûr mais les places libres sont assez rares en saison.

Le seuil de la passe du Guet au sud de l'île Tristan. Deux perches signalent le passage le plus creux.

Deux portes sous le pont levis donnent accès au bassin du musée maritime maintenu à flot par un seuil.

Les anciens bateaux sont présentés le long d'estacades et de quais en bois qui constituent un décor pittoresque.

Les bateaux sont exposés dans la rivière de Pouldavid amarrés à des quais de bois afin de recréer l'ambiance d'un port du siècle dernier.

Les bateaux de plaisance en escale disposent de pontons dans le lit en amont du viaduc.

LE MUSÉE MARITIME DE PORT ROHU

Une petite escale s'impose pour venir visiter le musée maritime de Port Rohu qui a entraîné la réhabilitation de tout le vieux quartier bordant la rivière de Pouldavid qui est maintenue en eau à basse mer par un mur à 4,30 m au-dessus du zéro. Malheureusement le projet était très ambitieux pour une petite ville isolée à la pointe extrême de la Bretagne. Le nombre de visiteurs n'a pu combler un énorme investissement.

La rivière de Pouldavid qui a creusé une profonde entaille dans le plateau côtier assez élevé, formait un port d'échouage pratiquement délaissé depuis de nombreuses années. La ville et l'association le Chasse Marée ont transformé en un musée maritime ce site assez pittoresque bordé à l'ouest par une rive boisée escarpée et à l'Est par les quais et les vieux quartiers de Douarnenez. Le mur surmonté d'une passerelle disposant d'une porte qu'enjambe un pont levis, retient un vaste plan d'eau où sont exposés à flot d'anciens bateaux comme une barge de la Tamise, un bateau feu et divers chalutiers et bateaux de pêche traditionnels, langoustiers, sardiniers et autres coquilliers de la rade de Brest.

La rive ouest de la rivière a été aménagée avec de vieux quais et des abris à bateaux de styles différents.

Les plus beaux vieux gréements de passage peuvent mouiller presque au milieu du port musée.

Ces bateaux sont amarrés le long de quais en madriers construits comme au siècle dernier et munis de passerelles qui forment un décor très plaisant. Les bateaux échoués sur la grève de la rive ouest fort bien aménagée avec des vieux quais, s'intègrent également dans ce port musée dont la place de l'Enfer est le lieu animé avec des petits ateliers de construction, un musée des bateaux de pêche et de nombreuses tavernes typiquement marines. La place devait être le lieu de construction d'un clipper de plus de 50 m qui devait constituer pendant plusieurs années un véritable spectacle qui est aujourd'hui abandonné, les coûts d'exploitation étant disproportionnés avec les recettes des visiteurs, le musée a dû réduire considérablement ses activités et ses projets.

Il est possible après autorisation à certains bateaux de plaisance, tout particulièrement des vieux gréements, de franchir la porte du bassin qui ouvre 1h 1/2 à 2 h avant et après la pleine mer suivant les coefficients pour venir s'amarrer à l'une des nombreuses bouées mouillées dans le lit de la rivière au voisinage du pont de 16 m de tirant d'air, où la profondeur est de 3 à 4 m en aval et de 2,50 en amont. Informations au T.02 98 92 00 67 et par VHF canal 9 à la capitainerie de Treboul.

De nuit : Il ne faut pas piquer sur le feu blanc de l'île **Tristan** (3 occ. 12 sec.) avant de voir le feu vert (isophase 4 sec.) du port de pêche se dégager assez nettement sur sa gauche car la côte à l'approche du port présente de nombreux semis de roches affleurantes.

Le secteur rouge (138° à 153°) du feu de l'île **Tristan** couvre le haut fond de la basse **Nevez** qui n'est pas à craindre par un bateau de plaisance sauf en basse mer de vives eaux par grosse houle.

Le musoir de la jetée **Biron** dans l'entrée de la rivière de **Pouldavid** est signalé par un feu vert scintillant. Plus au sud, un feu de guidage (5 éclats 20 sec.) indique dans un étroit secteur blanc 156° à 158° entre une coloration rouge et verte, la direction de l'écluse de **Port Rhu.** Pas d'autre feu dans la rivière, mais on peut gagner sans difficulté le port de plaisance de Tréboul avec la lumière des lampadaires sur les quais.

L'ÎLE TRISTAN- RADE DU GUET

L'île est reliée à la rive sud par une chaussée de roches où un mur abri coupant le clapot par vent d'Est ménage une petite passe. Elle évite le tour de l'île Tristan. Mais cette passe qui présente un seuil de roches à 2 m, n'est pas utilisable avant la mi-marée. Deux perches à cylindre signalent à marée haute une petite cale bordant la passe au sud.

On peut mouiller dans la rade du **Guet** au S.E de l'île Tristan sur des fonds entre 1 et 5 m mais l'abri est nul par vent d'Est. Une trentaine de bouées sont installées sur plusieurs rangs parallèles pour éviter de mouiller une ancre sur des fonds de médiocre tenue. Ce mouillage est accessible en permanence par le N.E de l'île Tristan.

Le ponton d'accueil dans l'entrée du port de Treboul.

On rejoint le mouillage du Guet et le port de Rosmeur en passant au sud de l'île Tristan, sur un seuil de roches qui découvre vers la mi-marée. Deux perches signalent la partie la plus creuse.

Le port de pêche de Douarnenez est enfermé derrière de hautes jetées. Les plaisanciers n'y ont pas accès.

Voir carte de situation en p 16

Attention en passant devant la passe du port de pêche aux chalutiers qui peuvent en sortir parfois rapidement

LE PORT DE PÊCHE

Les deux longs môles du port de pêche de Douarnenez délimitent un vaste bassin où les grands chalutiers viennent décharger le poisson le long des quais du bâtiment de la criée ou caréner sur le terre plein N.W du rocher de **l'Ermitage**, un slip pouvant mettre à terre les plus gros chalutiers.

Les bateaux de plaisance n'ont pas leur place dans ce bassin industriel et ils arrondiront la passe pour venir s'abriter plus au sud dans la darse de Rosmeur, en prenant garde aux chalutiers qui peuvent en sortir à vive allure.

ROSMEUR

Cet ancien port de Douarnenez n'a pas perdu son cachet pittoresque avec ses quais de pierres disjoints bordés de vieilles façades. La plupart des restaurants de Douarnenez sont groupés à proximité.

Le grand môle de Rosmeur perpendiculaire aux quais nord pour casser le clapot de Nord à l'Est, est utilisé par les chalutiers en réparation qui disposent de 4,50 m d'eau dans une souille creusée sur 50 m de largeur du côté Est. La profondeur est plus réduite 1,50 m côté Est où deux pontons s'appuient sur le môle. On peut parfois y trouver une place libre mais il faut s'amarrer à proximité d'une échelle car la hauteur du quai est grande à marée basse. Pour les bateaux de plaisance, Rosmeur est avant tout un mouillage. dans le S.E. du môle. L'abri est assez sûr contre à peu près tous les vents. Seuls ceux du secteur N.W. à Nord lèvent un clapot désagréable. Les fonds ne sont pas de bonne tenue. Attention dans l'Est de la zone de mouillage à la présence de nombreux viviers flottants.

Les vieilles maisons du quartier de Rosmeur forment un décor plaisant autour de la darse où les bateaux s'amarrent à quai ou échouent sans alignement bien précis. Le quai du môle abri est réservé en priorité aux chalutiers.

Le port de Rosmeur vu du N.W. En premier plan, le bassin du port de pêche. A gauche, la zone de mouillage à l'extérieur du bassin.

Les grands chalutiers occupent les places à l'extérieur du môle.

Rosmeur est un actif port de pêche où les places à quai ou sur pontons sont occupées par de nombreux chalutiers

Voir carte de situation en p 16

**SERVICES
DOUARNENEZ
TREBOUL**

Capitainerie Tréboul :
T.   02 98 74 02 56.   fax
02 98 74 05 08. VHF canal 9.
7/12h 13 h 30/21h en été.
8 h 30/12h - 13 h 30/17 h 30
en hiver. VHF canal 13 -
445 places à flot dont 165 sur
coffres. 60 visiteurs.
Eau, électricité, sanitaires,
douches, glace, tél. public.
Grue mobile 6 t. grue mobile
32 t. cales. élévateur slip
420 t au port de pêche
T. 02 98 92 04 77.
Carburant : Sur terre plein
entrée de Treboul. ouverture
heures de la capitainerie.
permanent par carte
bancaire.

Avitaillement   :
Commerces   autour   de
Tréboul et de Rosmeur.

**Accastilleurs
Mécaniciens :**
Coopérative Maritime
Port de Tréboul
T. 02 98 74 33 68
Iroise Nautic port de Tréboul.
T. 02 98 74 29 38.
Le Guellec Plaisance port de
Tréboul. T. 02 98 74 33 10
Fiacre Yachting. port de
Tréboul
T. 02 98 74 38 39
Librairie :
Librairie d'Avor 37 quai Yser
T. 02 98 74 17 32

Les bateaux qui ne craignent pas d'échouer peuvent s'amarrer à quelques corps morts en lisière des quais de Rosmeur, les quilles s'enfonçant un peu dans un mélange de sable et de vase. La cale, la plus large et la moins inclinée se situe à l'enracinement du grand môle du côté Est. L'ancienne cale en avant du quai ouest se prolonge par une aire de carénage. Tois tonnes sont mouillées en ligne sur des fonds de plus de 5 m dans l'Est du môle. Les bateaux de plaisance ne peuvent s'y amarrer qu'avec l'autorisation de la capitainerie.

De nuit : Les deux feux rouges (2 occ. 6 sec.) et vert (isophase 4 sec.) de la passe d'entrée du grand port de pêche ainsi que le feu vert (occ. 4 sec.) à l'angle S. E des jetées, indiquent le virage à prendre pour gagner le mouillage de Rosmeur. Il convient toutefois de l'aborder avec prudence car, outre plusieurs tonnes non éclairées, de nombreux bateaux de pêche sont mouillés d'une manière assez anarchique.

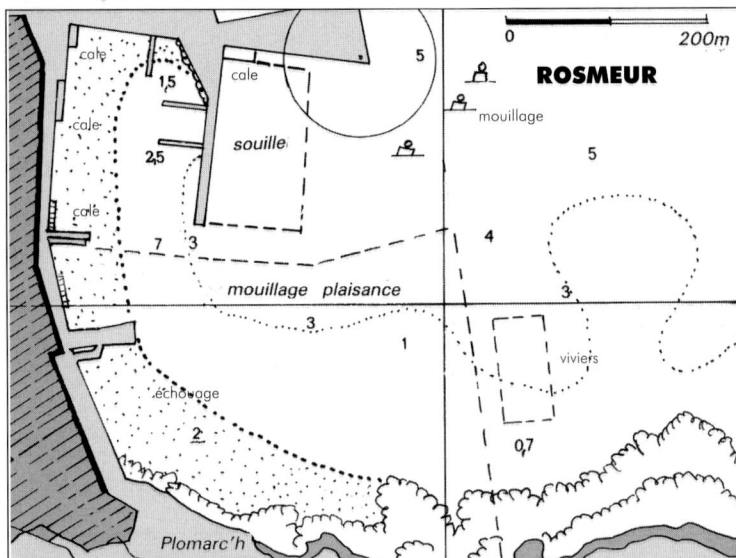

La vieille cale se prolonge par une aire de carénage.

Quelques bateaux échouent sur le sable dans le fond du port mais la majorité reste au mouillage dans l'entrée du port de Rosmeur sans bénéficier de protection par vent de Nord au N.E.

LES ABRIS DE LA COTE SUD
DE LA BAIE DE DOUARNENEZ ET DU CAP SIZUN

Le long de la côte sud rocheuse, élevée et escarpée de la baie de Douarnenez et du Cap Sizun, les petits mouillages sont limités et très exposés à la houle par vents fréquents de N.W. au N.E. la navigation en ces parages doit se faire avec une grande prudence.

Le rivage est encore peu déchiqueté et les prairies descendent jusqu'à la mer sur le vallonnement des collines. Des maisons se nichent dans les bois de pins qui couronnent les hauteurs. Mais à mesure que l'on se rapproche du Raz de Sein, ce rivage devient plus désolé, la lande recouvre tout le relief accidenté et la mer est plus agressive.

L'ANSE DE KERANDRAON

A 3 milles à l'ouest de Douarnenez, passé le promontoire de la pointe de Leidé élevé et un peu escarpé, la croupe de la pointe de la **Jument** est débordée par un haut fond découvrant, formant un gros éboulis de roches. Sur son flanc Est à moins d'un demi mille, l'anse de **Porz Meihl** juste au nord de l'amer blanchi de Kerlofin dans les terres, creuse assez profondément le rivage pour offrir une possibilité de mouillage par 3 à 4 m, à l'abri des vents de SW et S.E mais le mouillage est intenable par vent de N.W. au N.E. et fort rouleur par vent d'ouest.

POINTS GPS :

Pointe de la Jument
48° 06.52 - 4° 24.67
Porz Meilh
48° 06.39 - 4° 24.26
Pointe du Millier
48° 06.07 - 4° 27.89
Pte de Luguenez
48°05,45 - 4°32,07
Porz Peron
48° 05.33 - 4° 29.18
Pors Leven
48° 05.01 - 4° 32.52
Pointe de Trénaouret
48° 05.56 - 4° 30.13
Pointe de Beuzec
48° 05.56 - 4° 31.25

La pointe de la Jument reconnaissable à la petite roche qui la déborde de très près.

LA POINTE DU MILLIER

La pointe du Millier est dominée par la maison d'un phare sans tour. On ne peut manquer de jour de localiser de loin cette construction isolée au sommet de la pointe qui aidera à préciser sa position. Le Raz avec la pointe du Van est à 10 milles et Douarnenez à 5 milles. La plage de sable sur le flanc ouest de la pointe est un fort joli site mais devant laquelle on ne peut mouiller que par vent de secteur N.E. au S.E., la houle d'ouest déferle en gros rouleaux . La lande au voisinage est déserte.

De nuit : Le phare de la pointe du Millier montre un feu (2 occ. 6 sec.) à plusieurs secteurs qui sont utilisés en venant du nord, du cap de la Chèvre ou de l'ouest du Raz de Sein. Voir pages 65 et 88.

La pointe du Millier forme une avancée qui délimite à l'ouest une petite plage.

La pointe du Millier est aisée à localiser par la petite maison du phare à son sommet.

Tout au long du cap Sizun, le rivage élevé descend vers la mer en des pentes souvent abruptes et les constructions sur les hauteurs sont fort rares, ce qui explique que le cap Sizun soit une réserve naturelle.

Un impressionnant semis de roches dont les plus redoutables ne sont pas les plus grandes dans les parages des roches du Danou ou de Castell Roch.

La cale de Loédoc accessible par des escaliers n'est qu'un petit terre plein sur un piton rocheux où les barques sont difficiles à mettre au sec.

Le mouillage assez bien abrité sur le flanc Est de la pointe de Brezellec.

Les grèves de sable sont très rares dans ce chaos de roches.

La pointe de Brezellec que prolongent de gros rochers est le lieu de séjour d'importantes colonies d'oiseaux de mer. le mouillage se situe dans le creux au pied d'un chemin.

Quelques gros rochers isolés débordent le rivage.

Voir carte de situation en p 16

POINTS GPS :
Porz Peron
48° 05.33 - 4° 29.18
Pors Lleven
48° 05.01 - 4° 32.52
Pointe de Trénaouret
48° 05.56 - 4° 30.13
Pointe de Beuzec
48° 05.56 - 4° 31.25

La cale de Porz Peron au débouché d'un petit vallon.

PORZ PERON

Dans le fond de la première baie, à l'ouest de la pointe du Millier, une cale accessible par une route s'avance dans le creux d'un vallon sur un bout de grève. C'est là, une des rares portions de sable dans ce chaos de roches. On peut venir mouiller à proximité dans le S.E. de l'îlot de **Karreg Toul**.

Dans le sud de l'îlot à moins de 500 m dans l'ouest de Porz Peron, la cale de **Pors Lanvers** se cache dans une faille entre les roches.

La pointe du Château de Beuzec, une réserve ornithologique, au rivage très escarpé et tourmenté.

Passé la pointe de Trénaouret, le rivage est très rocheux, déchiqueté, débordé par de nombreux écueils. Il faut s'en tenir à distance même par mer calme. La pointe de Beuzec se reconnaît à sa forme allongée et à une construction sur sa hauteur. Le rivage reste également très malsain autour de la pointe de Luguénez. Il ne faut pas espérer trouver un mouillage en ces parages exposés à la houle.

PORS LEVEN

Entre la pointe de **Luguenez** et le rocher du **Grand Crom**, tout au fond de la petite baie, la petite cale de Lesven au débouché d'un vallon rejoint une route partiellement carrossable qu'utilisent quelques pêcheurs. Le mouillage est intenable par vent de N.W au N.E. Seuls deux ou trois bateaux peuvent se glisser entre les roches par vent de terre. .Attention dans la baie, dans le **104°** du Grand Crom à environ 700 m à la présence d'une roche isolée de 1 m non balisée. mais c'est une des rares roches isolées.

Le petit bout de plage de Porz Peron

Le Cap Sizun est une réserve d'oiseaux de mer où nichent des colonies de guillemots, de cormorans huppés, de goélands argentés, de pétrels ainsi que des macareux. Les oiseaux sont généralement les plus nombreux près des pointes de Castelmeur et de Brezellec.

LES ROCHES DE CROM ET DE DUELLOU

Les trois hautes roches, le **Grand Crom**, le **Danou** et **Duellou**, sont assez franches vers le large. Une petite pyramide blanche au ras de l'eau sur le rivage derrière le Grand Crom, constitue un bon point de repère sur ce rivage inhabité où, faute de construction, il est très difficile de distinguer une pointe rocheuse d'une autre, et par là même de se situer très exactement.

Les deux rochers isolés de **Duellou** ne couvrent jamais et le passage à terre, large d'environ 700 m et profond de 20 m, est aisément praticable mais il convient, à basse mer, d'être prudent à la hauteur des quelques autres roches qui pointent plus à l'Est à égale distance entre le Grand Crom et Duellou. Il faut arrondir le Danou par le nord. Attention à la roche isolée à 250 m dans le 83° de Duellou. Il faut se tenir à mi-distance des roches et du rivage qui est partout malsain. de nombreux écueils affleurent. Les deux hautes roches de 16 et 15 m, le **Danou** et les **Crom**, sont assez franches vers le large. Une petite pyramide blanche au ras de l'eau sur le Crom constitue un bon point de repère sur ce rivage inhabité où, faute de construction, il est très difficile de distinguer une pointe rocheuse d'une autre, et par là même de se situer très exactement.

On n'oubliera pas, à 200 m dans le **104°** de la roche Crom, la présence d'un écueil isolé ne découvrant que de 0,60 m et qui peut constituer un grand danger pour une quille. Mais cette roche est la seule aussi éloignée du rivage.

La pyramide sur le rivage qui fait face à la roche du Grand Crom.

Les roches du Danou doivent être arrondies par le large car à leurs abords le rivage est très malsain.

POINTS GPS :
Pors Canapré
48° 04.61 - 4° 35.52
Roche Grand Crom
48° 05.18 - 4° 34.03
Roche le Danou
48° 05.13 - 4° 34.82

PORZ CANAPRE

Cette anse étroite à l'Est d'un petit promontoire, sensiblement dans le sud des roches de **Duellou,** se localise par la petite maison bâtie au sommet, une des rares constructions visibles de la mer sur cette côte très sauvage. Deux ou trois barques s'amarrent à des pieux. À peine quelques roches plates permettent de débarquer et il faut pour rejoindre le village de Kergulan, entreprendre une petite escalade.

Le gros rocher très remarquable du Danou

Les canots se tiennent parfois dans les creux, amarrés sur un câble tendu en hauteur entre deux parois.

La petite grève de Porz Loédec à 600 m à l'ouest d'un gros îlot à peine séparé du rivage.

La pointe de Penharn et les grosses roches qui la débordent au N.E.

La pointe de Brezellec vue du N.E. On localise le mouillage à l'Est et la roche isolée du Trépied à l'ouest.

La pointe de Castelmeur avec en arrière plan la baie des Trépassés.

POINTS GPS :
Pointe de Pen C'Harn
48° 04.42 - 4° 37.78
Pointe de Brezellec
48° 04.50 - 4° 39.84
Mouillage de Brezellec
48° 03.79 - 4° 40.34
Mouillage Est de Brezellec
48° 04.24 - 4° 39.64
Pointe de Castelmeur
48° 04.06 - 4° 41.37
Bouée de la BasseJaune
48° 04.75 - 4° 42.35
Pte du Van Roche Ar C'Helleg
48° 04.06 - 4° 42.86

PORZ LOEDEC

Dans le creux du rivage toujours élevé et escarpé 1 200 m à l'Est avant la pointe de **Penn C'harn** que débordent deux gros rochers, une cale a été partiellement taillée dans la roche, près d'un gros rocher et quelques barques de pêche sont tirées au sec à mi-pente ou mouillées à petite distance, amarrées à un long filin tendu à une dizaine de mètres de hauteur entre deux gros rochers. Une méthode d'amarrage peu commune mais efficace que l'on retrouve en ces parages à l'ouvert de plusieurs petites anses. Aussi ne doit-on pas s'engager en voilier dans le creux d'une anse sans jeter un coup d'œil vers le ciel.

Un étroit escalier taillé dans la paroi de roches descend jusqu'à la mer. C'est l'unique point de débarquement possible à Brezellec sur le flanc Est. Les pêcheurs utilisent un treuil pour hisser les charges.

LE MOUILLAGE DE BREZELLEC

Des semis de roches débordent beaucoup trop loin les pointes de **Kerharo** et de **Penharn** pour que l'on vienne serrer de près le rivage avant le mouillage de Brezellec. La **pointe de Brezellec** est débordée par de nombreuses têtes de roches vers le nord mais également vers l'ouest. On prendra garde tout particulièrement à celle du **Trépied** haute (9 m) nettement isolée sur le flanc ouest de la pointe. L'alignement à **178°** des deux amers blanchis nord et sud n'indique pas une route d'approche dans le passage à terre de la roche. Ces amers servaient autrefois à délimiter une base de vitesse.

La pointe de Brezellec est débordée par un groupe de gros rochers qui ne couvrent pas.

Le rocher d'une forme assez remarquable à la pointe de Castelmeur.

POINTS GPS :

Porz Peron
48° 05.33 - 4° 29.18

Pors Lleven
48° 05.01 - 4° 32.52

Pointe de Trénaouret
48° 05.56 - 4° 30.13

Pointe de Beuzec
48° 05.56 - 4° 31.25

Pors Canapré
48° 04.61 - 4° 35.52

Roche Grand Crom
48° 05.18 - 4° 34.03

Roche le Danou
48° 05.13 - 4° 34.82

Pointe de Pen C'Harn
48° 04.42 - 4° 37.78

Pointe de Brezellec
48° 04.50 - 4° 39.84

Mouillage de Brezellec
48° 03.79 - 4° 40.34

Mouillage Est de Brezellec
48° 04.24 - 4° 39.64

Pointe de Castelmeur
48° 04.06 - 4° 41.37

Bouée de la BasseJaune
48° 04.75 - 4° 42.35

Pte du Van Roche Ar C'Helleg
48° 04.06 - 4° 42.86

Bouée de la Jaune du Raz
48° 04.75 - 4° 42.35

Pointe du Van
Roche Ar C'Helleg
48° 04.06 - 4° 42.86

Roche Burel
48° 03.90 - 4° 43.55

Kornog an Trez
48° 03.53 - 4° 43.96

La cale dans le creux Est de Brezelllec.

Il faut arrondir prudemment les têtes de roches pour rejoindre par le large le mouillage principal sur le flanc Est de la pointe de Brezellec où quelques barques se tiennent à l'abri des vents d'ouest en avant d'un escalier qui grimpe très raide vers un terre plein accessible par une route en forte pente. L'escalier est construit sur un bloc de roche en lisière d'une faille profonde. Pour les manutentions les pêcheurs utilisent un monte-charge sur un câble.

Sur le flanc ouest de la pointe de Brezellec, une seconde cale se cache dans le fond d'une anse au débouché d'un petit vallon. Une pyramide blanchie sur la crête des falaises aide en venant du **Raz de Sein** à situer le mouillage de Brezellec abrité des vents d'Est et N.E. mais, à basse mer, les fonds de sable et d'herbe découvrent largement en avant de la cale. La meilleure approche se fait au **170°** sur l'amer dans l'intérieur des terres mais qui se trouve masqué en approchant de l'anse. On peut échouer le long du quai en haut de la cale sur des posées de sable et gravier. Attention à la roche qui pointe au centre de l'anse. Le site est très sauvage. Seule une petite buvette se niche à mi pente. Un site sauvage qui a une allure de côte irlandaise.

De nuit : Il n'est pas possible de venir s'abriter de nuit dans les petits mouillages de la côte sud de la baie de Douarnenez et du Cap Sizun, totalement plongés dans l'obscurité. On ne peut que faire route directe vers le Raz ou le port de Douarnenez dont les feux sont masqués par la côte. Mais on dispose avec le feu de la pointe du **Millier** (2 occ. 6 sec.) visible jusqu'à 16 milles d'une aide précieuse.

Venant du nord : du cap de la **Chèvre**, on suivra la limite à **129°** du secteur blanc du phare de la pointe du Millier pour passer entre la bouée de la basse **Vieille** signalée par un feu blanc (2 éclats 6 sec.) et le cap de la Chèvre uniquement par beau temps car la mer brise durement en ces parages dès que les vents d'ouest lèvent de la houle.

À l'Est du feu de la pointe du **Millier**, les dangers de la côte sont couverts par le secteur rouge (251° à 258°) de ce même feu et on s'écartera de ce secteur pour gagner le port de Douarnenez.

Venant du Raz de Sein : Il ne faut pas quitter derrière soi le secteur blanc (2 + 1 occ. 12 sec.) du phare de la **Vieille** (158° à 205°) pour faire route sur le feu du **Millier** avant que ce feu vert, qui couvre les dangers de la côte, vire au blanc à **87°**. En revanche, il ne faut pas s'inquiéter par la suite de voir le feu passer successivement au rouge et au vert après être revenu un moment au blanc, car l'étroit secteur rouge (113° à 120°) couvre au N.W de la baie de Douarnenez les dangers de la basse Vieille près du cap de la Chèvre et le secteur vert (129° à 148°) passe sur tous les dangers aux abords de ce cap

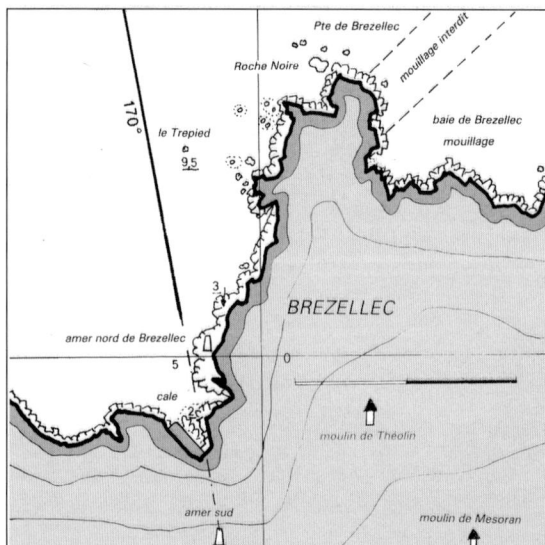

La cale ouest de Brezellec où la houle a tôt fait de déferler.

La croupe de Kergueriec reconnaissable à la maison isolée sur la hauteur

La pointe de Brezellec est débordée par un îlot mais également par plusieurs roches au nord.

De dangereux hauts fonds découvrent dans l'ouest de la petite chapelle sur la pointe du Van.

La petite chapelle de St They sur
les hauteurs de la pinte du Van

LA POINTE DU VAN

Au nord de la baie des Trépassés, le promontoire élevé de la pointe du Van, à l'herbe rasée par les vents et où se niche une pittoresque chapelle, marque l'entrée et la sortie du Raz de Sein.

Les courants peuvent y être violents : 3 nœuds au flot à un demi-mille à l'W.S.W. Un vent frais de Sud au N.W. en s'opposant aux courants de jusant y lève des vagues très creuses et désordonnées. Il ne faut pas non plus oublier qu'en fin de jusant, un **contre courant** se dirige de la pointe du **Van** vers le phare de la **Vieille**. Aussi est-il recommandé, pour ne pas affronter une mer trop dure, de virer la pointe, le courant avec soi. Le flot qui porte au N.E. débute 6 h avant la pleine mer de Brest et le jusant 1 h 15 avant.

La pointe du Van vue du S.W que
déborde la roche de Ar C'helleg
où les courants peuvent être forts.

Le promontoire de la pointe du
Van que couvre une maigre lande
et que bordent partout de hautes
falaises souvent escarpées.
En arrière plan, la pointe de
Castelmeur.

On prendra garde, en se dirigeant sur la baie des Trépassés, aux roches de **Kornog-en-Trez** qui débordent le rivage sur plus de 800 m. Ils ne sont pas très hauts 0,1 m à 0,5 m mais la mer forme de puissants remous autour de ces aiguilles qui s'élèvent brutalement sur des fonds de 30 m. La ligne au **237°** joignant la roche de Ar C'helleg à la pointe du **Van** à la tourelle jaune du **Chat**, marque la lisière de ces hauts fonds qu'il ne faut pas hésiter à bien arrondir. En revanche, la pointe du Van est franche et l'on pourrait doubler à petite distance au nord le gros rocher de **Ar C'helleg** si les mouvements de la mer autour de ce cône de pierre n'étaient pas aussi désordonnés, et même parfois impressionnants.

LA BAIE DES TRÉPASSÉS

Immédiatement au nord de la pointe du Raz, la baie des Trépassés échancre profondément le rivage et se trouve de ce fait, à l'écart des courants forts. Les marins redoutaient autrefois cette baie car sans moteur ils risquaient de s'y laisser enfermer et d'être drossés sur les rochers.

La baie des Trépassés doit son nom aux marins noyés que les courants avaient tendance après un naufrage dans le Raz à repousser sur la plage. Sous un beau soleil cette belle baie n'a rien de sinistre, l'abri y est même tranquille par vent de N. E au S. E et au nord de la grande plage de sable qui ourle le fond de la baie, quelques bateaux restent au mouillage en avant d'un débarcadère de béton dans la crique de **Porz Vorien** au nord de la baie. Mais l'abri est nul dès que les vents soufflent du S. W au nord.

Au sud de la plage, à 400 m environ à l'ouest des deux rochers du **Lion**, une petite cale se dissimule dans l'anse de **Mostrec** à moins de 300 m de la pointe du Raz. On peut y mouiller par vent de Sud à l'Est pour attendre le moment favorable au passage du raz mais uniquement lorsque la mer est bien calme.

Le débarcadère de Porz Vorien, une cale et des escaliers au nord de la baie.

La baie des Trépassés doit son nom d'après certains historiens aux druides décédés qui y étaient embarqués pour l'île de Sein. La ville d'Ys se situerait dans les marais en arrière de la baie.

Une grande plage à l'écart des courants du Raz mais il ne faudrait pas s'y laisser enfermer. L'aide d'un moteur est alors nécessaire.

La mer au voisinage du débarcadère peut être par moment très calme.

La pointe du Raz avec la tour du phare et le sémaphore en avant de la baie des Trépassés.

POINTS GPS

Roches du Lion
48° 02.66 - 4° 43.10
Cale nord
48° 03.24 - 4° 42.73

91

POINTS GPS

Pointe du Van
Roche Ar C'Helleg
48° 04.06 - 4° 42.86
Roche Burel
48° 03.90 - 4° 43.55
Kornog an Trez
48° 03.53 - 4° 43.96
Baie des Trépassés
Roches du Lion
48° 02.66 - 4° 43.10
Cale nord
48° 03.24 - 4° 42.73
Plate
48° 02.3 - 4° 45.50
Phare de la Vieille
48° 02.49 - 4° 45.34
Les Barrillets
48° 03.98 - 4° 47.15
Phare de Tevennec
48° 04.32 - 4° 47.64
Le Chat
48° 01.49 - 4° 48.78
Passe du Trouz Yard
48° 02.47 - 4° 44.57
Roches de Masklou Greiz
48° 01.37 - 4° 45.78
Roches de Kornog Braz
48° 01.32 - 4° 46.93
Pointe de Koumoudoc
48° 02.03 - 4° 43. 57
Phare de Ar Men ouest
chaussée de Sein
48° 03.07 - 4° 59.78
Bouée Jaune du Raz
48° 04.74 - 4° 42.38
Pointe du Van
Roche Ar C'Helleg
48° 04.06 - 4° 42.86
Roche Burel
48° 03.90 - 4° 43.55
Kornog an Trez
48° 03.53 - 4° 43.96
Cornoc an ar Braden
48° 03.30 - 4° 50.77
Roche Ar Vas Du
48° 02.94 - 4° 49.74
Tourelle Ar Gouelven
48° 02.36 - 4° 49.99
Cornoc ar Vas Nevez
48° 02.61 - 4° 49.36
Ar Fournig
48° 01.90 - 4° 52.35
Ar Gueveur
48° 01.99 - 4° 51.29
Yan ar Gall
48° 02.78 - 4° 53.02
Pyramide de Nerroth
48° 02.51 - 4° 50.64
Pyramide nord de Sein
48° 02.34 - 4° 51.17
Grand Phare de Sein
48° 02.67 - 4° 51.93

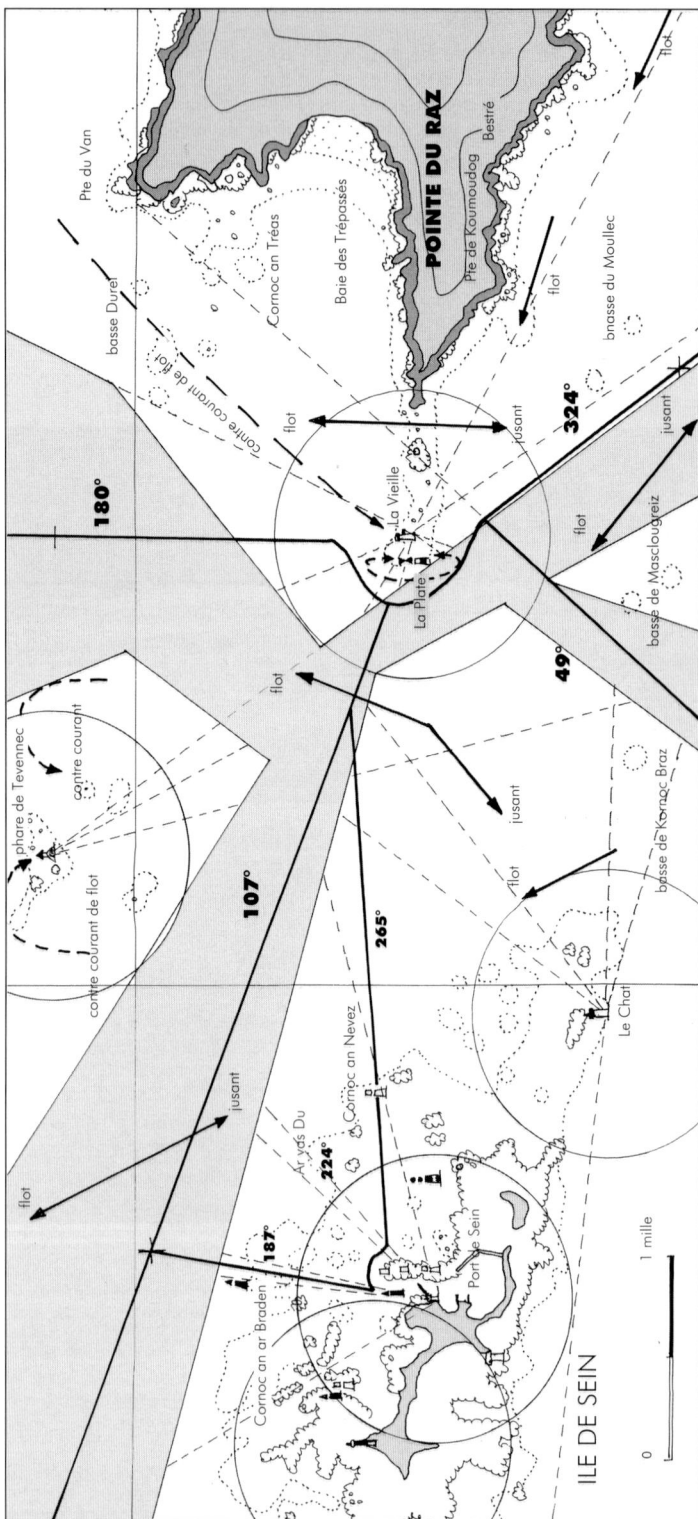

LE RAZ DE SEIN

La pointe du Raz, dentelée et surmontée d'un sémaphore, se prolonge par une chaussée de roches longue de 12 milles qui est coupée par deux passages : le Raz de Sein et la passe d'Ar Men. Des courants forts, traversiers, portent sur ces dangers au nord et au sud. Il est moins risqué de couper au plus court par le Raz de Sein que de longer la chaussée de roches pour aller virer le phare d'Ar Men à son extrémité ouest, d'autant que la navigation est assez simple dans le raz. Ce passage est en effet large, les roches peu nombreuses et la distance à couvrir dans la partie la plus exposée aux courants violents et aux vagues ne dépasse pas 6 milles.

Le passage du Raz de Sein reste cependant toujours délicat, par suite de la présence de courants violents qui en atteignant **6 nœuds en vives eaux** lèvent une mer très agitée et dangereuse en s'opposant à des brises même modérées. Aussi ne doit-on s'engager dans le Raz de Sein qu'avec un vent faible dans le sens du courant ou mieux encore au moment de l'étale.

On choisira l'étale de pleine ou basse mer de manière à disposer d'un courant dans le sens du vent après la renverse pour le cas où l'on prendrait du retard. Par conséquent, l'étale de pleine mer pour un vent de N. W au N.E. et l'étale de basse mer pour un vent de S. W au S.E.

Au nord du phare de la Vieille, jusqu'à un demi-mille, il se forme au flot un contre-courant qui porte vers le phare. Le courant entraîne donc constamment dans cette zone vers le sud.

Au sud du phare de la Vieille, également sur un demi-mille, un contre-courant porte vers le rocher au jusant. C'est la raison pour laquelle il faut toujours s'écarter vers l'ouest.

Au phare de Tévennec, deux contre-courants à l'Est et à l'ouest de l'îlot reviennent vers le sud pendant le flot.

LES HORAIRES DES RENVERSES

Dans tout le Raz de Sein, le flot commence 20 minutes avant l'heure de la basse mer de Brest et le jusant 45 minutes avant l'heure de la pleine mer. L'étale dure environ 1/2 heure.

Si dans le passage, **le vent est contraire** le mieux est de se présenter une heure avant le début de l'étale où les courants faiblissant sont dans le même sens que le vent. En s'aidant de son moteur, même un petit voilier peut s'être éloigné suffisamment du Raz, pour ne pas rencontrer, après la renverse, une mer très forte.

LES DIRECTIONS DES COURANTS

Il n'y a pas de grande confusion possible dans la direction des courants. En règle générale le **flot porte vers le N.W. et le jusant vers le S.E.** dans toute la partie sud du raz de Sein entre les trois hauts-fonds ainsi qu'entre l'île de Sein et Tévennec.

À un mille au large de la **pointe du Van,** le flot porte au N.E. et le jusant au S.W. Les vitesses atteignent **6 nœuds** au flot en vives eaux et 5,3 nœuds au jusant. On comprend aisément que, même contre des brises modérées ces courants violents lèvent des vagues très creuses qui peuvent mettre en difficulté un bateau de plaisance, même de bonnes dimensions. Au nord du raz, le courant se divise en deux branches, l'une vers le N.E entre l'île de Sein et Tevennec et l'autre vers le N.NE entre Tévennec et la pointe du Van.

On note toutefois quelques petites variantes :

Dans le milieu du Raz, à l'ouest du phare de la Vieille, le courant de flot est presque orienté vers le nord, exactement le N.N.E., alors que le jusant se dirige vers le S.W. et non plus vers le S.E. Plus près du phare de la Vieille, le courant se rapproche de la direction générale, flot au N.N.W. et jusant au S.S.E.

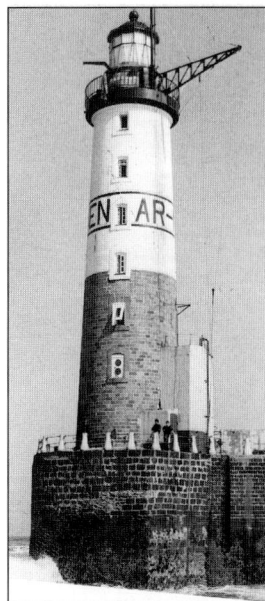

Le célèbre phare d'Ar Men à l'extrémité ouest de la chaussée de Sein.

Le phare de la Vieille et la tourelle de la PLate où se forme un contre courant portant vers le sud

LES HORAIRES DE RENVERSES
Référence Brest

Début du flot à :
Entre Tevennec et la pointe du Van : **+ 05 h 50**
Entre île de Sein et Tevennec : **05 h**
Au phare de la Vieille : **+ 05 h 40**

Début du Jusant :
Entre Sein et Tevennec : **- 04 h**
Entre Tevennec et la pointe du Van : **- 00 h 30**
Phare de la Vieille : **- 00 h 45**

Voir carte de situation en p 17

Le phare de la Vieille qui commande tout le passage de jour comme de nuit. La mer au voisinage peut être parfois très agitée même par vent modéré. En quelques mètres, une mer plate peut se transformer en un torrent.

Le phare de la Vieille est isolé sur un rocher très difficilement abordable.

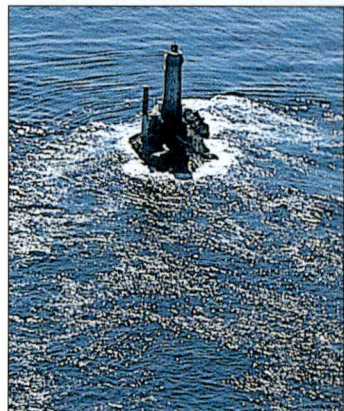

Dès que les courants s'opposent à un vent même modéré, la mer creuse dans le Raz et les vagues deviennent vite impressionnantes.

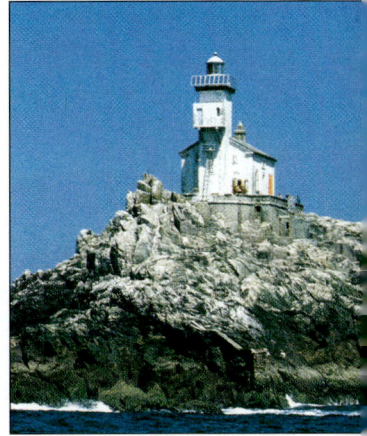

Le phare sur l'îlot de Tevennec
Son feu de guidage est précieux
pour passer le raz.

La tourelle de la Plate à 800 m
dans le S.W du phare de la
Vieille. Attention aux contre
courants qui se forment en ces
parages

LES CONTRE-COURANTS

Entre Audierne et la pointe du Raz, le long de la côte, le flot porte vers l'ouest à une vitesse de 2 nœuds en vives eaux de 2 h avant la basse mer jusqu'à la pleine mer, soit pendant près de 8 heures. On dispose ainsi au jusant pendant 2 heures d'un courant favorable le long de la côte pour se diriger vers le raz de Sein.

Au nord du phare de la Vieille, jusqu'à un demi-mille, il se forme au flot un contre-courant qui porte vers le phare. Le courant entraîne donc constamment dans cette zone vers le sud.

Au sud du phare de la Vieille, également sur un demi-mille, un contre-courant porte vers le rocher au jusant. C'est la raison pour laquelle il faut toujours s'écarter de 800 m de la tourelle de la Plate.

Au phare de Tevennec, deux contre-courants à l'Est et à l'ouest du rocher reviennent vers le sud pendant le flot.

LES BARRES DU VAN ET DE TEVENNEC

Un contre courant d'environ 5 à 6 nœuds apparaît entre la pointe du **Van** et la bouée de la **Basse Jaune,** deux heures après la basse mer de Brest et disparaît deux heures après la pleine mer. Ce courant, qui se dirige vers le phare de la **Vieille,** lève contre des vents frais de N. W au S. W, une véritable barre qui peut être difficile à franchir. Une autre barre se forme également au flot une heure avant la basse mer de Brest dans l'ouest du phare de Tévennec sur une distance de 3 à 4 milles par la rencontre d'un courant de 4 nœuds portant vers le N.W. contre les vents de secteur nord. Une mer dangereuse que les navigateurs bretons familiers de ces parages dénomment Mor an Gwalarn.

La tourelle du Chat qui balise la
lisière des hauts fonds de l'île de
Sein dans le S.E

LES MOUILLAGES D'ATTENTE

Lorsqu'on aborde le raz de Sein par le sud, **Audierne** avec la baie de **Saint Evette** offre un bon mouillage d'attente et même **Bestrée** à un mille de la pointe, à la condition toutefois que la mer soit calme. L'anse du **Loc'h** à 5 milles du Raz, offre également un abri convenable dans un creux de la côte, près d'une courte jetée.

En venant du nord, le seul abri sûr par vent d'ouest est le mouillage de l'anse **St Nicolas** derrière les hauteurs du cap de la Chèvre, mais qui est distant de 14 milles du Raz. Par vent modéré, on peut toutefois se rapprocher du Raz en venant s'abriter dans l'anse Est de la Pointe de **Brezellec** à 2 milles du pointe du **Van**, ces deux pointes formant deux avancées aisément reconnaissables. (voir pa 87).

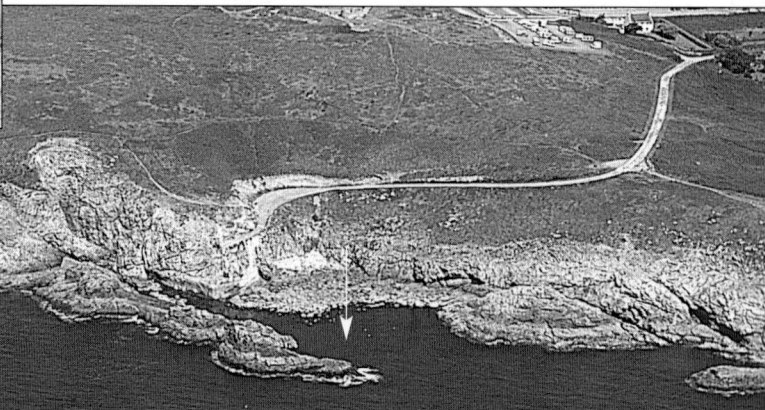

A Bestré, une roche reliée au rivage par un mur met difficilement la cale à l'abri des vagues par gros temps. Il faut tirer les canots au sec sur une pente abrupte.

POINTS GPS :
Travers de Tevennec sur route au 180°
48°04,32 - 4°45,44
Mi distance entre ile de Sein et Tevennec
48°03,34 - 4°49,23
Tourelle de la Plate
48° 02.43 - 4° 45.50
Phare de la Vieille
48° 02.49 - 4° 45.34
Les Barrillets
48° 03.98 - 4° 47.15
Phare de Tevennec
48° 04.32 - 4° 47.64
Tourelle Le Chat
48° 01.44 - 4° 48.78
Passe du Trouz Yar
48° 02.47 - 4° 44.57
Roches de Masklou Greiz
48° 01.37 - 4° 45.78
Roches de Kornog Braz
48° 01.32 - 4° 46.93
Pointe de Koummoudog
48° 02.03 - 4° 43. 57

LE PASSAGE DU RAZ DU NORD VERS LE SUD

On prendra en premier un cap plein Sud, sur le phare de la **Vieille** jusqu'à le situer à un demi-mille devant soi, ce qui fait passer à peu près à mi-distance entre la pointe du Van et l'île de Tévennec. On vire alors la tourelle de la **Plate** par l'ouest à environ 800 m et l'on prend ensuite une route au **144°**, le phare de Tévennec étant alors vu sur la gauche de la Plate derrière soi.

Si l'on vient du N.W, on peut emprunter le passage dans l'ouest de l'île de Tévennec et l'île de Sein. Là encore, il faut se tenir à mi-distance des dangers de ces deux îles. Le phare de la **Vieille** à droite de la pointe de **Koummoudog**, lisière sud de la pointe du Raz, donne une bonne route à suivre au **115°**.

De nuit : On prendra en premier lieu un cap plein sud sur le feu blanc de la **Vieille** (2 + 1 occ. 12 sec.). Le feu blanc scintillant de **Tévennec** étant laissé à 1,5 mille à l'ouest pour piquer ensuite vers le S.W. lorsque le feu vert du Chat (2 éclats. 6 sec.) vire au blanc à 215°. Cette route vers le S.W. est maintenue pendant un bon mille jusqu'à couper le secteur renforcé (324° à 332°) du feu auxiliaire de guidage de Tévennec (éclat 4 sec.) dans le feu blanc scintillant du même phare.

En restant dans ce pinceau de guidage, on double par l'ouest le feu vert (2 + 1 occ. 12 sec.) du phare de la Vieille et le feu blanc (scint. rap. dis. (9) 10 sec.) de la Plate pour s'éloigner des dangers de la pointe du Raz.

Le passage dans le secteur vert (271° à 286°) du feu (2 éclats 6 sec.) du **Chat** qui apparaît alors rouge, indique que l'on se trouve entre les hauts-fonds de **Moullec** et de **Maklou Greiz**. Lorsque ce feu vert vire au rouge à 286°, on peut quitter le pinceau de guidage de Tevennec pour faire route directe vers Audierne à la limite à 87° des secteurs blanc et vert du feu de la pointe de Lervily (3 éclats 12 sec.).

Par brume : lorsque la visibilité est réduite la corne de brume du phare de la **Vieille** émet 2 + 1 sons toutes les minutes, mais le passage du Raz de Sein par mauvaise visibilité est formellement à proscrire pour les plaisanciers qui ne connaissent pas parfaitement ces parages et ne dispose pas d'un GPS.

LE PASSAGE DU RAZ DU SUD VERS LE NORD

L'entrée sud du raz de Sein est partiellement obstruée par trois hauts-fonds couverts seulement de 3 à 7 m d'eau sur lesquels la mer déferle et brise dangereusement dès que la houle se lève. Mais ces hauts-fonds de **Moullec** (5,10 m), de **Maklou Greiz** (7,40 m) et de **Kornog Bras** (3,60 m) sont séparés par quatre passages profonds de plus de 20 m où il est naturellement impératif de s'engager. Attention aux remous que créent les courants même par mer calme.

Le passage entre Moullec et Maklou Greiz : Par mer un peu agitée, on s'engagera dans la passe entre les roches en se plaçant sur l'alignement à **324°** du phare de **Tévennec**, petite maison blanche sur un rocher, légèrement ouvert à gauche de la haute tourelle ouest de la **Plate** qui déborde le phare de la Vieille vers le S.W. On arrondira la tourelle de la Plate par l'ouest à environ 800 m pour remonter ensuite plein nord en conservant derrière soi le phare de la Vieille. On s'éloigne du phare de 800 m non pas à cause des dangers mais des contre-courants. Si l'on vient du S.W, après avoir tiré un long bord, on peut emprunter le passage entre Kornog Braz et Masklou Greiz en se plaçant sur l'alignement à **40°** de la pointe du Van par le rocher de Gorle Greiz entre le phare de la Vieille et la pointe du Raz.

En venant d'Audierne par mer calme, on doublera le petit îlot de la pointe de **Koummoudog** à 1/4 de mille pour se diriger vers la tourelle de la Plate en prenant garde à ne pas se laisser dépaler par les courants sur les roches qui prolongent la pointe du Raz jusqu'au phare de la Vieille. Il ne faut pas oublier que les hauts-fonds du Moulleg (5,10 m) se situent exactement dans l'alignement du phare de Tévennec par le phare de la Vieille dans le sud de Koummoudog et qu'un contre-courant porte vers l'ouest au jusant pendant deux heures. (voir § précédent).

De nuit : La route passe entre la roche **Moulleg** et la basse **Maklou Greiz**. Elle est couverte par le secteur intense (324° à 332°) du feu de guidage de **Tévennec** (éclat 4 sec) que masque en partie le feu blanc scintillant de ce même phare. On vient couper ce feu de guidage en naviguant plein ouest depuis Audierne à la limite à 87° derrière soi des secteurs blanc et rouge du feu de la pointe de Lervily (3 éclats 12 sec.) donc en suivant une route au 267°. Le secteur renforcé de Tévennec couvre le secteur blanc (325° à 355°) du feu de la Vieille (2 + 1 occ. 12 sec.).

On maintient soigneusement sa route dans ce pinceau intense du feu de guidage de Tévennec jusqu'à dépasser d'un bon demi mille sur tribord le feu blanc scint. rapide (9) 10 sec. de la **Plate**. Après être passé dans le secteur vert du phare de la Vieille (35° à 105°) on se trouve maintenant dans son secteur blanc (105° à 123°).

Le feu rouge (2 éclats 6 sec.) de la tourelle du **Chat** à environ 2 milles dans le S. W doit à ce moment virer au blanc en le relevant à moins de **230°**. Il suffit dès lors de naviguer vers le N. E dans ce secteur blanc du feu du Chat (215° à 230°) derrière soi pour se dégager des dangers du Raz de Sein. On reprendra une route au nord après avoir passé le feu de Tévennec par le travers.

Par mer calme et courants favorables, on peut raccourcir sa route en naviguant plus près du rivage à la limite à 298° des secteurs blanc et rouge du feu (2 + 1 occ. 12 sec.) du phare de la **Vieille** jusqu'à relever à moins de **260°** le feu rouge (2 éclats. 6 sec.) de la tourelle du **Chat**. On pourra alors faire route plein ouest jusqu'à venir couper le secteur blanc intense du feu de guidage de **Tévennec** d'où l'on reprend la route indiquée précédemment.

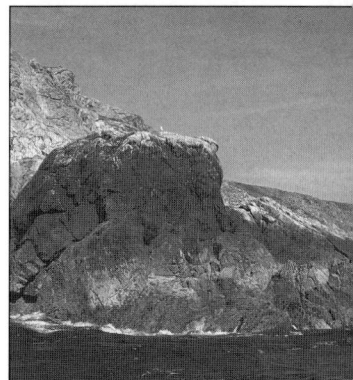

Le dernier rocher de la pointe du Raz, le plus à l'ouest de la France.

La pointe de Koummoudog au sud de la pointe du Raz est utilisée dans plusieurs alignements.

Il se forme tout autour de l'île Tévennec des contre courants qui donnent naissance à de véritables barres suivant l'orientation des vents.

LE PASSAGE DU RAZ À LA VOILE

Les instructions données pour le passage du Raz sont à l'adresse des bateaux qui font route directe au moteur en s'aidant de leurs voiles si les vents sont favorables. Voici pour ceux qui en « puristes » voudraient se faire un point d'honneur à franchir le Raz à l'ancienne, essentiellement à la voile, les informations qui avaient cours à l'époque où le moteur était un simple auxiliaire. Mais la prudence commande de s'en tenir aux instructions actuelles dès que la manœuvre du voilier devient délicate. On ne plaisante jamais avec le passage du Raz de Sein.

PASSAGE DU RAZ EN VENANT DU NORD
AVEC COURANTS DE JUSANT

Par vent du nord : La mer est la plus grosse entre le Chat et Kornog Braz et jusqu'au milieu du Raz. On fera route sur le phare de la Vieille, cap au S.W, jusqu'à doubler la Plate. Par faible brise et courants forts, on viendra sur bâbord, l'île de Tévennec derrière soi légèrement ouverte dans l'ouest de la Vieille pour passer entre les roches de Masklou Greiz et la basse Ar C'harn, sans se laisser porter sur Kornog Braz.

Par vent de N.E : la mer est grosse entre le Chat et Kornog Braz et jusqu'au milieu du Raz. Mais les creux sont un peu aplanis par vent de N.E au jusant. On fera route au S.W sur la Pointe du Raz et quand l'île Tévennec viendra dans l'W.N.W, on se dirigera sur le phare de la Vieille qu'on arrondira à 500 m. On fait route ensuite au S.S.E dès que la Plate est doublée.

Par vent d'Est : Même route que par vent de N.E. On fait du près dès que la Plate est doublée.

Par vent de S.E : La mer est la plus forte entre le Chat et la Vieille et dangereuse par gros temps en vives eaux, particulièrement au sud et S.W de Kornog Braz. **Le passage du raz n'est praticable dans ces conditions qu'en mortes eaux.** Passé la Plate, on fera route pour passer entre le Chat et Kornog Braz. Attention dans le sud de la Vieille à ne pas tomber dans le contre courant côtier qui porte au N.W à mi-marée.

Par vent du sud : la mer est la plus agitée entre le Chat et la Vieille et particulièrement au sud et S.W de Kornog Braz. On approche du phare de la Vieille par le nord dans l'Est de Tévennec puis on ira chercher les remous du Chat qui s'étendent à 2 milles dans le nord de la tourelle. On ne tirera pas de bordée trop à l'Est pour ne pas tomber dans le contre courant côtier. Il est recommandé de se tenir dans l'Est de l'alignement de Kornog Ruina (la seconde au S.E de la Vieille à environ 800 m) par la roche de C'helleg à la pointe du Van. La mer est toujours moins dure à terre de la roche Masklou Greiz.

Par vent de S.W : Par vent fort, il ne faut pas s'engager dans le Raz, les vagues sont beaucoup trop creuses et les déferlantes peuvent mettre un bateau de plaisance en grand danger.

La mer est forte près du Chat et de Kornog Braz et jusqu'au milieu du Raz, de même qu'au sud et S.W.

Par vent faible, on louvoiera dans le nord de la chaussée de Sein pour s'engager dans l'ouest de l'îlot Tévennec et l'on fait ensuite route au sud.

Par vent de N.W : Le passage est le plus commode par ces vents. Après avoir doublé la Plate, on court vers le S.S.W en conservant la roche de C'helleg à la pointe du Van entre Kornog Ruina et la pointe du Raz afin de passer dans l'ouest de Masklou Greiz.

Le sémaphore sur la pointe du raz qui surveille tous les passages des navires et bateaux de plaisance.

Par mer calme, des plaisanciers se risquent parfois à aborder l'îlot de Tévennec en annexe. Une excursion qu'il n'est pas trop à conseiller.

PASSAGE DU RAZ EN VENANT DU NORD
AVEC COURANTS DE FLOT

Il est très dangereux de passer le raz en vives eaux avec du flot. Ce n'est qu'en mortes eaux autour de l'étale que l'on peut tenter le passage avec des vents de W.N.W à l'E.N.E par le nord.

Par vent de N.E et S.W : la mer est moins agitée dans l'Est de Tévennec. En serrant de près **les Barillets,** on doublera l'île Tévennec assez aisément. On piquera ensuite vers le Chat en passant à distance dans l'Est.

Par vent de N.W : la mer est moins agitée à l'Est de Tévennec et entre Masklou Greiz et Kornog Braz. Un bateau venant du nord avec un commencement de flot et vent portant doit chercher les remous du Chat pour mieux refouler le courant.

LE PASSAGE DU RAZ DE SEIN
EN VENANT DU SUD PAR COURANTS DE FLOT

Par vent du nord : Par vent modéré, en début de flot, on louvoie entre la Vieille et Kornog Braz. La mer est belle dans l'Est de Tévennec.

Par vent de N.E : En vives eaux, la mer est trop forte pour s'engager dans le Raz. On se rapprochera sous la pointe du Raz et l'on serrera de près la Plate. La mer est normalement moins agitée dans l'ouest de Tévennec.

Par vent E.S.E : On passera à raser la Plate et on fera route au N.E en prenant garde à la roche de Kornog en Trez et à la basse du N.W.

Par vent de S.E : Attention à ne pas se présenter dans le Raz trop tardivement car la rencontre avec les courants de jusant rend le passage très dangereux.

Par vent de S.W : la mer est forte au N.W de Tévennec.

Par vent d'ouest : On passera dans l'Est de l'île Tévennec en parant Masklou Greiz et Kornog Braz où la mer lève. Elle est moins agitée entre le Chat et Kornog Braz. On suivra l'alignement de la pointe du Van à gauche du phare de la Vieille.

Par vent de N.W : On rangera le Chat à 1/4 de mille afin de doubler sur le même bord le phare de la Vieille et Kornog an Tréas. Il faut virer avant de se trouver dans le nord de la roche Gorle Griez et l'on louvoiera sous Tévennec. Il ne faut pas se laisser entraîner dans la baie des Trépassés dangereuse par ces vents.

PASSAGE DU RAZ VERS LE NORD
PAR COURANTS DE JUSANT

Le passage est dangereux en vives eaux. Il n'est praticable qu'en mortes eaux.

Par vent d'est : On range la Plate pour passer sous le vent de Tévennec.

Par vent de S.E : Même route que par vent d'Est mais on ne peut s'engager dans le Raz si le vent est fort même en mortes eaux.

Par vent du sud : Passer entre le Chat et Kornog Braz.

Par vent de S.W : Même route que par vent du sud.

Par vent d'ouest : Conserver le milieu du Raz et ranger les **Barillets.**

Le phare de la Vieille.

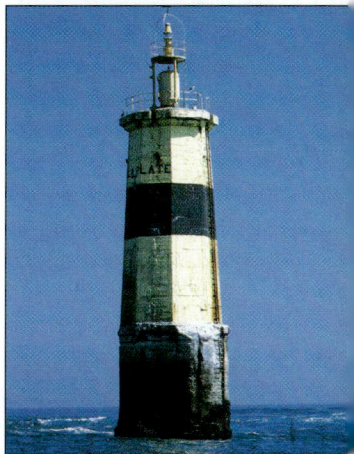

La tourelle de la Plate

On remarque que les courants dans le Raz sont pratiquement alternatifs. On ne note des différences d'orientation qu'au nord de l'île de Sein et un contre courant à l'ouvert de la baie des Trépassés. Les courants sont présentés ici au moment de la mi-marée, mais il n'y a pas de réelles différences d'orientation au voisinage des pleines et basses mer Les vitesses sont seulement moins grandes.

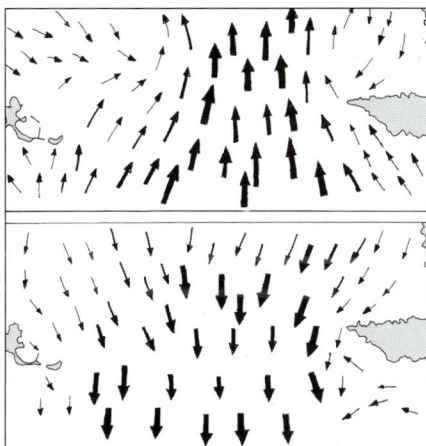

Raz de Sein

POINT GPS

Passe du Trouz Yar
48° 02.46- 4° 44.61

LA PASSE DU TROUZ YAR

Par mer calme, une heure avant la pleine mer de Brest, ou 30 minutes avant le moment de la renverse du courant dans le milieu du Raz, il est possible en profitant de l'étale de couper au plus court entre le phare de la Vieille et la pointe du Raz en empruntant la passe du Trouz Yar qui se situe entre l'amas de roches de **Gorle Greiz** à l'ouest haute de 20 m, aisément reconnaissable à ses deux têtes rapprochées et la roche pointue et isolée de **Trouz Yar** (8 m) . On laissera dans l'Est en suivant un cap plein nord au sud, la tête de la petite roche centrale du Trouz Yar. Ce passage est fort délicat et il serait très dangereux de s'y engager lorsque les courants se sont rétablis. Le passage peut être emprunté à basse mer. On distingue les roches où aucune herbe ne peut prendre racine sous la violence des courants.

Le passage du Trouz Yar, deux heures après la basse mer en allant du nord vers le sud. Le passage est déjà impraticable pour un voilier. On remarque en arrière plan des roches de Gorle Greiz, le phare de la Vieille.

Il faut bien repérer la position de la roche pointue et isolée du Trouz Yar. La passe n'est qu'un étroit goulet entre un chapelet de têtes de roches où les courants sont d'une grande violence dès que l'étale est terminée.

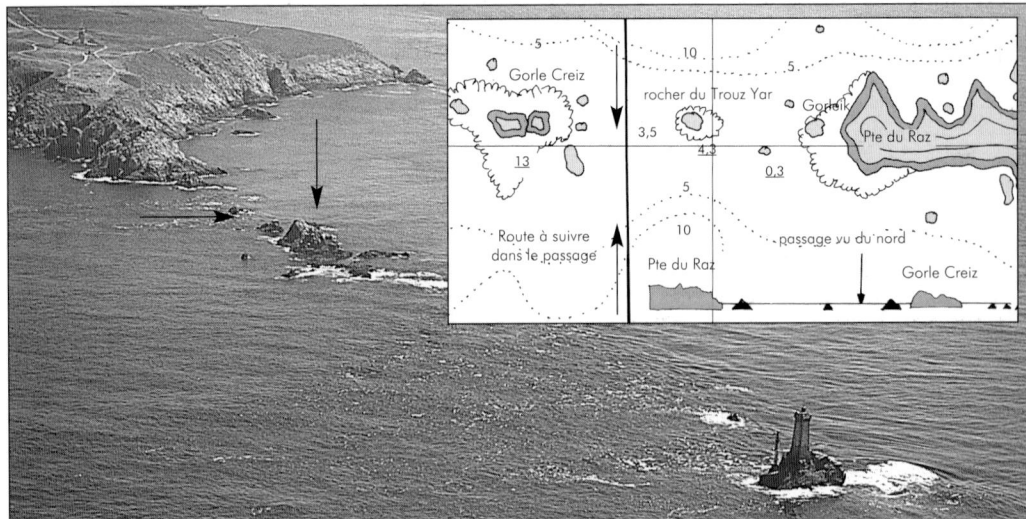

La flèche verticale situe la roche de Gorle Greiz, celle horizontale la passe du Trouz Yar.

L'ÎLE DE SEIN

L'île est formée par deux îlots reliés par un cordon de sable, l'îlot ouest portant la tour du grand phare de Sein. Peu visible sur l'horizon bien qu'elle ne soit distante de la pointe du Raz que de 4 milles, l'île de Sein est si basse sur la mer, qu'elle fut par deux fois en 1866 et 1896 à demi recouverte par la mer lors d'une violente tempête. Un petit village pittoresque, une réelle impression d'isolement donnent au port de Sein un attrait particulier et bien des plaisanciers aiment y faire escale. Le port est situé à la pointe N.E, et sa passe s'ouvre vers le Nord. Lorsqu'on se trouve surpris dans le Raz par un coup de vent fort, il ne faut pas tenter de trouver refuge dans l'île.

La partie sud du port de Sein où les fonds assèchent totalement, est protégée par une digue.

Pendant longtemps l'île de Sein a été considérée comme un repère de naufrageurs, en grande partie parce que les habitants faute de bois, récupéraient soigneusement toutes les épaves qui s'échouaient sur leur rivage pour confectionner leurs meubles. L'île de Sein connaît aujourd'hui de meilleures conditions de vie avec la pêche côtière particulièrement au homard, mais également avec les nombreux touristes qui quotidiennement débarquent dans l'île pour un déjeuner et une promenade sur une soixantaine d'hectares où pour lutter contre les vents, les champs sont entourés de murets et les rues du village ne dépassent pas un mètre de largeur, juste ce qu'il faut pour y rouler une barrique.

Les courants ne sont pas négligeables aux abords de l'île mais n'ont pas la violence de ceux du Raz de Sein. Le flot porte vers le N. W et commence 35 minutes avant la pleine mer de Brest tandis que le jusant porte vers le S.E. 45 minutes avant la basse mer. La vitesse de ces courants ne dépasse pas 3 nœuds en vives eaux

LE CHENAL DE L'EZAUDI

Bien que rasant des roches découvrant de 5 m, le chenal de l'Ezaudi est praticable à toute heure de marée jusqu'à l'entrée du port. C'est le chenal à emprunter de préférence pour une première visite et le plus sûr par mer forte du nord.

Orienté vers le nord, il est à déconseiller par vent de N. W et au flot car il oblige à passer dans l'ouest de la barre de Tévennec mais il reste toutefois le plus praticable des trois chenaux de l'île par mer forte du nord. à partir de la bouée verte à sifflet de **Cornoc an Ar Braden**, le chenal est couvert par l'alignement à **187°** du trait noir sur la façade blanche d'une petite maison que l'on masque par la tour du phare de **Men Biral**. L'alignement doit être tenu serré pour parer les roches affleurantes jusqu'à la tourelle de **Guernic** dans l'entrée du port qu'on laisse sur tribord.

La bouée verte de Cornoc an Ar Braden sur le chenal nord de l'Ezaudi.
Le trait noir sur la maison qui donne l'alignement à 187°du chenal de l'Ezaudi.

Voir carte de situation en p 17

L'entrée dans le port de Sein par le Nord en venant du chenal de l'Ezaudi.

La cale juste au pied du phare de Men Brial n'est que partiellement partie accostabl. En cartouche la tourelle de Ar Guernic.

Le quai du grand môle dans l'entrée du port est utilisé à toute heure de marée par les vedettes de passagers.

Le phare de Men Brial qui donne avec la pyramide blanchie de Nerroth l'alignement à 224°

La balise bâbord de Cornoc ar Vas Nevez dans l'entrée du chenal oriental.

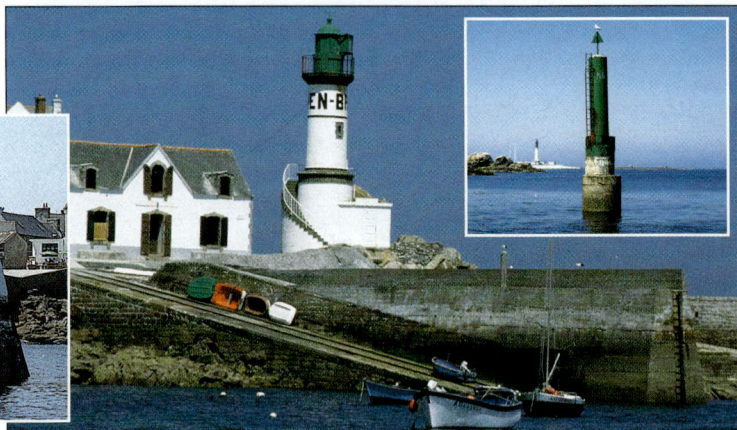

LE CHENAL D'AR VAS DU

Comme le chenal de l'Ezaudi, le chenal d'Ar Vas Du est praticable à toute heure de marée jusqu'à l'entrée du port mais à déconseiller par gros temps.

Il débute au nord d'une roche haute de 8 m et est également dangereux par vent de noroît au flot. Il est couvert par l'alignement à **224°** du phare de **Men Brial** par la pyramide blanchie au sud du rocher de **Nerroth** qui masque l'entrée du port. Quand la seconde pyramide blanchie au nord du rocher passe sur une pyramide blanche à sommet rouge au nord de l'île de Sein, on suit cet alignement à **265°** pour rejoindre l'entrée du port en arrondissant par le nord le rocher de Nerroth.

LE CHENAL ORIENTAL

C'est la route la plus directe pour rejoindre l'île de Sein depuis le phare de la Vieille, mais les courants traversiers y sont assez forts. Un passage à recommander par vents de Sud et S.W

Le chenal est couvert par l'alignement à **265°** de la pyramide à sommet rouge au nord de l'île de Sein par l'amer blanchi au nord de l'îlot de **Nerroth**. On relève cet alignement en se plaçant légèrement au nord de la tourelle rouge à cylindre de **Cornoc ar Vas Nevez** qui se situe sur l'alignement à **95°** du sémaphore blanc sur la pointe du Raz vue entre la tourelle de la **Plate** et le phare de la **Vieille**.

HAUTEUR D'EAU		
Coef.	B.M	P.M
45	2,35 m	4,80 m
95	0,90 m	6,30 m

La pyramide de Nerroth qui donne avec l'amer plus lointain au nord de l'île de Sein l'alignement à 265° du chenal oriental.

La passe entre la roche **Nerroth** et le musoir de l'épi au sud découvre largement à basse mer et l'on ne compte à marée haute que 2,50 m d'eau juste au nord de la tourelle rouge à damiers de **Pelvan.** On entre donc dans le port de Sein en allant virer par le nord la pyramide blanchie du rocher **Nerroth** puis en laissant sur tribord la tourelle verte à cône de **Ar Guernic** comme en venant du chenal de **Ar Vas Du**. Au sud du chenal se dresse la haute roche de **Ar Gouelven** remarquable de fort loin, près de la tourelle de danger isolé de **Ar Penic.**

LE PORT DE SEIN

Il est partiellement protégé de la houle du nord et N.W. par un môle servant de cale de débarquement et accostable à toute heure de marée (2 m à marée basse). Un second môle **le Rohic**, déborde le rivage un peu après le phare. Des roches découvrent de 2,60 m dans le prolongement du musoir. Une anse bordée par une plage de sable creuse cette même rive Est de l'île jusqu'au terre plein que bordent quelques maisons du village. On ne peut s'amarrer qu'aux quais Est et sud. Les posées sont franches au droit de ces deux quais mais les places y sont limitées.

Le grand môle au nord, la digue à l'Est qui casse le clapot , le terre plein central dont le quai sud est accostable et la zone d'échouage.

La vaste zone d'échouage en avant des maisons du village dans le S.E du terre plein du port.

103

La plupart des ruelles ne dépassent pas 2 m de largeur pour éviter que les vents s'y engouffrent.

La tourelle de la corne de brume de Ar Gueveur au sud de l'île.

POINTS GPS :

Mi distance entre ile de Sein et Tevennec
48°03,34 - 4°49,23
Chenal oriental fond 30 m
48°02,70 - 4°48,99
Chenal Ar Vas du fond 30 m
48°03,11 - 4°49,73
Cornoc an ar Braden
48° 03.30 - 4° 50.77
Roche Ar Vas Du
48° 02.94 - 4° 49.74
Tourelle Ar Gouelven
48° 02.36 - 4° 49.99
Roches de Douarmeurus
48° 02.23 - 4° 48.56
Cornoc ar vas Nevez
48° 02.61 - 4° 49.36
Ar Fournig
48° 01.90 - 4° 52.35
Ar Gueveur
48° 01.99 - 4° 51.27
Yan ar Gall
48° 02.78 - 4° 53.02
Pyramide de Nerroth
48° 02.51 - 4° 50.64
Pyramide nord de Sein
48° 02.34 - 4° 51.17
Grand Phare de Sein
48° 02.67 - 4° 51.93

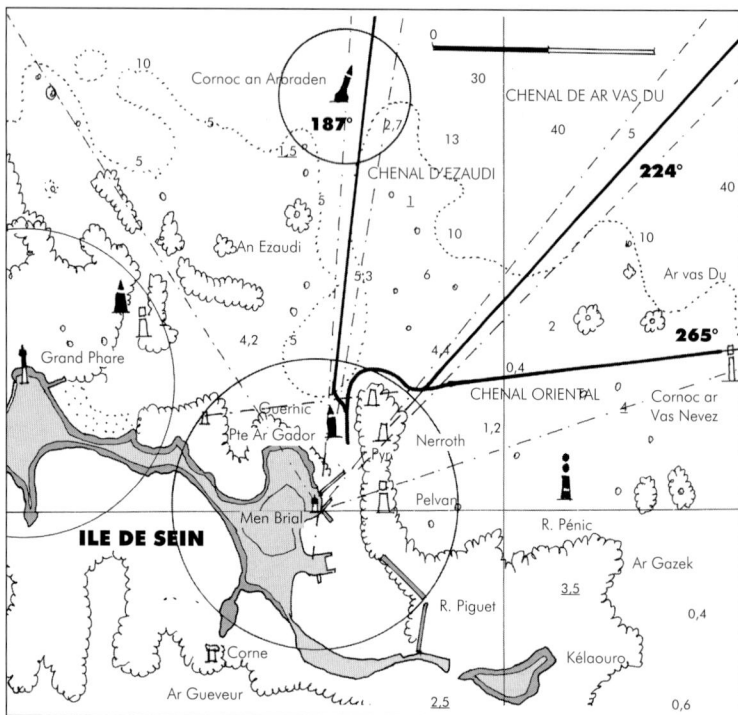

Aussi la plupart des chalutiers de l'île restent au mouillage dans l'entrée du port au voisinage de la bouée de la vedette *Enez Sun* qui dessert quotidiennement l'île depuis Audierne. Le clapot y est dur par tous les vents, sauf ceux du sud. Le mieux est encore pour passer une nuit tranquille de béquiller sur la grève en pente douce dans le creux de l'anse en avant des maisons du village au-delà du terre plein. Les posées sont franches le long du quai sud de ce terre plein jusqu'à la cale. Les fonds assèchent d'environ 1,50 m.

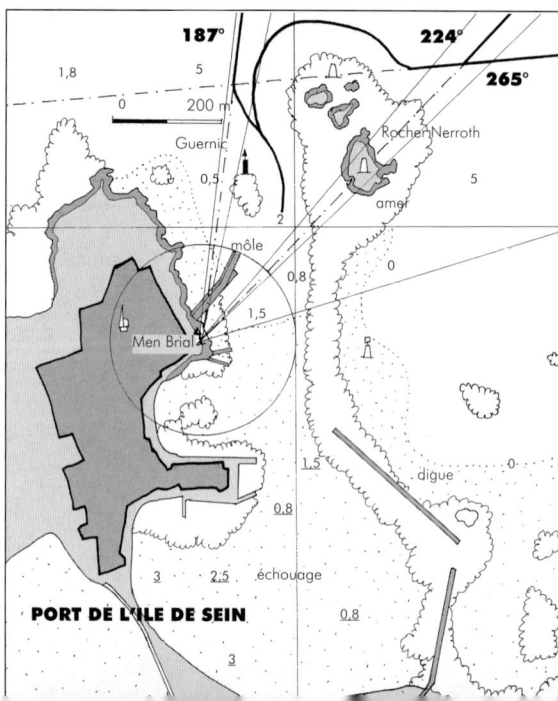

Dans l'Est de l'avant port, la tourelle de **Pelvan**, signale le creux le plus bas dans la langue de roches qui relie l'épi à l'îlot Nerroth.
Avec 1,50 m de tirant d'eau, on peut franchir le seuil de 3,20 m, 4 h 30 après la basse mer en coéf. 45 et 3 h 40 en coéf. 95. Ce passage évite le tour de Nerroth par le nord pour rejoindre le chenal oriental.

Par brume : Il est vivement déconseillé de naviguer par temps de brume dans les parages du Raz de Sein sans disposer d'un radar. Toutefois si l'on se trouve surpris par des bancs de brume qui réduisent sérieusement la visibilité, on localisera attentivement les 2 + 1 sons de sirène toutes les minutes sur le phare de la **Vieille** ainsi que le son toutes les minutes du diaphone de la tourelle de **Ar Gueveur** à la pointe S. W d'un banc de roches débordant l'île. Il faut le plus rapidement possible chercher à se dégager dans les eaux libres.

De nuit : En venant du nord, le puissant feu blanc (4 éclats. 25 sec.) visible jusqu'à 29 milles au N.W. de l'île de Sein sert de feu d'atterrissage. On fera route plein sud dans sa direction jusqu'à voir le feu vert de **Men Brial** (2 occ. 6 sec.). On arrondira alors sa route vers l'Est jusqu'à couper le secteur blanc (186° à 192°) de ce feu de Men Brial qui présente plus à l'Est une coloration rouge. Cet étroit secteur blanc conduit directement sur l'entrée du port en laissant sur tribord le feu vert (éclat 4 sec.) de la bouée à sifflet de **Cornoc an ar Braden**.

Le port de Sein ne présente pas d'autre feu que les deux secteurs blancs d'approche de Men Brial. Il faut avancer très prudemment car la tourelle de **Guernic** n'est pas signalée, pas plus que le musoir du môle d'accostage.

En venant du sud, on utilise les secteurs lumineux du passage du Raz de Sein jusqu'à se trouver dans la zone où en naviguant dans le secteur intense (324° à 332°) du feu de guidage de **Tévennec** (éclat 4 sec.) on voit le feu rouge du **Chat** (2 éclats 6 sec.) dans le S. W virer au blanc à 230°. Le feu du phare de la **Vieille** (2 + 1 occ 12 sec.) doit alors être blanc. Le moment est venu de se diriger vers l'W.N.W en conservant derrière soi ce secteur blanc (105° à 123°).

On maintiendra sa route dans ce secteur jusqu'à voir dans le S.W. le feu vert de **Men Brial** près du port de l'île de Sein (2 occ. 6 sec.) virer au blanc à 227°. Son pinceau blanc de 221° à 227° couvre le chenal de **Ar Vas Du**. Mais il est préférable de poursuivre sa route vers l'ouest en direction du feu vert (éclat 4 sec.) de la bouée de **Cornoc an ar Braden** pour rejoindre le port de Sein par le chenal nord d'**Ezaudi** dans le secteur blanc (186° à l92°) précédemment signalé.

LES MOUILLAGES DE SEIN

Par mer calme, il est possible de venir mouiller dans le léger creux que dessine la côte N.W de l'île en se tenant sensiblement dans le sud de la tourelle rouge de **Conoloc** et dans l'Est de la tour du grand phare. Les fonds de sable sont couverts d'au moins 1,50 m d'eau aux plus basses mers.

Sur la côte Est de l'île, la haute roche de 10 m de **Ar Gouelvan** est facile à identifier car isolée au milieu de roches nettement plus basses. En passant au nord de la roche, on peut rejoindre au plus court les eaux libres vers le S.E. Mais ce passage n'a pas grande utilité.

Sur la côte sud, par brises modérées de nord, le plan d'eau est calme. Il est possible de mouiller dans une anse qui creuse le plateau côtier. Faisant route plein ouest depuis la

Le grand môle d'accostage des vedettes desservant l'île où il reste toujours de l'eau à basse mer. Les deux petits môles au pied du phare de Men Brial protégeaient autrefois du ressac la cale du canot de sauvetage avant la construction du grand môle.

Le quai sud du terre plein central en avant des vieilles maisons du bourg.

L'île de Sein n'offre aucune ressource, juste un peu d'approvisionnement en vivres et en eau en petite quantité. Réparations légères par les artisans. Pas de carburant.

Voir carte de situation en p 17

tourelle des **Chats,** on se dirigera vers la tourelle grise de **Ar Gueveur** qui abrite une puissante corne de brume. Lorsqu'on la relèvera à au moins 325°, on reconnaîtra à 300 m dans l'ouest de Ar Guéveur, l'îlot de **An Ifluskou** haut de 5,20 m qu'on laissera sur bâbord, pour s'enfoncer dans l'anse étroite profonde de 1 à 2 m aux plus basses mers. autour de laquelle découvre un plateau de roches plates avec pour horizon au nord la digue qui protège la partie la plus basse de l'île de Sein.

Le mouillage au sud du port est protégé à basse mer par un vaste plateau rocheux découvrant. En bas la tourelle de Ar Gueveur et à droite en haut la tourelle du Chat.

Le phare de l'île de Sein, qui domine la pointe N.E de l'île. En arrière plan, l'île de Nerroth à l'entrée du port. En cartouche, le grand rocher de Ar Gouelvan remarquable de fort loin dans l'Est de l'île.

La tourelle de Ar Penic en avant de Ar Gouelvan.

Les balises rouge et verte de Conoloc

LES ABRIS AU SUD DU RAZ

Le flanc sud de la pointe du Raz, partout élevé, au rivage généralement escarpé, présente toutefois quelques creux où par beau temps, un bateau de plaisance peut mouiller à l'abri des courants afin d'attendre le moment favorable pour franchir le Raz de Sein.

Le relief du rivage entre le Raz et Audierne est accidenté et parfois très escarpé. Les abris y sont limités.

La cale dans l'anse de Bestré, la plus proche du Raz, est partiellement protégée par un éperon rocheux.

La pointe remarquable de Koummoudog qu'on utilise sur plusieurs alignements dans le Raz

Le mur de l'anse de Feunteun-aod ne délimite qu'un petit abri pour quelques barques de pêche.

POINTS GPS :

Loubous
48° 01.56 - 4° 39.89
Feunteun aod
48° 01.71 - 4° 41.57

BESTREE

C'est le dernier mouillage avant la pointe du Raz de Sein, à moins de 2 milles du phare de la Vieille, le tout dernier point d'attente pour passer dans les meilleures conditions les courants du Raz. Un petit éperon de roches masque toute la cale, et le quai accostable à la pleine mer, mais on repère très bien, sur les hauteurs, la route d'accès. Quelques canots mouillent derrière le rocher relié au rivage par un mur, uniquement par beau temps, l'abri étant intenable par vent de S E à S.W. De nombreuses bouées de casiers encombrent parfois l'entrée. L'abri est très petit pour un bateau de croisière de 10 m.

Dès que la mer est un peu agitée, la houle contourne l'éperon rocheux et secoue durement les barques amarrées sur des va et vient pour résister au ressac.

L'ANSE DE FEUNTEUN - AOD

En suivant l'alignement à **290°** du phare de la **Vieille** par la pointe de **Koummoudog**, on vient raser la pointe de Feunteun aod dont il faut s'écarter à marée basse. Elle délimite une petite anse où l'ancre risque de crocher un peu trop bien dans un fond de roches. L'abri est très médiocre par vent du large. Des rochers escarpés entourent cette crique sauvage perdue dans les landes. On ne peut débarquer qu'à un escalier accolé à la cale où les canots sont tirés au sec par un treuil.

La cale à l'ouest de Feunteun aod., une pente très inclinée qui nécessite l'emploi d'un treuil.

L'ANSE DE LOUBOUS

Ce creux des falaises élevées et escarpées à 1,2 mille de Feunteun-aod est isolé et d'un aspect assez sévère à un mille de l'anse du Loc'h. On mouille par mer calme en prenant soin d'oringuer son ancre, sur un fond de sable et de roches près d'un mur épi qui protège le quai d'un minuscule terre plein et une cale en forte pente où les canots sont tirés jusqu'à un second terre plein plus vaste. L'anse de Loubous est un abri précaire

L'ANSE DU LOC'H

En suivant pendant 3,5 milles, depuis la pointe de **Lervily**, l'alignement à **290°** du phare de la **Vieille** par la pointe de **Koummoudog** la plus avancée vers le sud, on arrive à la hauteur de l'anse du **Loc'h** qui peut offrir un mouillage convenable sauf par vents de secteur S. W au S.E. C'est un abri pour quelques bateaux de pêche. L'approche doit se faire sur l'alignement à **29°** d'une maison à pignon blanc par le petit pont en bordure de la grève dans le fond et l'axe de l'anse. Cette route conduit sur la zone de mouillage juste au sud des deux roches de **Pen dern Bihan** et de **Pen dern Braz**, cette dernière étant balisée par une bouée verte.

Sur ce même alignement à **29°**, on peut passer entre les deux roches pour venir échouer derrière la digue. Attention au platin de roches assez plates qui s'étend dans l'ouest du musoir et au nord de la perche rouge à cylindre. Un bar alimentation permet de se ravitailler. Il abrite le club nautique du cap.

De nuit : Aucun feu ne signale le mouillage et l'entrée du Loc'h.

Le musoir du môle

Attention au platin de roches qui s'étend au nord de la zone d'échouage.

POINT GPS

Pointe de Koummoudog
48° 02.03 - 4° 43.57
Anse du Loch
48° 01.66 - 4° 38.07

Les bateaux se serrent derrière le môle pour profiter de sa protection par vent du large.

PORZ TREAS

Ce n'est qu'une petite anse très ouverte aux vents du large. Quelques barques de pêche sont tirées au sec sur le haut de la grève que domine une maison ceinturée de hauts murs isolée dans la lande.

La petite anse de Porz Tréas où il faut rester à l'ouvert sans guère de protection.

HORAIRE D'ACCÈS :

Sur un fond découvrant de 1,60 m en coef. 70 accès possible 2 h après la basse mer avec 1 m de tirant d'eau, 2 h 40 avec 1,50 m et 3 h 15 avec 2 m.

Voir carte de situation en p 17

LA BAIE D'AUDIERNE

Alors que toute la côte au sud de Bénodet jusqu'à la pointe de Penmarc'h est bordée par un large plateau rocheux où les têtes de roches affleurantes sont légions, au nord de St Guénolé sans transition au rivage rocheux succède une plage de sable longue de près de 14 milles qui s'étend jusqu'aux abords du port d'Audierne. C'est dire que les possibilités d'abris sont inexistantes. Il convient même de s'écarter prudemment de ce rivage sableux car la houle déferle fréquemment en dangereux rouleaux. Autrefois tous les capitaines de voiliers redoutaient de se laisser entraîner par les vents et courants dans cette vaste baie d'Audierne.

SAINTE EVETTE

Du fait de sa position proche du Raz de Sein, à 8 milles, Audierne est un port d'escale toujours très fréquenté, les plaisanciers y ayant la possibilité d'attendre le moment le plus favorable pour franchir les courants du raz. Le mouillage d'attente accessible à toute heure de marée se situe à Ste Evette juste à l'ouest de l'embouchure de la rivière du Goyen sur laquelle est implanté le port de pêche d'Audierne.

Le phare de Trescadec en bord de plage qui donne l'alignement à 006° ; avec le phare de Kergadec.

Une vaste zone de mouillage où les bateaux en escale trouvent toujours une possibilité d'abri.

Par vents forts d'ouest, la mer peut passer par-dessus la jetée.

Le phare de la pointe de Lervily.

Un môle long de 400 m, s'appuyant sur la côte ouest un peu relevée et rocheuse, casse assez efficacement la houle d'ouest mais ne peut empêcher la formation d'un méchant ressac par vent de S.E. Par gros temps, les vagues peuvent passer par-dessus le môle. On rejoint le mouillage à flot de Ste Evette en passant dans l'Est ou l'ouest du plateau rocheux de la **Gamelle** qui affleure à moins d'un mille dans le sud de l'estuaire du **Goyen**, et que délimitent à l'ouest et à l'Est la bouée à sifflet de la **Gamelle ouest** et la bouée sud à cloche de la **Gamelle Est**. Les alignements de ces deux passes Est et ouest sont assez commodes à relever.

Le clocher d'Esquibien, le musoir du môle de Ste Evette et le phare de Kergadec. dans l'intérieur des terres, visible au-dessus des maisons d'Audierne.

Dans la passe Est, qui est à déconseiller par vent fort d'ouest, car la mer déferle sur les hauts fonds débordant largement le rivage, on suit l'alignement à **331°** du phare de **Kergadec** sur les hauteurs par le phare du **Raoulic,** au musoir de la jetée qui borde l'entrée de la rivière. On peut également suivre l'alignement à **315°** du clocher de l'**Esquibien** sur les hauteurs dans l'intérieur des terres par le phare du Raoulic. Quand on se trouve sensiblement dans le prolongement du môle de Ste-Evette, on peut rejoindre directement le mouillage au nord du môle de Ste Evette. Aucune roche n'est à craindre.

Dans la passe Ouest, à emprunter impérativement par mauvais temps, l'alignement d'entrée au **006°** est donné par le phare de **Kergadec** au loin sur les collines, par le phare de **Trécadec** en bord de mer. Cet alignement passe légèrement sur la droite de la tourelle Sud de la **Petite Gamelle** au Nord de l'anse de Ste-Evette.

On peut toutefois serrer un peu plus la côte ouest tant que le phare de Kergadec n'est pas couvert par le musoir du môle de Ste-Evette. Cet alignement fait parer les hauts fonds de **Lost an Ero** et du **Sillon de galets** dans l'Est de la pointe de **Lervily.**

Les abords du môle de Ste Evette ne sont pas francs, en revanche on peut accoster à toute heure de marée la longue cale de 220 m dont l'extrémité est signalée par une perche Est. Mais par vent de S. E le clapot bat durement contre la cale et lorsque le port d'Audierne assèche elle est occupée du côté nord par de nombreux chalutiers et les bateaux de service de l'île de Sein. Il reste 1,50 m d'eau au musoir. La cale du canot de sauvetage est très glissante et ne doit pas être utilisée pour les débarquements.

La zone de mouillage, toujours très fréquentée pendant la belle saison, s'étend au N.E de la cale, en avant de la belle plage de **Trescadec**, parfois jusqu'au delà de la tourelle de la **Petite Gamelle**. Si la tenue sur les fonds de sable est moyenne, les courants sont faibles. Mais le plan d'eau est vite agité par vents de S. E et les vagues peuvent passer par-dessus le môle par gros temps de S. W à la pleine mer. On compte 150 bouées d'amarrage dont 32 pour les bateaux de passage marquées V.

Le terre plein en haut de la cale de Sainte Evette a été aménagé en gare maritime pour les liaisons avec l'île de Sein. Le restaurant de l'hôtel sera apprécié après un passage par mer un peu agitée du raz de Sein. On y trouve également une boulangerie.

La longue digue protège l'unique cale de débarquement, la plus petite étant réservée au canot de sauvetage. La zone de mouillage s'étend jusqu'à la plage au nord.

L'alignement à 006° de la passe ouest qui est donné par le phare de Kergadec vu sur le phare de Trescadec en bord de plage.

HAUTEUR D'EAU		
Coef.	B.M	P.M
45	2,05 m	4,10 m
95	0,85 m	5,25 m

Voir carte de situation en p 17

La tourelle du Corbeau en lisière du plateau rocheux dans l'est de la baie.

La bouée d'atterrissage de la Gamelle Ouest.

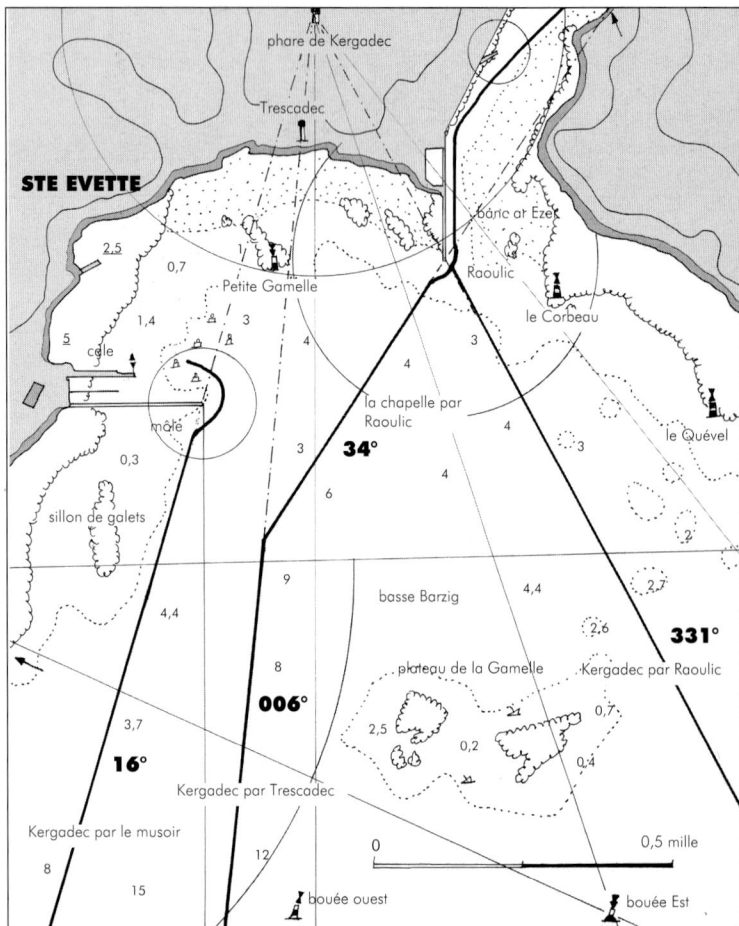

phare de Kergadec

Trescadec

STE EVETTE

2,5

0,7

Petite Gamelle

1,4

5   cale

0,3

sillon de galets

4,4

3,7

16°

8   15

Kergadec par le musoir

Kergadec par Trescadec

môle

baric at Ezer

Raoulic

le Corbeau

la chapelle par Raoulic

34°

6

9

8

006°

4   3

4

4   3

le Quével

3

2

basse Barzig   4,4   2,7

2,6

331°

plateau de la Gamelle   Kergadec par Raoulic

2,5   0,2   0,7

0,4

0   0,5 mille

12   bouée ouest   bouée Est

La houle en brisant sur les bancs peut rendre l'entrée du Goyen dangereuse..

La cale est souvent occupée par les vedettes de liaison de l'île de Sein et les chalutiers qui y débarquent leur pêche. quand le Goyen est à sec.

De nuit : **L'entrée par la passe ouest s'impose**. Après s'être rapproché par le S. E du feu blanc (3 éclats 12 sec.) du phare de la pointe de **Lervily** qui couvre d'un secteur rouge (269° à 294°) les hauts fonds du plateau de la **Gamelle**, on vient couper le pinceau blanc de guidage (5°3 à 6°7) du feu scintillant de **Kergadec** qui apparaît blanc entre une coloration verte à l'Est et rouge à l'ouest.

Ce pinceau laisse à l'Est le feu blanc scintillant (9) 10 sec. de la bouée ouest à sifflet de la **Gamelle ouest**. On navigue dans l'étroit secteur blanc jusqu'à venir par le travers du feu rouge (2 occ 6 sec.) de la jetée de **Sainte Evette** visible de 90° à 360°.

Si la mer est calme, il est possible de passer à l'Est du plateau de la Gamelle en suivant l'alignement à 331° du feu fixe rouge auxiliaire de **Kergadec** intense de 321° à 341° par le feu blanc (3 éclats 12 sec.) du feu blanc de la jetée du **Raoulic**. Ce feu montre un secteur vert de 034° à la terre. La bouée à cloche de la **Gamelle Est** n'est pas lumineuse.

La grande cale du canot de sauvetage doit être maintenue bien dégagée.

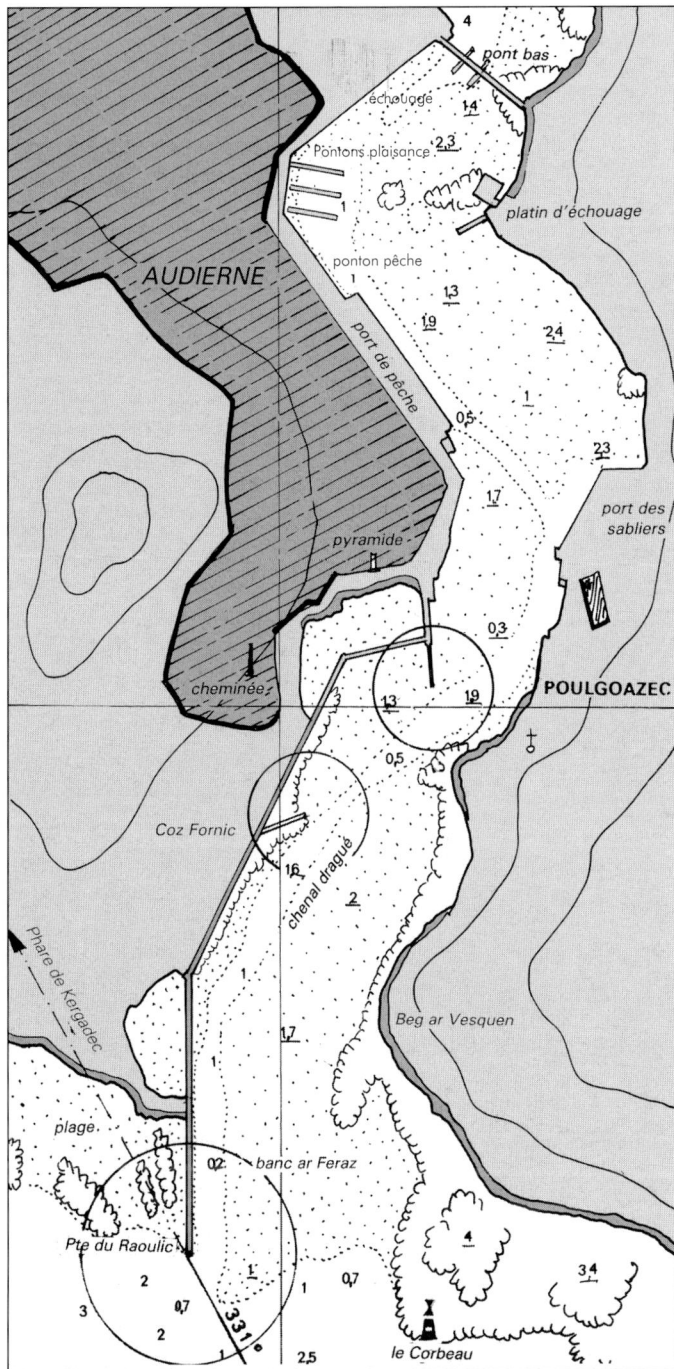

POINTS GPS

Bouée Gamelle ouest
47° 59.53 - 4° 32.77
Bouée Gamelle Est
47° 59.53 - 4° 31.95
Mouillage de Ste Evette
48° 00. 44 - 4° 33.00
Corbeau, tourelle
48° 00.55 - 4° 32.08
Petite Gamelle, tourelle
48° 00.60 - 4° 32.79
Phare du Raoulic
48° 00.62 - 4° 32.36

SERVICES ST EVETTE

Bureau du port : T.02 98 70 00 28. VHF canal 9 7h/11h30 - 16h/22h. en été.
120 sur bouées. 12 m maxi. 32 visiteurs.
Eau, un robinet sur le quai, sanitaires, douches, tél. public, laverie.
Carburant : gazole et super 8h/22h.
Avitaillement : Commerces très éloignés du port. 4 km.

La tourelle du Raoulic qui donne avec le phare de Kergadec l'alignement à 331° de la passe Est.

LE PORT D'AUDIERNE

Les quais s'étendent sur la rive ouest de la rivière du **Goyen**, à 1 800 m de la mer ce qui les met bien à l'abri du mauvais temps. La passe Est du plateau de la **Gamelle** mène directement dans l'entrée de la rivière mais la passe ouest peut tout aussi bien être utilisée. Il suffit en arrivant par le travers du môle de **Ste Evette**, de piquer directement sur le musoir de la jetée du Raoulic ou dès que le phare du Raoulic vient au 34° sur le clocher de la chapelle de Plougoazec dans l'intérieur de la rivière. Le chenal est praticable par beau temps, à mi-marée pour un bateau calant 1,50 m, mais le chenal peut être impraticable par vent fort de S. W, qui forme une barre sur les bancs de sable à l'entrée en s'opposant au courant de jusant. La balise ouest du **Corbeau** marque la lisière d'un banc de roches dont il faut s'écarter impérativement en passant à l'ouest de la tourelle. La mer y brise violemment. À basse mer, il ne reste guère plus de 0,50 m d'eau dans le lit de la rivière

Le chenal serre d'assez près la jetée du Raoulic pour parer un banc de sable où la mer brise par vent du large.

Le chenal passe devant les deux épis de la rive ouest avant de venir serrer la rive opposée à hauteur du port de Poulgoazc.

Le lit de la rivière longe à environ 50 m, la jetée du **Raoulic** puis s'écarte légèrement de la rive ouest pour passer presque à raser les extrémités de deux épis débordant cette même rive.

Il se rapproche ensuite de la rive opposée pour passer le long d'un quai utilisé par les sabliers, et revient à nouveau le long de la rive ouest où se situent les quais du port de pêche. Les fonds ont été déroctés et l'on compte à basse mer environ un demi-mètre d'eau mais les places libres sont rares, la flotte des chalutiers étant importante.

L'accostage au quai de **Poulgoazec** est également autorisé dans la mesure des places disponibles mais on se trouve très éloigné par la route d'Audierne. Mieux vaut traverser en annexe le chenal. De nombreux commerces et restaurants bordent les quais souvent très animés du port de pêche d'Audierne.

Un décor guère pittoresque mais les hangars noirs et blancs de Plougoazec ont l'avantage de se repérer de loin.

Les chalutiers sont nombreux et l'amarrage à couple est de rigueur le long du grand quai au centre d'Audierne. Trois pontons en bout du quai sont réservés aux plaisanciers.

L'échouage est autorisé le long de la rive sur un large platin de graviers dans l'Est du pont de la rivière.

A l'extrémité nord du long quai des pêcheurs, 3 pontons sont réservés à la plaisance. Ils peuvent accueillir une centaine de bateaux qui restent à flot dans la souille que creusent presque naturellement les courants de la rivière. L'abri est très sûr et l'on se trouve au cœur de la ville. Sur la rive opposée près du pont bas qui ne laisse le passage qu'aux petites embarcations, une vingtaine de bateaux peuvent s'échouer sur une grève de gravier en s'amarrant au perré du bord de route. Mais les posées de sable ferme ne manquent pas au voisinage.

De nuit : On embouque aisément le chenal sur la droite du feu blanc (2 + 1 occ. 12 sec.) du Raoulic en venant du mouillage de Ste-Evette mais dans l'intérieur de la rivière deux feux rouges, le premier (occ. 4 sec.), le second (isophase 4 sec.) à l'extrémité des deux épis de la rive ouest, constituent le seul balisage lumineux. Aussi faut-il disposer d'une nuit claire et d'une bonne hauteur d'eau sous la quille pour ne pas risquer de s'échouer sur un banc de sable. On peut profiter du passage d'un chalutier pour remonter dans son sillage jusqu'au port d'Audierne.

Partout en dehors du lit de la rivière qui longe le quai des pêcheurs, le fond de sable assez ferme découvre largement .

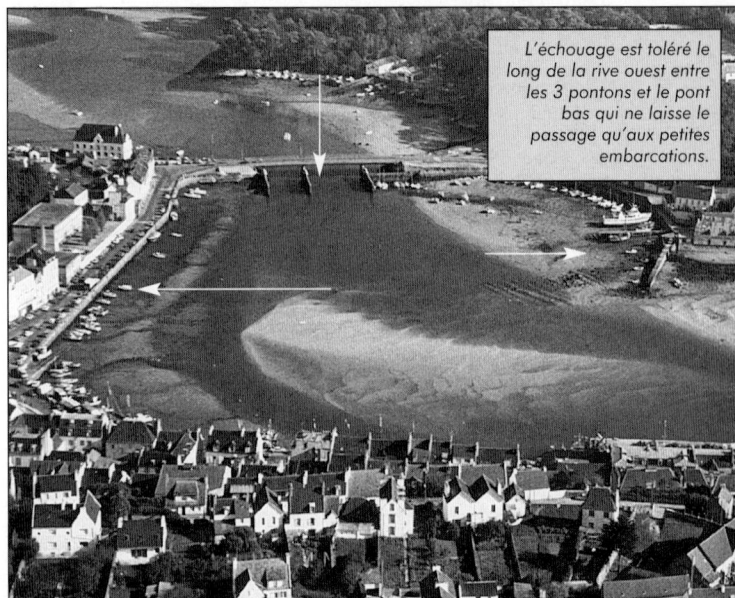

L'échouage est toléré le long de la rive ouest entre les 3 pontons et le pont bas qui ne laisse le passage qu'aux petites embarcations.

PORS POULHAN

POINT GPS :

Pors Poulhan
47° 59.11 - 4° 27.70

Ce petit port abri, fréquenté autrefois par de nombreux bateaux de pêche, se cache dans un creux du rivage et la petite tourelle du feu ne constitue pas un amer très remarquable.

Il se situe à 4 milles à l'Est du mouillage extérieur d'Audierne. Une courte jetée et un petit môle s'efforcent de couper la houle du large mais sans grand succès. Le ressac y est souvent dur. La sonde indique 5 m d'eau dans l'entrée à marée haute. Les bateaux béquillent en avant de la grève sur un fond de sable mais les posées ne sont pas très franches juste en arrière du môle. Quelques maisons se serrent autour de ce petit port isolé dans la lande et fréquenté presque essentiellement par des barques de pêche.

De nuit : Pors Poulhan se signale par un feu rouge scintillant sur la butte qui domine le port à l'ouest. et que les navigateurs sont heureux de relever car il annonce la fin de la traversée de la baie d'Audierne. Mais il est vivement déconseillé de nuit de venir mouiller dans l'abri de Pors Poulhan.

Il ne reste plus guère d'eau à basse mer en arrière des deux jetées.

Les canots qui fréquentent cet abri s'amarrent sur des va et vient pour résister au ressac par gros temps d'ouest fréquent en ces parages.

Voir carte de situation en p 17

La haute tourelle de Men Hir dont
il faut impérativement repérer la
position pour entrer à St Guénolé
ou virer la pointe de Penmarc'h.

SAINT-GUENOLE

À un mille au Nord de la pointe de Penmarc'h, St-Guénolé, comme le Guilvinec, est un actif port de pêche. Il se situe juste à l'extrémité du plateau rocheux qui déborde partout largement le rivage, et son accès reste de ce fait, délicat, voire même impraticable dès que les vents du large, de N.W. au S. E dépassent force 3 à 4. La mer brise en effet dangereusement sur tous les hauts fonds rocheux et il suffit de la voir monter à l'assaut du double mur abri pour chercher ailleurs un refuge plus accueillant

LE CHENAL DE GROUMILLI

L'unique chenal d'accès est couvert par trois alignements successifs. On vient tout d'abord se placer juste au Nord de la bouée de la **basse Gouac'h** mouillée à un mille dans l'Ouest du port de St-Guénolé, pour prendre l'alignement à **123°** de deux pylônes noirs et blancs plantés en lisière du rivage, un peu au Nord du phare d'Eckmühl. Quand la chapelle, également en bord de mer, passe derrière la tourelle verte du **Scoëdec**, on vire sur bâbord à hauteur d'une bouée rouge, presque à **90°**, pour piquer, cap au **55°40**, sur une roche ronde qui émerge sur la droite du mur abri. Lorsque le bâtiment blanc carré du frigorifique, dans le fond du port, vient se placer entre les quatre tourelles bâbord et tribord qui balisent la passe d'entrée, il est temps de faire route dans sa direction pour pénétrer dans le port. La passe est délimitée par 4 bouées sur bâbord et 3 sur tribord.

Les deux tourelles qui donnent
l'alignement à 123° du chenal de
Gourmilli.

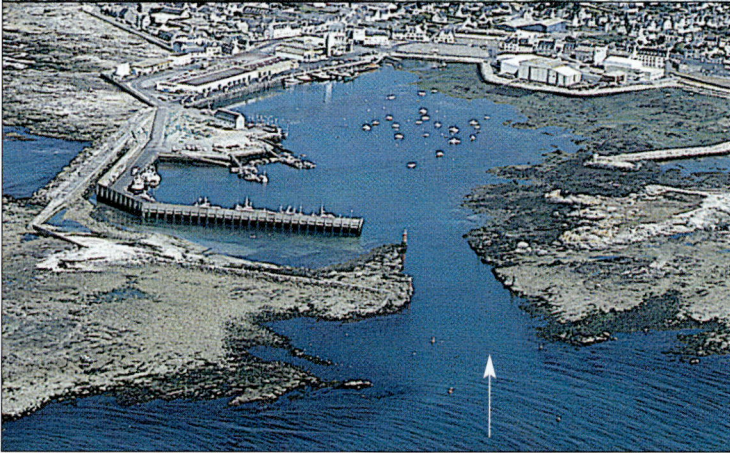

Le mur abri est doublé par une digue en enrochements afin que par vents forts d'ouest, les vagues ne passent pas par-dessus le mur.

Aucune place n'est disponible pour les plaisanciers qui ne peuvent entrer à St Guénolé que pour y trouver un refuge en cas de gros temps.

L'angle Est du bâtiment de la glacière dans le fond du port porte le feu qui donne l'alignement à 27°.

Voir carte de situation en p 18

0   500 m

⊥ tour carré

La chapelle Notre Dame au
nord du phare d'Eckmül.

ST GUENOLE

mur-abri

2,5

ile Conq

1,7

9

AL DE GOURMILLI

12

5

roche de Grounini

2,8

Scoédec

04

5

POINTS GPS :

Basse Gouac'h, bouée
47° 48.67 - 4° 24.13
Tourelle Scoëdec
47° 48.48 - 4° 23.10
Men Hir, tourelle
47° 47.80 - 4° 23.91
Ile Nonna
47° 47.69 - 4° 23.90
Bouée Cap Caval
47° 46.54 - 4° 22.59
Groués Bihan, balise
47° 47.59 - 4° 22.69
Entrée du port entre deux
premières bouées
47° 48.64 - 4° 22.93

3

basse Plate

123°

3

chapelle

pylône

2

pylône

Pte de Penmarch

phare d'Eckmuhl

4

8

5

Le Men-Hir

2

1

2

1

1

Guerveur

Nonna

roche blanchie

4

port Saint-Pierre

4

3

0.8

3

Groues-Bihan

0

Men Hoel

basse Rousse

1

0

0

0

Grouiez Bras

0.9

0

2

Les courants traversiers peuvent être dangereux dans la passe où ils atteignent 3 à 4 nœuds.

L'entrée de St Guénolé est toujours délicate par vent de N W au S W et même impossible par gros temps. Saint Guénolé est un actif port de pêche où les plaisanciers n'ont pas leur place Les gros chalutiers occupent tous les quais du môle abri et du terre plein nord où de nombreux camions s'approvisionnent dans les grands entrepôts frigorifiques. Les fonds sont dragués entre 2 et 3 m en avant de ces quais, Un bateau de plaisance qui serait contraint de faire une courte escale à St Guénolé doit se contenter de mouiller dans le prolongement de l'alignement à **27°** le plus avant dans le fond du port où la hauteur d'eau à basse mer avoisine 1 m. Le ressac peut y être assez désagréable par mauvais temps. Il ne faut pas s'écarter de l'alignement à 27° vers l'Est car les fonds de roches découvrent largement

HAUTEUR D'EAU

Coef.	B.M	P.M
45	1,95 m	4,00 m
95	0,85 m	5,15 m

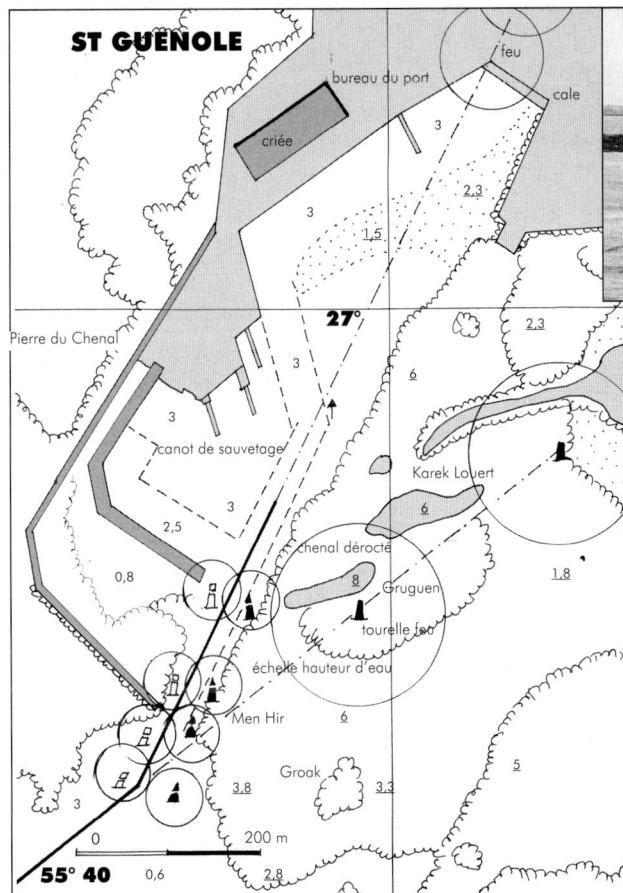

De nuit : Du feu vert (3 éclats 12 sec.) de la bouée à sifflet de la **basse Gaouac'h**, on localise aisément le premier alignement à **123°** du chenal de **Groumillli** qui est donné par deux feux fixes verts. Le second alignement à **55°4** est couvert par un feu blanc scintillant rapide et un feu violet fixe visible de 40° à 70° tandis que le 3 éme alignement à **26°50** est donné par deux feux rouges scintillants synchrones. La tourelle **Scoédec** dans le premier changement d'alignement de 123° à 55°4 est signalée par un feu vert (éclat 2,5 sec.).

Le **goulet** d'entrée du port de Saint Guénolé est fort bien délimité par quatre feux à éclats rouges et quatre mêmes feux verts sur des bouées et des tourelles. Il suffit de passer entre les deux rangées de ces feux de couleurs différentes pour trouver l'abri du môle.

La passe sur la droite est bordée de roches qui couvrent. Il faut respecter scrupuleusement le balisage constitué par cinq tourelles et deux petites bouées. Une entrée délicate par grosse houle d'ouest et S.W.

SERVICES ST GUENOLE

Capitainerie :
T. 02 98 58 60 43.
Les plaisanciers sont uniquement tolérés en cas de refuge par mauvais temps. Aucun accueil n'est prévu.

Voir carte de situation en p 18

121

LA POINTE DE PENMARC'H

Cette pointe très avancée de la Bretagne sud a toujours été redoutée par les marins. Ses abords sur plus d'un mille vers l'ouest et deux milles vers le sud sont en effet fort malsains. La mer y brise avec une extrême violence par gros temps et le ressac s'y fait durement sentir. Mais la pointe de Penmarc'h est un des points d'atterrissage essentiels à l'extrémité de la Bretagne et un passage obligé vers le Raz de Sein.

Le sémaphore, l'ancien phare et le nouveau avec au pied la zone de mouillage de l'abri de Saint Pierre.

On ne peut manquer de reconnaître la haute tour carrée du **phare d'Eckmühl** avant de faire route vers le Raz de Sein. Voisinant avec la tour d'un ancien phare et un sémaphore accolé lui-même à une vieille chapelle.

Il est préférable à partir du Guilvinec, de se dégager de la côte en passant au large de la basse Nevez et de la bouée de Cap Caval, pour arrondir ensuite la haute tour noire et blanche de Men Hir d'où l'on s'éloigne pour traverser la grande baie d'Audierne.

Le phare d'Eckmühl doit son nom à la fille du Maréchal Davout, prince d'Eckmühl, qui le fit construire en 1897.

POINTS GPS

Saint Pierre, épi est
47° 47.78 - 4° 22.37
Notre Dame de la Joie
47° 48.42 - 4° 22.29
Phare Ekmühl
47° 47.94 - 4° 22.28

Ces masses d'écume au milieu des déferlantes témoignent de la violence de la mer aux abords de la pointe de Penmarc'h qu'il faut arrondir à distance et par vents modérés.

Les rochers de l'île Nonna que l'on vire par le sud pour rejoindre la pointe de Penmarc'h dont on aperçoit les deux phares. en arrière plan.

Le sémaphore est accolé à la vieille église dont le clocher servait de tour où brûlait un feu.

Le second phare a été doublé par la haute tour du phare d'Eckmühl.

La bouée de la basse Nevez

Ces masses d'écume au milieu des déferlantes témoignent de la violence de la mer aux abords de la pointe de Penmarc'h qu'il faut arrondir à distance et par vents modérés.

Dès que la mer est un peu agitée, les vagues brisent sur tout le plateau qui entoure la haute tourelle du feu de Men Hir.

La chapelle Notre Dame de la Joie qui indique le changement de route sur le chenal de Gourmilli.

De nuit : Le virage de la pointe de **Penmarc'h**, que couvre le puissant feu blanc du phare d'**Eckmühl** (éclat 5 sec.) visible jusqu'à 23 milles, est successivement jalonné de l'Est vers l'ouest par le feu blanc scintillant (6) + EL 15 sec, de la bouée de la **basse Spineg** avec à un mille au N. W le feu blanc (éclat 2,5 sec.) de la bouée de la **basse Nevez**. Puis par le feu blanc également scintillant (9) 15 sec, de la bouée à sifflet de **Cap Caval**. On vient enfin doubler le feu rouge (2 éclats 6 sec.) de la tourelle de **Men Hir** qui présente un secteur blanc de 315° à 135° et une coloration verte sur le reste de l'horizon.

La pointe de Penmarc'h a été jusqu'au XVI° siècle une des régions les plus riches de Bretagne grâce à la pêche à la morue. Mais par un phénomène inexpliqué, la morue déserta ces rivages et à la suite d'un terrible raz de marée, le pays fut ravagé par des brigands qui passèrent au fil de l'épée plus de 5 000 paysans. Le butin fut ramené dans l'île Tristan à Douarnenez où le chef des brigands la Fontenelle avait son repaire.

LES CHENAUX DE KERITY

Par mer calme et bonne visibilité, la navigation dans l'intérieur du plateau rocheux de la pointe de Penmarc'h peut être une amusante et intéressante promenade dans des chenaux étroits qui mènent aux mouillages asséchant de Kérity et de St Pierre.

On contourne l'îlot de Locarec et sa tourelle par l'Est pour rejoindre l e port de Kérity.

LE CHENAL A TERRE DE L'EST

Depuis la tourelle rouge de **Men Du** dans l'entrée du Guilvinec, on fera route tout d'abord plein ouest, sur la roche de **Locarec**, qui porte une petite tourelle blanche, en prenant garde sur tribord à un large plateau rocheux découvrant. L'alignement à **278°** de la tourelle lointaine de **Men-Hir** par celle de **Locarec** pare tous les dangers. On contournera ensuite par le N. E., la roche de Locarec pour remonter vers le musoir de la grande jetée de Kerity, le clocher légèrement sur sa droite.

La tourelle blanche sur la roche de Locarec, le point de convergence de tous les chenaux Au fond à gauche, le phare de Penmarc'h.

La petite balise du feu dans l'ouest de la roche de Locarec et de sa haute tourelle

LE CHENAL SUD-EST DE TOULIEC

C'est la meilleure route par vent de N.E. On viendra se placer à mi-distance entre la tourelle de **Ar Guisty** et la bouée de la **basse Spineg**, pour faire route au **310°** sur le clocher de **Kérity** par la tourelle de **Locarec**. Ce chenal est plus commode à suivre et mieux dégagé que le chenal de **Penarguer** qui part de la bouée de la **basse Nevez**.

Voir carte de situation en p 18

Le clocher de Kérity donne avec
la tourelle des Firbichons
l'alignement à 350°.

LE CHENAL OUEST

Partant de la bouée de Cap Caval, le chenal ouest rase la tourelle de **Runiec** au sud et la tourelle des **Firbichous** également **au sud** d'où l'on rejoint l'alignement à **310°** sur le clocher de Kerity. Mais la mer brise souvent violemment en ces parages, même par beau temps et dès que, la houle lève, le chenal est vite impraticable.

KERITY

Les fonds assèchent de 1,50 m dans l'entrée du port et limitent son accès aux environs de la mi-marée avec 1,30 m de tirant d'eau. On peut attendre la montée de l'eau en mouillant dans le S. E de Locarec dans la fosse de Toul Bras qui offre un bon abri contre les vents d'Est et S. W à basse mer. On peut également mouiller au S. E de l'estacade sur l'alignement d'accès. La face interne du môle est accostable près des deux cales. Les fonds assèchent d'environ un mètre près du musoir de l'estacade.

Une jetée reliée au rivage par
une estacade pour laisser passer
les courants qui évitent
l'envasement, délimite vers l'est
la zone de mouillage.

Les bateaux échouent le long du
quai intérieur du môle
perpendiculaire au rivage. Les
posées sont franches.

La digue de Kérity, reliée au rivage par une longue passerelle de béton, enserre avec un épi à l'ouest une vaste zone d'échouage qui reste toutefois dégagée de l'envasement et de l'ensablement par les courants qui y circulent librement. Mais la protection contre la houle est assez médiocre et le ressac par vent frais de S.W. devient vite dangereux. Kérity n'est praticable que par mer calme.

Les bateaux viennent s'amarrer sur des bouées blanches fixées à des chaînes parallèles de manière à bien résister au ressac et aux courants. Attention au banc de roches qui s'étend à l'intérieur de la ligne joignant le coude de l'épi au musoir du môle ouest.

Ce môle est accostable près des deux cales après deux heures de flot mais la zone de mouillage au niveau du zéro des cartes est pratiquement accessible à basse mer avec un tirant d'eau modéré.

POINTS GPS :
Kérity musoir de la jetée
47° 47.69 - 4° 20.91
Balise le Rat
47° 46.97 - 4° 20.22
Locarec, tourelle
47° 47.35 - 4° 20.22

Bien que la roche de Locarec porte un feu, nous déconseillons vivement de venir s'abriter de nuit à Kérity. Il faut laisser ces chenaux aux pêcheurs bigoudens ou aux quelques plaisanciers amateurs de pêche qui ont choisi ces lieux pour port d'attache.

Le musoir de la jetée est le premier quai accostable presque à basse mer. En arrière les bateaux s'amarrent sur des rangées de bouées.

Toutefois par mer calme, il est possible de rejoindre le mouillage de Kérity grâce aux deux secteurs blancs du feu de **Locarec**. Si l'on vient de l'Est, on empruntera le secteur blanc étroit 271° à 285° de ce feu (isophase 4 sec.) rouge au relèvement supérieur à 285° et l'on contournera le feu à environ 200 m par le N.E pour se diriger sur le feu vert (2 éclats 6 sec.) à l'extrémité de l'estacade de Kérity.

En venant de l'ouest, on viendra reconnaître de près le feu vert (éclat 2,5 sec.) de la bouée de la **basse Nevez** d'où l'on remontera sur le feu de Locarec en restant à la limite à **340°** des secteurs rouge et vert. Il faut avancer très prudemment sur cet alignement avant la mi-marée.

La cale à l'enracinement du môle. Le rivage est bordé de murs.

La profondeur est souvent très réduite autour des îlots rocheux.

Voir carte de situation en p 18

LE CHENAL DE PENARGUER

Ce chenal est recommandé par les vents d'ouest et sud ainsi qu'à basse mer car il reste 1,50 m d'eau. Le chenal débute à la bouée sud de la basse **Nevez** ce qui lève toute incertitude et la balise sud de la roche **Raguen** aide à situer l'entrée du chenal sur la première roche à bâbord. L'alignement d'entrée à **350°** est donné par le clocher pointu de **Penmarc'h** légèrement sur la gauche de la roche blanchie de **Men Daniel** haute de 9,70 m qui ne couvre jamais. Il faut se maintenir très exactement sur l'alignement car il passe à raser du côté ouest d'une roche découvrante de 4,20 qui gît sensiblement dans l'ouest de la roche de **Men Haro** haute de 7,70 m également blanchie. On inclinera ensuite sa route à l'approche de la roche de **Men Daniel** pour la laisser à environ 100 m sur tribord. On peut piquer maintenant droit sur la tourelle de **Locarec** car le chenal s'élargit et est partout profond d'au moins 3 m. Par mer calme, on peut venir mouiller dans le S. E de la roche de Locarec sur des fonds de 3 m.

Le clocher de Penmarc'h donne l'alignement d'approche à 350° du chenal de Penarguer.

La balise de Raguen à l'entrée du chenal de Pennarguer. On la laisse sur bâbord.

La grosse roche blanchie de Pen Daniel qu'on laisse de près sur tribord à mi-parcours entre la tourelle de Raguen et celle de Locarec.

POINTS GPS :

Men Hir, tourelle
47° 47.80 - 4° 23.91
Ile Nonna
47° 47.69 - 4° 23.90
Bouée Cap Caval
47° 46.54 - 4° 22.59
bouée Spineg
47° 46,27 - 4°18,81
Raguen, balise
47° 46.40 - 4° 19.85
Basse Nevez, bouée
47° 46.08 - 4° 19.67
Men Daniel
47° 46.84 - 4° 19.75

LE CHENAL DU BRANKET

Il permet en venant de l'ouest de rejoindre au plus court, le port du Guilvinec au travers du plateau des roches en avant de Kerity. Ce chenal est praticable à basse mer, il est profond de 1,30 m, mais uniquement par mer calme et beau temps. Son alignement à **68°** est donné par la roche de **Men Meur** à la pointe du Guilvinec, légèrement à droite de la tourelle Est du **Rat**. Il laisse sur bâbord la roche de 7,30 m de **Enez Fallète**. Attention au seuil près du zéro dans le sud du Rat.

On maintiendra la même route au N. E du Rat jusqu'à couper l'alignement à **350°** du chenal de **Penarguer** ou plus commodément appelé le chenal de **Touliec** un peu plus à l'Est dont l'alignement à 310° est donné par le clocher de Kérity sur la tourelle de Locarec.

Ce chenal du Branket n'est praticable en sortant du Guilvinec que par vent portant et au jusant avec une faible houle. En cas contraire, il faut prendre le chenal du Touliec ou de Penarguer.

KERITY

estacade

2

1.5
0

1.8

épi

Grande Poire

le clocher à gauche de Men Daniel

Douillonec

feu

1.5

0.8

310°

0.7

0.3

0.4

sect R

Firbichon

0,6

balise

Runiec

51°

4

sect. V

3

Enes Du

sect R

1,8

2

LOCAREC

Le Menhir par Locarec à 280°

280°

sect. B

1,3

3

le clocher par Locarec

sect. V

CHENAL DU TOULIEC

3,4

0,7

3

Rat

310°

4

5

68°

3

3

CHENAL DU BRANKET

CHENAL DE PENARGUER

3

Men Daniel

Men Cren

3

5

6

perche

3

3

Raguen

12

350°

0   600 m

La tourelle de Runiec qu'on laisse de près sur bâbord dans le chenal à 51° menant vers Kérity depuis le S.W.

Le chenal à 51° laisse ensuite sur bâbord la tourelle des Firbichons.

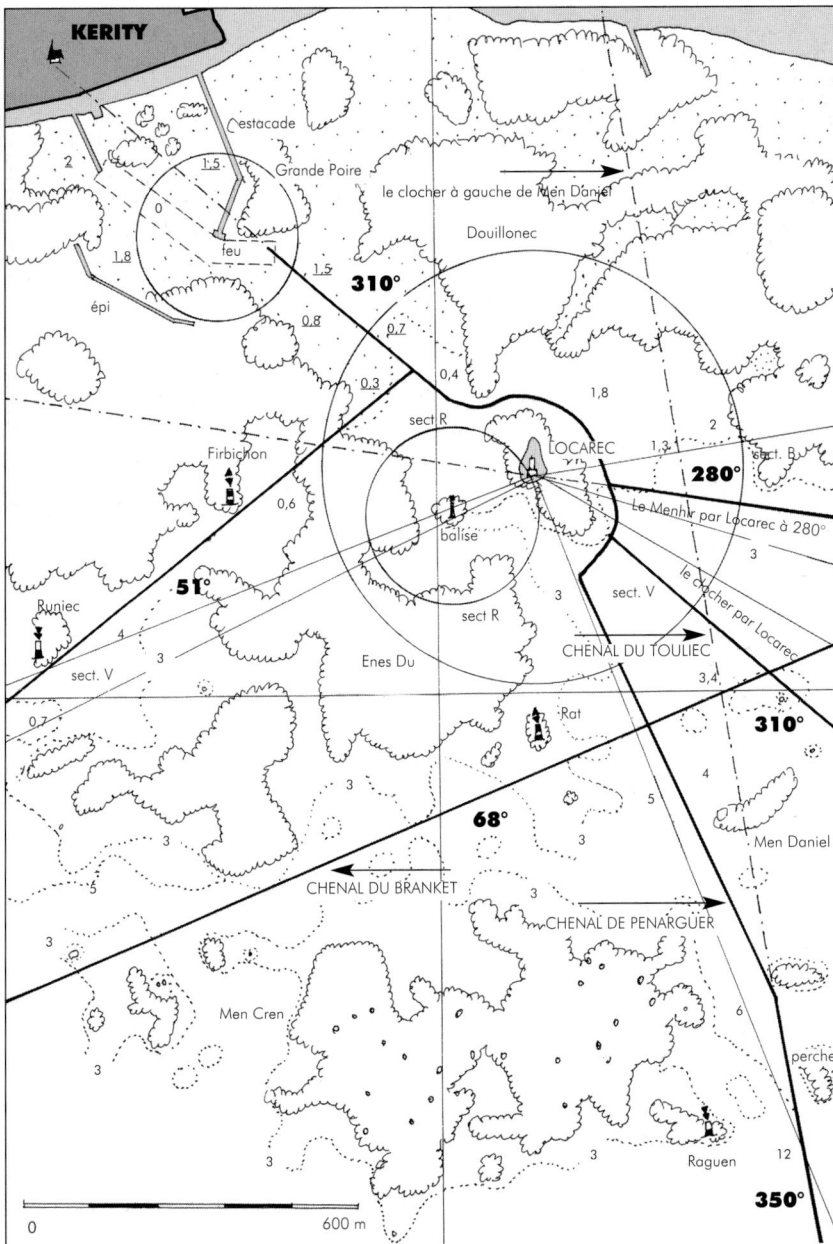

POINTS GPS :
Runiec
47° 47.10 - 4° 21.33
Firbichons
47° 47.32 - 4° 20.89

La roche de Men Meur qu'on localise assez aisément près d'une grande maison isolée sur une pointe.

Seul un petit épi formant digue protège la zone de mouillage au pied du phare. Le clapot peut y être assez dur

SAINT PIERRE

Juste au pied du sémaphore, deux cales s'abritent derrière un mur de béton formant épi. Ce n'est que par mer calme, après la mi-marée que l'on peut venir mouiller derrière l'épi.

Si l'on vient de l'ouest, de la tour de **Men Hir**, on fera route vers le S.E pour passer au sud de la roche de la **Voleuse** (0,90 m) qui gît à 300 m au sud de l'îlot **Nona**. On suivra ensuite une route pleine Est pour venir se placer dans le sud de la perche de **Groués Bihan** et l'on embouquera le chenal en direction du N.E en passant à 1/3 de Groués Bihan et 2/3 de la roche de Groués Braz pour suivre l'alignement de deux perches à cylindre plantées à l'extrémité de l'épi et de la plus longue cale. Ces deux perches sont laissées de près sur bâbord pour rejoindre la zone d'échouage à l'Est de la grande cale.

En venant du sud, après avoir fait route au **15°** sur le clocher de la petite chapelle N.D de la Joie en bord de mer au nord de la pointe de Penmarc'h, jusqu'à la hauteur de la perche sud de **Groués Bihan**, on fera route ensuite sur l'alignement des deux perches.

De nuit : l'accès au mouillage de St Pierre est fortement déconseillé.

Le mouillage est fréquenté essentiellement par des petits canots de pêche.

La perche de Groués Bihan avec en arrière plan la chapelle de Notre Dame de la Joie.

LES CHENAUX DU GUILVINEC

Le port du Guilvinec est accessible par plusieurs chenaux praticables aux plus basses mers, mais ils sont tous délicats à embouquer lorsque souffle un vent fort d'ouest au sud ouest.

LE CHENAL DU SUD - OUEST

Passant au sud de la tourelle de **Ar Guisty**, on maintiendra une route pleine ouest jusqu'à couper à un mille, c'est-à-dire à mi-distance entre **Ar Guisty** et la bouée sud de la basse **Spineg**, l'alignement à **350°** d'un pylône par la roche blanchie de **Men Meur** à la pointe extrême du Guilvinec ou bien l'alignement à **310°** du clocher de **Kerity** par la roche blanchie de **Locarec** qui porte la petite tourelle blanche d'un phare. Si l'on n'est pas certain d'avoir reconnu l'un de ces deux alignements, on s'assurera que l'on relève la cheminée ouest du Guilvinec à plus de **350°** avant de faire route dans sa direction. Aucune roche n'est à craindre dans l'ouest de l'alignement à 350° du pylône par la roche de **Men Meur** et l'on fait route vers le N.W.

La cheminée du Guilvinec

La roche de Mem Meur en alignement à 350° avec un pylône.

On vient ainsi couper le chenal principal du Guilvinec qui est couvert par l'alignement à **53°** de deux gros cylindres rouges placés l'un à l'angle de la jetée Est sur un pylône et l'autre au sommet du phare de **Léchiagat** dans le fond du port. Ces deux marques rouges sont mieux visibles par temps brumeux.
En venant de l'ouest, la bouée Nord de la **basse Nevez** à un bon mille au N.N.W de la **basse Spineg** bien isolée, facilite la localisation de l'alignement à **53°**.
Cet alignement conduit pratiquement sur l'entrée du port de Guilvinec en laissant sur tribord la bouée à fuseau Capelan et sur bâbord les deux tourelles rouges de **Men Du** et **Rousse-Ar-Men-Du**.

Bien que la mer brise sur les hauts-fonds, tout près du chenal par vent frais d'ouest et sud-ouest, l'alignement à 53° reste plus aisément praticable par vent de sud-est.
Mais **en venant du S.W.** de la bouée, de la **basse Nevez,** on veillera avant mi-marée à ne pas passer sur la **basse aux Herbes** couverte de 1,80 m d'eau seulement et qui pointe sur l'alignement à **292°** de l'ancien phare de Penmarc'h par la roche blanchie de Locarec.
Ce chenal du S. W est dangereux par vent fort de S. E pendant les deux heures qui précèdent et suivent la basse mer.

La tourelle de Lost Moan que l'on met en alignement à 321° avec la cheminée du Guilvinec.

La tourelle de Locarec et le clocher de Kérity qui donnent l'alignement à 310°

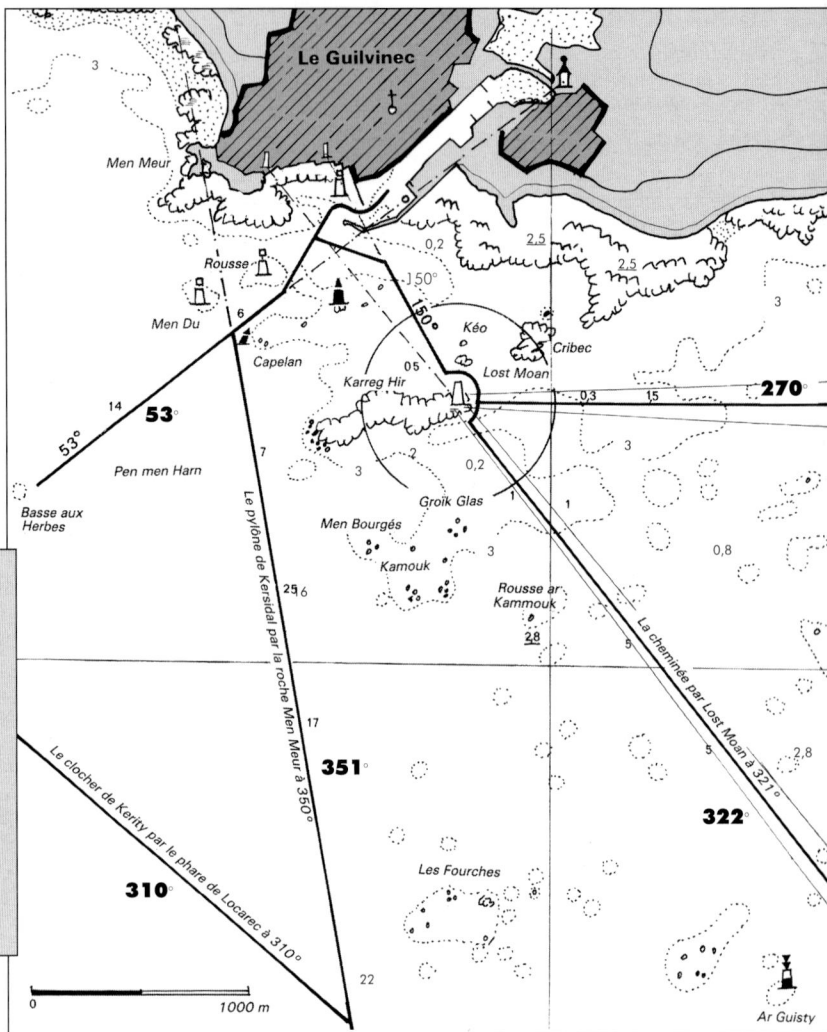

POINTS GPS :

Lost Moan, tourelle
47° 47 08 - 4° 16.68
Basse Du
47° 46 . 76 - 4° 14.53
Karek Greiz, bouée
47° 46 . 11 - 4° 11.28
Reissant, balise
47° 46.45 - 4° 13.45
Basse Nevez, bouée
47° 46.07 - 4° 19.68
Spineg, bouée
47° 45.26 - 4° 18.81
Ar Guisty, bouée
47° 45.67 - 4° 15.48
Basse aux Herbes
47° 46,85 - 4°18,29

La tourelle de Lost Moan que l'on met en alignement à 321° avec la cheminée du Guilvinec.

LE CHENAL DU SUD EST

En venant du large, l'approche du Guilvinec, qu'on localise au clocher carré de l'église et au bâtiment blanc de la criée, peut se faire par le S. E. sur la tourelle sud de **Ar Guisty.**

On la laissera sur bâbord pour suivre l'alignement à **321°** de la cheminée la plus ouest du Guilvinec par la tourelle de **Lost Moan**, plantée sur un banc de roche qui découvre largement.

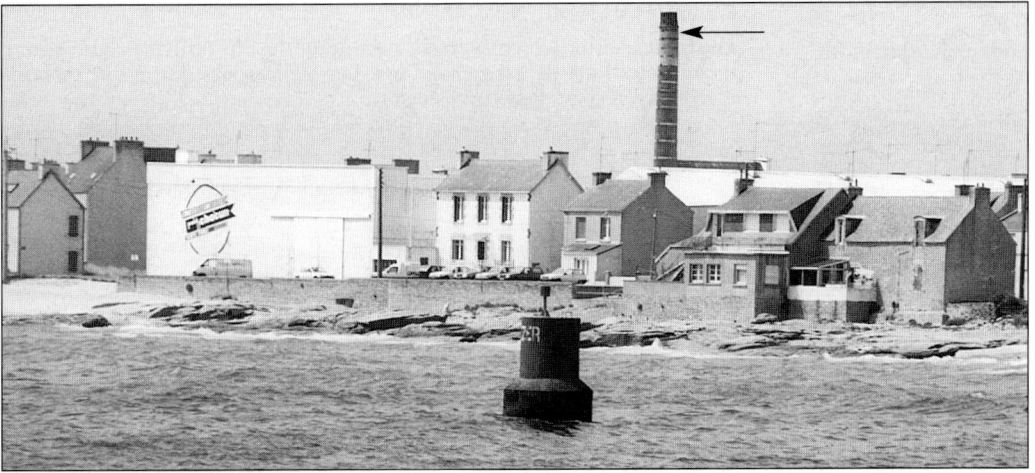

La cheminée de la conserverie du Guilvinec qui donne avec la tourelle de Lost Moan, l'alignement à 350°.

LE PASSAGE A TERRE DE L'EST

Venant devant Lesconil, on suivra une route à terre, plein ouest sur la tourelle de **Lost Moan** en laissant à distance vers le large la tourelle de danger isolé de la **basse Du** et la tourelle nord de la **Charret**, dont on n'aperçoit plus actuellement que le soubassement. Arrivé au pied de la haute tourelle de Lost Moan que l'on contournera par l'Est à 10 m, on se dirigera vers le phare blanc du Guilvinec en arrière de la jetée, dont on arrondira assez largement le musoir pour ne pas se trouver devant l'étrave d'un chalutier.

Les deux chenaux à 270° et 321° sont à déconseiller par mer un peu agitée avant deux heures de flot. Ils peuvent même être dangereux par vent fort de sud-est, la mer brisant violemment sur les rochers aux abords des chenaux. Mieux vaut, en ce cas, rejoindre le Guilvinec par la grande passe du S.W.

Les courants devant le Guilvinec sont giratoires mais modérés. Les plus grandes vitesses ne dépassent pas 1,5 nœud en vives eaux.

Le clocher carré, un amer remarquable au-dessus des maisons du Guilvinec.

La tourelle de la Basse Du qui se dresse au milieu d'un amas de roches découvrantes.

La passe est protégée des vents du large et du S.E par une longue jetée qui ne masque pas la balise de l'alignement à 53° et le phare dominant la passe intérieure.

LE GUILVINEC

Tourné essentiellement vers la grande pêche, le Guilvinec abrite une importante flotte de gros chalutiers. Les plaisanciers doivent se montrer discrets en restant dans l'arrière port.

Un port apparemment très vaste mais tous les quais à l'ouest sont occupés par les chalutiers. Les plaisanciers doivent gagner discrètement le fond du port.

Il est interdit aux plaisanciers d'entrer dans le port entre 16 h 30 et 18 h 30, heures de retour des nombreux chalutiers.

L'amer postérieur donnant l'alignement à 53° sur le sommet du phare.

L'avancée de la digue Est du Guilvinec, limite la pénétration de la houle par vent frais d'ouest au S.W. Le chenal dragué à 3 m permet d'entrer aux plus basses eaux dans le bassin où les chalutiers accostent le long du quai ouest de la criée sur plusieurs centaines de mètees. Mais la flotte de pêche est si importante que les chalutiers sont souvent amarrés à couple sur 2 ou 3 rangs. La rive S.E est occupée en grande partie par la zone technique où évolue un gigantesque élévateur capable de mettre au sec les plus grands chalutiers du Guilvinec. Le quai est débordé par plusieurs pontons où les petits chalutiers et canots sont également nombreux. Les plaisanciers n'ont pas leur place dans toute cette partie du port. Ils doivent sans gêner la manoeuvres des bateaux dans le port, se diriger directement vers l'arrière port de Lechiagat où une cinquantaine de bouées ont été installées à leur intention. L'abri y est très sûr mais il est toutefois préférable de s'amarrer avant/arrière. Quelques cafés et restaurants bordent le quai sud aménagé avec des espaces verts. Lechiagat n'est plus comme autrefois un arrière port où pourrissaient de vieux chalutiers. Un étroit passage sous un pont donne accès à un plan d'eau qui assèche entièrement à basse mer et qui n'est fréquenté que par quelques canots.

Les bateaux de plaisance ne doivent pas séjourner au Guilvinec plus d'une nuit. En revanche le stationnement est gratuit. Il est interdit également d'entrer et de sortir du port entre 16h et 18h 30 par suite du trafic important des chalutiers dans la passe à ce moment de la journée. Toutefois, en cas de danger, on peut venir s'amarrer en bout du quai de la criée juste à l'enracinement de la digue abri. Pas de carburant à quai pour les plaisanciers mais on peut s'approvisionner à une station service à 500 m du port.

Les nombreux bateaux de pêche occupent tous les quais et les pontons flottants à l'entrée de l'arrière port de Léchiagat.

L'alignement à 53° des deux gros cylindres rouges repérables dans une brume légère avec le phare de Lechiagat dans le fond du port.

POINT GPS :

Entrée du port
47° 47.32 - 4° 17.52

Voir carte de situation en p 18

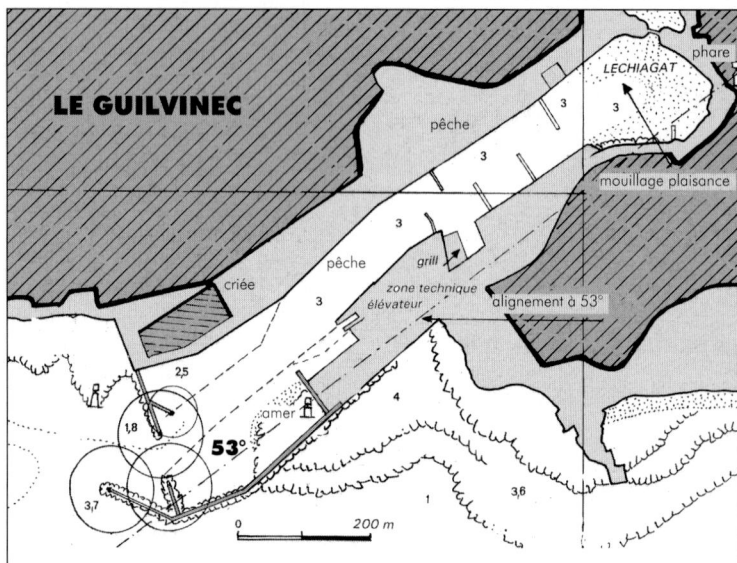

Il est interdit aux plaisanciers d'accoster à quai ou à couple, Ils doivent s'amarrer dans l'arrière port sur des bouées qui leur sont réservées.
Il est préférable de s'amarrer avant/arrière pour réduire l'évitage.

De nuit : Les deux chenaux au S. E, à **321°** et plus à terre à **270°** sont couverts par les secteurs blancs (317° à 327°) et (268° à 273°) du feu de **Loast Moan** (3 éclats 12 sec.) qui montre en direction du large une coloration rouge et verte. Mais il est plus prudent, si l'on ne connaît pas parfaitement ces parages, même par mer calme, de suivre le chenal principal sur l'alignement à **53°** de trois feux scintillants blancs visibles entre 8 et 14 milles et renforcés de 3° sur l'alignement.

La bouée de la **basse Spineg** se reconnaît à un feu blanc scintillant (6) + EL 15 sec. et la bouée de la **basse Nevez** à un feu vert (éclat 2,5 sec.) On saura que l'on approche de la **basse aux Herbes** non balisée lorsque le feu vert de **Locarec** (isophase 4 sec) dans l'ouest vire au rouge à **68°.** Les autres tourelles et bouées qui bordent le chenal devant le Guilvinec sont plongées dans l'obscurité à l'exception de la bouée **Capelan** que rase l'alignement à 53° et qui montre un feu vert (2 éclats 6 sec.).

La passe du port du Guilvinec est encadrée par deux feux rouges sur bâbord et deux feux verts sur tribord. Sur bâbord, le premier feu (2 éclats 6 sec.) visible de 78° à 258° est placé à l'extrémité de l'épi brise-lames et le second au sommet de la tour du phare tandis que sur tribord un feu vert (éclat 4 sec.) signale le musoir de la digue abri et un second feu vert (2 éclats 6 sec.) l'extrémité de l'épi qui resserre la passe. Intérieurement de puissants lampadaires éclairent bien les quais. Le fond de l'anse de Léchiagat est, en revanche, un peu sombre.

SERVICES LE GUILVINEC

Capitainerie : T. 02 98 58 05 67.
Fax : 02 98 58 17 94. VHF canal 12.
6 h 30/18 h 30. sauf le dimanche
Météo affichage à la capitainerie.
Port de pêche où les plaisanciers
sont uniquement tolérés dans le
fond du port de Léchiagat.
amarrage sur bouées. Accostage à
quai ou à couple interdit.
Elévateur 225 t. grue 8 t. gril. cales.

Carburant : station service 500 m
du port. Fermé les W.E.
Avitaillement : Nombreux
commerces près du port.

Accastillage :
Coopérative Maritime sur le port
T. 02 98 58 10 31
Biguais et fils le port T. 02 98 58 27 43
SOMECO le port
T. 02 98 58 10 22
Cariou 19 rue Pochat Sainte Marine
en Combrit. T. 02 98 58 12 90

LE MOUILLAGE DE MEN MEUR

Par mer calme ou vent de terre, il peut être plus plaisant de venir mouiller dans l'anse juste à l'ouest de la pointe de Men Meur devant la plage, sur l'alignement de la tourelle de Lost Moan par la roche blanchie de Men Meur, la tourelle de Locarec étant vue entre deux roches. Ce mouillage exposé uniquement aux vents de S. W est fréquenté depuis très longtemps par les pêcheurs.

Bien que la côte soit exposée au mauvais temps, les maisons s'alignent à proximité de la mer.

Partout le rivage est bordé de belles plages de sable blanc coupées par quelques éperons de roches.

LESCONIL

Un port aménagé dans une zone de plateaux rocheux, et qui manque de ce fait d'une bonne profondeur.

La passe du petit port de pêche de Lesconil n'est pas défendue par de nombreuses têtes de roches comme au Guilvinec et à St-Guénolé, ce qui en facilite l'accès. Toutefois par vent frais de S.E. au S.W., la houle peut rendre délicate l'entrée de la passe qui orientée vers le S.E. ne dépasse pas 20 m de largeur.

La tourelle de Karreg Hir . Attention aux roches isolées qui peuvent découvrir à basse mer.

En venant du large, par l'ouest du plateau des Glénan, ou de l'Est depuis le phare de l'île aux **Moutons**, on viendra reconnaître la bouée Est de **KarekGreiz**, mouillée à deux milles dans le S.S.E. de **Lesconil**, qui se localise de loin sur une côte basse par ses quelques maisons blanches que domine un clocher. On mettra le cap sur ce clocher depuis **Karek Greiz**, en arrondissant très légèrement sa route vers l'Est pour parer la **basse Devel**, 1 000 m plus au nord, qui affleure en basse mer de vives eaux.

Il est bon d'ailleurs, dès que l'on a localisé la petite tourelle blanche du phare de **Men Ar Groas** à l'enracinement de la jetée Est, de la placer un peu à gauche du clocher, de manière en route au **324°** à naviguer dans la partie la plus profonde du chenal à mi-distance entre les hautes roches arrondies de **Enizan** sur tribord et le haut fond isolé de **Mens Caés** sur bâbord.

Les roches d'Enizan en lisière du plateau sont assez franches et aisément reconnaissables.

En venant de Loctudy, il faut prendre garde à ne pas talonner sur le large plateau rocheux découvrant qui déborde tout le rivage jusqu'à Lesconil. Un rivage plat et bas où l'on aperçoit quelques groupes de maisons. Il faut se tenir à distance prudente des roches en laissant à terre après la tourelle de **Karrez Saoz** à la sortie de Loctudy, la tourelle de **Men Bret** qui balise un banc dont plusieurs têtes découvrent dès le début du jusant. On la doublera à petite distance.

Entre les tourelles de **Men Bret** et **Karreg Hir,** la roche **Glinec** légèrement à l'Est à mi-parcours, n'est pas très dangereuse car elle ne pointe que de 0,10 m. On passera également à l'extérieur des tourelles de **Men Du** et des **Bleds** pour rejoindre Lesconil en arrondissant les gros rochers blanchis de **Enizan,** dont les abords sont francs vers le sud.

La tourelle de Men Du entre les Bleds et Karreg Hir.

Toute la côte aux abords de Lesconil est couverte de petites maisons blanches.

Les gros rochers blanchis de Enizan dont les abords sont assez francs vers l'ouest.

Attention aux larges soubassements des deux jetées. Il faut se tenir dans l'axe de la passe.

Les plaisanciers doivent mouiller dans l'avant port de Langoguen sans trop se rapprocher du fond pour ne pas échouer trop longtemps. Le clapot se fait durement sentir par vent d'Est.

Il convient en vives eaux si l'on vient du S.W. de la balise de **Reissant**, de prendre garde à la tête de roche isolée qui dépasse le zéro des cartes à 250 m dans le sud de la balise de **Men Caés.**

Des bouées dans l'avant port permettent d'attendre la montée des eaux. Tous les quais sont réservés aux bateaux de pêche

Les courants en avant de Lesconil sont giratoires et ne dépassent guère un nœud même en vives eaux, les heures de pleines et basses mers se situant entre 5 et 10 minutes avant celles de Port Louis.

LE PORT DE LESCONIL

Deux longues jetées en pente pour mieux amortir la houle parfois forte en ces parages, délimitent l'avant port de Lesconil dont la passe d'entrée est également resserrée pour casser les vagues. Par mauvais temps le ressac peut toutefois se faire assez durement sentir. L'avant port est dragué à 2 m et se prolonge vers l'ouest par le port d'échouage de Langoguen.

Les plaisanciers n'ont pas accès à la darse du port de pêche encadré par deux quais où une flottille importante de chalutiers s'amarre à couple sur plusieurs rangs. Toutefois, un ponton à l'extrémité sud du quai ouest est réservé aux bateaux de plaisance en courte escale entre 8 h et 16 h. L'accès de Lesconil est interdit aux plaisanciers entre 16 h 30 et 18 h 30, moment où de nombreux chalutiers reviennent de la pêche. Le fond de la darse a été dragué à 3 m et bordé par un nouveau quai du côté ouest. Au nord, s'avancent deux cales à angle droit bordant une aire de carénage. Si la cale orientée vers l'ouest rejoint le terre plein de béton, l'autre cale d'une faible pente se termine par un pent vertical. Cette cale qui fait office de quai doit être dégagée avant 16 h 30. La profondeur avoisine 1,50 m le long du quai Est.

La tourelle de Men Caés juste dans l'entrée du port.

LE PORT DE LANGOGUEN

Ce bassin d'échouage qui prolonge l'avant port de Lesconil vers l'ouest est réservé aux petites embarcations de pêche et aux bateaux de plaisance. Les fonds de sable dans l'axe découvrent de 1 m avant le petit épi de la rive nord et de 2 m dans le fond de l'anse. Les bateaux s'amarrent avant/arrière sur des corps morts (95) disposés sur 6 rangs car la place est assez réduite, le môle abri étant bordé par un large platin rocheux. Les places sont généralement plus dégagées dans le fond de l'anse où le clapot est en outre moins sensible mais les fonds découvrent plus rapidement de 2,50 m à 3 m. On peut préférer à ce port d'échouage de Langoguen, la rivière voisine de Ster. Le stationnement de longue durée est payant.

On ne peut accoster le long des quais de la criée qu'en dehors des heures de trafic et pour un bref instant, le temps de décharger.

La tourelle du feu de Men ar Groas à l'enracinement de la jetée Est.

De nuit : La bouée à sifflet de **Karek Greis** montre un feu blanc scintillant (3) 10 sec.) visible jusqu'à 5 milles que couvre le secteur blanc (313° à 333°) du feu (3 éclats 12 sec.) de **Men ar Groas** dans l'entrée de Lesconil. Il présente une coloration rouge à l'ouest et verte à l'Est. A basse mer, il est recommandé de ne pas se tenir à la limite à 313° de ce secteur blanc qui rase de près les roches d'Enizan.

La passe du port de Lesconil est encadrée sur tribord par un feu vert scintillant et sur bâbord par un feu rouge (occ. 4 sec.) visibles jusqu'à 6 milles.

Le musoir de la jetée Est.

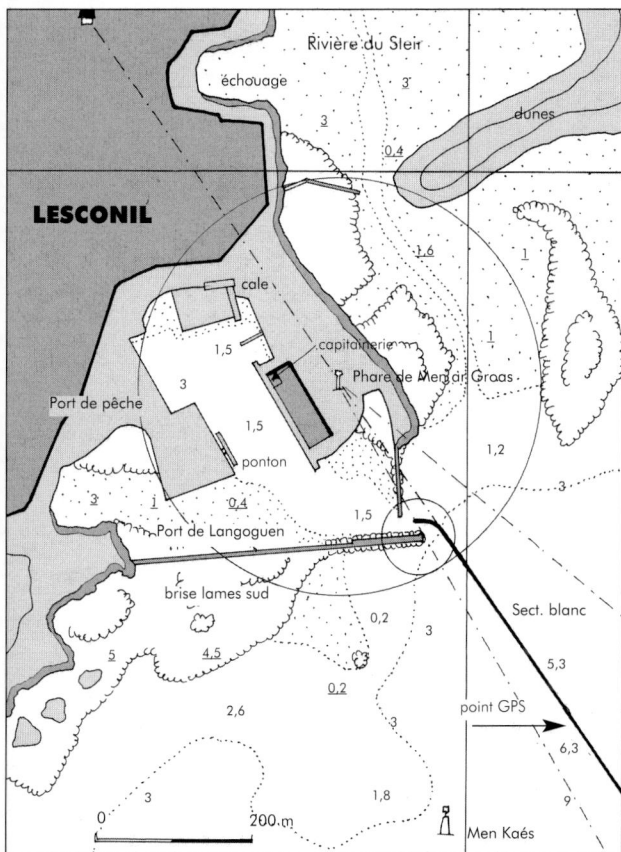

POINTS GPS

Roches d'Enizan
47° 47.43 - 4° 11.81
Men Kaés, balise
47° 47.57 - 4° 12.52
Entrée du port
47° 47.77 - 4° 12.55
Basse Du, tourelle
47°46,77 - 4°14,51
Rouzen ar C'har, balise
47°46,85 - 4°15,18
Les Bleds, balise
47°47,44 - 4°10,63
Men Du, balise
47° 47,88 - 4°10
Karreg Hir, balise
47°48,47 - 4°09,29
Basse Boulanger, bouée
47°47,44 - 4°09,07

SERVICES LESCONIL

Capitainerie : T. 02 98 82 22 97 fax 02 98 82 26 14. VHF canal 12. 8h/12h - 14h/18h30.
95 bouées dans l'avant port de Langoguen. Pas de places réservées aux visiteurs.
Eau, sanitaires, tél. public, glace, laverie.
Carburant : Station service à 3.000 m. T. 02 98 87 89 90. 9h/19h.30 dimanche 9h/12h.30
Accastilleur :
Coopérative Maritime terre plein du port T. 02 98 87 80 36

POINT GPS

Larvor musoir
47° 48.13 - 4° 10.72
Les Bleds, balise
47° 47.44 - 4° 10.63.
Karek Hir, balise
47° 48.47 - 4° 09.29
Men Bret, balise
47° 49.37 - 4° 08.99

LA RIVIÈRE STER

Par beau temps ou par vent de N.W. à N.E. on peut mouiller devant le milieu de la plage, à l'Est du port de Lesconil. À l'extrémité ouest, une pointe de sable et une courte jetée canalisent le petit estuaire de la rivière Ster qui assèche entièrement à basse mer. Avec un tirant d'eau de 1, 80 m l'entrée n'est praticable en vives eaux qu'une heure et demie avant la pleine mer et au moment de l'étale en mortes eaux. Serrant le musoir de l'épi, on viendra échouer sur un fond de sable dans l'anse qui creuse la rive ouest et offre un abri assez sûr. La rivière Ster est barrée par une digue et ne peut être remontée plus amont qu'en annexe.

L'entrée de la rivière et du port abri entre un épi et une langue de sable.

Les bateaux échouent pour une brève escale à l'ouvert de l'anse. Les bateaux locaux s'amarrent sur des chaînes traversières.

Karreg Hir signale avec les tourelles des Bleds et Men Du la lisière des roches entre Lesconil et Loctudy.

La cale de Larvor s'avance sur un plateau qui déborde tout le rivage. Attention à plusieurs têtes de roche qui pointent isolées.

LE MOUILLAGE DE LARVOR

Dans l'ouest de la tourelle de **Men Du**, une longue cale déborde le rivage plat et bas à hauteur du hameau de Larvor, dont on aperçoit les maisons blanches sur la côte plate et basse. Les fonds découvrent jusqu'au musoir de la cale mais on peut rester à flot dans le prolongement ou légèrement au N.E.

L'ENTRÉE DE LA RIVIÈRE DE LOCTUDY

L'entrée de la rivière de Loctudy qui mène à Pont l'Abbé se situe à 2,8 milles seulement dans le S. W de la rivière de Bénodet. Les chenaux d'accès depuis le large sont donc en grande partie les mêmes. Mais une barre peut rendre l'accès plus difficile. La mer y brise par vent d'Est.

En venant de l'Est, depuis la bouée sud à sifflet de la **Voleuse**, au large de la pointe de Mousterlin, une route au **288°** conduit directement sur l'entrée de la rivière de Pont l'Abbé au travers de la baie de Bénodet.

En venant de l'ouest, de la bouée de **Karek Greiz** en avant de Lesconil, on peut serrer au plus près le rivage en rangeant sur bâbord les tourelles de **Men Du**, de **Karreg Hir** et de **Men Bret**. Attention à basse mer à la roche isolée de **Glinec** 0,10 m à mi distance entre Karreg Hir et Men Bret un peu à l'extérieur de la ligne joignant les deux tourelles.

Vus du S.E de l'embouchure, de gauche à droite, le port de Loctudy, le mouillage derrière l'île Tudy, le phare des Perdrix

Le phare des Perdrix.

La tourelle et la petite maison blanche du phare de Langoz difficiles à repérer de jour entre les arbres et les villas.

La tourelle de Karek Saoz en lisière du chenal.

Mais par mer houleuse et vents forts d'ouest, où les vagues déferlent sur les hauts fonds, il est vivement recommandé de s'écarter du rivage en passant au sud de la bouée **Boulanger** et dans l'Est de la bouée **Billien** d'où l'on se dirigera vers le N.W. sur l'entrée de Loctudy. en piquant sur la tourelle rouge de **Karek Saoz**. La grande tour à damiers des **Perdrix** à droite de Karek Saoz au **298°** est la meilleure route à suivre par mer agitée.

La tourelle de **Karek Saoz** balise la lisière des fonds découvrant de la pointe de **Langoz,** et marque la transition entre le balisage cardinal de l'anse et le balisage latéral de la rivière. Elle peut être serrée à petite distance sur bâbord. On se placera un demi mille auparavant sur l'alignement à **298°** du château **Moc** que l'on aperçoit au milieu des arbres dans l'intérieur de la rivière, par la tourelle à damiers des **Perdrix** Cet alignement fait passer sur un seuil couvert d'un mètre d'eau aux plus basses mers, à

Voir carte de situation en p 20

Le château Moc qui donne l'alignement à 298° avec le phare des Perdrix.

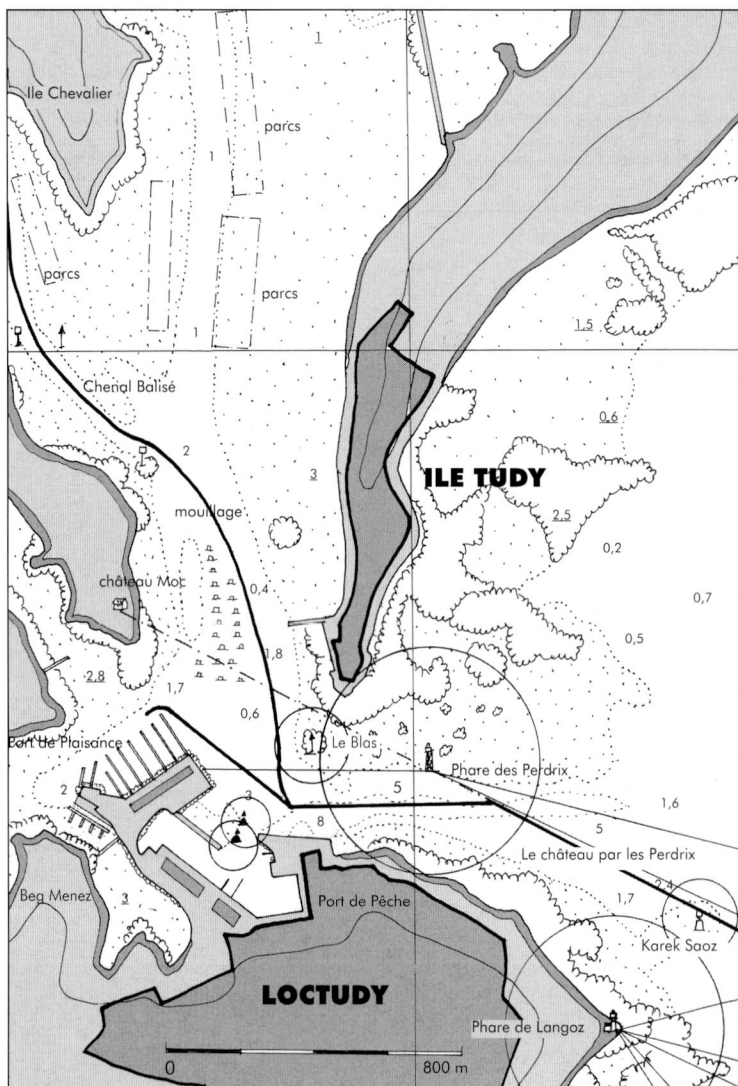

L'église de Loctudy est l'édifice roman le mieux conservé de Bretagne.

POINTS GPS :
Karreg Soaz
47° 50.09 - 4° 09.29
Men Audierne
47° 50.37 - 4° 08.99
Phare des Perdrix
47° 50.31 - 4° 09.90

500 m avant la tourelle de **Karek Saoz,** sur lequel, par vent d'Est, la mer s'opposant au courant de jusant forme des vagues déferlantes et même une barre parfois difficile à franchir. L'alignement à **355°** du clocher de Combrit au loin sur l'horizon par une maison à toit rouge en bords de plage, légèrement à droite de la tourelle de **Men Audierne** permet de situer cette barre.

La zone principale de mouillage en avant du château Moc

144

La souille au N.W des pontons est délimitée par quelques petites bouées et des perches.

La perche de la roche Le Blas à la pointe sud de l'île Tudy balise un amas de roches.

Passé le phare des Perdrix, on se rapprochera de la rive sud et du quai du port de pêche où la profondeur avoisine 5 à 8 m alors qu'elle n'est que de 0,50 m dans le milieu de la rivière.

Le courant de jusant dans ce passage étroit, commence à se faire sentir une heure après la pleine mer et atteint 3 à 4 nœuds en vives eaux, une heure après la mi-marée. Le courant de flot avoisine 2 nœuds à mi-marée. Il débute 1/4 d'heure avant la P.M. La passe navigable de Loctudy à basse mer ne dépassant pas 50 m de large et la pointe nord de l'île Tudy que prolonge l'éperon rocheux de **Le Blas** signalé par une perche, ne créant aucun contre courant, un voilier ne peut guère espérer tirer des bords dans le goulet. L'entrée au moteur est d'ailleurs obligatoire..Attention entre 17 et 18 h au retour des chalutiers, le trafic dans le chenal peut être intense. Les bateaux de plaisance n'ont aucune priorité et il est déconseillé de s'engager dans la rivière à ce moment. Les **courants** en amont de l'embouchure sont plus modérés. 1,5 nœud au maximum. Le flot porte à l'ouest et le jusant vers l'Est, les renverses ayant lieu un quart d'heure après les pleines et basses mers de Port Tudy.

De nuit : En venant de l'Est, dans le secteur blanc (141° à 292°) du feu de l'île aux **Moutons**, (2 occ. 6 sec.) on viendra reconnaître de près le feu scintillant (6) + EL 15 sec. de la bouée à sifflet de **la Voleuse**. De là, on aperçoit très distinctement dans l'ouest, le feu du phare de **Langoz** (4 éclats 12 sec.) qui apparaît soit vert, soit blanc suivant que l'on se trouve au nord ou au sud de la bouée de la Voleuse car la limite (284°) des deux secteurs passe très exactement sur la bouée. Le feu blanc (2 éclats 4 sec.) qui brille un peu au nord du feu de Langoz, et dont l'intensité est moins grande, signale la tourelle des **Perdrix** sur laquelle on peut faire immédiatement route. Un feu rouge scintillant de faible portée, environ un mille, balise la tourelle de **Karek Saoz**. **En venant de l'ouest**, on naviguera comme indiqué dans l'entrée de la baie de Bénodet sur l'alignement à **360°** jusqu'à voir le feu rouge de **Langoz** (4 éclats 12 sec.) passer successivement au blanc (318° à 328°) puis au rouge pour revenir au blanc à 295°. On saura à ce moment qu'il est temps d'arrondir sa route vers le N. W pour se placer dans le secteur blanc (285° à 295°) du feu des **Perdrix** (éclat 4 sec.). Enfin, comme de jour, on peut couper au plus court par mer peu agitée, le long de la côte, en rangeant successivement et d'assez près sur bâbord, le feu blanc scintillant (3) 10 sec. de la bouée de **Karek Greiz**, puis le feu blanc scintillant rapide (6) + EL 10 sec. de la bouée de la **basse Boulanger** et enfin le feu blanc scintillant rapide (3) 5 sec. de la bouée à sifflet de la **basse Bilien**. De là, on remontera au N. W vers le feu des **Perdrix** (éclat 4 sec.) et le petit feu rouge scintillant de **Karek Saoz**. **Toute navigation de nuit plus à terre est à déconseiller formellement.**

LE MOUILLAGE DE L'ÎLE TUDY

La zone de mouillage s'étend au nord de la ligne qui joint le port de plaisance à la pointe de l'île Tudy. 80 bouées sont disposées suivant trois longues lignes parallèles, orientées sensiblement Nord sud, du côté de l'île **Garo** où le lit de la rivière atteint 3 à 5,50 m de profondeur. Sur les 80 bouées, cinq seulement sont réservées pour le passage.

Toutes les anciennes maisons blanches ou colorées sur la pointe de l'île Tudy, forment un agréable décor.

Un second mouillage moins organisé s'étend le long de l'île Tudy, et s'en écarte vers le nord, car les rives ensablées découvrent. La profondeur y est d'ailleurs un peu plus réduite, environ 2 m que sur l'autre mouillage. Attention en particulier à un banc de sable qui découvre de 1,80 m à 500 m au nord de la cale de l'île Tudy et se prolonge dans cette direction. Quelques bateaux peuvent mouiller entre le banc et le rivage à l'Est.

HAUTEUR D'EAU		
Coef.	B.M	P.M
45	1,95 m	3,95 m
95	0,85 m	5,05 m

Vue du N.E, La pointe de l'île Tudy avec la cale, la zone de mouillage et le banc de Le Blas à ne pas serrer de près.

Les courants restent naturellement forts sur toute la zone de mouillage et peuvent lever par vent contre courant tout particulièrement de N.W au flot et de S.W au jusant, un clapot assez dur. Ces courants ne facilitent pas non plus les débarquements en annexe en dehors des étales. Un petit moteur hors bord est indispensable pour rejoindre la cale de l'île Tudy à mi-marée.

Les posées de sable sont franches sur les flancs nord et sud du môle où la sonde indique au musoir un demi-mètre d'eau à marée basse. Il est utilisé par le passeur qui assure les liaisons avec le terre plein du port de pêche de Loctudy et dessert sur demande la zone de mouillage.

De nuit : Pas de feu dans la rivière de Pont l'Abbé au nord de Loctudy. Mais la zone de mouillage reste accessible en utilisant les feux d'entrée dans l'estuaire.

L'amarrage sur bouées est indispensable car les courants sont forts sur la zone de mouillage à la mi-marée.

Les posées sont franches le long du quai intérieur du môle de l'île Tudy et les commerces tout proches.

Un passeur assure les liaisons entre le port de plaisance et le môle de l'île Tudy.

La profondeur dans la rivière est faible et les bancs de sable découvrent parfois loin des deux rives.

LE PORT DE PÊCHE DE LOCTUDY

Ce port de pêche rivalise d'activité avec Saint Guénolé et le Guilvinec et la plaisance n'y a plus sa place. Mais l'aménagement d'un vaste terre plein pour agrandir le port de pêche a permis de créer une véritable marina qui s'ajoute à la zone de mouillage bien organisée.

Un actif port de pêche où depuis la construction du port de plaisance, les plaisanciers n'ont plus accès.

Le port de pêche comprend un quai nord extérieur en eaux profondes et un bassin disposant d'un long quai protégé par un épi et le terre plein nord qui cassent le clapot par vent de N.E. L'entrée est bordée sur tribord par trois petites bouées qui délimitent un banc de sable découvrant. Les places sont réservées exclusivement aux pêcheurs professionnels même le long des deux pontons flottants. Les quais sont d'ailleurs toujours très bruyants avec le va et vient des chariots chargés de poisson et de glace.

À l'extrémité du long quai ouest, deux perches vertes signalent la remontée des fonds près d'une cale.

POINTS GPS

Roches d'Enizan
47° 47.43 - 4° 11.81
Men Kaés, balise
47° 47.57 - 4° 12.52
Entrée de Lesconil
47° 47.77 - 4° 12.55
Les Bleds, balise
47° 47.45 - 4° 10.63.
Karek Hir, balise
47° 48.47 - 4° 09.29
Men Bret, balise
47° 49.37 - 4° 08.99
Karreg Soaz, tourelle
47° 50.09 - 4° 09.29
Men Audierne, tourelle
47° 50.37 - 4° 08.99
Phare des Perdrix
47° 50.31 - 4° 09.90
Bouée Bilien
47° 49.17 - 4° 08.04
Basse Malvic, bouée
47° 48.52 - 4° 06.54
Rostolou, b ouée
47° 46.70 - 4° 07.22
Basse du Chenal, bouée
47° 48.60 - 4° 06.99
Roch Helou, bouée
47° 47.18 - 4° 08.00
Men Du, balise
47° 47.89 - 4° 09.73

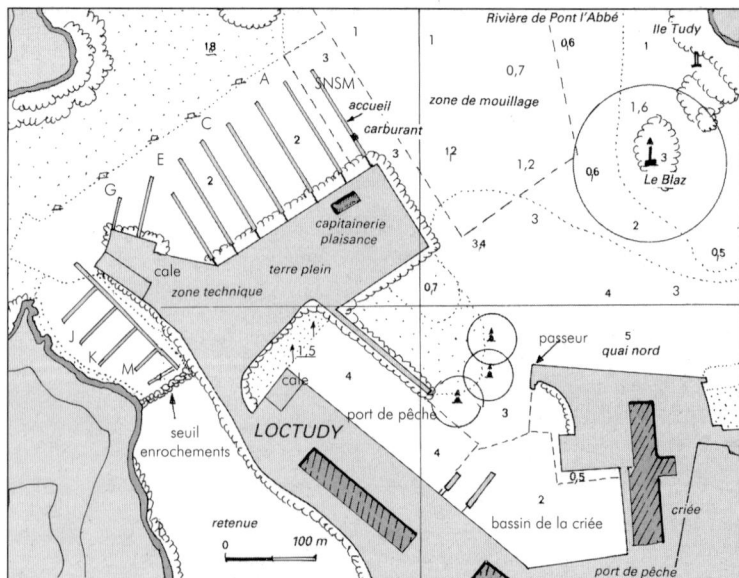

De nuit : Si l'atterrissage sur l'entrée de la rivière de Pont l'Abbé ne pose aucune difficulté, on se trouve, en revanche, passé la tourelle des **Perdrix**, dans une obscurité assez profonde. Seule la perche **Le Blas** à la pointe sud de l'île Tudy montre un feu vert (3 éclats 12 sec.). Heureusement la rivière est large et même par nuit très sombre, en s'aidant d'un petit projecteur, on peut gagner sans trop de difficulté la zone de mouillage où les bouées et les coques blanches reflètent bien la lumière. Trois petits feux verts à éclats signalent les bouées sur la droite dans l'entrée du port. Quelques lampadaires éclairent les quais du port de pêche et de la marina.

LE PORT DE PLAISANCE DE LOCTUDY

Un vaste terre-plein entièrement gagné sur une zone peu profonde de la rivière a permis d'aménager au N. W. à l'écart du port de pêche, une marina de 460 places. Les bateaux viennent s'amarrer dans une souille draguée à 2 m, le long de 9 grands pontons flottants parallèles s'appuyant sur le terre plein qui protège au S.W. un second bassin.

Les passerelles des pontons s'appuient sur un vaste terre plein où se regroupent quelques commerces.

Le premier ponton solidement renforcé fait office de brise-lames par vent frais de N. E qui lève un désagréable clapot mais il sert également de ponton d'accueil et de poste de carburant. Les fonds sous le ponton sont dragués à 3 m comme le chenal d'accès à la marina qui longe les enrochements de la bordure N. E. du terre plein. Il ne faut pas dépasser au N. W. la ligne des petites bouées vertes car les fonds remontent assez rapidement. À l'extrémité ouest s'avance une large cale utilisable à basse mer. Au S. W. du terre plein, le long d'une large cale, cinq petits pontons reliés entre eux par un ponton parallèle aux enrochements de la cale peuvent recevoir une centaine de bateaux. Au fond du bassin, un seuil en enrochements maintient à marée basse, un plan d'eau qui n'a d'intérêt que pour les petits dériveurs.

A gauche le port de pêche, au centre le ponton d'accueil du port de plaisance avec le poste de carburant et à droite le chenal d'accès aux pontons qui longe de près des fonds découvrants.

Le premier ponton, plus lourd, sert de poste d'accueil et de distribution du carburant tout en coupant efficacement le clapot.

Les **courants** ne sont pas à négliger sous les pontons du port de plaisance. Ils viennent au jusant du nord par le passage à terre de l'**île Garo**.

Des commerces nautiques et des ateliers se sont installés sur le terre plein du port de plaisance. Les premiers commerces de Loctudy sont assez éloignés. Mais on se trouve suffisamment à l'écart du port de pêche pour passer une nuit tranquille.

De nuit : Pas de feu dans la rivière de Pont l'Abbé au nord de Loctudy. Mais la zone de mouillage reste accessible en utilisant les feux d'entrée dans l'estuaire

LA RIVIÈRE DE PONT L'ABBÉ

Les anses qui creusent profondément le rivage en amont du mouillage, découvrent d'épais bancs de vase qui rendent difficiles les débarquements à terre après l'échouage. Elles restent donc inutilisées comme la plus grande partie de l'anse de Pouldon qui offrirait pourtant de nombreuses places. La rivière qui remonte vers Pont l'Abbé rappelle, en revanche, en plus petit, la rivière de Bénodet. On peut s'y engager 2h avant la P.M en calant 1,30 m.

Attention au nord de l'île Tudy à bien suivre le chenal qui serpente entre des bancs de vase largement découvrants.

La rivière s'enfonce paisiblement dans la campagne bretonne entre des rives boisées dont il faut se tenir à distance.

Juste à l'entrée de Pont Aven, la rivière s'élargit dans un virage et passe devant un ancien moulin transformé en habitation.

L'ancien chemin de halage où les chalands étaient tirés par des chevaux n'a pas complètement disparu.

Serrant l'île **Garo**, on remontera au nord pour venir longer la rive de l'île **Chevalier** dont la pointe dissimule à demi dans les arbres un château. La rive, légèrement rocheuse, est très boisée comme tout le reste de la rivière. Le chenal, balisé par quelques perches, se dirige brusquement, en atteignant la partie la plus large de l'anse, vers la rive opposée, pour rejoindre la pointe de **Rosquerne** que prolonge un épi à demi en ruine. À partir de là, la rivière se rétrécit et s'enfonce entre des rives toujours rocheuses très boisées. Un chemin de halage qu'utilisaient autrefois les chevaux tractant les sabliers, borde toute la rive ouest. Quelques perches indiquent la partie la plus profonde du chenal. Aucun document n'indique les profondeurs exactes car il n'y a plus de dragage. Divers sondages montrent toutefois que le fond de la rivière est assez plat. Pont l'Abbé est accessible à la P.M. en mortes eaux en calant moins de 2 m.

LE PORT DE PONT L'ABBE

À l'entrée de Pont l'Abbé, on passe devant un moulin à marée transformé en habitation et un chantier de constructions navales désaffecté.

Les bateaux en escale s'amarrent le long du quai ouest où les posées de vase sont franches. Les débarquements sont difficiles en béquillant dans le lit de la rivière.

Une ancienne minoterie barre la rivière en bout du port et interdit

HORAIRE D'ACCÈS

Sur un fond découvrant de 2 m accès possible en coef. 70, 3 h 30 après la basse mer avec un tirant d'eau de 1 m, 4 h 10 avec 1,50 m et 5 h avec 2 m.

POINTS GPS :

Bouée Bilien
47° 49.17 - 4° 08.04
Les Bleds, balise
47° 47.45 - 4° 10.63.
Karek Hir,balise
47° 48.47 - 4° 09.29
Men Bret, balise
47° 49.37 - 4° 08.99
Basse Malvic, bouée
47° 48.52 - 4° 06.54
Rostolou, bouée
47° 46.70 - 4° 07.22
Basse du Chenal
47° 48.60 - 4° 06.99
Roch Helou, bouée
47° 47.18 - 4° 08.00
Men Du, balise
47° 47.89 - 4° 09.73
Les Verrés, balise
47° 51.63 - 4° 06.07
Basse Rousse, bouée
47° 51.68 - 4° 06.55
Le Four, balise
47° 51.86 - 4° 06.35

Des vieux quais de pierre où accostaient les sabliers, une église du XIVe siècle, une promenade verdoyante font du petit port de Pont l'Abbé un site assez pittoresque et typiquement breton. Un ancien moulin à marée qui barre la rivière interdit toute navigation plus en amont. On peut échouer au droit des quais sur des fonds de sable vasard asséchant au voisinage de l, 80 m à 2 m ou béquiller dans le lit de la rivière où il ne reste qu'un petit cours d'eau à basse mer. Plusieurs cales utilisables à mi-marée coupent les quais.

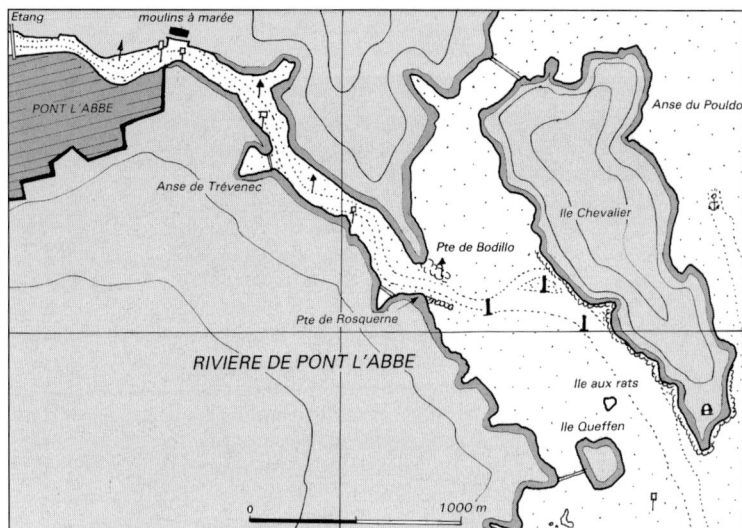

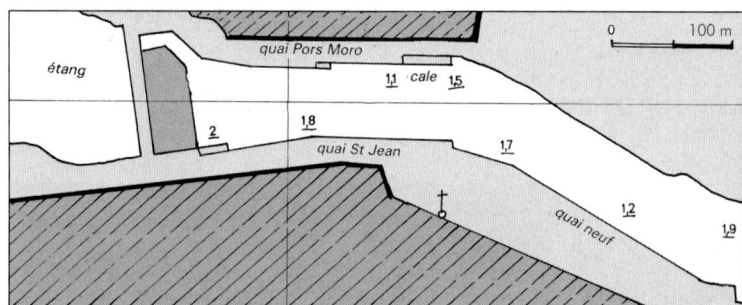

SERVICES LOCTUDY

Capitainerie : T.02 98 87 51 36. fax 02 98 87 96 77
7 h 30/21h en été. 8 h 30/12h - 13h 30/18h hors saison. VHF canal 12.jusqu'au Perdrix canal 9 ensuite. Météo affichage à la capitainerie. 657 places. 64 sur pontons pour visiteurs. 15 m maxi.et 50 sur bouées.accueil ponton A places 15 à 55. et au ponton lourd.
Ponton accueil B places 35 à 58.
Eau, électricité, sanitaires, glace, douches, tél. public, laverie,.
Carburant : gazole et super sur ponton. Ouverture heures de la capitainerie.

Avitaillement : Quelques commerces près du port.
Accastilleurs - Mécaniciens :
Coopérative Maritime sur le port
T. 02 98 87 41 12
C. N Pichavant rue du Prat
Pont l'Abbé. T. 02 98 82 30 43.
Loctudy Marine sur le port
T. 02 98 87 59 84
Librairie :
Bourhis 6 rue JJ Rousseau
T. 02 98 87 02 52

ILE TUDY

80 bouées. 10 pour visiteurs. 12 m maxi. passeur sur demande. liaison avec le port de plaisance de Loctudy en saison.

HAUTEUR D'EAU

Coef.	B.M	P.M
45	2,10 m	4,10 m
95	0,90 m	5,20 m

LA BAIE DE BENODET

La profondeur est partout inférieure à 20 m et de nombreux hauts-fonds sont couverts de moins de 2 m aux plus basses mers. Aussi, par vent fort d'ouest et S. W, la grosse houle du large, à la rencontre de ces hauts-fonds, se met à déferler en formant des brisants. Si ces conditions ne sont pas très fréquentes en été, il convient toutefois de naviguer en respectant quelques routes, que l'on vienne d'Est ou d'ouest, ce qui ne pose pas de problèmes, car la baie est fort bien balisée et les alignements se repèrent d'assez loin,

L'APPROCHE PAR LE SUD ET S.W.

Le passage entre l'île aux **Moutons** et la côte de **Lesconil** est large de 6 milles mais parsemé de plusieurs hauts fonds. Si en marée moyenne et par brise modérée, on peut remonter vers le nord sans se soucier de leur position, ni de l'heure de marée, en revanche en basse mer de vives eaux et par houle même modérée, il est indispensable de suivre une route précise, car plusieurs basses ne sont couvertes que de 1 m d'eau. La **basse Tudy,** entre le phare des Moutons et Loctudy, émerge même de 0,40 m à 450 m dans l'ouest de la tourelle de **Men Diou** et n'est pas balisée.

Venant de la pointe de Penmarc'h, on longera à 2 ou 3 milles la côte malsaine entre Saint Guénolé et Lesconil en repérant à distance les quelques bouées qui marquent la limite extrême des dangers puis la courbure du rivage vers l'intérieur de la baie de Bénodet à partir de la bouée de **Karek Greiz.** (voir p 143).
De la bouée de la basse **Boulanger,** à 2 milles dans le **49°** de Karek Greiz, une route directe au **24°** conduit droit sur l'entrée de la rivière de Bénodet en passant à proximité de la bouée à sifflet de la **basse Bilien.**
Si la houle oblige à naviguer dans de plus grandes profondeurs, de la basse **Boulanger,** on suivra une route vers le N.E. en direction de la pointe de **Mousterlin** pour venir reconnaître les deux bouées Est et ouest des basses du **Chenal** et de **Malvic** entre lesquelles passe l'alignement à **360°** du **Grand Phare** de Bénodet par le phare de **Combrit,** une petite maisonnette au milieu des bois.

Le phare de Combrit

Le grand phare et le phare du Coq qui donnent l'alignement à 347°

Le phare de Combrit au milieu d'un bosquet d'arbres, donne l'alignement à 360° avec le grand phare dans l'intérieur de la rivière.

En revanche, si la mer est calme, rien n'interdit, même aux plus basses mers, de raser, au plus court en venant de l'ouest, la côte en serrant les tourelles des **Bleds,** de **Men Du** et de **Karek Hir** d'où l'on peut piquer droit au **32°** vers l'entrée de Bénodet
Les courants dans l'anse de Bénodet ne sont pas très nettement définis car ils sont faibles de l'ordre de 0,2 à 0,3 nœud. La plus grande vitesse mesurée en V.E atteint tout juste 1 nœud. On estime qu'ils tournent vers la droite à des vitesses ne dépassant pas 0,5 nœud entre l'île aux Moutons et Lesconil, vitesse insuffisante pour lever un dur clapot par vent contre-courant. À mesure que l'on remonte vers le nord par le travers de Loctudy, les directions des courants s'orientent plus nettement nord-sud, par suite de la proximité de la rivière, mais les vitesses restent faibles.
De nuit : Venant de l'ouest, par mer agitée, il est prudent de faire route à la limite

La balise des la roche Rousse.

Le phare de Combrit et les deux phares sur la rive ouest de la rivière. Le grand phare blanc du Minaret donne avec le phare blanc et vert du Coq, l'alignement à 347°.

à **81°** des secteurs rouge et blanc du feu de l'île aux Moutons (2 occ. 6 sec.) jusqu'à voir par le travers l'alignement à **360°** du feu blanc (2 + 1 occ 12 sec.) du Grand Phare de Bénodet par le feu blanc (3 + 1 occ. 12 sec.) du feu de **Combrit**. Il faut bien se tenir sur ce nouvel alignement, car la basse de **Rostolou** sur bâbord puis les bouées des basses du **Chenal** et de **Malvic** ne sont pas éclairées.

Lorsque, sur bâbord, sensiblement par le travers, le feu blanc de **Langoz** (4 éclats. 12 sec) vire au vert dans le **284°**, on peut obliquer vers le N.E. pour venir prendre l'alignement à **345°50** des feux blanc et vert synchrones (2 + 1 occ. 12 sec.)

Par mer calme, toujours en venant de Penmarc'h, il est possible de couper au plus court, en serrant d'assez près sur bâbord le feu blanc scintillant (3) 10 sec. de la bouée Est à sifflet de **Karek Greiz**, puis le feu blanc scintillant rapide (6) EL 10 sec. de la basse **Boulanger** et, enfin le feu lui aussi blanc scintillant rapide (3) 5 sec. de la bouée à sifflet de la basse **Bilien**. Trois feux que l'on ne peut manquer de localiser, car ce sont les trois seuls feux signalant une bouée ou une tourelle en baie de Bénodet.

De la bouée de la basse **Bilien**, on fera route sur la droite du feu vert de **Combrit** (3 + 1 occ. 12 sec.) pour venir couper l'alignement à **345°50** des deux feux vert et blanc synchrones (2 + 1 occ. 12 sec.) **du Grand Phare** et du **Coq**.

L'APPROCHE PAR L'EST

Ce passage est recommandé par gros temps d'ouest, la profondeur est plus grande et la mer est cassée par les hauts fonds dans l'ouest de la baie.

Après avoir doublé la pointe de **Trevignon**, par le sud des tourelles de **Men Vras** et de **la Vache**, on viendra se placer sur l'alignement à **325°** du Grand Phare de la **Pyramide** dans l'intérieur de la rivière de Bénodet par la tourelle ouest du **Taro**, alignement qui fait parer la basse **Anavalen** découvrant de 1,30 m. Passé la tourelle du **Taro**, on peut se diriger droit sur les deux tourelles qui encadrent l'entrée de la rivière de Bénodet.

Les bateaux mouillent dès l'entrée de l'Odet à partir de l'anse du Trez.

De nuit : Les tourelles de **Men Vras** et de **la Vache** étant plongées dans l'obscurité, il est nécessaire de venir reconnaître d'assez près le feu blanc scintillant (6) + E. L 15 sec. de la bouée à sifflet de **la Voleuse** qui est mouillée dans le **346°** du puissant feu blanc (2 occ. 6 sec.) de l'île aux **Moutons**, qui couvre au nord les dangers des îles de Glénan.

Ce feu de la bouée de la Voleuse se situe également à quelques centaines de mètres au nord de la limite à 284° des secteurs blanc et vert du phare de **Langoz** (4 éclats 12 sec.) d'une portée de 15 milles, ce qui facilite sa localisation. On utilisera cette limite à **284°** pour faire route vers l'ouest jusqu'à voir les deux feux blancs synchrones renforcés du **Grande Phare** et du **Coq** (2 + 1 occ. 12 sec.) de Bénodet venir l'un par l'autre à **345° 5**. Ils indiquent ainsi clairement la route à suivre jusqu'à l'entrée de la rivière.

L'ENTRÉE DE LA RIVIÈRE DE BÉNODET

Les quelques roches, entre les pointes de **Combrit** et de **Bénodet**, sont bien balisées. Il suffit de rester sur l'alignement à **345°** des deux phares pour passer entre la bouée rouge de la **Rousse** et la balise des **Verrés,** qu'il faut tenir à distance, le banc découvrant largement, puis entre la bouée rouge de la **Potée** et la balise du **Four** à l'approche du travers du phare de **Combrit**. On embouquera alors le chenal qui suit sensiblement le milieu de la rivière où la profondeur de 17 à 20 m remonte brutalement sur un banc à 4 m, 200 m en amont du passage resserré entre le phare du **Coq** et la pointe du **Toulgoët** que déborde une balise portant un feu. Mais on retrouve vite en amont 8 à 10 m d'eau. Les bateaux mouillent dès l'entrée de la rivière de Bénodet en lisière des deux rives. La vitesse est limitée à **3 nœuds** du phare du **Coq** jusqu'au viaduc.

La tourelle des Verrés ne doit pas être serrée de trop près car elle se dresse sur un petit plateau découvrant.

Le phare de Combrit et le grand phare qui donnent l'alignement à 360°.

Les courants sont assez forts, 3 à 4 nœuds au jusant en marée de vives eaux et 1 à 2 nœuds au flot, les renverses ayant sensiblement lieu au voisinage des pleines et basses mers. Le rivage du côté Est, est bordé en majeure partie par de courtes plages de sable entre des roches jusqu'à hauteur du grand phare. Le long de cette rive s'étend une première zone de mouillage par 3 à 5 m qui comprend plus de 100 bouées installées sur quatre rangées parallèles. Il est interdit d'y mouiller sur une ancre sauf en cas de danger et d'occuper une place sans autorisation de la capitainerie.

Une large cale peu inclinée à hauteur du phare permet à quatre ou cinq bateaux une mise à l'eau simultanée. À son voisinage, les fonds de sable plat et ferme facilitent le béquillage. Une seconde cale au nord balisée par une perche est réservée aux vedettes de promenade qui remontent l'Odet. Mais on peut à marée haute accoster au nord le long des quais du terre plein formant parking où les fonds assèchent aux environs de 0,80 m.

En aval du viaduc, à gauche les pontons et le mouillage de Ste Marine et à droite les pontons de Bénodet près de l'anse de Pen Foul avec le mouillage des visiteurs en premier plan.

Voir carte de situation en p 20

155

Aux nombreux bateaux de plaisance s'ajoutent les vedettes d'excursions qui remontent l'Odet.

La grande cale à hauteur de l'église où embarquent les touristes

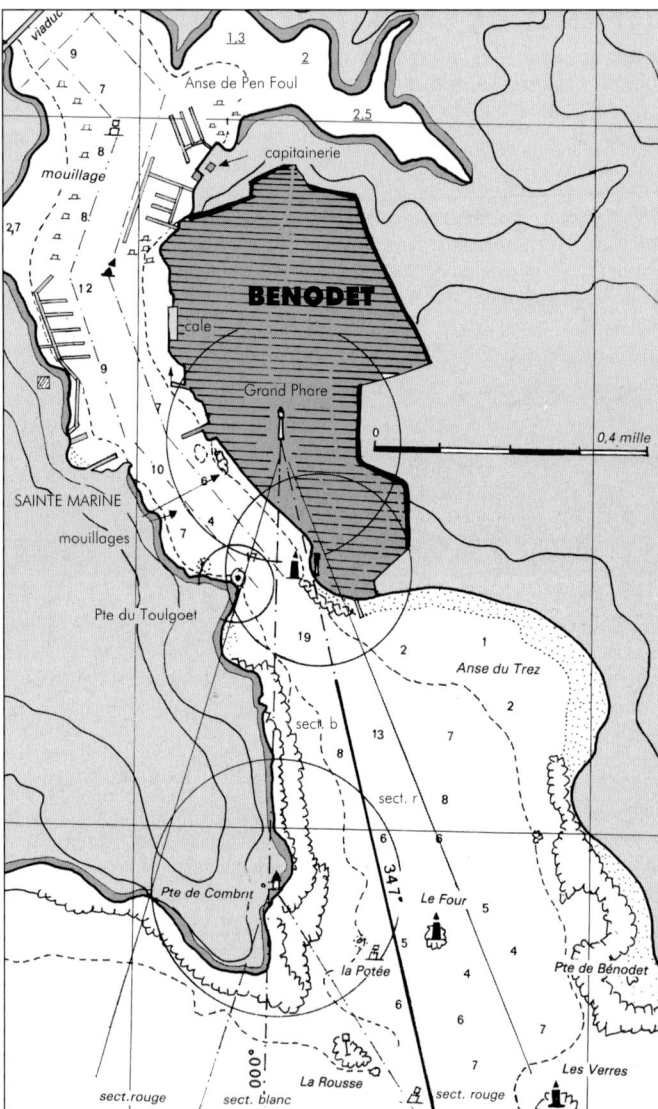

Il n'est pas rare de voir amarrés aux quais de Bénodet quelques illustres vieux gréements comme le Pen Duick ou ici le Corentin réplique d'un ancien voilier typique de la Cornouailles.

BÉNODET

Anse de Pen Foul

capitainerie

mouillage

SAINTE MARINE

mouillages

Grand Phare

Pte du Toulgoet

Anse du Trez

sect. b

sect. r

Pte de Combrit

Le Four

la Potée

Pte de Bénodet

La Rousse

Les Verres

sect. rouge

sect. blanc

sect. rouge

0,4 mille

Les visiteurs viennent accoster le premier ponton extérieur.

Le bâtiment de la capitainerie sur le terre plein de la rive sud de l'anse de Penfoul, avec en arrière plan, la petite estacade du poste de carburant.

LE PORT DE PLAISANCE DE PENFOUL

Il comprend deux groupes de pontons flottants rive Est dans la courbe avant le viaduc. Quatre pontons E à H perpendiculaires au rivage, sont protégés vers l'ouest par un brise clapot accostable intérieurement. Les visiteurs sont invités à s'amarrer à son extrémité pour se renseigner sur la place à occuper. En l'absence de clapot, les plus grands bateaux (jusqu'à 20 m) occupent les places extérieures. Le poste de carburant est installé près de la passerelle d'accès à proximité du terre plein de la capitainerie.

Trois autres pontons A à D reliés par un ponton B forment le second groupe en avant du terre plein à l'ouvert de l'anse de Pen Foul. Les visiteurs s'amarrent à l'extérieur du ponton D. Attention aux courants traversiers sous les pontons qui peuvent rendre délicates les manœuvres d'accostage entre les catways. Juste au sud des pontons E à H les bouées sont réservées pour les bateaux en escale en avant de la pointe de Kergait.

L'anse de Pen Foul assèche presque en totalité et il est interdit d'y mouiller. Elle a conservé son aspect naturel.

L'ensemble des installations de Bénodet offre 680 places dont 480 sur pontons et 200 sur bouées.

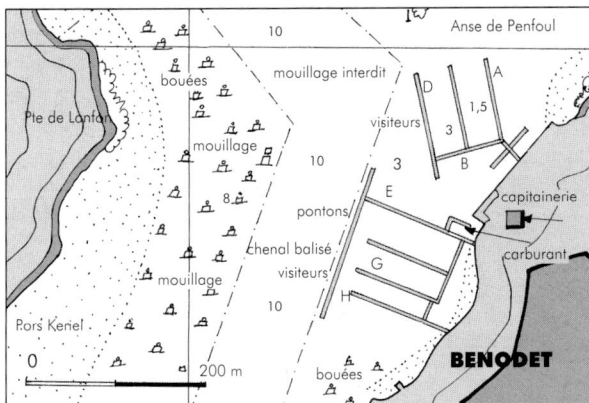

SERVICES BENODET

Capitainerie : sur le terre plein. T.02 98 57 05 78. Fax 02 98 57 00 21. VHF canal 9. 8h/20h en été. 8 h 30/12h - 14h/17h30 en hiver. 480 places sur pontons. 200 sur bouées. 20 m maxi. passeur sur demande. 32 places pour les visiteurs au ponton D côté ouest. 10 sur bouées. 40 places sur ponton entre E et brise lames côté intérieur.
Eau, électricité, sanitaires, douches, glaces, tél. public, laverie.
Grue 10 t. cale.
Carburant : ponton fixe. 8/18h30 en été. 8 h 30/12H - 14/17h30 en hiver.
Avitaillement : Commerces à petite distance du port.
Grue mobile 5 t. cales.
Avitaillement : nombreux commerces autour du port.
Accastilleur - Librairie : Accastillage de l'Odet port de plaisance T. 02 98 57 26 11
Accastilleurs mécaniciens :
Accasting 29 - 45 route de Quimper T. 02 98 57 20 83
Cornouailles Nautique Menez St Jean T. 02 98 57 00 87
Electro Marine port de plaisance T. 02 98 57 06 37
Bihan Voiles 68 av. de l'Odet T. 02 98 57 18 03.

De nuit : En dehors des feux d'approche sur l'entrée de la rivière, qui donnent les alignements à 346° et 360° (voir paragraphe précédent) la rivière de Bénodet ne comporte pas de balisage lumineux. Seule la pointe de **Toulgoët** face au phare du Coq montre un feu rouge (éclat 2,5 sec.). On viendra le doubler à petite distance en quittant l'alignement à **345°50** pour avancer ensuite lentement entre les taches blanches des bateaux au mouillage. Seules les deux piles du grand viaduc montrent des feux verts et rouges fixes visibles en aval et en amont.

L'Odet vue de la rive Est à hauteur de Bénodet. De gauche à droite, le mouillage de Ste Marine, les pontons de Bénodet à l'entrée de l'anse de Pen Foul (flèche du bas) et à droite le mouillage à l'approche du viaduc.

Le mouillage dans la rivière est bien organisé. Un large chenal est maintenu dégagé.

Le ponton visiteurs qui relie l'anse de Ste Marine aux six pontons perpendiculaires à la rive ouest.

SAINTE MARINE

Le site est très pittoresque avec sa petite chapelle de granit sous les pins qui descendent jusqu'à une grève où les bateaux béquillent. Quelques cafés sympathiques se sont établis autour de l'anse. L'environnement fort plaisant n'a pas été dégradé par l'aménagement d'un port de plaisance de 350 places une centaine de mètres en amont.

La rive ouest de la rivière de Bénodet, est un peu plus rocheuse et sauvage que la rive Est. Elle est creusée par la belle anse de Sainte Marine qui est entourée de petites maisons typiquement bretonnes formant un décor fort plaisant. Les bateaux mouillent assez nombreux dans la belle anse de Sainte Marine. Une cale facilite les mises à l'eau et peut être accostable après la mi-marée. Les **courants** sont faibles dans ce creux du rivage.

L'anse de Ste Marine avec à gauche la grande cale et à droite le ponton visiteur et la capitainerie annexe sur un ancien chalutier.

L'anse a conservé son environnement de verdure et de vieilles maisons de pêcheurs.

Les pontons sont simplement amarrés perpendiculairement au rivage qui a conservé son aspect naturel.

Les bateaux mouillent et échouent dans le creux de l'anse à l'écart des courants.

À 350 m au nord de l'anse, six grands pontons désignés par les lettres A à F, reliés entre eux et accessibles par une seule passerelle peuvent accueillir 350 bateaux. L'installation de ces pontons n'a entraîné aucune modification du rivage qui a conservé son aspect sauvage, un simple chemin mène jusqu'à la passerelle. Les installations techniques à terre près du port se limitent à un bloc de sanitaires. Toutefois pour faciliter l'accès depuis le village de Ste Marine, une passerelle accostable extérieurement est installée le long du rivage entre l'anse du vieux port et les pontons qui ne bénéficient pas d'autre protection que celle naturelle de la rivière. Aussi le clapot peut y être désagréable par vent du sud et les courants sont toujours forts sous les pontons, jusqu'à 4 nœuds en vives eaux. Ils peuvent rendre difficiles les manœuvres d'accostage entre les catways.

Un petit pont de la passerelle permet aux canots et bateaux à moteur de rejoindre les places en lisière du rivage.

Le mouillage s'étend bien en amont du viaduc.

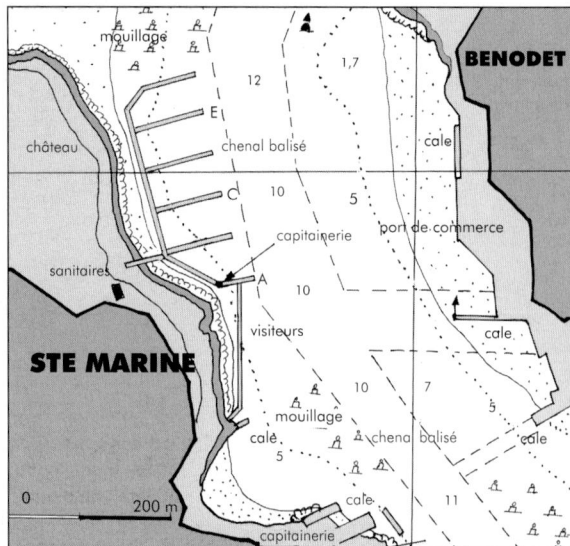

À ces installations fixes s'ajoutent 420 bouées en quatre rangs parallèles sur la zone de mouillage qui s'étend au nord des 6 pontons et est délimité vers l'Est par le chenal de Bénodet. Il est interdit de jeter son ancre dans cette zone de mouillage sauf en cas de danger et d'occuper une bouée sans autorisation de la capitainerie dont le bureau annexe est installé dans un ancien chalutier au ponton A.

De nuit : aucun feu ne signale les pontons de Ste Marine mais le plan d'eau est un peu éclairé par les lumières de Bénodet et de Ste Marine.

SERVICES STE MARINE

Capitainerie à la cale. T. 02 98 56 38 72 FAX. 02 98 51 95 17. 8h/20h en été. 8h/12h - 14h/17h30 hors saison. VHF canal 9. Météo affichage à la capitainerie. 770 places dont 350 sur pontons. 100 places visiteurs 30 m maxi. accueil ponton A longueur 150 m. Eau, électricité, douches, sanitaires, laverie, Tél public. **Carburant** : ponton de Bénodet. 8h/19h30. Grue mobile 50 t. cales. **Avitaillement** : nombreux commerces autour du port. **Accastilleurs :** Coopérative Maritime cale Quémére T. 02 98 51 94 73. P. Cariou 19 rue Pochat T. 02 98 58 12 90.

Map labels

1,5

0,8

Port de Corniguel

n°19?

n°18   1,1   perche

n°16   n°17

0 5

3

ile aux rats

2,5

rocher blanchi

3,5

Les trois
Tourtres
4

Anse de Toulven

anse de
Kerdour

Baie de Kerogan

4

roche blanchie   2 5

Lanroz

Toulven

4

Porz Gwin

roche blanchie

Fausse Pointe

2

Porz ar Gwin

Porz Meillou

5

Porz Meillou

7

1

4   5

2 3   balise

4

6

8

Le saut de la Pucelle

9

9

11   7   6

11

Anse de Kerautrec

5

5

4

L'ODET

Anse de Porz
Guen

Anse de Ker

8

Rivière de Combrit

11

Anse de Ruluet

Ros ar Vez

5   Beg Vir

Viaduc   11   BENODET

Anse de Penfoul

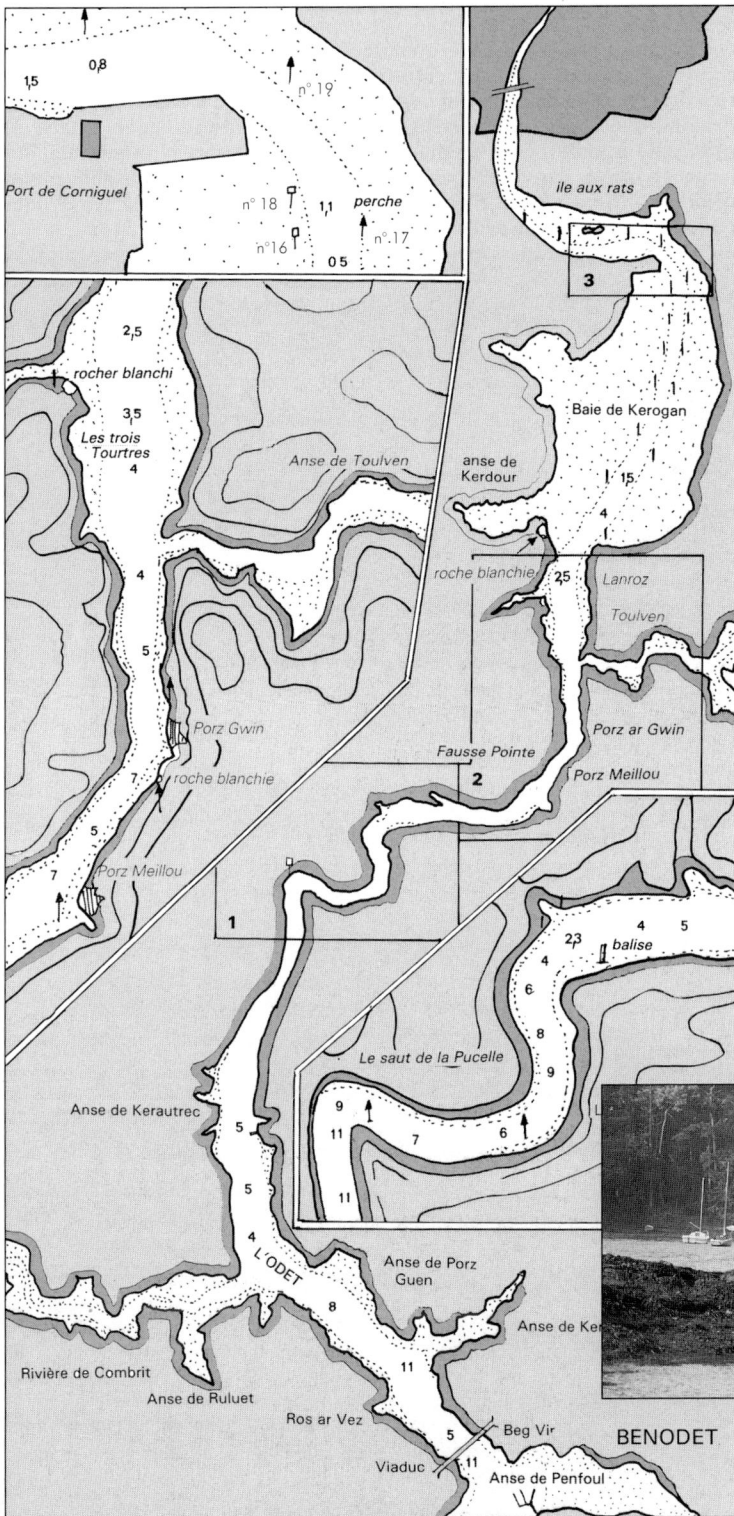

L'Odet dans les vire-courts vient
raser le pied d'escarpements
rocheux. Partout les arbres
recouvrent les pentes abruptes
des deux rives

Le mouillage dans le milieu de la
rivière de Combrit où la mer
remonte jusqu'au cœur de la
forêt.

L'ODET

Longue de 9 milles, la rivière coule dans un paysage très boisé où les constructions sont rares. On entrevoit à peine, dans quelques trouées, de vieux châteaux ou manoirs qui donnent à la rivière un certain mystère.
Profond d'au moins 5 à 6 m jusqu'à l'approche de Quimper, l'Odet est praticable à toute heure de marée. Mais, les courants pouvant atteindre jusqu'à 6 nœuds dans quelques passages étroits, les vire-courts obligent les voiliers ne disposant pas d'un bon moteur à tenir compte de la marée pour remonter avec le flot et redescendre avec le jusant.

Dans le bras de Combrit, les bateaux mouillent juste après le premier coude. Le site ne manque pas de beauté avec ses grands arbres en bordure des rives.

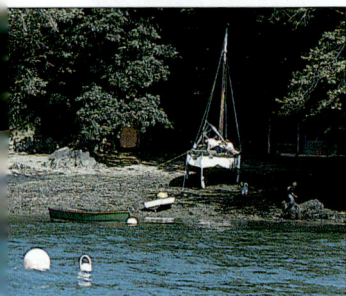

Quelques petits creux permettent d'échouer entre deux marées.

Le viaduc en amont de Bénodet laisse 30 m de tirant d'air.

Dans les vire-courts la rivière serpente entre des rives escarpées très boisées où des poteaux blancs balisent les roches dangereuses près du chenal.

Passé le viaduc, qui ne limite le passage d'aucun voilier même à la pleine mer avec son tirant d'air de 30 m, une première anse creuse la rive Est. Cette anse de **Kerandraon** est très envasée. À l'ouvert, 15 bouées sont contrôlées par le port de Bénodet et quelques bateaux y restent en hivernage. Ces bouées en été sont surtout utilisées pour les grands croiseurs. Le vieux moulin dans le fond de l'anse de Kerandraon n'est accessible qu'à marée haute. Il en est de même pour le manoir du XVIII éme siècle, un peu en amont dans l'anse asséchant de **Lanhuron**. En règle générale, il faut naviguer dans l'Odet en serrant la rive sur tribord car les croisements avec des vedettes rapides de passagers sont assez fréquents.

Sur la rive opposée, la rivière de **Combrit** s'enfonce d'environ 2 milles vers l'ouest. Le chenal dans l'entrée profond de 2 m, n'assèche pas, mais attention aux bancs de sable qui découvrent largement en bordure de la rive nord. Le décor des grands arbres, dominant un plan d'eau souvent calme comme un lac où les mouettes viennent se poser, est superbe. Quelques bateaux mouillent après un passage rétréci formant un virage presque à angle droit. Avec un bateau de faible tirant d'eau et si l'on ne craint pas l'échouage dans la vase, on peut, à marée haute, remonter jusqu'au fond de la rivière de Combrit qui est presque partout bordée de bois. Quelques piquets balisent le chenal assez sinueux.

La place est souvent limitée le long des deux rives pour mouiller sans gêner la circulation des bateaux de promenade nombreux en été.
On peut mouiller en avant des châteaux, en bout des parcs, comme ici à Kerouzien (cartouche)

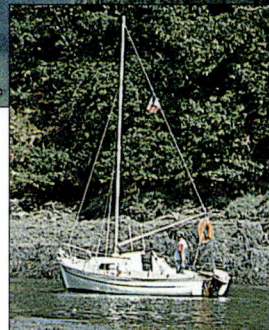

Un coup de corne de brume est nécessaire pour s'annoncer dans les vire-courts où la vitesse ne doit pas dépasser 5 nœuds.

Les rives rocheuses accores peuvent souvent être serrées de près.

La grande cale et le terre plein de Porz Meillou reconnaissable à une maison en ruines.

La navigation doit se faire uniquement au moteur, le trafic ne permet pas à un voilier de tirer des bords.

En revenant dans l'Odet, on peut entrevoir près de la petite anse de **Kerotren** où se déverse en cascade un ruisseau, les deux beaux châteaux de **Kerouzien** et **Perennou**. Le parc du manoir voisin descend jusqu'à la rivière et quelques bateaux peuvent mouiller en avant des grilles. Sur la rive Est, une cale sépare deux petites zones de mouillage.

L'Odet marque un demi-mille plus en amont son premier **Vire court,** une boucle serrée où les **courants** entre les deux rives rocheuses très escarpées atteignent jusqu'à 6 nœuds bien que le chenal, en cet endroit, soit profond de 10 m. Des balises blanches aident à repérer la position du chenal dans les courbes, mais il suffit de s'écarter légèrement de la rive pour ne craindre aucune tête de roche. Il n'est pas possible dans ce goulet étroit où le vent est masqué, de naviguer à la voile. Les **courants** sont forts, jusqu'à 6 nœuds et les rives élevées coupent les vents.

Après le troisième virage, on double sur la rive nord la cale de **Pomelin** près de laquelle quelques bateaux hivernent. Le mouillage à proximité du bel escalier ouvragé du château de **Kerambleiz** est en eaux profondes. La rive opposée, à l'Est, dans le coude est bordée par un petit bout de quai et par la cale en bordure du terre-plein de **Porz Meillou** d'où une route conduit vers le village de **Gouesnac'h.**

LE BRAS DE TOULVEN

L'entrée du bras de Toulven est fort discrète sur la rive Est en amont de Porz Gwin.

Du côté de la rive Est, escarpée et bordée de grands pins, juste à la sortie de la partie resserrée du chenal principal, une passe large à peine d'une vingtaine de mètres, permet de s'engager dans le bras de **Toulven**, un chenal sinueux qui s'enfonce dans un magnifique paysage de bois, d'eau calme et de rochers noirs couverts d'épais goémon. On peut mouiller dans l'entrée du bras de Toulven dans 2 m d'eau, en lisière du lit de la rivière. Les bateaux y sont rarement nombreux. Un mouillage parfait pour passer une nuit tranquille en pleine nature. Plus amont dans les bras de St Cadou, la profondeur diminue, les bras de vase découvrent largement.

Des pointes de roches et de grands arbres forment un magnifique environnement presque sauvage.

Un pont interdit aux voiliers de venir s'amarrer dans le vieux port de Quimper et le port de commerce de Corniguel en aval n'a rien de très pittoresque.

L'Odet traverse, 2 milles avant Quimper, un vaste plan d'eau qui, à marée basse, est ramené à la largeur d'un chenal que balisent quelques perches. C'est la fin de la partie touristique de l'Odet, bien que les manoirs de **Lanniron** et **Poulguinan** ne manquent pas de beauté.

Le port de commerce de Quimper occupe la pointe de **Corniguel** au nord du plan d'eau où il reste environ 1 m d'eau dans le chenal qui rase un quai long de plus de 300 m fréquenté surtout par des sabliers. Les posées sont envasées. Plus en amont, un grand pont routier d'une seule arche laisse moins de 10 m de tirant d'air.

En remontant l'Odet sur environ 800 m, on peut venir accoster rive ouest le quai du Cap Horn où s'amarrent les vedettes de promenades qui font visiter la rivière et même l'archipel de Glénan. Les fonds assèchent une ou deux heures après la pleine mer. On peut échouer le long des deux cales justes avant le pont bas qui interdit l'accès de l'ancien port de Quimper. Les quais où venaient s'amarrer des dizaines de voiliers de transport sont aujourd'hui transformés en parking ou voies de circulation rapide.

SERVICES QUIMPER
Accastilleur :
Ocean Diffusion ZAC de Creac'h Gwen
T. 02 98 52 22 20
Librairie :
Librairie de l'Odet 45 Bd de Kerguelen
T. 02 98 95 23 61

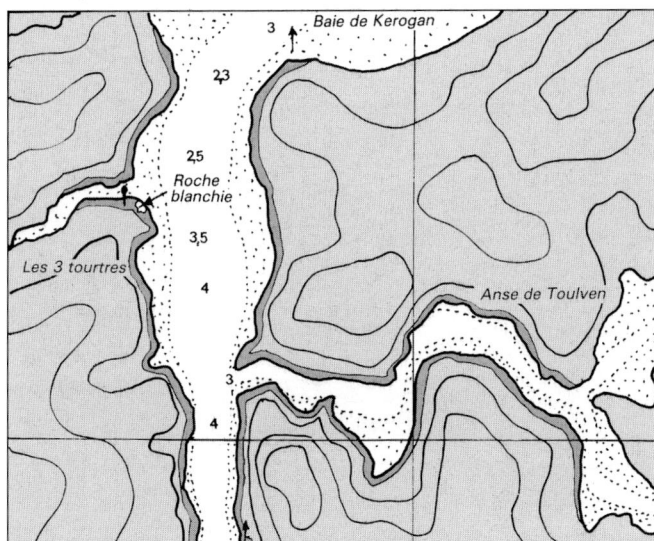

Voir carte de situation en p 20 et 161

Une étroite langue de sable ferme l'entrée de la rivière du letty mais la profondeur réduite et la violence des courants lèvent fréquemment une barre. Le Letty est peu fréquenté.

L'ANSE DU TREZ

Immédiatement à l'Est de la pointe du Coq, à l'entrée de l'Odet, le rivage est bordé par une belle plage de sable devant laquelle on peut mouiller par 2 à 3 m bien à l'abri des vents de Nord à l'Est. Seuls les vents du sud peu fréquents rendent le mouillage guère tenable. Les vents forts d'ouest ne lèvent qu'un peu de clapot.

L'ANSE DE GROAS GUEN

Toute la côte entre la rivière de Bénodet et la pointe de **Mousterlin** est assez plate et bordée de petites dunes. En arrière la rivière du **Letty** a creusé le vaste plan d'eau de Groas Guen qui offrirait un bon abri pour la plaisance, si les fonds de sable ne découvraient pas totalement à basse mer. Dés mi-marée, il ne reste plus qu'un chenal peu profond dans l'entrée de la rivière à moins d'un mille à l'Est de Bénodet où barbotent en été les baigneurs. Ce plan d'eau est seulement utilisé par les planches à voile et les dériveurs de sport. Quelques bateaux locaux, barques de pêche et petits croiseurs pénètrent toutefois dans l'anse à marée haute en fin de flot pour venir s'échouer au nord de la passe près d'un petit ponton. Il est dommage que des travaux d'endiguement n'aient pas permis de créer un véritable chenal menant à une souille qui formerait dans cet agréable site, un petit port de plaisance.

L'archipel de Glénan est débordé au nord par le petit plateau rocheux de l'île aux Moutons qui laisse un passage assez large au sud.

LES ÎLES DE GLENAN

Les îles de Glénan, un archipel de 11 îles, une dizaine de petits îlots et une multitude de rochers plus ou moins découvrants, s'étendent sur 5 milles d'Est en ouest et sur 2,5 milles du nord au sud. Pendant longtemps cet archipel ne fut fréquenté que par des pêcheurs de homard et des ramasseurs de goémon qui édifièrent une usine de soude dont la haute cheminée a résisté aux tempêtes. Les militaires marquèrent à leur tour leur passage par la construction d'un fort sur l'île Cigogne. Aujourd'hui la plupart des îles sont occupées par le centre nautique des Glénans.

LES LIMITES DE L'ARCHIPEL

Dans son ensemble, l'archipel de Glénan doit être abordé si l'on exclut la pointe nord de l'île de Penfret avec la plus grande prudence, tout particulièrement par mer agitée. Les dangers les plus redoutables sont heureusement balisés par des tourelles.

Au N. E., la pointe du continent la plus proche **Trévignon**, est à 6 milles et le petit bras de mer est bien dégagé vers **Concarneau**. En revanche, au nord de l'archipel, le passage est limité par la chaussée de la pointe de Mousterlin qui se prolonge sur 2 milles au sud et plus encore par l'île aux Moutons et le banc des **Grands Pourceaux**.

On compte trois passes navigables : la passe de l'Est au nord de l'île aux **Moutons** qui conduit directement sur Bénodet en venant du S.E. Un chenal étroit juste au sud de l'île aux Moutons qui est praticable de nuit et un passage plus large d'environ un mille et profond d'au moins 17 m qui longe la lisière nord de l'archipel où les roches sont assez accores.

Du côté Est, le plateau de la **basse Jaune**, débordant l'**île de Penfret** sur 4,5 milles ne présente guère de danger pour un bateau de plaisance en dehors d'une petite roche affleurante de 0,30 m à 1.500 m dans l'ouest de la bouée à sifflet de la basse **Jaune de Glénan**.

Vers le sud, la délimitation de l'archipel est incertaine. Des semis de roches où la mer brise dès que la houle se forme s'étendent sur 2 ou 3 milles jusqu'à la bouée de la basse **An Ero** au S. E. et de la bouée à sifflet de la **Jument de Glénan** au sud. A l'ouest, la limite de l'archipel est plus franche, les hauts fonds ne dépassent guère la tourelle des **Bluniers**.

De nuit : L'archipel est signalé à l'Est par le feu rouge (éclat 5 sec.) du phare de **Penfret** visible jusqu'à 21 milles ainsi que par le feu scintillant blanc (3) 10 sec. de la bouée **Jaune de Glénan** mouillée à 5 milles dans l'Est du même phare. La bouée sud de la **Jument de Glénan** qui montre un feu blanc scintillant (6) + EL 15 sec. est mouillée à 5,3 milles dans le S.S. W du phare. Plus à l'ouest, la bouée à sifflet de la **basse Perennés** montre un feu également blanc scintillant (9) 15 sec. Ces feux permettent de bien délimiter l'archipel et d'en parer tous les dangers. Mais ne permettent pas une navigation au milieu des cailloux. L'archipel est inaccessible dans l'obscurité en dehors du lagon.

La bouée du banc des Pourceaux. à 0,7 mille dans le 131° du phare de l'île aux Moutons.

La balise de Leuvriou

Le phare de l'île aux Moutons qui couvre les dangers au nord de l'archipel de Glénan.

Voir carte de situation en p 21

Pendant longtemps les navires des pays en guerre avec la France ainsi que des corsaires venaient mouiller dans l'archipel des Glénan menaçant les ports du continent..En 1756 un fort fut construit sur l'île Cigogne. Pendant les périodes de paix, une conserverie de poisson séché et un four à chaux furent installés sur l'île St Nicolas et le Loc'h. Le Centre nautique des Glénans a été fondé en 1945 pour maintenir auprès des jeunes l'idéal de la résistance. Des milliers se sont initiés dans l'île Cigogne et Bananec aux maniements du vaurien puis de voiliers plus grands et modernes. Mais l'école est restée profondément attachée aux coutumes maritimes traditionnelles. On ne plaisante pas dans l'archipel sur le maniement de la godille.

LE PASSAGE DE NUIT AU NORD DES GLENAN

Pour éviter le détour par le sud de l'archipel lorsque l'on fait route vers Loctudy ou Bénodet ou inversement vers Port Manec'h ou Lorient, le feu de l'**île aux Moutons** (2 occ. 6 sec.) qui couvre d'un secteur rouge (292° à 35°) tous les hauts fonds du banc des **Pourceaux**, est doublé par un feu blanc auxiliaire de guidage synchrone (2 occ. 6 sec.). renforcé de 278°50 à 283°50 qui conduit en venant de l'Est, jusque dans le nord du feu scintillant blanc de la bouée des **Grands Pourceaux**.

En suivant une route orientée légèrement vers le S. W. après avoir contourné le phare des Moutons par le sud, on viendra se placer en regardant derrière soi, dans un second secteur blanc (35° à 50°) du feu du phare de l'**île aux Moutons** (2 occ. 6 sec.) qui permet de se dégager des dangers à l'ouest de l'île.

On s'éloignera également de ces dangers, en passant dans le sud du feu blanc scintillant (9) 10 sec. de la bouée à sifflet **Rouge de Glénan**.

Le passage au nord de l'île aux Moutons est également praticable en se tenant à un demi mille au nord du phare mais il faut prendre garde à la tourelle de **An Treus Vas** qui est plongée dans l'obscurité.

En naviguant à la limite à **141°** derrière soi des secteurs rouge et blanc du feu de l'île aux Moutons, on vient couper le secteur blanc (284° à 295°) du feu de **Langoz** (4 éclats 12 sec.)à l'entrée de Loctudy puis l'alignement à 345°5 des feux de Bénodet. (Voir p 153).

HAUTEURS DES ROCHES

La navigation dans l'archipel de Glenan faisant très souvent référence à des roches parfois anonymes désignées uniquement par leurs hauteurs et à des rochers et îlots qui ne couvrent jamais, rappelons que dans les textes, les sondes soulignées d'un trait (ex 5,20 m) indiquent que les fonds découvrent en ce point de 5,20 m au-dessus du zéro des cartes c'est-à-dire du plus bas niveau que puisse atteindre la basse mer en vives eaux de coefficient 115. Les sondes non soulignées (ex 3 m) indiquent qu'il reste 3 m d'eau au-dessus du fond aux plus basses mers. Lorsqu'un rocher ou un îlot ne couvre jamais, sa hauteur est indiquée par un chiffre entre parenthèses ex (6,60 m) qui correspond à sa hauteur au-dessus du niveau du nivellement général des terres. Le nivellement général des terres équivaut sensiblement au niveau de la mi -marée.

POINTS GPS PERMETTANT DE SITUER LES PRINCIPAUX ALIGNEMENTS D'APPROCHE SUR L'ARCHIPEL DE GLENAN :

Entrée chenal de la Pie :
47°43,90 - 3° 59,54
Pierres Noires, passage à l'Est :
47°43,88 - 3°58,90
Sur alignement à 279° dans le sud de Men Skey changemeent de route au 311° :
47°41,20 - 3°56,27
Approche du chenal de Brilimec au 22° dans l'ouest du Ruhol :
47° 41,29 - 3°58,31
Changement de route sur le chenal de Brilimec de 22° à 311° :
47°42,11 - 3°57,82
Chenal de Deuzerat croisement de l'alignement à 95° des roches de Men Goes par Folovoahl avec l'alignement à 359° du chenal :
47°41,69 - 4°01,45
Sur l'alignement à 135° ligne des fonds de 30 m :
47°44,17 - 4°02,46
Sur alignement à 218° ligne des fonds de 20 m au nord de Penfret :
47°43,84 - 3° 57,00
Sur alignement à 283° ligne des fonds de 20 m :
47°42,46 - 3°55,99

POINTS GPS :

Iles aux Moutons
47°46.54 - 4° 01.59
Basse Rouge
47° 45.55 - 4° 03.88
Grands Pourceaux
47° 46.04 - 4° 00.74
Roche Leuriou
47° 45.21 - 3° 59.86
Les Poulains
47° 47.76 - 4° 03.34
Le Broc'h
47° 43.22 - 4° 01.30
Amer de Fort Cigogne
47° 43.05 - 3° 59.56
Le Huic
47° 43.95 - 4° 00.70
Perche de la Baleine
47° 43.32 - 3° 59.13
Tête de Mort
47° 43.32 - 3° 58.02
Le Guiriden
47° 43.33 - 3° 58.37
Axe du chenal de la Pie
47.43.87 - 3° 59.51
Sommet roche Run
47° 43.96 - 4° 01.73
Sur l'alignement à 135° dans l'ouest du Run
47° 43. 95 - 4° 02.15
Les Bluiniers
47° 43. 42 - 4° 03.73
Sur le chenal à 95° 30 dans le sud de la tourelle des Bluiniers
47° 43.42 - 4° 03.73
Chenal à 359° dans l'est de Deuzerat
47° 42.50 - 4° 01.48
Roche Job
47° 43.01 - 4° 01.04
Musoir viviers de St Nicolas
47° 43.37 - 4° 00.14
Chenal à 359° entrée
47° 42.29 - 4° 01.47
Sommet de Karreg Braz
47° 42.41 - 4° 02.21
Men Cren
47° 42.26 - 4° 01.94
Rocher de Folovoalh
47°41,65 - 4° 00,60
Roher de Men Goes
47°41,58 - 3°59,63

ÎLE AUX MOUTONS

Le phare, une tour carrée blanche accolée à une maison, se dresse sur un îlot à 2 milles au nord de l'archipel des Glénan et dans son jardin clos tourne une puissante éolienne. Cette petite île est débordée vers l'Est par une longue chaussée de roches dont plusieurs têtes découvrent en permanence.

On arrondira d'au moins 100 m la pointe de **Pen ar Guernen** par l'Est pour venir mouiller dans une petite anse juste à l'Est du phare sur des fonds de sable couverts de 5 à 6 m d'eau. L'abri est convenable par vent modéré d'ouest et N.W. On peut débarquer aisément en annexe sur une plage de sable pour une promenade à terre.

Côté ouest, la chaussée se prolonge sur 2,5 milles jusqu'à la bouée **Rouge de Glénan**. Mais la mer qui brise aisément sur ces roches à peine affleurantes, rend ces parages dangereux. Il est conseillé de les tenir à distance.

Le phare de l'île aux Moutons vu ici entre les rochers au S.E, est construit sur l'îlot principal d'un petit plateau découvrant.

Le passage au nord de l'île aux Moutons est très fréquenté car c'est la route directe vers Bénodet et Loctudy. ainsi que vers la pointe de Penmarc'h.

Les bateaux peuvent mouiller dans un creux du plateau qui offre un abri convenable à basse mer.

L'île aux Moutons vue de l'ouest : à gauche l'anse qui sert de mouillage, à droite, l'îlot du phare avec son petit enclos. En cartouche, la bouée des Pourceaux.

LE BANC DES POURCEAUX

Ce plateau rocheux émerge à un mille dans le S. E. de l'île aux Moutons. La plus haute roche découvre de 2,60 m.

La haute bouée nord des **Grands Pourceaux** et la balise Est de la roche **Leriou** délimitent le plateau au nord et au S.E. En revanche, la roche de 2,60 m des **Petits Pourceaux** à 2.500 m dans l'ouest de la roche Leriou n'est pas signalée. La bouée des Grands Pourceaux délimite avec l'île aux Moutons les routes qui conduisent directement vers Bénodet ou Concarneau par le nord des Glénan.

La cheminée du Loch (ci dessous) placée à droite de fort Cigogne donne l'alignement à 181° du chenal de la Pie dont on voit ici la tourelle.

LES CHENAUX D'ACCÈS

Plusieurs chenaux permettent de rejoindre le mouillage principal de l'archipel la Chambre dans le lagon mais ces chenaux pour la plupart réclament une bonne visibilité car bien des roches servant de repères pour les alignements s'identifient mal de loin et passent très près de roches à peine découvrantes.

LE CHENAL DE LA PIE

Ce petit chenal permet en venant du nord de l'île Saint Nicolas de rejoindre directement le mouillage de la Chambre par l'Est de Bananec.

Il est couvert par l'alignement à **181°** de la haute cheminée de l'île du Loc'h à droite de l'amer de **fort Cigogne**. La roche isolée de **la Pie** se signale par une perche à double voyant sphérique de danger isolé. Arrivé à sa hauteur, on obliquera vers le S. E. pour se diriger au **125°**sur la pointe sud de l'île de Penfret qui se détache derrière l'**île de Guiautec** et on arrondira ensuite à petite distance la perche Est de **la Baleine** qui balise l'extrémité d'un éperon rocheux prolongeant l'île de **Bananec** et où plus d'un bateau est venu talonner. On revient sur le mouillage de la **Chambre** en longeant le rivage de Bananec où le chenal est balisé. On peut suivre une route plus directe mais attention à la roche de (3,50 m) à 250 m au nord de Bananec et aux roches qui frangent le rivage.

La cale et l'ancienne maison sur l'île de Brunec près de la Pie.

La perche de la Baleine à virer par l'Est pour rejoindre la Chambre.

Les deux roches des Pierres Noires qu'on double par l'Est ou l'ouest.

LA PASSE DES PIERRES NOIRES

Ce n'est qu'une petite variante du chenal de la Pie. Mais plus délicate à emprunter car le passage entre les roches est étroit et même dangereux par mer agitée.

La tour blanche de **fort Cigogne** étant relevée à **200°** à l'approche des premières roches du plateau des Glénans, on repérera les deux plus hautes roches de (5 m) et (5,60 m) à environ 800 m dans l'Est de la perche de **la Pie** pour laisser de près sur bâbord la roche de 5 m ou sur tribord la roche de 5,60 m en se dirigeant ensuite vers la balise de **la Baleine** pour retrouver le chenal de la Pie. Il ne faut en aucun cas passer entre les deux Pierres Noires.

LA PASSE DE PEN A MEN

Elle permet de rentrer directement dans le mouillage du lagon en venant du N. E et en particulier de Concarneau. C'est l'entrée la plus commode.

Entre la pointe nord de l'île de **Penfret** et le banc de sable plat à l'Est de l'îlot de **Guiriden**, le passage large de 900 m est profond de 2 m aux plus basses eaux. Il n'est donc pas necessaire de suivre rigoureusement un alignement . On s'approchera de Penfret en plaçant l'amer de **Guéotec** à gauche de la pointe de **Pen a Men**.On arrondira cette pointe accore en continuant à faire route vers l'amer de Guéotec. Un seul haut fond de cailloux isolé, découvrant de 1,80 m, la **Tête de Mort,** se situe légèrement au nord de l'alignement à **293°** de la tourelle **le Huic** par la roche de 6,30 qui émerge à 250 m au nord de l'île de **Bananec** et un peu à l'ouest de l'alignement à **165°** de la plus haute roche (6,50 m) qui découvre derrière l'îlot de Guéotec, par le bord Est de cette dernière. Plus simplement, on situera la **Tête de Mort**, à peu près sur la ligne qui joint l'amer de **Guéotec** à la pointe extrême Est de la langue de sable de l'îlot de **Guiriden** et par le travers du phare de **Penfret**.

L'amer de Guéotec et la pointe de Pen a Men qui donne nt l'alignement à 208°

L'alignement à 293° de la tourelle du Huic par la roche de 6,30 m.

L'alignement à 165° de la roche de 9,40 m par la pointe Est de l'île Guéotec qui situe la roche de la Tête de Mort.

De la Tête de Mort, on se dirigera plein ouest vers le mouillage de la **Chambre** en laissant l'**île Bananec** à environ 200 à 300 m. En basse mer de vives eaux, on peut être certain de conserver un maximum d'eau sous sa quille en suivant l'alignement à **295°** des deux pointes nord de **Saint Nicolas** et **Bananec**.

Le courant de jusant a du mal à s'établir à la pointe de **Pen a Men** alors que le courant de **flot** qui porte vers l'Est est souvent assez fort. Il est bon de ne pas l'oublier en virant la pointe à la voile.

Le phare de Penfret accolé à un pylône et une éolienne.

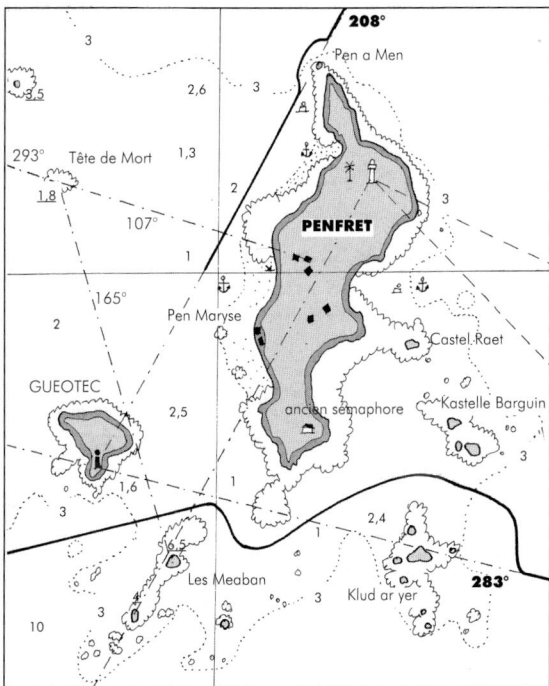

LES MOUILLAGES DE PENFRET

Sur le mouillage entre l'île de Guéotec et la pointe du sémaphore, les fonds sont de bonne tenue mais les bateaux y roulent durement dès que la mer est agitée.

Le mouillage le plus fréquenté se situe en avant des deux grands bâtiments du centre nautique des Glénans, de part et d'autre de la pointe de **Pen Maryse**. Les fonds sont de bonne tenue mais les voiliers du centre nautique étant assez nombreux, les bateaux de passage préfèrent la petite anse un peu plus fermée au N. W. du phare qui dispose, en outre, d'une cale.

Mais toute cette côte ouest de Penfret est largement exposée à la houle. Sur la côte Est, le mouillage de **Pors Marc'h** par le travers des fermes n'est valable qu'en se tenant à l'extérieur de la ligne des fonds de 8 m. Les algues laminaires de mauvaise tenue qui recouvrent les fonds, obligent à filer une grande longueur de chaîne.

L'île de Penfret vue du Sud. On remarque nettement sur les deux côtes Est et ouest, les anses qui offrent une possibilité de mouillage.

La cale sur le mouillage au N.W de l'île de Penfret dans un site presque sauvage.

Le mouillage dans le belle anse au S.W du phare.

Le mouillage sur la côte Est de Penfret au nord de la pointe de Castel Raët.

De nuit : Par temps calme et nuit claire, on peut rejoindre le mouillage d'attente de l'île de **Penfret**, en se présentant par le N.E. du feu rouge de **Penfret** (éclat 5 sec.) en prenant garde au coffre mouillé à 900 m dans le **24°** du feu de manière à distinguer dans l'obscurité la pointe de **Pen a Men** derrière laquelle on viendra mouiller en atten-

attendant le lever du jour. On peut également utiliser le feu auxiliaire scintillant directionnel visible de 295° à 315° qui conduit devant le mouillage de **Pors Marc'h** sur la côte Est de Penfret.

En été, à Pâques et du 1er Mai au 1er Octobre, un feu rouge (2 éclats 5 sec.) est allumé sur l'**île Cigogne** et montre en direction de l'île de Penfret, un petit secteur vert étroit (262° à 268°) qui aide à rejoindre le mouillage de la **Chambre**. Ce même feu montre vers l'ouest un second secteur vert étroit (106° à 108°) mais qui ne peut être utilisé pour rejoindre le mouillage car l'approche de l'archipel par l'ouest est dangereuse.

LE LAGON

L'archipel de Glénan présente autour de l'île Cigogne et jusqu'à Penfret un vaste lagon où les fonds de sable blanc sous moins de 2 m d'eau à basse mer donnent aux eaux des couleurs vert turquoise dignes des lagons tropicaux. Il se prolonge au N.W. vers l'île Saint Nicolas par le mouillage de la Chambre, qu'il est commode de rejoindre à toute heure de marée.

À gauche, le mouillage entre les îles St Nicolas et Bananec.
À droite, la cale sur la côte sud de St Nicolas près des viviers.

L'îlot de fort Cigogne vu du N.W. Les deux hauts fonds couvrent à marée haute.
La tour sur le fort Cigogne a été construite en 1911 pour une base de mesures de vitesse des paquebots.

175

L'amer de Géotec qui est utilisé dans plusieurs alignements.

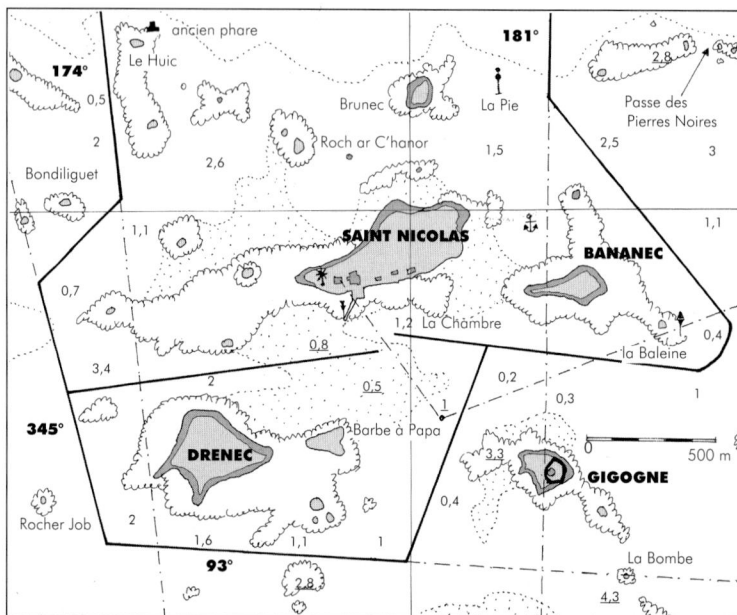

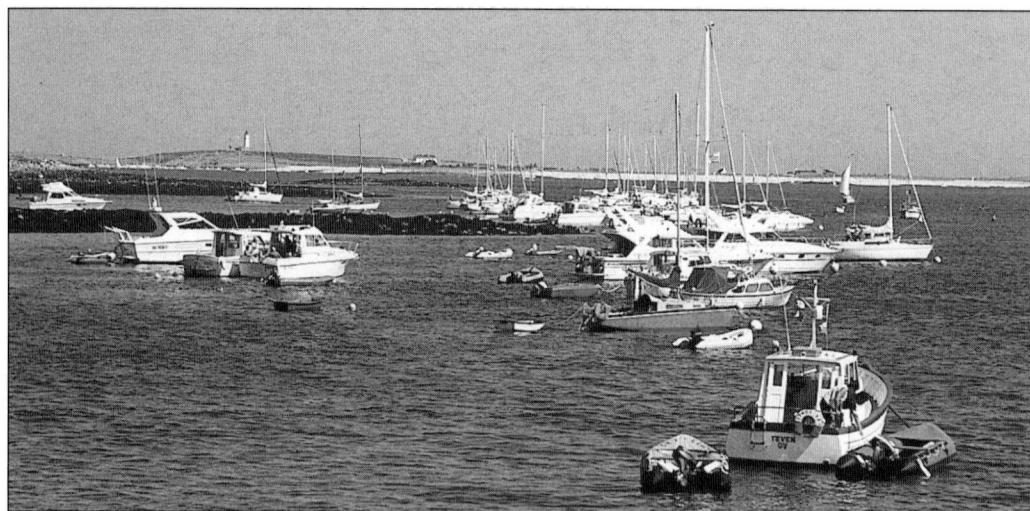

Les bateaux mouillent sur deux rangs en lisière du chenal d'accès à la jetée de St Nicolas.

Par mer calme, il est possible de mouiller sans précaution particulière dans tout le Lagon, mais dès que le vent fraîchit le clapot lève vite, surtout à marée haute lorsque les roches immergées n'assurent plus une barrière protectrice. La houle a tendance à contourner les îles qui n'offrent alors que peu de mouillages réellement sûrs.

St Nicolas est la seule île qui dispose de quelques maisons.

LES MOUILLAGES DU LOC'H

À l'Est de l'île du Loc'h, le mouillage est assez agité par vent de S.E. Il faut tenir le rivage à distance. Au nord, une vaste plage de sable blanc offre des posées plates et fermes pour un échouage. Un platin s'étend vers le nord sur plus de 1.000 m et permet à de nombreux bateaux de mouiller par mer calme sans échouer.

À l'ouest de l'île du Loc'h, l'anse de **Stervat** est un abri convenable par vent de nord au S.E. mais il faudrait surtout ne pas s'y laisser surprendre par une houle de S.W. L'ancre croche dans le sable par 1 à 2 m.

Au N.W de l'entrée de l'anse de Stervat, sensiblement entre le Loch et la roche de Quignenec gît une roche découvrant de 3,40 m qui peut être dangereuse. On la pare en suivant trois alignements successifs. - au **236°** la roche de **Folligon Bihan** par le bord sud du rocher le plus sud du groupe de Quignenec. - au **186°** l'éolienne à l'ouest de l'île **St Nicolas** par la rive ouest de l'îlot de 11 m dans l'Est de Drenec. - au **140°** la tourelle du **Broch** par le rocher **Job**, alignement qui conduit devant l'anse de Stervat.

La haute cheminée d'une ancienne exploitation de varech, est avec fort Cigogne et le phare de Penfret, l'amer le plus visible de l'archipel. On l'utilise dans plusieurs alignements.

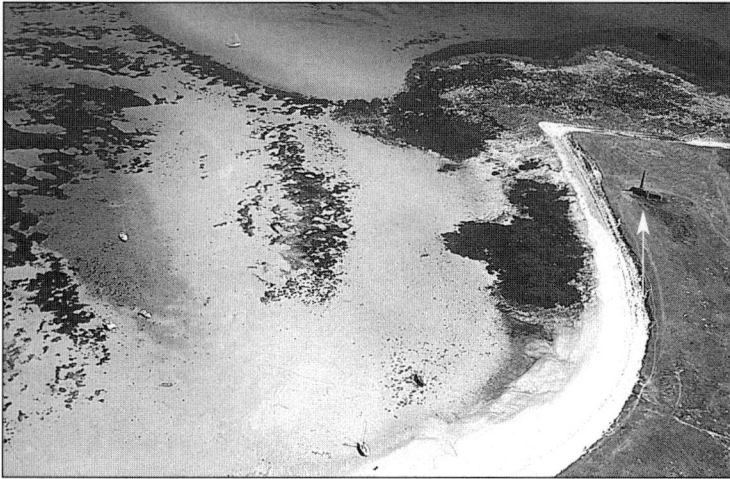

Les bateaux mouillent à la limite d'un vaste banc de sable blanc en bordure de la côte nord de l'île du Loc'h.

LES COURANTS DANS L'ARCHIPEL

Même en vives eaux, leurs vitesses ne dépassent pas 1,5 nœud. Le **flot** porte normalement vers le N. E. et le **jusant** vers le S. W. mais ces courants se trouvent constamment déviés par les îlots de sorte qu'il est extrêmement difficile de donner plus de précisions. On sait simplement que les courants suivent sensiblement la direction des chenaux et que les renverses ont lieu 3/4 d'heure à une heure avant la pleine mer et une demi-heure avant la basse mer. Toutefois par un phénomène difficilement explicable, la renverse sur le seuil entre **Saint Nicolas** et **Drenec** a lieu aux environs de la mi-marée.

L'île de Bananec à droite est reliée à St Nicolas par un isthme de sable qui disparaît à marée haute. Ils protègent au nord le mouillage de la Chambre qui sous le soleil prend des allures de lagon tropical.

Les viviers de St Nicolas étaient utilisés par de nombreux pêcheurs. L'abri du canot de sauvetage voisin du môle a été transformé en café.

Les vedettes de tourisme viennent déposer leurs passagers à la jetée de St Nicolas accostable à basse mer.

LA CHAMBRE

C'est incontestablement, au sud de l'île Saint Nicolas, le meilleur abri de tout l'archipel de Glénan, tout particulièrement à basse mer, la houle d'ouest cassant sur le seuil entre Saint Nicolas et Drennec.

Cette petite fosse, tout en longueur, s'étend vers l'ouest, jusqu'au môle de St Nicolas dont le musoir signalé par une perche sud est accostable à basse mer avec un tirant d'eau ne dépassant pas 1,50 m. Il est interdit de mouiller dans le chenal que balisent plusieurs bouées vertes et rouges depuis la hauteur de l'île de **Bananec**. Le môle est bordé de grands viviers toujours en activité. La grande maison voisine abrite un café - restaurant de même que l'ancien abri du canot de sauvetage. Un chemin longe quelques maisons en direction de l'Est vers l'isthme de sable qui découvre entre St Nicolas et Bananec. Des bateaux y échouent pendant quelques heures. Au nord du banc de sable s'étend un mouillage assez fréquenté en saison où les bateaux se tiennent sur des fonds de sable plat par 1 à 2 m. On peut rejoindre directement le mouillage depuis la passe de la **Pie** ou des Pierres Noires.

LE CHENAL DU HUIC A LA CHAMBRE

C'est la route la plus courte entre le phare de l'île aux Moutons et le mouillage de la Chambre. Elle passe un peu à l'ouest de la tourelle du Huic.

L'alignement d'approche à **174°** est donné par la roche en forme de pyramide de **Fournou Loc'h** de (6,60 m) que démasquent les îles de **Quigénec,** par la pointe ouest de l'île de **Drenec** que surmontent de gros blocs de roches. Mais cet alignement très précis n'est pas facile à localiser de loin. On se contentera de faire route au sud de manière à laisser la tourelle du **Huic** à environ 200 m sur bâbord, cap sur la pointe ouest de **Drenec.** À basse mer, on repère aisément le creux du passage sur les fonds de sable et d'algues où il reste environ 1,20 m d'eau.

La balise le Broc'h

La roche de Fournouloc'h (flèche) par la pointe ouest de Drenec en alignement à 174°.

La roche de (4,30m) de Bondiliguet (flèche) par la roche de 9 m du Gluet à 345°.

Après avoir doublé sur tribord la haute roche de (6,40 m) aisément localisable dans l'Est des roches (8,30 m et 5,30 m) de **Bondiliguet** car elle est isolée, on piquera sur la balise **le Broc'h.** De là on rejoint directement vers l'Est au **85°** le mouillage de la Chambre en passant sur le seuil entre St Nicolas et Drenec qui assèche de 0,80. Il est couvert de 2 m d'eau à mi-marée.

La pointe de Drenec est virée par le sud sur la route au 345°

Lorsque le seuil est impraticable, l'alignement derrière soi à **345°** de la roche (5,30 m) de Bondiliguet **au centre des trois roches,** sur la roche (9 m) du **Gluet** permet de faire route en virant au plus court la pointe de **Drenec** et en laissant dans l'ouest la roche **Job** (5 m). On contournera Drenec par le sud en se plaçant sur l'alignement à **93°** de l'amer de **Guéotec** par le flanc nord de la roche de 4,20 m de **la Bombe.** Une route qui conduit directement dans le S. W. de fort Cigogne d'où l'on peut remonter ensuite vers le mouillage de la Chambre.

La tourelle du Huic

On aura juste à prendre garde à la roche de la **Barbe à Papa (1 m).** Elle se situe à l'intersection de l'alignement à **322 °** de l'angle de la maison blanche à toit plat de Saint Nicolas par l'enracinement de la jetée et l'alignement à **69°** du sommet de l'îlot de **Guiriden** par la roche (4,50 m) juste à gauche de la perche à la pointe de **Bananec.** Deux alignements pas toujours faciles à repérer.(voir plan).

La roche de la Bombe (4,20 m) qui donne l'alignement à 93° avec l'amer de Guéotec.

L'alignement à 322° de la maison blanche par l'enracinement du môle de St Nicolas, pour parer la roche de la Barbe à Papa.

LE CHENAL DE DEUZERAT

Du mouillage de la Chambre, on peut gagner plus rapidement le sud de l'archipel en embouquant le chenal de Deuzerat profond de 6 à 8 m.

À 250 m à l'ouest de la balise le **Broc'h**, le chenal suit l'alignement à **359°** derrière soi du phare de l'île aux Moutons, un peu à gauche des roches de **Castel Bihan**. Ce chenal emprunte une passe très étroite entre les roches de **Platinier** et **Deuzerat** où la mer brise dangereusement dès que la houle se lève. S'il est assez facile d'emprunter ce chenal par le nord car on situe bien les roches de Castell Bihan, il est plus difficile en revanche d'y rentrer par le sud car les amers sont fort lointains et souvent à contre jour. En venant du sud, la prudence commande d'emprunter le chenal de **Brilimec** ou des **Bluiniers** par mer agitée et visibilité médiocre. Mais par mer calme et bonne visibilité, on peut localiser la roche isolée de **Fournou Loch** (6,60 m) en alignement à **44°** avec la pointe N.W de l'île du Loc'h. On progresse sur cet alignement jusqu'à repérer dans l'ouest de Fournou Loc'h, la roche de (4,80 m) de **Folligou Bihan** puis plus au nord la roche du **Pladinier** (6,10 m). Les roches de (6,70 m) de **Deuzerat** sur bâbord confirment que l'on est bien dans le chenal à 359°.

La tourelle du Broc'h

En haut, lLa roche de Folavoahl à gauche qui donnne avec la roche de Men Goés à droite l'alignement à 95° d'approche par l'ouest sur le chenal du Deuzerat.

En bas, Le chenal à 359° passe entre les roches de Deuzerat à gauche et de Folligou Bihan à droite

Les roches de Castel Bihan.

L'alignement à 30° du phare de Penfret par les roches de Meaban.

Les roches de Brilimec avec à droite les deux rochers de Men Goés.

LE CHENAL DE BRILIMEC

Ce passage permet en venant du S. W de l'archipel de gagner le mouillage de la Chambre en contournant par l'Est l'îlot de Brilimec.

Il est facile de suivre l'alignement à **26°** de la pointe de Pen a Men à droite de l'île de Guèotec ou mieux encore du phare de **Penfret** par la roche de **Meaban** à **30°**, puis de virer vers le N. W lorsque le pignon de la grande maison de Saint Nicolas vient à droite de fort Cigogne à **311°**. Attention à bien arrondir à distance l'éperon rocheux qui prolonge le fort vers le S.E. pour rejoindre le mouillage de la Chambre.

LE CHENAL DE MEN GOE

En venant du sud de l'île du Loc'h, ce chenal permet de rejoindre le mouillage à l'Est de l'île.

On suivra l'alignement à **349°** du **fort Gigogne** à raser la rive Est de l'île du **Loc'h**. On laisse ainsi à environ 300 m dans l'ouest la roche (3 m) de **Men Goe** qui isolée près d'une roche d'une même hauteur à 180 m au N.W. se repère aisément. Il suffit de donner un peu de tour à l'île du **Loc'h** pour venir mouiller en avant de la rive Est, un peu rocheuse à hauteur de la roche blanchie **Lambert**. De l'Est de cette roche, la route est dégagée au nord vers le lagon.

La roche de Men Goés isolé que l'on repère aisémenet dans le sud de l'île du Loc'h.

LE CHENAL DU RUHOL

Ce chenal conduit vers la Chambre en venant du S.E.

La bouée sud de la basse **En Ero** se situe à 400 m au sud du début du chenal du Ruhol ce qui permet de repérer plus facilement au loin l'alignement à **311°** de la grande maison en arrière des viviers à raser le bord Est de **fort Cigogne**. Cet alignement peut être suivi jusqu'au voisinage de fort Cigogne que l'on débordera à petite distance à l'Est. Cet alignement passe à basse mer sur des fonds de 0,80 m. En vives eaux, on s'en écartera en plaçant fort Cigogne à raser au sud le groupe des roches de **Loan Fjen Hir** de (5,50 m). Quand le sondeur indique des fonds de moins de 20 m, on viendra reprendre exactement l'alignement à 311°.

L'alignement à 311° des maisons de Saint Nicolas par la lisière nord de Fort Cigogne.

La tour de Fort Cigogne par les roches au sud de Guéotec sur l'alignement à 283°.

L'amer de Guéotec.

La roche Lambert en avant des fermes du Loc'h en alignement à 256°

LE CHENAL DE MEABAN

Il est possible après 2 h de flot, de couper au plus court au travers des roches dans le sud de l'île de Penfret, pour reprendre le chenal du Ruhol, mais ce raccourci passe à proximité de nombreuses roches et oblige à décrire deux virages sans repère précis.

L'approche se fait sur l'alignement à **283°5** de **fort Cigogne** sur l'amer de **Gueotec** qui passe sur les roches de 10 m de **Klud ar Yer**. Elles sont arrondies par le nord pour venir passer ensuite à 350 m au sud de la pointe de Penfret. On reviendra après ce virage vers le N.W pour prendre l'alignement à **256°** des fermes du **Loc'h** par la roche blanchie **Lambert**, une route qui vient couper l'alignement à 311° du Ruhol.

La haute cheminée de l'usine à soude de l'île du Loc'h

Les roches de Brimilec vues du N.W.

La rocvhe lambert vue de l'est.

LE CHENAL DE MEN SKEY

Il donne accès au lagon en venant de l'Est entre le chenal de Méaban au nord et le chenal du Ruol au sud.

C'est une variante du chenal de Méaban qui évite de changer de route entre les roches. Juste au sud de la roche isolée de Men Skei (6,50 m) la plus à l'Est de l'archipel de Glenan et donc commode à localiser, on se place sur l'alignement à **279°** de la cheminée du Loc'h juste au nord de l'île de **Brilimec** et qui passe sur la roche Lambert. la route est dégagée en dehors d'une roche de 1,20 m au sud des roches de Meaban que l'on arrondit par le sud jusqu'au chenal du **Ruhol** à **311°**. On vient le couper à petite distance dans l'Est de l'île de Brilimec.

LE CHENAL DES BLUINIERS

C'est la route directe en venant de l'ouest sur l'archipel pour rejoindre sans changer d'alignement, le mouillage de la Chambre. Les amers sont commodes à relever.

Laissant à petite distance sur bâbord, la tourelle ouest des **Bluiniers**, à la limite ouest des îles de Glénan, on fera route sur l'alignement à **94°** de la rive nord de l'île de Drenec par la tourelle nord **le Broc'h**. Le chenal est large et clair de tout danger et un voilier contraint de louvoyer, peut considérer l'alignement à **88°** du phare de Penfret par la balise du Broc'h comme la lisière sud du chenal.

Dans la majorité du temps, on peut, depuis la tourelle du Broc'h, rejoindre directement le mouillage de **la Chambre**, le seuil entre les deux îles St Nicolas et Drenec ne découvrant que de 0,80 m. Du travers de la cale de **Drennec**, on saura que l'on peut franchir le seuil avec un tirant d'eau de 1,30 m quand la roche de 4,50 m à la pointe de **Bananec** se trouve isolée.

La partie la plus basse du seuil se situe sur l'alignement de la cheminée carrée du **Fort Cigogne** par la lanterne rouge du feu. On vient alors sur le mouillage de la Chambre. Si la hauteur d'eau ne permet pas de franchir le seuil sur l'alignement à 88°, on contournera l'île de Drenec par le sud comme dans le chenal du Huic.

La tourelle des Bluiniers.

Les deux têtes de roches de l'île Bananec permettent d'évaluer la hauteur d'eau sur le seuil entre Bananec et St Nicolas.

Le pignon de la petite tour du guet vu par la lanterne sur le sommet de la roche indique l'alignement pour passer sur le seuil de Drenec.

Les beaux fonds de sable blanc et fin qui relient à basse mer Saint Nicolas à Bananec.

L'île de Drenec vue du sud avec au nord le mouillage de la Chambre. On repère bien le seuil de sab le qui sépare les deux îles.

La bouée de la Voleuse au Nord de l'île aux Moutons aide à déborder la pointe de Mousterlin.

La pointe est largement débordée par un vaste plateau de roches affleurantes On ne peut s'approcher de la cale qu'en venant de l'ouest.

POINTS GPS :
Le Taro, balise
47°50.57 - 4° 04.75
La Vache, balise
47° 49.60 - 4° 02.54
La Voleuse, b ouée
47° 48.83 - 4° 02.41
Men Vras, balise
47°49.72 - 4° 01.51
Le Bœuf, balise
47°50.01 - 4°02.93
Les Poulains, balise
47° 47.76 - 4° 03.34
Men Dehou, balise
47°48,16 - 4°04,62
An Treus Vaz, balise
47°47,33 - 4°03,26

Les deux perches tribord en lisière ouest du plateau au voisinage de la cale.

La tourelle du Taro

LA POINTE DE MOUSTERLIN

Un semis de roche affleurant, déborde la pointe sur plus d'un mille au sud où la mer brise par vent du large. Il n'est pas possible, à basse mer, avec un peu de houle, de couper au plus court au travers de la chaussée de Mousterlin.

Même par mer calme, il faut venir doubler par le Sud les deux tourelles de la **Vache** et de **Men Vras** en dépit de l'allongement de la route. Men Vras étant laissée sur tribord, on piquera vers la tourelle verte de la Vache en la débordant un peu vers le sud pour parer une roche à 0,80-m dans son Est. L'alignement à **80°** des deux tourelles marque la lisière sud du haut-fond de la Voleuse 0,60-m, à environ 300 m dans l'ouest de la Vache. En ouvrant l'alignement, la Vache à droite de Men Vras, on vient couper l'alignement à **326°** du grand phare de Bénodet par la tourelle ouest du **Taro**, la route la plus directe sur l'entrée de l'Odet.

Par mer agitée, la profondeur est trop réduite pour suivre cette route. Il faut venir virer la bouée de la Voleuse.

Une jetée à la pointe de Mousterlin protège une petite zone d'échouage sur fond de sable où se regroupent quelques dériveurs et petites embarcations à moteur. La Vache sur tribord, la Bœuf sur bâbord balisent un chenal qui déborde le sud du plateau puis s'engage sur des hauts fonds rocheux. Mieux vaut atteindre le môle en suivant une route directe au **82°**dans sa direction depuis la tourelle du Taro, à 1, 5 mille dans l'ouest de la pointe.

Le phare à damiers de **Loctudy**, visible au loin sur la côte ouest de la baie de Bénodet ouvert à gauche de la tourelle du **Taro** couvre cette route au **82°**. Il faut s'approcher prudemment par l'ouest sur la cale et non par le S. W., bien que deux perches semblent

La cale est un large môle dont les quais sont accostables. Mais le clapot peut y être très dur.

La balise de la Vache

Aux alentours de Trevignon le rivage apparaît plat et bas.

La balise de Men Vras

baliser un chenal. La cale qui porte une perche à son musoir vertical n'est accostable qu'après la mi-marée. Les posées découvrent de 1 m. Elle protège une zone d'échouage pour quelques petites embarcations.

De nuit : Seule la bouée à sifflet de la **Voleuse** est signalée à la pointe de Mousterlin par un feu blanc scint (6) + E.L. 15 sec. qu'il faut venir reconnaître à petite distance.

La balise du Bœuf que l'on contourne par le sud.

PTE DE MOUSTERLIN

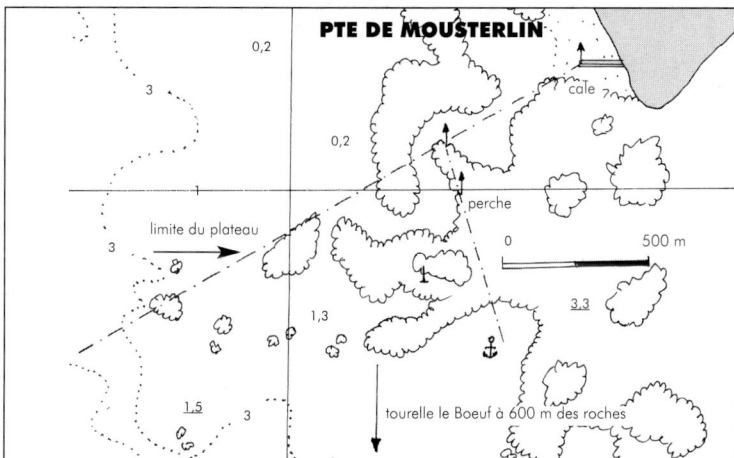

cale

0,2

0,2

3

3

limite du plateau

perche

0   500 m

3,3

1,3

1,5   3

tourelle le Boeuf à 600 m des roches

BEG MEIL

L'orientation nord/sud de la côte ouest de la baie de la Forêt assure une bonne protection contre les vents dominants et les bateaux peuvent rester au mouillage en sécurité pendant la belle saison à petite distance d'une côte boisée où les pelouses des belles villas rejoignent des petites plages enserrées entre des escarpements rocheux. Un site fort joli.

les abords de la pointe de Beg Meil sont forts malsains et obligent à arrondir largement cette avancée rocheuse où se dresse une haute antenne radio.

La pointe de **Beg Meil** qui porte un sémaphore blanc reconnaissable de loin à 2,6 milles de la pointe de **Mousterlin**, est débordée par une chaussée de roches affleurantes vers l'Est que balise à 0,8 mille la perche sur un trépied de **Linuen**, et à 600 m dans le 70° une bouée Est. Par mer agitée, il faut venir virer cette bouée par le large. mais par beau temps, on peut couper plus court en relevant la perche de Laouen Pod dans l'Est du sémaphore à plus de **60°**. On est certain d'avoir alors au moins 1,80 m d'eau aux plus basses mers. Mais attention à 600 m dans le sud de cette perche aux roches de **Men Ar Pont** qui découvrent de 1,40 m et sur lesquelles plus d'une quille est venue talonner. On passera au nord.

Le sémaphore à la pointe de Beg Meil que surmonte une grande antenne de télévision et en cartouche la balise de Laouen Pod.

La balise de Linuen sur son trépied

La cale est l'unique point de débarquement sur tout le rivage à l'ouest de la baie de la Forêt.

Le rivage rocheux légèrement escarpé est coupé par de nombreuses petites plages.

Les possibilités de mouillage sont légion tout au long de la côte entre la pointe de Beg Meil et Port la Forêt mais attention aux têtes de roches qui affleurent.

Le rivage au nord du mouillage de la cale de Beg Meil.

Voir carte de situation en p 22

Orientée sensiblement nord/sud, la rive ouest de la baie de **Laouen Jardin** juste au nord de la pointe de Beg Meil, assure une bonne protection contre les vents dominants d'ouest. On peut mouiller comme le font les petits voiliers et canots locaux en avant des belles plages de sable blanc qui s'incrustent entre les escarpements rocheux peu élevés. Bon nombre de bateaux se regroupent à 900 m au nord du sémaphore dans le prolongement de la cale de Beg Meil dont le musoir porte une perche lumineuse. Les abords et le quai de la cale doivent être maintenus dégagés pour les bateaux de pêche. Les fonds assèchent de 0,80 m au musoir.

La cale de Beg Meil est l'unique point de débarquement possible sur tout le rivage à l'ouest de la baie de la Forêt.

De nuit : La bouée **Linuen** à la pointe de Beg Meil montre un feu blanc scintillant (3) 10 sec. que l'on arrondit de près pour se diriger vers Port la Forêt. Il faut faire route au nord jusqu'à relever au moins à **285°** le feu rouge (éclat 2,5 sec.) au musoir de la cale de Beg Meil pour parer les roches de **Laouen Pod**.

La cale s'appuie sur un petit terre plein où se concentrent toutes les activités marines.

Plusieurs belles propriétés s'avancent jusqu'en bord de plages.

POINTS GPS ::

Sémaphore
47°51.34 - 3° 58.52
Balise Le Linuen
47° 50.71 - 3° 57.70
Bouée Linuen
47°50.84 - 3° 57.24
Laouen Pod
47°51.31 - 3° 57.94
Cale de Beg Meil
47° 521.73 - 3° 58.86

LA BAIE DE LA FORET

Elle doit son nom à une forêt qui à la suite d'un effondrement des terres a été entièrement submergée et forme aujourd'hui cette baie profonde abritée des vents d'ouest. En été de nombreux bateaux viennent mouiller sous l'abri du rivage boisé entre la pointe de Beg Meil et la belle plage de la Forêt Fouesnant. Le port de plaisance est aménagé tout au fond de la baie.

De la bouée Est de la chaussée de **Beg Meil**, on remonte plein nord vers le fond de la baie si l'on veut rejoindre la marina de Port la Forêt. A 1,600 m dans le S.S.E. de l'entrée, la perche sud **Le Scoré** balise un haut fond proche du zéro qu'on laisse par prudence dans l'Est.

De nuit : La bouée de **Linuen** à la pointe de Beg Meil montre un feu blanc scintillant (3) 10 sec. tandis que dans l'axe de la baie de la Forêt, l'alignement à **334°** du feu de **Kerleven** (éclat 4 sec) par le feu rouge (2 éclats 6 sec.) du **Cap Coz** indique la route à suivre pour rejoindre Port la Forêt. Les feux jaunes à éclats que l'on aperçoit dans la baie sur tribord balisent une zone de culture marine

Trois bouées d'attente pour les bateaux de grand tirant d'eau sont mouillées à 250 m au sud de la perche à cylindre des **Ormeaux** et du cap Coz dans des fonds de 2 à 2,50 m.

L'entrée en chicane entre la jetée du cap Coz et la jetée Est que déborde un épi balisé par 4 perches. destiné à retenir le sable. On remarque derrière la jetée ouest la zone de mouillage des bateaux de pêche près de la cale. Le chenal conduit vers le port de plaisance en haut à droite.

PORT LA FORET

La marina n'est qu'une petite partie du vaste estuaire fermé à la houle par les jetées du cap Coz, où l'on peut trouver encore de vastes étendues d'herbe pour échouer ou des petits môles pour béquiller.

Deux jetées et un épi submersible signalé par des perches, forment une légère chicane à la pointe du cap Coz de manière à fermer l'estuaire à la houle de sud et S. E mais sans gêner pour autant le libre écoulement des eaux. Ce dragage naturel ne suffit cependant pas à empêcher totalement l'ensablement et des dragages sont parfois nécessaires pour maintenir la profondeur du chenal à 2 m.

Deux petites bouées rouges et trois vertes difficiles à repérer de loin, en contre jour, délimitent le chenal extérieur qui doit être respecté car un banc de sable découvre largement en lisière du chenal dès la mi-marée. Le chenal vient raser le musoir de la jetée ouest du Cap Coz. En arrière de cet ouvrage, les bateaux de pêche mouillent en lisière du chenal dans une souille draguée à 2 m où une petite cale facilite les débarquements. Le chenal où l'on peut compter sur 1,20 m d'eau aux plus basses mers, rase ensuite le musoir de la jetée Est qui est débordé par un épi submersible en enrochement retenant le sable de la plage de Kerleven et que balisent quatre perches. Les **courants** dans la passe atteignent environ 2 nœuds.

Le chenal balisé par de nombreuses perches des deux bords, permet de remonter jusqu'au charmant petit village de la rive ouest.

POINTS GPS :

Le Scoré
47° 52.81 - 3° 57.48
Les Ormeaux
47° 53.34 - 3° 58.26
St Laurent entrée
47° 53.68 - 3° 57.00
1ere bouée Port la Forêt
47°53,45 - 3°58,13

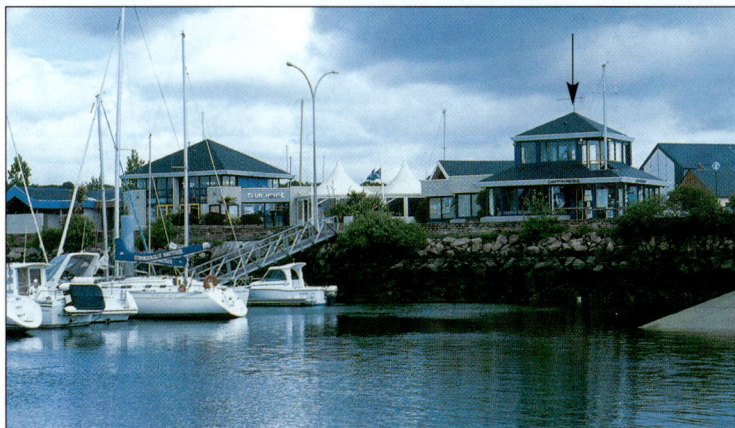

La capitainerie près de la grande cale de la zone technique dans le prolongement de la passe.

L'anse de Penfoulic derrière
l'étroite bande de sable du Cap
Coz. En arrière plan sur la rive
ouest la cale de Pennañcap
Bihan.
Dès que l'on s'écarte des chenaux
principaux ou secondaires, il faut
s'attendre à échouer sur des
bancs de vase.

Une forêt de mâts signale, de
loin, la présence du bassin à flot.

De hautes perches balisent de
chaque bord le chenal de la
passe d'entrée de Cap Coz
jusqu'à la digue qui ferme le plan
d'eau au nord.

Voir carte de situation en p 22

191

Le chenal balisé par des perches numérotées de 6 à 16, remonte vers le nord pour rejoindre Port La Forêt. Une perche sud marque la bifurcation entre le chenal du port et celui de la rive ouest qui remonte jusqu'à la digue. Des bouées en lisière de la rive ouest permettent aux bateaux de rester à flot. 50 sont prévues pour des bateaux jusqu'à 25 m.

Il faut mouiller en lisière du chenal pour ne pas risquer d'échouer sur la pente des bancs de vase.

Le port de plaisance est creusé dans les terrains plats et bas de la rive N.E. et barré dans l'entrée par un seuil couvert seulement de 0,80 m d'eau en basses mers de vives eaux, mais la profondeur est de 2 m dans l'intérieur du port. Près de l'entrée du port, à l'extérieur, un solide ponton flottant P peut recevoir une vingtaine de bateaux de pêche qui s'amarrent à couple.

Le port de plaisance s'est agrandi vers l'ouest par une troisième série de pontons.

Le ponton visiteur et la large cale de la **zone technique** se situent dans le prolongement de la passe où se trouvent également un poste de carburant et un élévateur.

Aux 9 pontons s'appuyant sur la rive Est et identifiés par les lettres A à H, s'ajoutent 5 autres pontons marqués N à I sur la rive ouest, dans un bassin creusé plus récemment.

Le ponton des bateaux de pêche sur la gauche de l'entrée du port de plaisance à l'extérieur des bassins.

Le platin de carénage et la cale le long de la digue sud du port de plaisance en bordure du chenal.

La cale sur la rive ouest à la hauteur du port de plaisance. Une zone de mouillage pour quelques chalutiers en lisière du chenal.

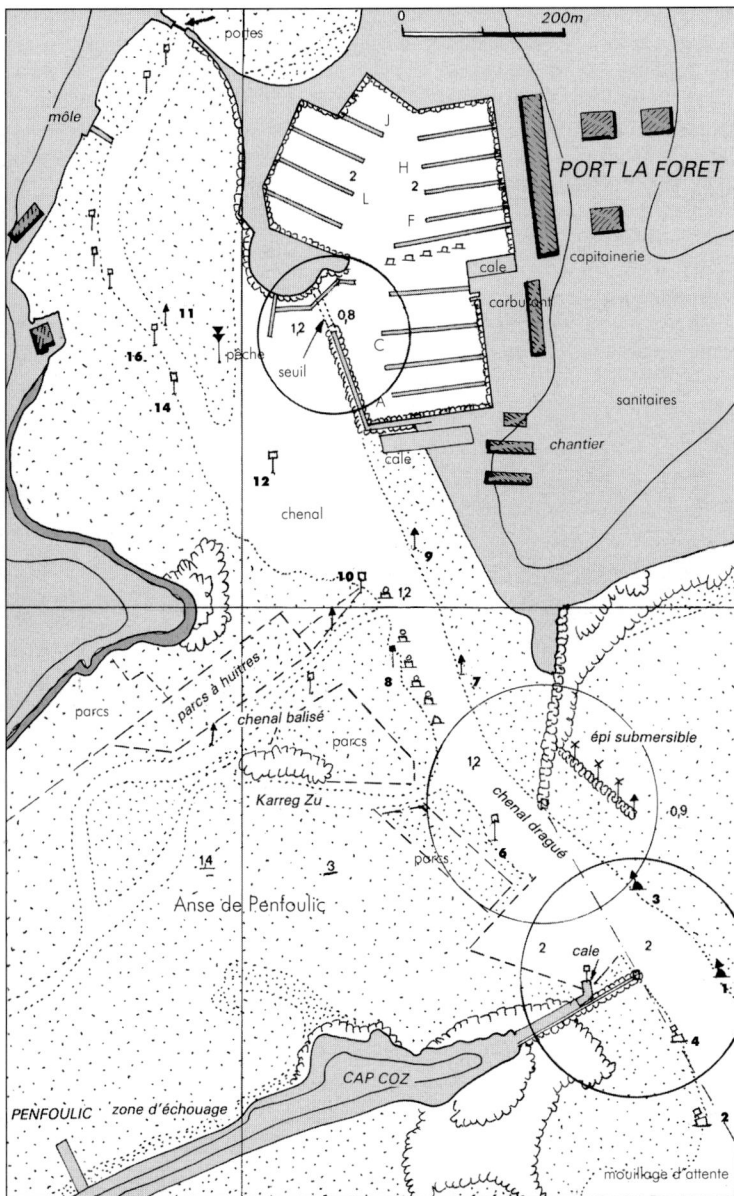

Pour être plus rapidement en mer, les pêcheurs amarrent leurs bateaux dans la souille creusée derrière le musoir de la jetée du cap Coz.

Carte du Port la Forêt :

portes
môle
PORT LA FORET
capitainerie
cale
carburant
seuil
pêche
sanitaires
cale
chantier
chenal
chenal balisé
parcs à huîtres
parcs
parcs
Karreg Zu
épi submersible
chenal dragué
parcs
Anse de Penfoulic
cale
PENFOULIC   zone d'échouage
CAP COZ
mouillage d'attente

0   200m

dans des terrains sablonneux. L'ensemble de ces installations porte la capacité d'accueil de Port la Forêt à 950 bateaux d'une longueur maxi de 25 m. Immédiatement sur la gauche de la passe, le petit ponton N est utilisé par les visiteurs qui ne bénéficient pas de la même protection par vent de sud et S.W. que dans l'intérieur des bassins.

La **zone technique** avec les hangars des chantiers, borde le bassin sud. À la grande cale centrale dans le prolongement de la passe, s'ajoute une longue cale pour les dériveurs à l'extérieur du bassin, le long des enrochements de la digue sud ainsi qu'une aire de carénage.

Longtemps abandonnés aux herbes folles, les terrains bordant les bassins ont été aménagés en jardins avec de belles pelouses et un véritable village de style breton autour d'un petit plan d'eau artificiel. La capitainerie et le club house sous deux toits en pignon, se repèrent aisément près de la grande cale. Port la Forêt est une escale plaisante et animée en saison. Mais c'est également un important port d'hivernage bien équipé techniquement.

Les possibilités d'échouage ne manquent pas sur un beau sable plat en avant des maisons de la rive ouest, au nord des bassins du port.

Passé la marina, le chenal de la rivière de la Forêt bien balisé par de grandes perches, remonte vers le N.W. en direction du môle de la rive ouest dénommé **la Cale,** où l'on peut échouer au voisinage sur des fonds de sable plat et ferme ou s'appuyer contre un des quais où les posées près du musoir découvrent de 2 m. Le site est tranquille et il n'y a que la route à franchir pour entrer dans un restaurant.

Le chenal est barré plus au nord par une digue qui ferme tout le fond de l'estuaire. Les eaux de la rivière s'écoulent par un étroit passage qui devait être fermé par des portes pour maintenir un vaste bassin à flot. Mais elles n'ont jamais été installées et le passage reste ouvert en permanence. Quelques rares bateaux viennent échouer dans cette partie nord du plan d'eau qui découvre de larges étendues de vase. Attention aux courants qui peuvent être forts dans le passage étroit entre les ouvrages de béton.

Les courants forts dans le passage étroit et une passerelle qui ne coulisse plus, barrent l'entrée de l'ancien plan d'eau d'hivernage.

PENNANCAP BIHAN

Derrière la langue de sable du **Cap Coz**, l'estuaire d'une petite rivière creuse largement le rivage et offre quelques possibilités d'abri. L'accès est commun avec le chenal de Port la Forêt. À mi-distance entre la passe et le port de plaisance, entre les perches n ° 8 et 10, un petit chenal se dirige vers le S.W. au milieu des parcs à huîtres en contournant par le nord le rocher de **Karreg Zu.** Ce chenal vient rejoindre le terre plein de **Pennancap Bihan** avant de se perdre dans des terrains plats de sable et d'herbe. Quelques bateaux de plaisance échouent en compagnie des barges des ostréiculteurs le long des quais du terre plein où les fonds de vase un peu molle découvrent de 2 m. Le site est très tranquille un peu à l'écart des habitations.

De nuit : Le feu rouge (2 éclats 6 sec.) à l'extrémité de la digue prolongeant le cap Coz, en alignement à **344°** avec le feu vert (éclat 4 sec.) au musoir de la digue intérieure, indiquent la route d'approche de la marina au travers de la baie. L'alignement laisse à 200 m sur tribord la perche **le Scoré** non éclairée. Les deux premières bouées du chenal dans l'entrée de Port la Forêt, se signalent par un feu rouge (éclat 2,5 sec.) et un feu vert (2 éclats 6 sec.). Passé le feu vert de la jetée Est, le balisage lumineux disparaît, mais l'obscurité n'est jamais suffisamment dense pour ne pas distinguer au projecteur les taches blanches des coques des bateaux au mouillage en lisière du chenal et les bandes réflectorisées sur quelques perches. Le musoir de la digue sud du **port de plaisance** se signale par un feu vert (isophase 4 sec.). Les pontons sont bien éclairés par des bornes et des lampadaires sur les terre-pleins. Tout le reste de la rivière est en revanche plongé dans l'obscurité.

Le quai du terre plein de Pennancap est utilisé principalement par les ostréiculteurs.

Un cadre très champêtre dans les deux anses de St Laurent et de St Jean à l'Est de Port la Forêt. Il ne reste à basse mer qu'un ruisseau entre de hautes futaies.

LES ANSES DE SAINT LAURENT ET SAINT JACQUES

Sur la rive Est, de la baie de Port la Forêt, le rivage redevient brutalement rocheux et escarpé et ses pentes sont couvertes de bois de pins. Au N E, deux anses offrent une possibilité d'abri mais elles assèchent largement à basse mer

L'anse Saint Laurent au nord est la plus grande. Elle s'enfonce de 1 300 m droit dans les terres entre de grands arbres à l'extrémité de la longue plage de **Kerleven**. Si l'on excepte un camping à l'entrée, le site est étonnement sauvage. La marée haute vient presque lécher le pied des vieux chênes et il ne reste à basse mer qu'une petite cunette qui longe de près la rive Est et se prolonge par un ruisseau débouchant dans le fond de l'anse près d'une vieille chaumière. L'épave d'un vieux thonier ajoute une note marine à ce décor très champêtre. On peut trouver quelques posées de sable pour échouer rive ouest avant la partie plus étranglée de l'anse. mais les fonds sont très vaseux.

Un ruisseau se jette dans le fond de l'anse St Laurent qui assèche entièrement.

Un vieux chalutier termine ses jours sur un bout de grève.

L'entrée de l'anse de St Laurent, la plus vaste assèche totalement. On remarque le chenal le long de la rive.Est.

Entre les deux anses de St Laurent et St Jean, le rivage assez relevé n'offre aucune protection par vent d'ouest à l'approche de Concarneau. Ce rivage est débordé à plus de 1 000 m par un platin rocheux que l'on peut traverser en suivant un chenal dont certains alignements sont assez lointains.

L'anse Saint Jean, entièrement cernée par les bois, est également sauvage, mais elle est plus étroite et moins profonde.

LE CHENAL DE CONCARNEAU A PORT LA FORET

Le passage à terre entre le plateau de roches qui s'étend dans l'ouest de la pointe de Concarneau, est assez délicat à emprunter à basse mer. En sortant de l'avant-port de Con carneau, on se placera tout d'abord dans l'alignement derrière soi à **112°** de la pointe du bois de **Kersos** au nord de l'anse du **Cabellou**, par la tourelle verte de Kersos, un alignement que l'on ouvre légèrement vers le sud pour laisser sur tribord une roche découvrante. On prend ensuite toujours derrière soi l'alignement à **159°** de la tourelle de la **basse du chenal** par le bord Est de la roche de **Men Cren** afin de faire route vers le N.N.W. Les roches de **Ar Gazec**, un peu avant de venir par le travers de la perche de **Pladen**, sont ainsi laissées sans risque sur bâbord. Arrivé à la hauteur de la plage des **Petits Sables Blancs**, on peut faire route directement sur Port-la-Forêt en passant dans l'Est de la perche **Le Scoré**.

De nuit : Ce passage à terre est impraticable dans l'obscurité.

POINT GPS :
Pladen
47° 52.24 - 3° 56.41
Men Cren
47° 51.79 - 3° 55.71

L'alignement à 159° de la basse du chenal par la bordure Est de la roche de Men Cren.

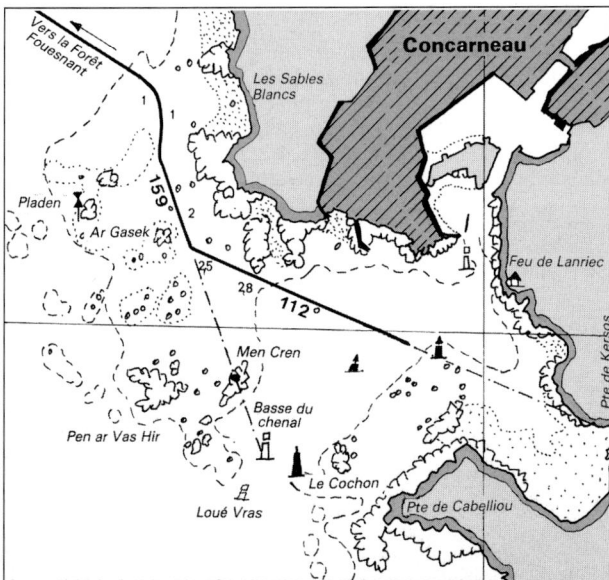

La tourelle du Cochon qui marque le début du chenal à 28°40 menant vers le port de Concarneau.

Le phare de Lanriec sur lequel on se dirige en quittant le chenal à 28°40.

Le phare de la Croix qui donne avec le clocher de Beuzec, l'alignement d'approche à 28° sur le port de Concarneau.

Le petit abri de la Croix exposé à la houle, est abandonné aux canots.

LE PORT DE LA CROIX

À 600 m à l'ouest de l'entrée de l'avant-port de Concarneau, ce petit port est souvent dénommé par les pratiques locaux « quai nul « ce qui en dit long sur les qualités de son abri. La jetée n'offre en effet qu'une très médiocre protection par vent du large, le ressac se faisant sentir dans tout le bassin. Quelques barques de pêche échouent sur un fond de sable dur à petite distance des quais de la jetée. Il reste 0,40 m d'eau près du musoir.

De nuit : Aucun feu ne signale le petit port de la Croix.

CONCARNEAU

Une importante flotte de chalutiers de grande pêche assure l'activité du port de Concarneau derrière les remparts de la Ville Close, une citadelle construite entre le XIVe et le XVIIe siècle pour protéger la ville mais qui n'eut jamais à livrer de durs combats. Un balisage très complet indique clairement, de nuit comme de jour, le chenal à suivre jusqu'aux pontons réservés à la plaisance dans l'avant-port, accessible à toute heure de marée.

La Ville Close avec sur la droite le passage Lanriec qui sépare le port de pêche de l'avant port occupé en majeure partie par les pontons du port de plaisance

Concarneau se repère de loin aux grands immeubles qui dominent la ville. La route d'approche dans des fonds de 15 m où la mer est la moins creuse, suit l'alignement à **28,5°** du clocher de **Beuzec** par le phare de **la Croix** en avant d'immeubles aux toits d'ardoises. Mais on peut se contenter de faire route à environ 28° sur la haute tourelle verte du **Cochon** dans l'entrée du chenal en avant de la pointe du **Cabellou**.
On laisse cette tourelle du Cochon à tribord pour venir ranger sur bâbord la bouée à sifflet de **Lué Vras** et la tourelle de la **Basse du chenal**. La bouée verte de **Men Fall**, 600 m au N.E., marque un virage sur la droite pour se diriger vers la haute tourelle rouge de la **Medée** en avant de l'entrée du port. On l'abordera par le sud en la laissant naturellement sur bâbord. Les chalutiers ont une totale priorité dans ce chenal d'accès.

La bouée de Lué Vras à l'entrée du chenal

Les remparts de la Ville Close forme un superbe décor.

La tourelle de la Médée.

.Attention dans la passe de l'avant port sur la droite à une grosse roche en lisière du chenal. Elle est heureusement peinte en blanc et balisée par une tourelle lumineuse verte. Les **courants** restent forts dans l'avant port, 2 à 2,5 nœuds, le flot portant vers l'entrée du port de pêche et le jusant au sud.

La dangereuse roche blanchie en lisière du chenal à l'entrée du port est heureusement balisée par une tourelle verte lumineuse.

L'AVANT PORT DE PLAISANCE

Un brise-lames flottant partant du musoir du môle fermant l'avant port s'efforce de casser le clapot par vent du sud et S. W, ainsi que les sillages des chalutiers qui entrent souvent à vive allure dans l'avant port. Son bord intérieur sert de ponton d'attente. La profondeur y avoisine 3 m. En arrière, une passerelle qui s'appuie sur le môle abri, donne accès à cinq pontons flottants retenus par des chaînes qui offrent 285 places à flot. Habituellement les visiteurs sont invités à s'amarrer au ponton le plus proche des remparts de la Ville Close. Mais attention par grand coefficient à la hauteur d'eau qui est réduite à 1,20 m sous les places 1 à 6.

HAUTEUR D'EAU		
Coef.	B.M	P.M
45	1,95 m	3,90 m
95	0,80 m	5,00 m

Le ponton brise-lames protège très efficacement les pontons de l'avant port du clapot et des sillages des chalutiers sortant parfois rapidement du port.

Le môle abri est bordé par une cale dont le bas assèche de 1,70 m et les posées découvrent au droit des quais entre 1 et 2 m. Le poste de carburant est installé sur le môle abri que déborde une cale de carénage.

50 bouées sont installées dans l'avant port entre les pontons et le quai ouest dont les abords ne sont pas francs. Les fonds y découvrent entre 1 et 2 m 25 places sont réservées pour la plaisance. Les 30 autres sont occupées par des canots de pêche. Les fonds découvrent des bancs de sable et de vase en avant des remparts de la Ville Close au nord de l'avant port.

La cale de carénage le long du môle abri où se trouve également le poste de carburant.

Le passage Lanriec est étroit mais balisé par plusieurs tourelles.

Concarneau

La Ville Close de Concarneau a été édifiée entre le XIV et le XVIIe siècle. On y accède par deux petits ponts et une unique poterne dans l'angle N.W de l'avant port. Bordée de vieilles maisons en encorbellement la rue principale conduit à l'esplanade du petit château. La porte du Passage donne sur le goulet de Lanriec.

POINTS GPS :

Lué Vras
47°51.46 - 3° 55.65
Men Fall
47° 51.82 - 3° 55.22
La Médée
47° 52.13 - 3° 54.73
Sur l'alignement d'approche à 28° dans l'ouest du Petit Taro
47°51.16 - 3°55,85
Le Cochon tourelle
47°51,53 - 3°55,46

Les quais de l'arrière port sont réservés exclusivement aux pêcheurs.

Un chalutier et divers bateaux de pêche composent un musée vivant au pied des remparts dans l'arrière port.

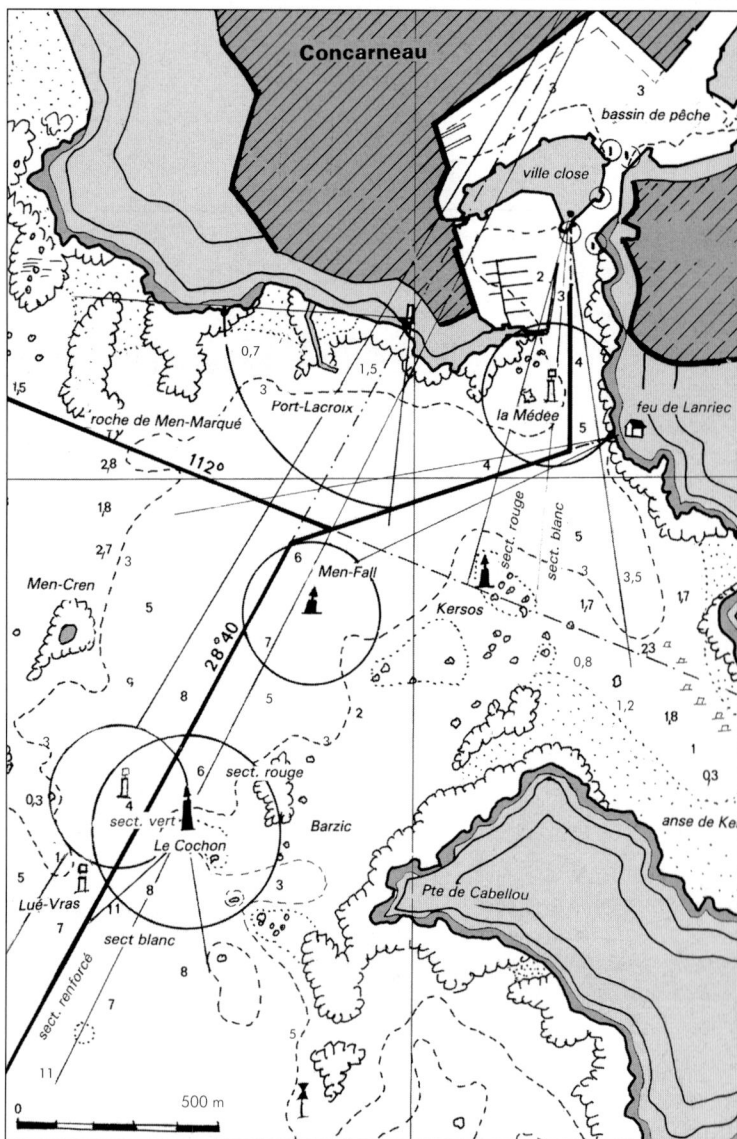

LE PORT DE PECHE

Le **passage Lanriec** à l'Est de la Ville Close, bien balisé par plusieurs tourelles rouges et vertes, donne accès à l'arrière port qui se prolonge par le bassin du **Moros**. Ce passage se présente comme un canal mais il ne faut pas raser de trop près les deux rives. Tous les quais de l'arrière port sont réservés aux pêcheurs mais les bateaux de plaisance peuvent toutefois venir mouiller au nord des remparts de la Ville Close où l'abri est très sûr. Il faut se tenir à distance des remparts si l'on craint d'échouer. 14 bouées peuvent recevoir des bateaux de plus de 12 m. Une cinquantaine de bateaux de plaisance (longueur maxi 12 m) peuvent également s'amarrer à un ponton flottant à l'extrémité Est des remparts. Deux vieux chalutiers dont un ancien thonier avec ses longs tangons sont amarrés entre les deux grosses tours et font partie du musée de la pêche.

Les deux pontons qui s'appuient sur le quai ouest, sont réservés à la pêche. Les fonds assèchent dans le creux au nord du petit pont donnant accès à la Ville Close.

Le port de pêche dispose dans l'anse **Roudouic** d'un grand slip pour le carénage des chalutiers, capable de déplacer 2.000 t, un des plus puissants de la Bretagne. Quelques petites embarcations stationnent le long des quais Est où les fonds découvrent partiellement. Ils mouillent également sur une rangée de bouées près de l'élévateur.

SERVICES CONCARNEAU

Capitainerie :
T 02 98 97 57 96.
Fax 02 98 97 15 15
7h/21h en saison. 9h/12h - 14/18h en hiver.
Météo affichage à la capitainerie.
285 places sur pontons dans l'avant port. 55 sur bouées avant port. 50 places sur pontons dans l'arrière port. 12 m maxi
330 bouées sur le mouillage de Kersos.
Eau, électricité, sanitaire, tél. public, douches, laverie.
Grue 18 t. cale.
Carburant : môle avant port. T. 02 98 97 57 96.
8h/12h - 14h/20h en saison.
H.s 9/11h30 - 14/17h30.
libre service par carte bancaire.
Avitaillement : Nombreux commerces à petite distance du port.

Accastilleurs :
Voilerie Le Rose 19 av du Docteur. Nicolas
T.02 98 97 04 28
Barzic 26 quai Carnot
T.02 98 97 01 57
Coopérative Maritime rue des Chalutiers T. 02 98 97 55 76
Concarneau Plaisance 2 bis Bd Bougainville T.02 98 97 19 63
Accastillage de Moulin Mer rte de Tregunc Kerviniou
T. 02 98 97 46 79
Concarneau Motonautique 7 quai Est T.02 98 97 13 99
Comptoir maritime du Finistère 4 rue Penzance. T. 02 98 60 55 22
Gloaguen 3 rue des Semeurs. T. 02 98 97 04 08.

Mécaniciens :
Soficomo anse du Lin
T. 02 98 97 02 66
Technic Plaisance T.02 98 97 22 02

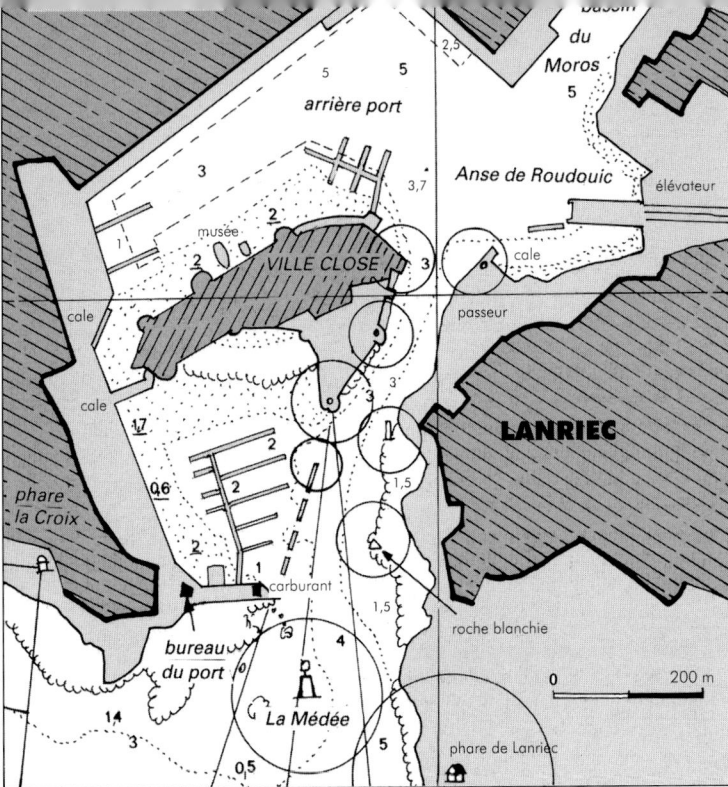

La rangée de bouées d'amarrage au nord des remparts de la Ville Close

201

La maison du phare de Lanriec

POINT GPS :
Entrée de Kersos
47° 51.71 - 3° 54.50

Le mouillage est organisé dans le creux de l'anse de Cabellou que borde une belle plage de sable.

De nuit : L'alignement d'entrée à **28°50** est donné par le feu blanc scintillant directionnel de **Beuzec**, renforcé de 26°5 à 30°5 et visible jusqu'à 23 milles vu sur le feu blanc (3 occ 12 sec.) de **la Croix**. Le feu de la tourelle du **Cochon** (3 éclats 12 sec.) apparaît sur cet alignement blanc puis vert en arrivant à la hauteur de la bouée de **Lué Vras** qui n'est pas lumineuse.

En revanche, la tourelle de la **basse du chenal** montre un feu rouge scintillant visible de 180° à 163°. Du feu vert (éclats 4 sec. 4 sec.) de la bouée de **Men Fall**, à laisser de près sur tribord, on piquera directement sur le feu vert scintillant, visible de 63° à 78°, du phare de **Lanriec** en bordure du rivage.

On maintient cette route sur le feu de Lanriec à environ 70° jusqu'à venir dans le sud du feu rouge (éclat 2,5 sec.) de la tourelle de la **Mèdée** que l'on laisse de près sur tribord. Au nord dans le fond de l'avant port, un feu de guidage (2 occ. 6 sec.) indique très exactement la route à suivre dans son secteur blanc de 354° à 007° Toutefois un feu vert (éclat 4 sec.) signale une grosse roche qui borde de près le chenal. L'extrémité du ponton brise-lames qui protège le port de plaisance est signalée par un feu rouge (3 éclats 12 sec.) et des lampadaires sur les quais du môle éclairent convenablement le plan d'eau.

Dans l'étroit **passage de Lanriec** qui donne accès à l'arrière port, on laisse de près sur bâbord le feu de guidage puis deux autres feux rouges à éclats. Un feu vert (éclat 2,5 sec.) face au deuxième feu rouge délimite l'entrée dans l'arrière port qui est éclairé convenablement par de nombreux lampadaires.

L'ANSE DE KERSOS OU DE CABELLOU

Elle offre un mouillage pour environ 300 bateaux dans un site tranquille et fort plaisant, une belle plage de sable bordant tout le fond de l'anse. Mais la plupart des grands pins qui faisaient la beauté de la pointe de **Cabellou** ont été rasés par l'ouragan d'octobre 87.

Cette pointe rocheuse de Cabellou est débordée par de nombreux semis de roches jusqu'à la tourelle de **Kersos** qu'on virera par le nord pour venir suivre l'axe de l'anse. On reste à flot dans le milieu de l'anse au voisinage du zéro des cartes mais en maintenant un passage dégagé dans l'axe.

Le mouillage est organisé pour accueillir jusqu'à 280 bateaux. Une vingtaine de bouées sont installées en lisière de la rive nord où la profondeur est la plus grande mais la protection est médiocre par vent d'ouest. On trouve un bon abri en échouant sur la plage au sud en compagnie de quelques canots de pêche. En saison, cette agréable zone de mouillage du Cabellou à l'écart de l'animation du port de pêche, est toujours très fréquentée. Il est difficile d'y trouver une place libre.

LA BAIE DE POULDOHAN

De belles villas au milieu des pins occupent le rivage de cette baie qui s'enfonce en plusieurs bras profondément dans l'intérieur des terres, à moins de 2 milles au S.E de Concarneau.

La tourelle de l'unique feu dans l'entrée de la baie.

La baie de Pouldohan vue de l'ouest. À gauche, le bras du Minaouët, à droite, le bras de Pouldohan, le mouillage le plus fréquenté.Au centre la pointe qui porte la tourelle du feu.

Les bateaux au mouillage dans le bras sud.

La balise de la roche Tudy.

203

La balise du Petit Taro.

Elle est séparée de la baie de Concarneau par la pointe de **Cabellou** qu'on déborde à l'extérieur de la tourelle ouest du **Petit Taro. En venant du sud,** cette tourelle du Petit Taro en alignement à **350°** avec la tourelle du Cochon, indique la route à suivre depuis la tourelle **le Dragon** dans l'ouest de la pointe de Trévignon pare les nombreuses roches qui déborde le rivage.

L'entrée de la baie profonde de 5 à 8 m est encadrée par la perche à cylindre de **Men Ganou** et la tourelle **Rudy.** Mais les fonds remontent rapidement et découvrent de 1,30 m dans le goulet à hauteur de la première perche à cône. La petite tourelle blanche du feu étant localisée en arrière de l'entrée, dans la verdure, on fait route au **60°** dans sa direction. Par gros temps d'ouest, la mer a tendance à déferler dans l'entrée.

La plupart des bateaux échouent dans le bras sud de Pouldohan l'entrée est encadrée par la troisième perche à cône et une perche à cylindre. Les fonds découvrent d'environ 1,80 m en avant de la cale bétonnée du club nautique, sur la rive Est. Pas de lignes de mouillage. Les bateaux échouent un peu partout sur les plaques de sable en bordure des rives rocheuses et un peu boisées. Le site est très plaisant. Quelques bateaux hivernent tout au fond du bras où l'abri est parfait contre tous les vents.

Deux perches balisent le passage étroit entre de gros blocs de roches dans le bras du Minaouët.

Le bras de **Steir Kreis** dans le prolongement de la passe d'entrée de la baie de Pouldohan ne présente guère d'intérêt. En revanche, on peut remonter dans le bras de Moulin Mer dénommé également du **Minaouët** où les fonds ne découvrent qu'entre 1 et 1,80 m jusqu'à la hauteur du quai d'un chantier.

Ce chenal du Minaouët, balisé par quelques perches, suit très exactement le milieu du bras. À 400 m de la tourelle du feu, le chenal s'engage entre des roches qui forment un petit goulet balisé par deux perches à cône où les courants peuvent être forts à mi-marée. À ce moment, la hauteur d'eau est de 1,20 m. À marée haute, elle avoisine 3,50 m en vives eaux et 1,80 m en mortes eaux.

Un chantier dispose d'un haut quai avec une grue pour les mises à terre en bordure de la rive Est, à 400 m en amont du goulet.

Les bateaux échouent et hivernent pour certains dans le fond des bras sans ordre bien précis.

POINTS GPS

Petit Taro
47° 51.17 - 3° 55.22
Roche Tudy
47°50.59 - 3° 54.42
Men Ganou
47° 50.84 - 3° 54.49
Alignement d'approche à 60°
dans nord de la roche Tudy
47°50,72 - 3°54,41

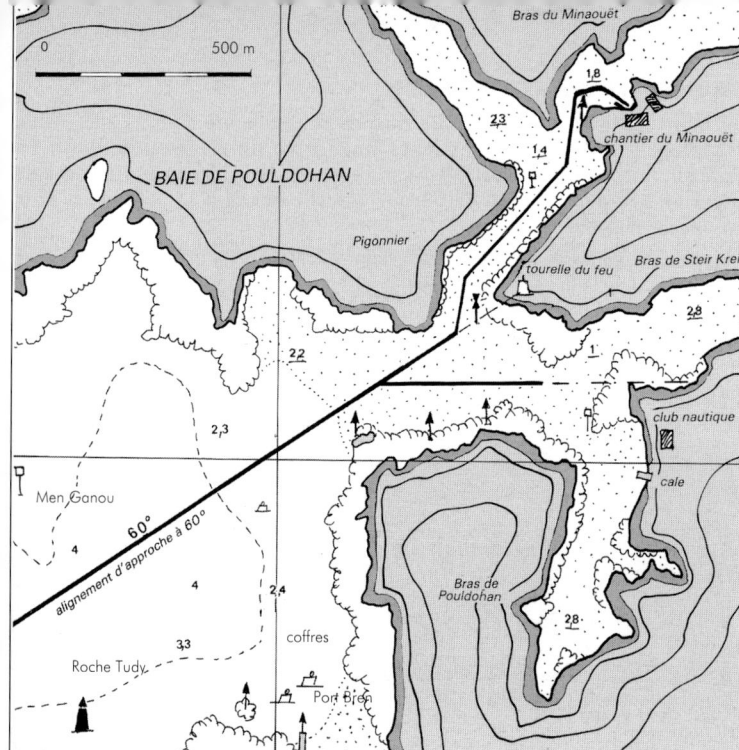

La cale du club nautique, la seule installation en béton. Pas de ponton. Les bateaux échouent sur les grèves où la place n'est pas comptée.

PORZ BRENN

À l'extérieur de la baie de Pouldohan, à 600 m au sud de l'entrée, le petit creux de Port Brenn offre une possibilité de mouillage dans 1,30 m d'eau en avant d'une plage mais l'abri n'est convenable que par vents de sud au N.E. Un môle que borde une cale s'avance sur le côté ouest de la plage. Il reste 1 m d'eau au musoir que signale une perche. On peut béquiller en haut du môle.

De nuit : L'entrée de la baie de Pouldohan se repère par un feu vert (éclat 4 sec.) visible de 053° à 065° qui conduit jusqu'à l'entrée du bras du Minaouët. Mais aucun feu ne signale le chenal à suivre

la cale de Port Bren au sud de l'entrée de la baie de Pouldohan.

DE POULDOHAN A LA POINTE DE TREVIGNON

Sur 4 milles, le rivage peu élevé et rectiligne est débordé par des roches de plus en plus nombreuses vers la pointe de Trévignon. Il faut s'en tenir à plus d'un mille. L'alignement à **344°** derrière soi de la tourelle du **Petit Taro** dans l'ouest de l'entrée de Pouldohan placée au ras du rivage, permet de suivre une route qui pare tous les dangers jusqu'à la tourelle du **Dragon** que l'on double par le sud. pour aller virer ensuite les bouées de **Corn Vas** et de **Men ar Tréas** à 3 milles dans le S.E. (voir la Pointe de Trévignon).

À l'Est de la baie de Pouldohan, le rivage bas, assez rectiligne, présente une alternance de plages et de petits plateaux rocheux.

LA POINTE DE TREVIGNON

Du large, cette étroite presqu'île est peu remarquable dans la succession des plages et des amas de roches qui forme un rivage peu élevé. En revanche, on distingue fort bien sur la pointe, le château qui permet de situer un peu plus au nord la tourelle blanche carrée d'un petit phare et le groupe de maisons du bourg.

À l'ouest de la pointe de Trévignon s'étend sur un mille et demi une chaussée de roches affleurantes dont la lisière ouest est balisée par la tourelle noire et jaune du **Dragon** à la pointe de la chaussée des **Soldats**. Il est préférable d'arrondir tous ces hauts fonds pour aborder la pointe de Trévignon par le S.W. d'autant plus que par vent de ce secteur la mer y brise violemment. Une route au **30°** sur la tour carrée du phare permet de naviguer dans la partie la plus profonde jusqu'au voisinage du port. Une route au **90°** permet également, par mer pas trop agitée, de rejoindre le port en venant de l'ouest.

Le port se situe sur le flanc ouest d'une pointe rocheuse. Le phare est construit sur l'îlot rocheux où s'appuie la digue abri.

La digue n'assure qu'une protection limitée, le ressac peut être dur et oblige les bateaux à s'amarrer sur des chaînes traversières.

LE PORT DE TREVIGNON

Cet abri pour 80 canots de pêche et petits chalutiers, est protégé de la houle du large par une haute digue s'appuyant sur l'îlot qui porte la tour carrée du phare. Un port peu commun bordé intérieurement par une belle plage de sable en avant d'une lande verdoyante.

Par gros temps, la digue ne peut empêcher le ressac de pénétrer dans le bassin largement ouvert au nord, mais le ressac a l'avantage de s'amortir sur la plage. Les ouvrages sont limités. La cale sur la gauche de l'entrée est utilisable à toute heure de marée (1 m au musoir) et accostable latéralement. Elle est accolée à un terre-plein dont le quai est également accostable mais où les posées ne sont pas franches.

Les bateaux mouillent à distance de la plage sur 7 rangées de corps morts. Les petits voiliers et canots de pêche se tiennent sur les trois premiers rangs et les chalutiers presque au centre du bassin pour rester à flot. L'abri du canot de sauvetage a été aménagé sur pilotis en avant de la plage. La petite cale à l'enracinement de la jetée, couverte de varech, n'est guère utilisable. En revanche, les chalutiers peuvent s'amarrer le long du quai intérieur de la jetée par mer calme ce qui n'est pas toujours le cas.

Le musoir de la jetée et le phare.

Le château faussement ancien sur la pointe de Trévignon se repère de loin en mer.

Les canots de pêcheurs professionnels ou amateurs s'amarrent sur plusieurs rangs.

Avec une grosse houle les débarquements peuvent être difficiles à la cale qui borde le terre plein.

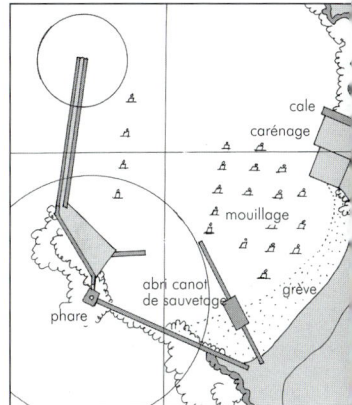

De nuit : Le feu (3 + 1 occ. 12 sec.) à l'enracinement de la jetée de Trévignon montre plusieurs secteurs colorés. Deux secteurs blancs l'un orienté vers l'ouest (085° à 092°) et l'autre un peu plus vers le S.W. (004° à 051°) séparés par un secteur vert, indiquent clairement les deux routes à suivre en direction du port. Deux autres secteurs rouges, l'un au N. W au relèvement supérieur à 92°, couvre du côté ouest, les dangers de la chaussée de roches et de l'autre côté au S. E, la tourelle non éclairée de **Men Du** ainsi que les bouées de **Corn Vas** et de **Men ar Tréas.**

En venant de l'Est, on fera route dans le secteur blanc renforcé de 278°5 à 283°5 du feu directionnel (2 occ. 6 sec.) de l'**île aux Moutons** jusqu'à voir le feu rouge de **Trévignon** disparaître pour revenir blanc à 004°.
Le musoir de la jetée du port de Trévignon montre un feu vert (éclat 4 sec.) qu'on arrondira légèrement pour rejoindre la cale et le terre plein éclairé par deux lampadaires.
En venant de l'ouest, on se placera dans le secteur blanc 085° à 092° du feu (3 + 1 occ. 12 sec.) de Trevignon entre un secteur rouge au nord et vert au sud.
Au nord, la tourelle **les Soldats** est signalée par un feu blanc scint. rap (9) 10 sec. qui marque la lisière extrême ouest des hauts fonds rocheux. Plus à l'ouest, la mer est libre.

POINTS GPS
Entrée de Trévignon
47° 47.78 - 3° 51.22
Men Du, tourelle
47°46.47 - 3° 50.42
Le Dragon, Karreg Tangi
47°47.91 - 3° 53.34

Voir carte de situation en p 23

L'ÎLE VERTE

Ce gros îlot qui se prolonge vers l'Est par une chaussée de roches, n'est pas franc. Couvert d'une maigre végétation, il ne présente pour tout point remarquable qu'un amer.

On peut, même par mer agitée, emprunter le chenal à terre de l'île Verte profond d'au moins 7 à 8 m mais les courants peuvent y atteindre 2 nœuds. Cet îlot dénudé à 3 milles au S.W. de Port Manec'h est dominé par un amer blanchi coupé d'une bande noire verticale qui donne, avec un second amer en bord de plage, un alignement à **13,7°** qui délimite au loin en mer la lisière Est du plateau de la basse Jaune dans l'Est de l'archipel des Glénan. Mais depuis l'installation de la bouée lumineuse de **Jaune de Glénan**, cet alignement ne présente plus guère d'intérêt.

L'île plate, entourée de rochers affleurants est vue ici du sud. On repère bien l'amer qui donne l'alignement à 13°7.

L'île Verte est entourée de hauts fonds rocheux qui découvrent largement. Il faut arrondir l'île à au moins 500 m. au N.E. dès la mi-marée descendante pour parer un long éperon de roches découvrant mais à basse mer cet éperon assure une bonne protection contre la houle de sud et S.E. et permet de venir mouiller par mer calme au nord de l'amer, sur l'alignement à 14°, dans une petite crique en avant d'une plage de sable qui facilite les débarquements. Mais l'île est une réserve ornithologique dont l'accès est interdit pendant la nidification du 15 avril au 30 Août.

À l'ouest de l'île Verte, deux seules roches isolées sont signalées par la tourelle de danger isolé de **Men Du** et les bouées ouest de **Corn Vas** et sud de **Men an Tréas**. Attention à 300 m au N.N.E. de cette bouée sud au socle d'une ancienne tourelle qui découvre de 1,30 m.

De nuit : L'île Verte n'est pas signalée par un feu et couverte par aucun secteur coloré. Par nuit sombre et mer agitée, la prudence commande donc de descendre au sud jusqu'à couper le secteur renforcé (278° 5 à 283°5) du feu auxiliaire blanc directionnel (2 occ. 6 sec.) de l'**île aux Moutons** pour parer la bouée de **Men ar Tréas**, et de ne pas remonter au nord vers **Trévignon** avant de voir le feu rouge de la pointe (3 + 1 occ. 12 sec.) virer au blanc à 004°, après avoir été masqué pendant quelques instants.

En route inverse vers l'Est, on attendra de voir le feu blanc (4 occ. 12 sec.) de la pointe de **Beg ar Vechen**, à un relèvement inférieur à **45°** pour se diriger vers Port Manec'h

L'anse de Rospico dans un bel environnement Malheureusement la profondeur réduite ne permet pas d'y mouiller.

L'ÎLE RAGUENES

À 3 milles à l'ouest de Port Manec'h juste au nord de l'île Verte, l'île Raguenès dont le diamètre ne dépasse pas une centaine de mètres, est reliée au rivage par une chaussée de roches découvrantes qui n'autorise le passage à marée haute que pour les petites embarcations.

Les hauteurs de l'île assurent une bonne protection contre les vents d'ouest avant que les roches ne couvrent. Sinon la houle contourne aisément l'île par le passage à terre et rend le mouillage rouleur. En laissant sur bâbord la perche à voyant sud, qui balise l'extrémité des hauts fonds débordant l'île vers le S.E, on viendra mouiller dans l'Est de la plus grande maison construite sur la côte Est. La zone de mouillage comprend une trentaine de bouées disposées sur 3 lignes pour les bateaux de plaisance. Les plus grosses tonnes au sud sont réservées aux bateaux de pêche. Une seule roche à 0,80 m est à craindre mais elle se situe exactement sur l'alignement à 14° des deux amers à la hauteur de la pointe nord de l'île. Les fonds sont de bonne tenue mais l'abri est nul par vent de sud et Est. On passera, en ce cas, à l'ouest de la presqu'île. Du côté du continent, à l'Est de la chaussée de roches, une large cale permet les mises à l'eau de bateaux déjà importants mais un petit muret ne la protège guère du ressac.

Attention en allant vers Port Manec'h le rivage, en passant devant l'unique débouché d'un petit ruisseau, à la roche des **Cochons de Rospico** non balisée à 0,50 m à 500 m du rivage. Cette roche se situe exactement sur l'alignement à **256°** de la tourelle de Men Du par la perche sud de Raguenès. On peut mouiller à l'ouvert de l'anse, un joli site.

Le passage à terre de l'île Raguenés est encombré de nombreuses roches. La cale doit être abordée par le côté Est.

POINTS GPS

Men ar tréas, bouée
47°45,78 - 3°49,74
Corn Vas
47°45,92 - 3°50,08
Perche sud de Raguenès
47°46,30 - 3°47,68
Cochons de Rospico
47°47,23 - 3°45,86

La zone de mouillage bénéficie lorsque les roches découvrent d'une très bonne protection contre les vents d'ouest.

La perche est à laisser sur bâbord pour rejoindre la zone de mouillage en avant de la maison isolée.

Voir carte de situation en p 23

L'AVEN DE PORT MANECH

L'entrée de la rivière de Pont Aven avec en arrière de la pointe de Beg ar Vechen, le creux de Port Manec'h où émerge un amas de roches qui couvre à marée haute Le phare sur la pointe se repère bien en mer.

C'est avec l'Odet, le premier ria important de la côte du Mobihan qui permet de remonter sur 3 milles jusqu'à Pont Aven. L'entrée de la rivière est commune avec celle de Belon. À l'ouvert, Port Manec'h est presque essentiellement un mouillage mais la rivière abrite de nombreux bateaux et offre une belle promenade champêtre. Une barre toutefois peut en rendre l'accès difficile voire même dangereux.

Le phare sur la pointe de Beg ar Vec hen.

Port Manec'h est essentiellement un abri pour de petites embarcations. Les bateaux de croisière restent au mouillage à distance dans le lit de la rivière.

Les posées de sable plat qui découvrent de 1 m à 1,50 m sont partout franches sauf près du musoir de la jetée mais la plupart des bateaux évitent l'échouage en mouillant à l'ouvert de l'embouchure de l'aven sur des fonds de bonne tenue dans l'Est de la pointe de **Beg ar Vechen** et du phare, mais ce mouillage est intenable par vent de S.E. à S.W. Dans les creux en basse mer de vives eaux, un voilier risque de talonner. ce qui peut être dangereux lorsque la barre est établie.

Au jusant par vent du sud, sur des fonds qui ne dépassent pas 2 m, une barre aux vagues très creuses, peut en effet se former dans l'entrée de l'aven du sud de la pointe de **Penquernéo** ou de **Riec** qui sépare les deux rivières de l'aven et du Belon jusqu'à la hauteur de la perche le **Roc'h**.

Le **petit port d'échouage** sur le flanc nord de la pointe de Beg ar Vechen qui porte à mi-pente un phare, est réduit de surface par la construction d'un terre plein formant parking et ne dispose que de 20 m de quai accostable où les posées de sable assèchent d'environ 1,50 .. L'unique cale en bout du quai est utilisable à mi-marée.

De nuit : le feu blanc de la pointe de **Beg ar Vechen** (4 occ. 12 sec.) montre une coloration rouge de 311° à 328° pour couvrir les dangers de la roche découvrant de 0,80 m du **Cochon** et la tourelle non éclairée des **Verrès**. Il suffit de naviguer dans le secteur blanc, à l'ouest de ce secteur rouge, pour rejoindre Port Manech au pied du phare du côté Est. Mais le musoir de la jetée ne montre aucun feu.

La courte jetée ne protège que médiocrement le quai du clapot .

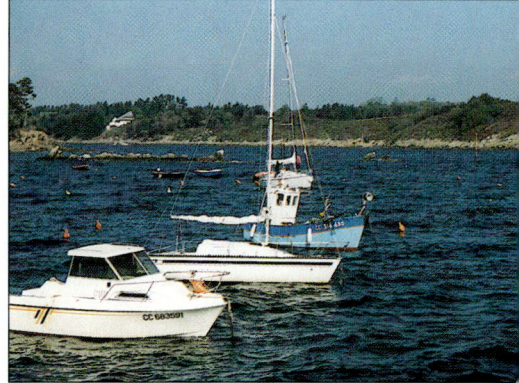

Le feu de Beg ar Vechen présente également un étroit secteur blanc de (303° à 311°) entre le secteur rouge et un secteur vert qui couvrent tous les dangers du rivage. Ce secteur blanc permet de rejoindre Port Manech en empruntant le passage à terre de la tourelle non lumineuse des Verrès près de laquelle on passe sur un seuil couvert d'au moins 2,60 m d'eau. On se tient à la limite à 311°.

La rivière de Port Manec'h juste en amont de l'embouchure avec sur la gauche la petite anse de Poul Don, plus amont, sur la même rive l'anse de Poulgwin et dans le goulet le mouillage de Rosbras et de Kerdruc.

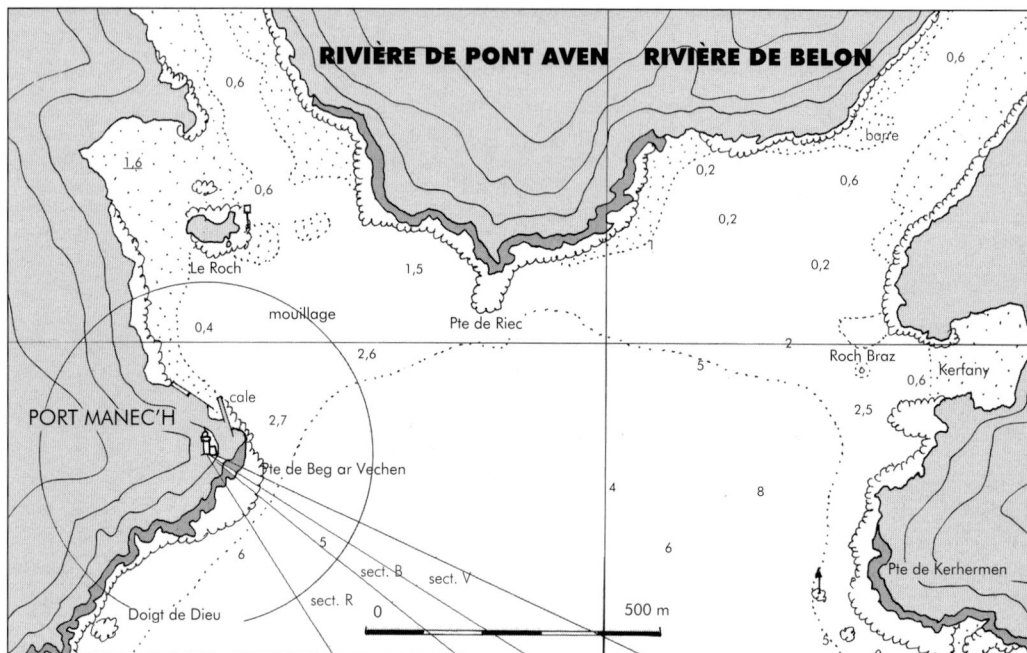

RIVIÈRE DE PONT AVEN   RIVIÈRE DE BELON

0,6

0,6

0,6

barre

0,2   0,6

0,2

Le Roch   1,5   0,2

mouillage   Pte de Riec

0,4   2,6   Roch Braz   Kerfany

PORT MANEC'H   cale   5   2,5   0,6

2,7   Pte de Beg ar Vechen

4   8

5   6   Pte de Kerhermen

6   sect. B   sect. V

Doigt de Dieu   sect. R   0   500 m

LA RIVIÈRE DE PONT AVEN

Navigable sur 3 milles jusqu'au vieux port de Pont Aven, la rivière après la traversée d'un large plan d'eau se glisse entre des blocs de roches, des rives très boisées. Une agréable promenade champêtre.

Après l'anse du Château sur la rive ouest, la rivière s'engage dans le passage étroit entre Rosbras et Kerdruc. où se situe la principale zone de mouillage de toute la rivière de Pont Aven.

L'Aven est largement remonté par la marée qui, au jusant, crée dans l'entrée un **courant** pouvant atteindre jusqu'à 3 nœuds en vives eaux. En s'opposant à la houle du large ce courant fort lève aisément une **barre** sur le seuil à 1 m près de la perche de la **Roc'h** qui signale l'avancée de quelques roches découvrantes. La prudence commande, en ce cas, d'attendre la marée montante pour embouquer la rivière. La hauteur d'eau est de 1,80 m sur le seuil lorsque l'eau commence à couvrir l'extrémité de la cale de Port Manech, le passage le plus profond se situant à 60 m dans l'Est de la balise. Les effets d'un dragage à 0,50 m, il y a quelques années, ont disparu.

ligne de bouées

ROSBRAS

mouillage

quai

KERDRUC

1,6

0.5

1.5

1.3

Anse de Poulgwin

0,8

1.3

château

0,3

1

0,3

anse de Poul Don

1

0,3

500 m

0,7

Anse de Goulet Riec

0,7   1,4

0

POINTS GPS :

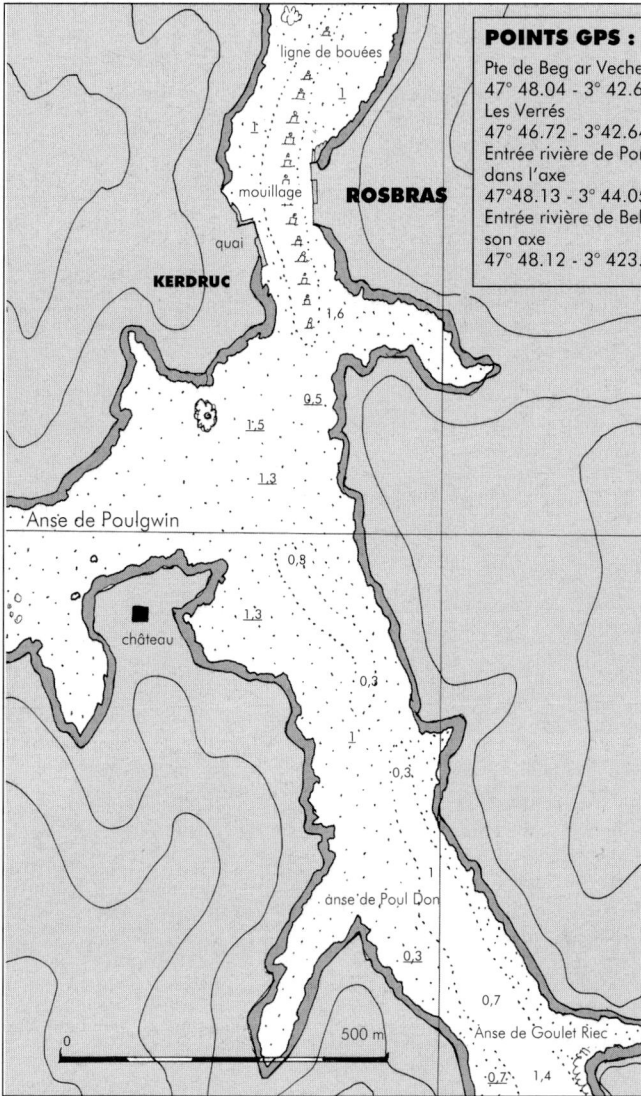

Pte de Beg ar Vechen virage
47° 48.04 - 3° 42.64
Les Verrés
47° 46.72 - 3°42.64
Entrée rivière de Port Manec'h
dans l'axe
47°48.13 - 3° 44.05
Entrée rivière de Belon dans
son axe
47° 48.12 - 3° 423.59

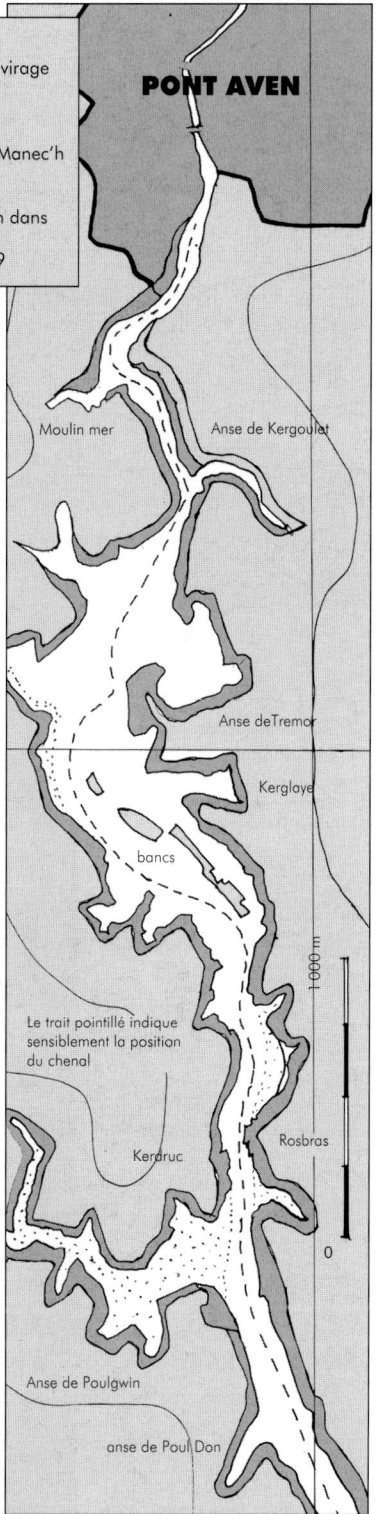

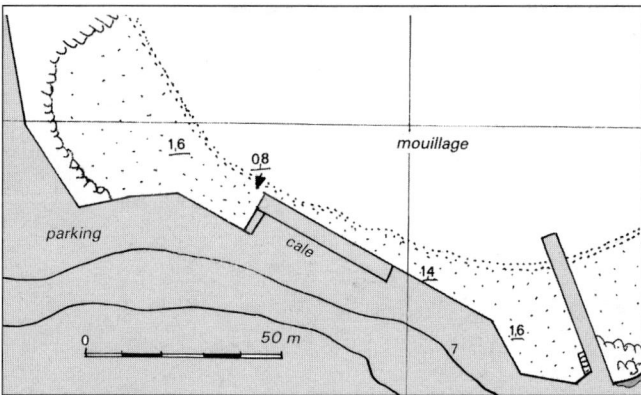

PONT AVEN

Moulin mer

Anse de Kergoulet

Anse de Tremor

Kerglaye

bancs

Le trait pointillé indique
sensiblement la position
du chenal

Kerdruc

Rosbras

1000 m

0

Anse de Poulgwin

anse de Poul Don

mouillage

1,6

0.8

parking

cale

14

1,6

7

0   50 m

Gardant le milieu de la rivière aux rives assez escarpées, couvertes de petits bois et de quelques belles villas, on atteint à un mille de Port Manech après l'anse de Poul Don qui assèche à mi-marée, l'anse de **Poul Gwin** qui creuse profondément la rive ouest juste derrière un vieux château. Cette anse a longtemps servi de cimetière pour les vieux thoniers en bois et l'on peut encore voir quelques coques éventrées dressant leurs membrures hors de la vase. Les fonds assèchent de 1,50 m à l'ouvert mais remontent assez vite. Poul Gwin n'est réellement accessible qu'à l'approche de la pleine mer.

Le rivage est partout très boisé et l'anse se prolonge vers le Nord par des parcs à huîtres dont les chenaux sont fort mal délimités. Un mouillage plaisant et tranquille.

Entre Kerdruc et Rosbras, la rivière étroite est véritablement envahi par les bateaux qui se tiennent sur 6 rangs en de longues files.

La rive de Kerdruc a été aménagée pour faciliter l'échouage et l'amarrage des bateaux.

Le quai de Rosbras, un décor sympathique autour d'un bar d'un style très irlandais.

SERVICES ROSBRAS

100 bouées.
Eau, sanitaires.
Grue 7 t.
Avitaillement :
Commerces éloignés du port.

ROSBRAS - KERDRUC

Le mouillage le plus fréquenté se situe dans la partie resserrée de la rivière entre les cales de Kerdruc rive ouest et de Rosbras rive Est. Les maisons anciennes nichées dans la verdure, qui se font face sur les deux rives forment un environnement plaisant et assez pittoresque. Rosbras a son pub et Kerdruc son restaurant et son hôtel.

Un plan d'eau tranquille, l'entrée de la rivière de Pont Aven est à plus de 2 500 m. De nombreux bateaux hivernent en ce lieu.

Les courants forts obligent à s'amarrer avant- arrière.

En maints endroits les rives présentent de hautes futaies, une magnifique promenade au cœur de la campagne bretonne.

Voir carte de situation en p 23

Les bateaux s'amarrent, avant arrière pour ne pas éviter sous l'action du **courant** qui peut atteindre 3 nœuds, sur des bouées en une ligne parallèle de chaque côté du chenal où il reste environ 3 m d'eau à basse mer. Les bateaux qui hivernent béquillent juste en amont du petit terre-plein de Kerdruc, l'étrave tournée vers la rive boisée, les fonds de vase offrant des posées douces. On peut également béquiller côté Est en aval de la cale de Rosbras sur les fonds de graviers et de sable un peu plus ferme d'une petite grève. Les musoirs des deux cales de Kerdruc et Rosbras assèchent entre 1 m et 1,30 m et les posées au droit des quais de 2 m. Le mouillage dispose d'une centaine de bouées mais rien n'est prévu pour les visiteurs qui doivent bien souvent s'amarrer à couple.

La **rivière de Pont Aven** est navigable sur 5 milles depuis Rosbras jusqu'au vieux et pittoresque port de Pont Aven accessible avec un tirant d'eau de 2 m à marée haute.

En amont du mouillage de Rosbras, le chenal traverse un vaste plan d'eau qui découvre de grands bancs de vase à basse mer, mais il est bien délimité par de nombreuses perches à voyants rouges et verts. Après avoir serré la rive ouest et passé au pied d'un château, le chenal s'engage dans un goulet étroit où il convient de naviguer prudemment

La rivière parait à chaque virage se perdre dans les bois mais contournant un rocher, elle repart dans une nouvelle direction. Cette navigation est un enchantement à l'automne lorsque les feuilles commencent à roussir et forment sur la rivière tranquille comme un véritable tapis.

Juste en amont de Rosbras, l'aven traverse la large anse de Tremor où le chenal se rapproche de la rive ouest et longe des petits bois.

À l'approche de Pont Aven, la rivière s'engage entre des grands arbres qui donnent l'impression de naviguer au cœur d'une épaisse forêt.

On ne peut débarquer au milieu de tous ces bancs de vase un peu molle qu'à l'extrémité de quelques rares pointes rocheuses.

POINTS GPS
Entrée de Trévignon
47° 47.78 - 3° 51.21
Men Du, tourelle
47°46.47 - 3° 50.42
Le Dragon, tourelle
47°47.91 - 3° 53.34
Pte de Beg ar Vechen virage
47° 48.04 - 3° 42.64
Les Verrés, tourelle
47° 46.72 - 3°42.64
Entrée rivière de Port Manec'h
47°48.13 - 3° 44.05
Entrée rivière de Belon
47° 48.12 - 3° 423.59
Les Verrés, tourelle
47°46,69 - 3°42,62

Voir carte de situation en p 23

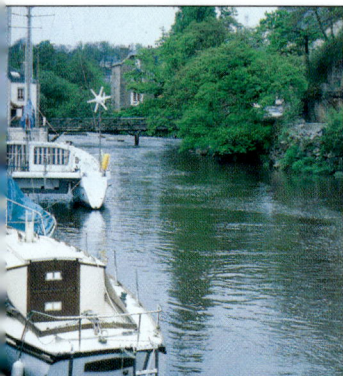

PONT AVEN

Ce port tout au bout de la partie navigable de la rivière de Pont Aven, est fort charmant avec ses terre-pleins de gazon le long des anciens quais, ses vieilles demeures sur la rive Est et les roues d'un moulin sur le petit ruisseau qui se jette dans le fond du port. Pont Aven avec ses vieilles maisons de granit est une pittoresque cité très appréciée des artistes peintres.

La rivière balisée par quelques perches, conduit jusqu'à Pont Aven, où un long quai borde la rive ouest. Quelques bateaux de plaisance échouent sur des fonds de vase molle qui assèchent entre 2 et 3 m. La partie navigable de la rivière se termine par un petit ruisseau qui alimentait autrefois de nombreux moulins. Le port dispose d'une cale et de prises d'eau à quai. Le stationnement dans le port est limité à 3 jours. Il faut ensuite demander une autorisation.

La navigation commerciale ayant pratiquement disparu les bateaux de plaisance peuvent s'échouer au droit des quais. Mais les bateaux locaux préfèrent rester à flot dans le lit de la rivière.

Un charmant petit port d'échouage dans un vallon un peu encaissé qui a toujours eu la faveur des peintres.

De nuit : aucun feu ne balise le chenal de cette rivière peu fréquentée mais après avoir reconnu de jour les sinuosités du chenal on peut, à l'aide d'un projecteur, réussir à retrouver sa route grâce, en particulier, aux réflecteurs placés sur quelques perches. Ils présentent théoriquement d'un côté une forme rectangulaire et de l'autre un rond mais leur disposition n'est pas partout rigoureuse.

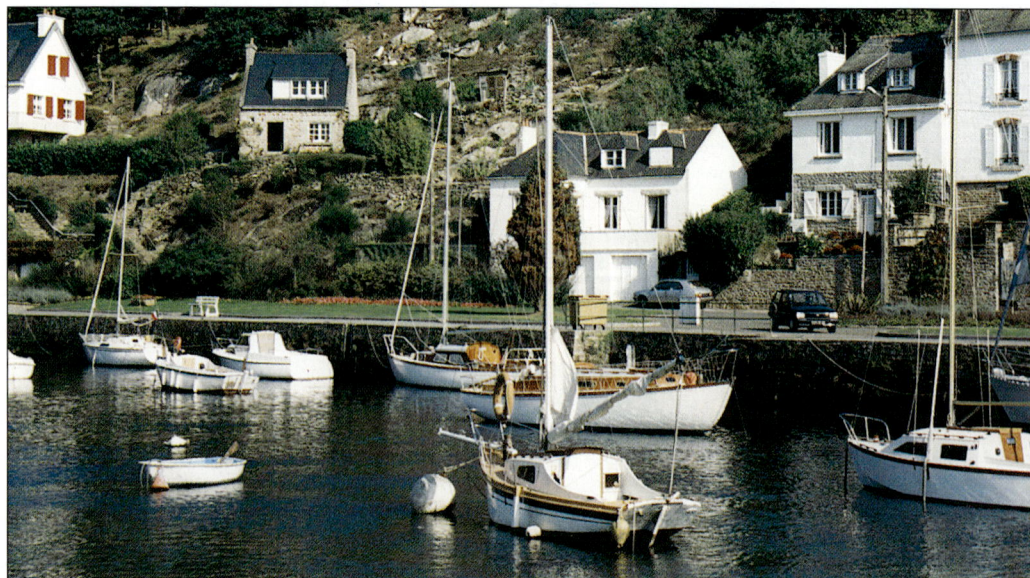

LA RIVIÈRE DE BELON

Cette petite rivière profondément remontée par la marée, offre un plan d'eau tranquille entre deux rives boisées, légèrement escarpées. Mais dans l'embouchure, largement exposée à la houle d'ouest du fait de son orientation, peut se former par vent contre courant une barre parfois délicate à franchir.

Vue du S.E. à un ou deux milles cette embouchure se détache assez mal sur la gauche de la pointe boisée de **Kerfany** que surmonte un amer blanchi signalant un alignement à **21°** utile seulement pour les grands navires.

En venant de l'Est, le long du rivage, on arrondira la perche de **Beg Lerzon** qui balise la lisière de quelques roches découvrantes pour remonter au nord en s'écartant un peu de la pointe au nord de la plage de **Kerfany** que débordent plusieurs roches affleurantes. En se plaçant dans l'axe de l'entrée de la rivière, on fait route au **30°** pour se rapprocher de la rive ouest et l'on revient ensuite vers la rive Est pour passer à une trentaine de mètres devant d'anciens viviers partiellement démolis. On navigue ainsi dans la partie la plus profonde de la rivière.

Le seuil est à 0,30 m, mais il ne faut pas espérer éviter la **barre** qui se forme par houle d'ouest et de S.W. contre les courants forts de jusant (4 nœuds en vives eaux), dans le début de la partie la plus resserrée de la rivière. La mi-marée montante est le meilleur moment pour l'embouquer, tout particulièrement à la voile. La hauteur d'eau est suffisante et le courant porte vers les mouillages. On peut attendre la montée de l'eau en mouillant devant la plage de Kerfany à la limite du zéro en prenant garde aux roches.

L'entrée de la rivière de Belon se distingue assez mal de loin sur les collines boisées.

Les bateaux s'amarrent sur des bouées disposées en longues lignes en bordure de la rive Est, bien à l'abri des vents et du clapot.

Quelques bateaux viennent stationner en lisière du chenal devant l'anse de **Gorjen** qui creuse la rive Est. Mais le véritable **mouillage de Belon** se situe à 800 m plus en amont, derrière le premier coude serré de la rivière qu'on atteint en longeant la rive Est. Son abri est parfait contre la houle et les vents du large, mais dans ce goulet assez étroit, les **courants** prennent de la vitesse et atteignent aisément trois nœuds, ce qui oblige les bateaux à s'amarrer solidement par l'avant et l'arrière sur des bouées. Des bonnes amarres sont à prévoir. Sur les 250 places disponibles pour des bateaux jusqu'à 15 m, 30 sont réservées aux visiteurs. Mais elles sont souvent occupées et il faut s'amarrer à couple. La sonde indique 1 m à 1,50 m d'eau près des bouées en lisière du chenal.

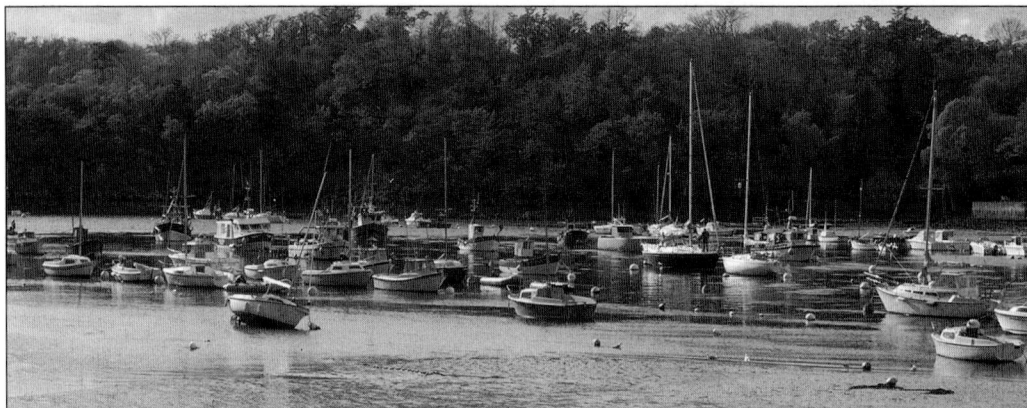

Les bateaux mouillent dans le lit de la rivière en longues files, les plus proches des rives échouent dans les bancs de vase.

Le mouillage s'étend à l'ouvert de l'anse de **Lanriot** dont les bancs de vase découvrent entièrement à basse mer et plus en amont, en bordure des bois de pins de la rive Est. Les débarquements se font aisément en annexe à la cale de la rive sud dont le musoir n'assèche pas à basse mer. Elle se prolonge par un quai long de 60 m où les bateaux de pêche s'amarrent et échouent à basse mer sur des posées franches découvrant entre 1,80 m et 2,40 m. Une ancienne cale se situe à la hauteur d'une petite maison carrée en bord du quai qui plus avant dessine une petite anse où les bateaux peuvent caréner sur deux platins de béton séparés par des pylônes de bois. Sur le terre plein la maison du marin abrite la capitainerie, la criée et des sanitaires. En saison, un passeur assure les liaisons entre les cales de Riec et Belon sur les deux rives opposées.

RIEC SUR BELON

Une cale est aménagée sur la rive ouest de la rivière, dans le second coude, près d'un groupe de maisons ayant leurs soubassements dans l'eau. Orientée vers le N.E. la cale est bordée par une petite grève où l'on peut béquiller à basse mer sur un fond de sable assez ferme. Elle se prolonge vers l'ouest par un quai difficilement accostable, les posées n'étant pas franches, qui se termine par une petite cale plus ancienne.

En amont du mouillage de Belon, la rivière reste encore navigable sur 2,5 milles. On trouve à **Lanveguy**, une cale et un petit bout de quai où deux ou trois bateaux peuvent échouer. Partout ailleurs la rivière large, bordée de rives basses, envasées dans un paysage très verdoyant est déserte dès l'automne.

Il est nécessaire de s'amarrer avant/arrière pour ne pas éviter dans les courants forts.

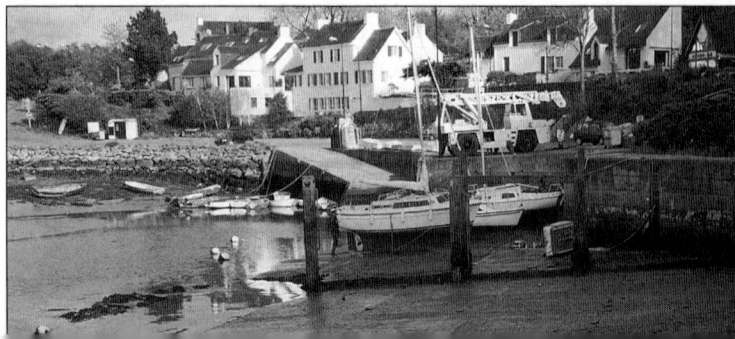

Le platin de carénage de la rive sud entre deux cales.

De nuit : Aucun feu ne balise la rivière de Belon en dehors du feu blanc (4 occ. 12 sec.) de la pointe de **Beg ar Vechen** à l'ouest de l'entrée de la rivière de **Port Manech** dont le secteur rouge (311° à 328°) couvre lorsque l'on vient du S.E. la tourelle non éclairée des **Verrés** et la roche à 0,60 m du **Cochon**. Un secteur vert de ce feu couvre également les dangers du rivage.

On peut à marée haute par nuit claire, la rivière étant large, remonter prudemment jusqu'au mouillage où les taches blanches des coques dans un projecteur permettent de situer la zone de mouillage. Mais cette entrée de nuit est à déconseiller par mer un peu agitée

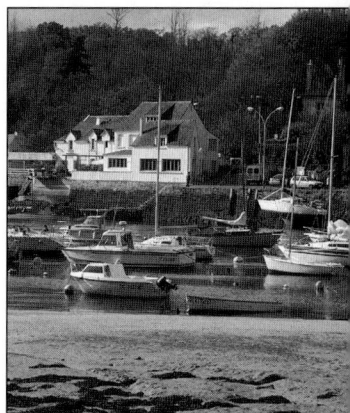

Tout le grand coude de la rivière Belon forme un vaste mouillage très fréquenté en été.

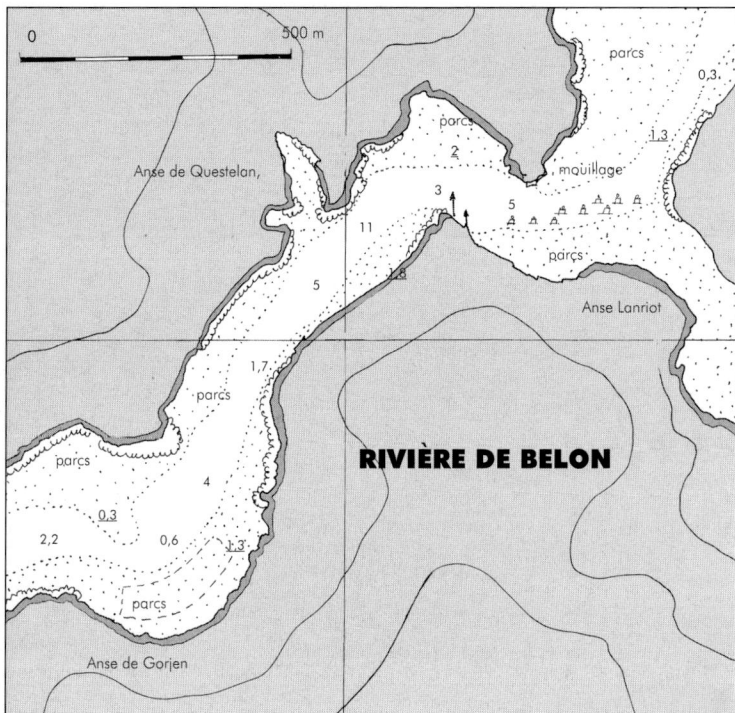

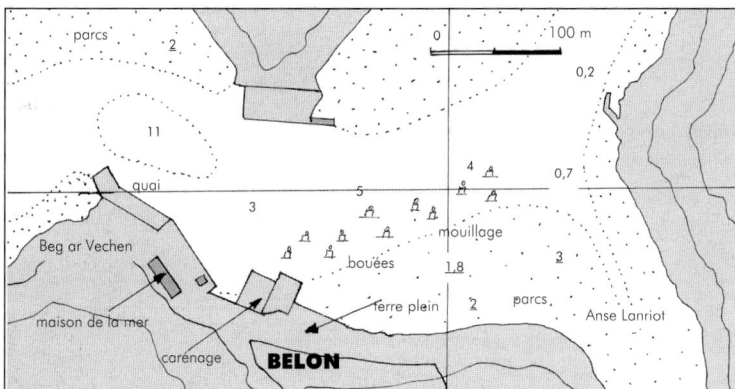

SERVICES BELON

Capitainerie : T.02 98 71 08 65. 11/12h. 250 bouées. 15 m maxi. 35 visiteurs. Eau, électricité, sanitaires, douches, Tél public, glace. Grue 7 t. cale.

Carburant : à Moëlan, station service.

Avitaillement : Commerces éloignés du port.

Accastilleurs :
Le Gall
T. 02 98 39 61 24
Le Pocher Nautisme route de Riec
T. 02 98 39 72 54
Coopérative Maritime Clohars Carnoët
T. 02 98 71 52 87

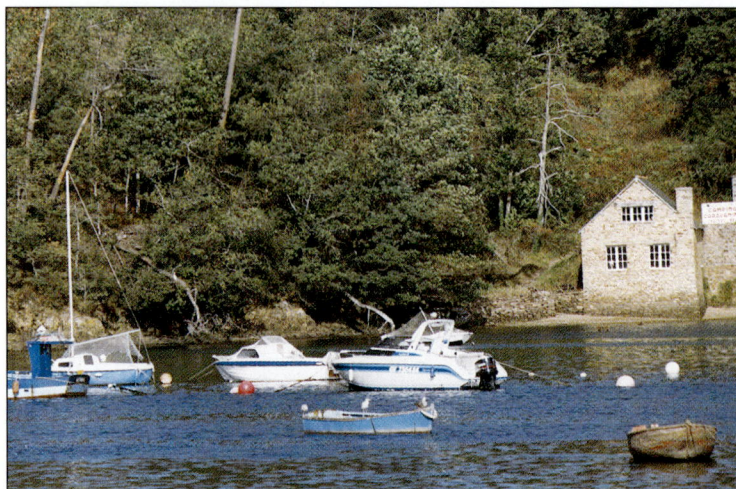

Les maisons ont les pieds dans l'eau mais les possibilités d'accoster le long qu'un quai sont extrêmement limitées. Il faut utiliser une annexe pour les débarquements à terre

Attention aux courants forts qui obligent à amarrer les bateaux avant arrière et à utiliser un petit moteur hors bord sur les annexes

La rivière qui s'enfonce dans une campagne très verdoyante et boisée, est navigable sur quelques milles. Les bateaux mouillent bien à l'abri des vents et de la houle.

SERVICES BELON

Capitainerie : T.02 98 71 08 65. permanence de 11/12h. VHF canal 9

250 bouées. 15 m maxi. 35 visiteurs.

Eau, électricité, sanitaires, douches, Tél public, glace.

Grue 7 t. cale. carénage. grue mobile 7 yt.

Carburant : à Moëlan, station service.

Avitaillement : Commerces éloignés du port.

BRIGNEAU

À 3 milles de l'entrée des rivières de l'Aven et de Belon, Brigneau est un petit port qui a connu au début du siècle une grande activité avec la pêche à la sardine. Ses anciennes maisons ont conservé leur caractère dans cette faille pleine de verdure du plateau côtier.

La petite bouée d'atterrissage

Il a suffi d'une courte jetée pour créer un petit port dans cette faille étroite.

À 2 milles au sud du port est mouillée une bouée d'atterrissage à bandes rouges et blanches et à sifflet marquée «Brigneau», d'où l'on peut piquer directement sur le petit groupe de bâtiments blancs d'une ancienne conserverie.

POINTS GPS

Cochon de Beg Morg
47° 46.48 - 3° 40.19
Entrée du port
47° 46.87 - 3° 40.00
Bouée d'atterrissage
47° 46.18 - 3° 40.01

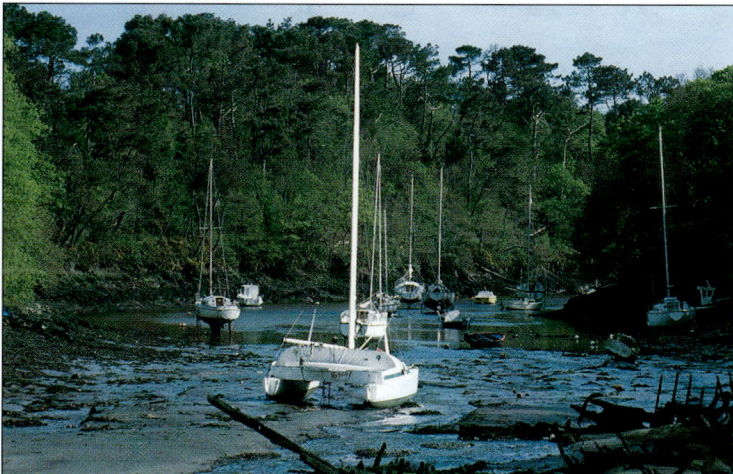

Le fond de la ria s'enfonce dans une véritable petite forêt, un surprenant environnement pour des bateaux.

Voir carte de situation en p 24

La perche à voyant sud sur bâbord balise la roche isolée du **Cochon de Beg Mor**. Il est prudent **en venant de l'ouest** de l'arrondir par le large, tout particulièrement à basse mer, car la pointe de **Beg Morg** se prolonge par des roches affleurantes sur plus de 500 m. Une bouée balise le banc de roches de **Poull Krenn** sur tribord à l'approche du port. **En venant de l'Est**, il est impératif de venir virer par le large la bouée sud du Cochon qui marque la lisière d'un plateau rocheux entre Merrien et Brigneau.

Toute la rive ouest dès l'entrée du port est bordée par un quai où l'on peut rester presque à flot à basse mer.

La petite jetée est trop courte pour couper la houle de sud et S.W. et les vagues à marée haute par gros temps peuvent passer au-dessus de la jetée. Le clapot assez dur peut se former dans l'entrée où quelques bateaux de pêche et les voiliers d'une école restent au mouillage.

On peut entrer dans le port de Brigneau avec un tirant d'eau de 1,20 m, deux heures après la basse mer en vives eaux et presque à basse mer en mortes eaux.

La rive Est rocheuse, assez escarpée et couverte de pins, ne présente qu'une petite cale. En revanche, un long quai débutant par une large cale où il reste 0,70 m d'eau au musoir à basse mer, borde toute la rive ouest. Les bateaux s'y amarrent et échouent entre 1 et 2 m sur des posées assez franches. La première demi-partie du quai est réservée aux pêcheurs du lundi au vendredi.

Brigneau peut accueillir jusqu'à 140 bateaux de moins de 9 à 10 m 6 places sont théoriquement réservées pour les visiteurs. Il leur est recommandé de mouiller dans l'entrée du port du côté Est du chenal qui doit être maintenu dégagé.

Un abri tranquille où les villas n'ont pas partout envahi les rives.

En amont d'un muret de la rive ouest, la petite anse de **Porz Bajou** est bordée par quelques mètres de quai que prolonge une cale utilisable qu'à la pleine mer. Les bateaux échouent en s'amarrant avant/arrière.. Le béquillage est obligatoire.

qui indique très exactement la route à suivre jusqu'à l'entrée du port entre une coloration verte à l'Est et rouge à l'ouest qui couvrent les dangers de la côte.

On prendra garde, **en venant de l'ouest**, à la tourelle des **Verrés**, qui n'est pas éclairée, mais se trouve couverte par le secteur rouge (311 ° à 328°) du feu de la pointe de **Beg ar Vechen** (4 occ. l 2 sec) dans l'entrée de la rivière de Pont-Aven.

On peut emprunter sans crainte le passage à terre de la tourelle des **Verrés** en

naviguant à la limite à **311°** des secteurs blanc et rouge du feu de **Beg ar Vechen**.
Lorsque le feu rouge de Brigneau (2 occ. 6 sec.) se démasquera derrière la pointe de **Beg Morg**, on pourra commencer à piquer vers l'E.N.E pour venir couper son secteur blanc.
La bouée de Brigneau n'est pas éclairée mais son voyant réflectorisé est assez aisément localisable à l'aide d'un projecteur. Elle émet un sifflement.

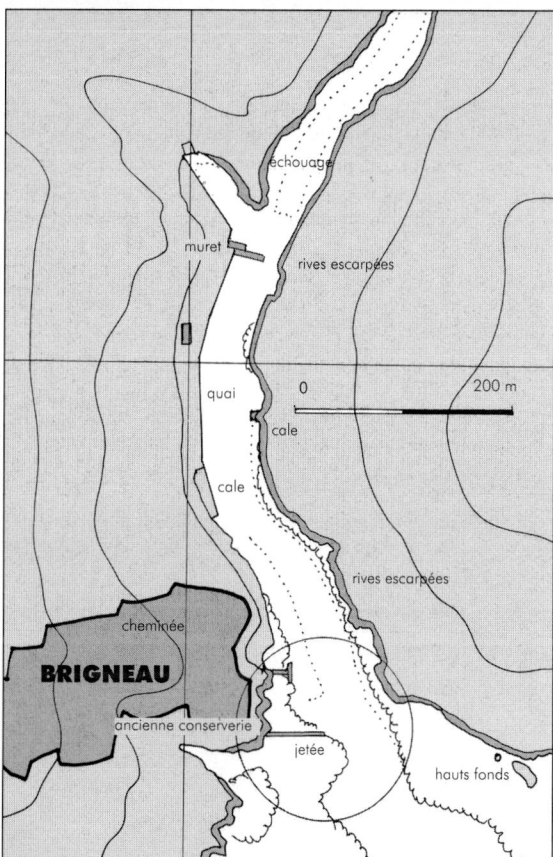

Toute la rive Est est restée à l'état naturel et est pratiquement inabordable. Le second môle protège du clapot, qui peut par vents du sud remonter la ria, les bateaux qui échouent dans un creux de la rive ouest.

SERVICES BRIGNEAU

Bureau du port à Moëlan T. 02 98 71 08 65.
permanence de 11h/12h.
140 places 6 pour visiteurs 9 m maxi.
Eau, électricité, sanitaires, glace, tél public.
Grue 5 t.
Carburant : T. 02 98 71 02 21, 7/12h - 13/20h.
Avitaillement : Commerces éloignés du port.

Mécanique - Réparation :
Le Gall Belle vue T.02 98 39 61 24
Le Pocher 5 rue des Plages. T.02 98 39 60 59
Moëlan Marine Kergroës T.02 98 71 06 43

Voir carte de situation en p 24

225

MERRIEN

À 0,7 mille à l'Est de Merrien, la rivière de Merrien forme une véritable calanque, avec une entrée en chicane qui assure une meilleure protection qu'à Doëlan. Mais la profondeur, moins grande dans l'entrée, en fait plus un port d'ostréiculteurs que de pêcheurs.

L'entrée se détache mal de loin sur le rivage rocheux couronné de bois de pins. En haut de la colline, la tourelle du feu et dans l'entrée le débarcadère accessible à basse mer.

La petite tourelle du feu sur les hauteurs dans le premier virage.

Un mouillage qui a conservé entre deux rives boisées un aspect encore un peu sauvage.

En venant de l'ouest, on arrondira par le large la perche du **Cochon** qui balise un éperon rocheux sous-marin découvrant de près de 3 m. Elle délimite avec une perche verte à l'Est, l'entrée de la rivière praticable avec un tirant d'eau de 1,20 m, deux heures après la basse mer en vives eaux et presque à basse mer en mortes eaux,

En venant de l'Est, on arrondira par le large la perche de la **Roche Bali** à au moins 20 m car une tête découvrante la déborde vers le N.W. et on virera ensuite la seconde perche balisant un éperon rocheux affleurant à la pointe de Kersécol pour se diriger droit vers l'entrée de la rivière.

Des escaliers, côté Est, taillés dans la roche conduisent jusqu'à un petit terre plein accostable, couvrant à marée haute et signalé par une perche verte à cône.

Le chenal dragué et dérocté il y plus d'une dizaine d'années à 0,50 m s'est envasé mais reste praticable. Le chenal suit tout d'abord l'axe de l'entrée de la calanque et se rapproche de la rive nord en décrivant une courbe bien régulière, de manière à venir passer à proximité de l'escalier du débarcadère de la rive nord. Une perche balise le musoir car il couvre à marée haute.

Immédiatement en arrière, une petite anse creuse le rivage rocheux escarpé, couronné de grands pins. Quelques petites embarcations s'échouent sur la grève.

Le mouillage de Merrien s'étend plus en amont sur toute la largeur du lit de la rivière. L'abri y est sûr et les fonds de bonne tenue. 160 bateaux s'amarrent sur bouées avant/arrière. 6 bouées marquées «visiteurs» sont normalement réservées pour le passage.

Le mouillage s'étend dans le second coude de la rivière et bénéficie d'une parfaite protection contre tous les vents dans le creux du vallon.

Le petit bout de quai submersible accessible par un escalier juste à l'entrée de Merrien sur la rive Est.

Le débarcadère de la rive ouest dans le premier coude où il est possible d'accoster à basse mer.

Le terre plein dont les quais sont accostables mais réservés en priorité aux bateaux de pêche. Le mouillage se prolonge plus en amont mais il faut prendre garde à la présence de nombreux parcs.

La rive sud du mouillage est bordée par un terre-plein dont les enrochements interdisent tout accostage puis par un quai utilisé par les pêcheurs et les ostréiculteurs où les fonds découvrent d'environ 1 m au droit. L'amarrage ne peut y être que momentané mais on peut l'aborder en annexe. Une cale s'avance à l'extrémité sud du terre-plein et nord du quai. Le village de Merrien se situe sur le haut de la colline à une distance d'environ 500 m.

SERVICES MERRIEN

Bureau du port à Moëlan. T. 02 98 71 08 65.
160 places sur bouées. 6 visiteurs. 9 m maxi.
Eau, sanitaires, glace, tél public.
Grue 7 t.
Carburant : T.02 98 71 02 21, 7/12h - 13/20h.
Avitaillement : Commerces éloignés du port.

Le fond de la rivière est occupé en grande partie par des parcs à huîtres.

POINTS GPS :

Passe entre les deux premières bouées
47°46.50 - 3° 39.06
Entrée de la rivière
47° 46.83 - 3° 38.94
Roche Bali
47° 46.37 - 3° 38.46

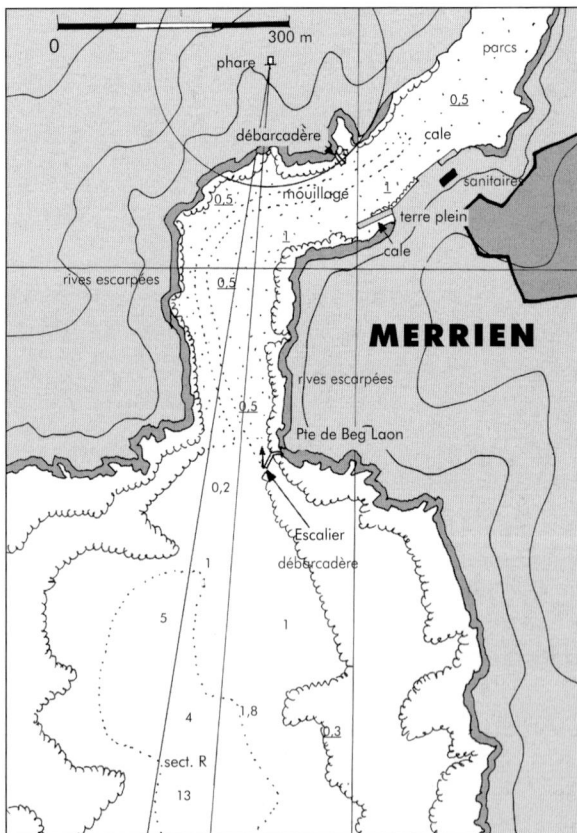

En amont du mouillage, la rivière encore large, est occupée entre les deux rives boisées et escarpées, par de nombreux parcs à huîtres mal balisés. On ne les repère à marée haute qu'à quelques branches et piquets. Il faut avancer prudemment pour aller béquiller sur les petites grèves qui bordent le fond de la rivière. Le seul ouvrage accostable se limite à un bout de quai en amont du port sur la même rive.

De nuit : L'étroit pinceau 004° à 009° du feu rouge scintillant de Merrien couvre l'entrée de la rivière qui, plus amont, reste plongée dans une totale obscurité. On avancera donc prudemment en éclairant les coques au projecteur.

PORT BALI

À la hauteur de la perche à cône qui déborde nettement le rivage à 800 m dans l'Est de l'entrée de Merrien, une anse creuse le plateau côtier. Laissant la perche sur bâbord car le passage à terre n'est pas franc, on vient mouiller par vent de N.W au N.E. avec un bateau pas trop grand à l'ouvert de l'anse dont le fond est occupé par une petite plage de sable. Le ressac n'est à craindre que par les vents du large.

Une faille étroite dans le plateau où seules quelques barques peuvent mouiller. Il faut rester à l'ouvert.

Partout le rivage rocheux présente des escarpements qui interdisent pratiquement tout débarquement.

Voir carte de situation en p 24

DOËLAN

Ce petit port de pêche blotti dans l'étroit estuaire d'un petit ruisseau côtier est un abri typiquement breton avec ses maisons blanches bordant de vieux quais de pierre et les chalutiers au mouillage.

Un petit groupe de maisons dont une de couleur rose signale le port de Doëlan à moins de 2 milles de Merrien et à 3 milles du Pouldu. Les hautes tours blanches à bandes vertes et rouges de deux phares, en alignement à **14°**, indiquent la route d'approche vers l'entrée qui est bien dégagée entre la perche de la **Croix** à l'ouest et la bouée verte **Le Four** qui remplace une tourelle détruite et marque la lisière d'un haut-fond découvrant à l'Est. Ces hauts-fonds rocheux servent d'assise au môle de la **Grande Vache** qui s'efforce de couper la houle par vent d'ouest mais n'offre guère de protection par vent du sud et S.W. Il reste environ 2,50 m d'eau à basse mer dans l'avant port.

Le port de Doëlan est aménagé dans une faille du plateau et l'avant port est médiocre protégé par un môle. On remarque les deux phares en alignement à 14° et au milieu du port rive ouest l'anse de Kersimon.

Il reste environ 2,50 m d'eau à basse mer dans l'avant port où sur la rive Est s'avance une longue cale dont le musoir balisé par une perche, est accostable à basse mer. (0,50 m). Une seconde cale s'appuie sur le même terre plein où les posées de sable assez plats assèchent entre 1 et 2 m au droit. Les chalutiers de Doëlan restent au mouillage à flot dans le prolongement de la grande cale, amarrés sur 2 ou 3 bouées de corps-morts car le ressac peut y être dur. Parfois, quelques viviers flottants, auxquels on prendra garde la nuit, sont amarrés à ces bouées. 4 bouées de couleur rose marquées P et numérotées de 1 à 4 sont réservées dans l'avant port aux bateaux de plaisance en escale. L'embossage est souvent nécessaire du fait du clapot.

Le premier terre plein de la rive ouest et ses quais sont réservés aux pêcheurs.

Sur la rive ouest, derrière une digue en enrochements, les hauts quais d'un terre-plein prolongé par une cale délimitent une petite darse où il reste environ 1,50 m d'eau. Les débarquements ne peuvent se faire que très momentanément aux échelles car l'amarrage est interdit aux plaisanciers dans cette darse. Cette même rive est bordée ensuite par un petit quai qui fait l'angle avec l'anse de Kersimon où les chalutiers viennent caréner entre trois pieux, les plus petites embarcations étant tirées au sec sur le haut de la grève. Les posées de graviers assèchent d'environ 2,50 m au droit du quai et de 1 m dans le milieu de la rivière où les bateaux échouent sur toute la largeur à partir du phare rouge en amont. Le béquillage est obligatoire pour réduire l'encombrement. Cette zone d'échouage est accessible avec 1,20 m de tirant d'eau, 2 h 30 après la basse mer en vives eaux et 2 h après en mortes eaux.

Par gros temps de S.W. au sud, sous l'effet de la houle qui entre assez largement dans le port, les bateaux peuvent tosser sur les fonds de sable dur au moment de l'échouage.

Si la rive ouest est restée à l'état naturel en amont de l'anse de carénage, trois cales bordent la rive opposée escarpée où les maisons et cafés se serrent le long d'une petite route en corniche tandis que tout au fond du port près d'un pont bas, une grève est utilisée pour l'hivernage, l'abri étant très sûr par tous les vents.

Le phare le plus éloigné dans l'intérieur des terres et qui donne l'alignement à 13°8.

L'entrée du port en arrière du môle des Vaches. À droite les deux cales qui couvrent partiellement. À gauche le quai et le terre plein des pêcheurs. . Il reste de l'eau à basse mer un peu au nord de la darse de la rive ouest.

Doëlan est organisé pour accueillir 320 bateaux de moins de 10 m dont 30 pour les courtes escales. Un canot indique la place à occuper, mais en saison Doëlan affiche parfois complet. Il ne reste alors que la solution de mouiller à l'extérieur du port si la mer est calme. Par mauvais temps, la capitainerie peut conseiller de chercher refuge à Brigneau ou dans les rivières de Pont Aven ou de Belon. Quelques commerces et restaurants bordent les quais de la rive Est.

De nuit : L'alignement d'approche à **13°8** est donné par le feu blanc (3 occ. 12 sec.) du premier phare et le feu rouge scintillant du second. Rappelons que le secteur vert (305° à 314°) du feu blanc de l'alignement couvre au loin les hauts fonds rocheux du **Grand Cochon**.

La petite crique de la rive ouest offre un bon échouage. Quelques bateaux y carènent.

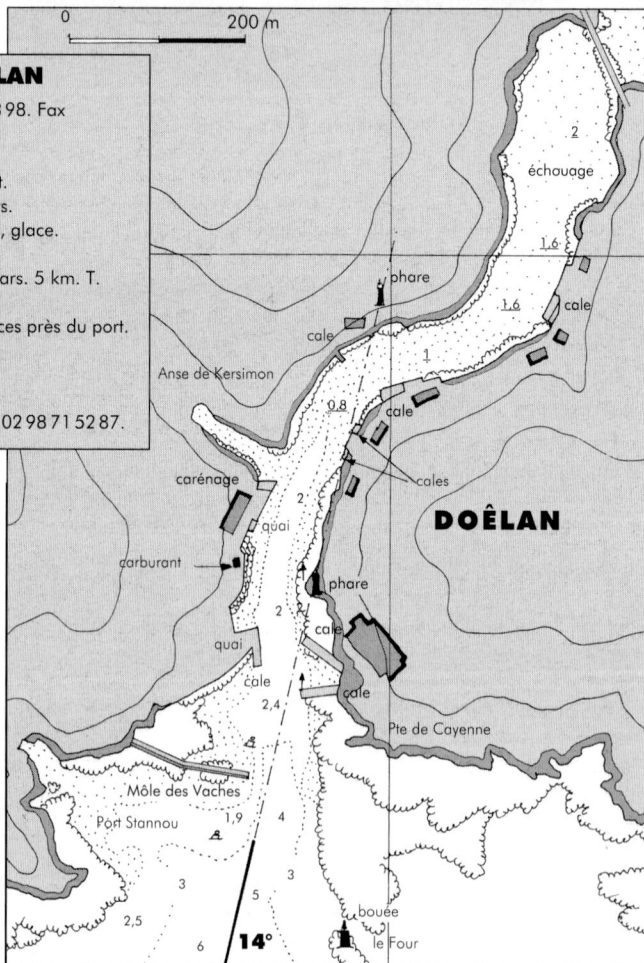

KERSELEC

POINT GPS :
Entrée de Kerselec
47° 45.86 - 3° 32.92

À l'Est du **Pouldu**, la côte très rocheuse, escarpée est débordée par quelques roches affleurantes. Elle n'offre aucune possibilité d'abri avant le Pouldu. Toutefois, par beau temps, il est possible de venir échouer dans l'anse de Kerselec, juste avant la première pointe à l'ouest du Pouldu, que l'on identifie de loin à la grande maison qui la surmonte. Deux perches de chaque bord délimitent l'accès d'un petit creux du rivage où s'avance une cale. Les fonds de sable plat et ferme facilitent le béquillage. On note également la présence d'une seconde cale sur le flanc de la pointe. Son quai est accostable par mer calme sur une dizaine de mètres, en prenant garde aux gros rochers qui l'entourent.

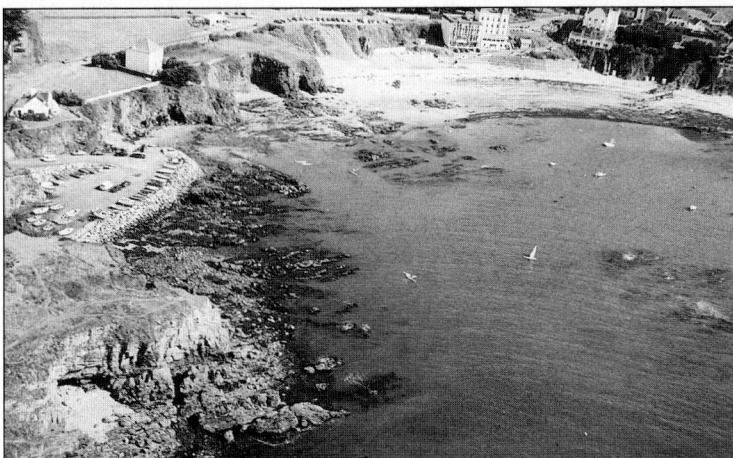

Une anse assez creuse qui offre un abri à peu près convenable sauf par vents du sud. Mais les installations se limitent à un terre plein.

La cale sur le flanc Est de la pointe n'est utilisable que par mer calme.

Voir carte de situation en p 24

233

L'EMBOUCHURE DE LA LAÏTA

La Laïta, comme toutes les rivières de la Bretagne Sud, est profondément pénétrée par la marée. Mais le courant de jusant qui peut atteindre 6 nœuds, peut lever en s'opposant à la houle, une barre assez forte sur les bancs de sable de l'embouchure. Les petits abris du Pouldu et du Guidel dans l'entrée de la rivière n'ont pas toutefois mauvaise réputation car le chenal de la Laïta est praticable dès la mi-marée.

Dès que la mer est un peu agitée, les vagues brisent dans l'entrée sur les hauts fonds. On aperçoit près de la pointe la tourelle de Men Du.

De loin, l'entrée de la rivière du Pouldu ne rompt guère le profil du rivage, mais on l'identifie assez aisément aux nombreuses maisons que domine sur la rive Est un grand château d'eau blanc cylindrique. On reconnaît ensuite, en approchant de la pointe ouest rocheuse et escarpée, la silhouette blanche à toit pointu comme un moulin d'un ancien sémaphore, et une grosse tourelle rouge massive. On viendra la reconnaître de près, pour s'engager dans le chenal qui serre de près un muret marqué d'une perche.

Un banc de sable largement découvrant barre toute l'entrée de la rivière et la mer y brise durement lorsque la houle du large s'oppose au courant de la rivière, qui peut atteindre jusqu'à 6 nœuds en période de vives-eaux. Cette barre peut être dangereuse et il est vivement conseillé lorsqu'elle lève par vent de S.W au S.E d'attendre la pleine mer pour s'engager dans l'embouchure.

Tout le rivage au voisinage de l'embouchure de la rivière est débordé par de vastes bancs de sable largement découvrants. Le château d'eau est un bon point de repère.

Le seuil de la rivière, formé de roches plates, dépasse d'environ 2 m le zéro des cartes. Un bateau calant 1,20 m ne peut donc s'engager dans le chenal que 3 heures et demie après la basse mer en mortes-eaux (coefficient 45) et 4 heures en vives-eaux (coefficient 95). Mais, par mer agitée, il est recommandé d'attendre l'heure qui précède la pleine mer où le courant devient faible et la hauteur d'eau presque maximale.

L'entrée de la Laïta vue du S.W.
A gauche la pointe rocheuse que
déborde la grosse tourelle rouge.
Au fond le port du Guidel. On
peut voir Les bancs étant
découverts, on peut voir le tracé
du chenal le long de la rive ouest.

Dès que la houle se lève la mer
brise en rouleaux sur les hauts
fonds rendant l'entrée de
l'estuaire parfois dangereuse.

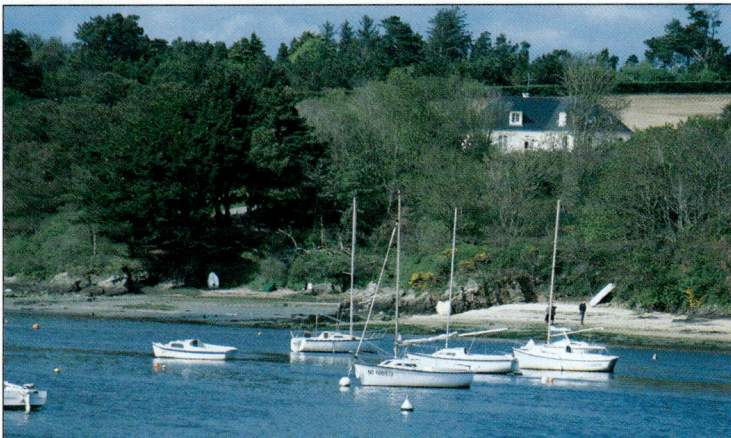

Le contraste est grand entre
l'entrée agitée et le plan d'eau
tranquille de la rivière.

Voir carte de situation en p 24

Si la place manque dans le lit de la rivière pour rester à flot, il faut échouer sur le plateau de sable de la rive Est.

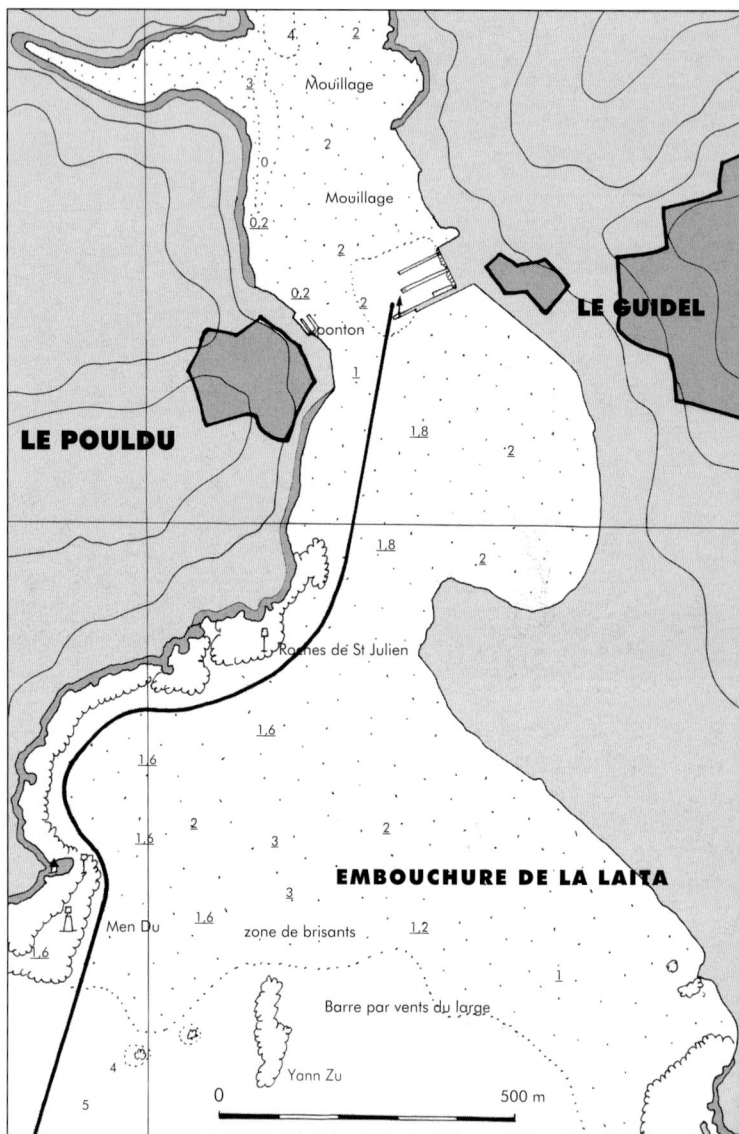

Mouillage

Mouillage

ponton

LE GUIDEL

LE POULDU

Roches de St Julien

EMBOUCHURE DE LA LAITA

Men Du   zone de brisants

Barre par vents du large

Yann Zu

0   500 m

On suivra constamment à environ 30 m la courbe du rivage formé d'une succession de petites plages et de rochers escarpés. Le chenal est assez large et présente partout un fond plat de sable et de graviers. La seconde perche, sur un socle de béton toujours sur bâbord, doit être doublée à une dizaine de mètres pour remonter ensuite en direction du musoir de la jetée du Guidel qui déborde la rive Est de la rivière.

Attention, à une cinquantaine de mètres en amont de la perche, à un groupe de trois écueils qui déborde un amas de grosses roches dont les têtes ne couvrent pas. On pare ces dangers en se tenant à environ un tiers de la rive rocheuse et deux tiers du banc de sable qui n'est qu'apparemment accore. Le vaste plan d'eau que dessine vers l'Est la rivière au milieu des bancs de sable, offre déjà une zone bien abritée de la houle, utilisée après la mi-marée pour les évolutions des dériveurs.

De nuit : l'entrée du Pouldu, faute d'un balisage lumineux, est impraticable.

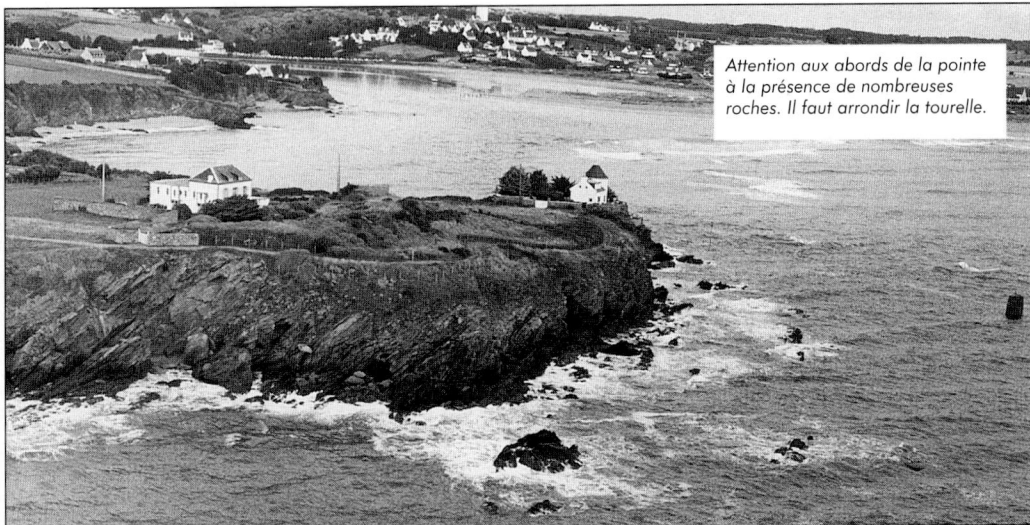

Attention aux abords de la pointe à la présence de nombreuses roches. Il faut arrondir la tourelle.

L'ancien moulin, la tourelle rouge et au loin à l'Est le château d'eau, les trois amers qu'il faut identifier avant de s'engager dans la rivière.

Les vagues qui brisent autour de la pointe de sable montrent bien qu'il peut être dangereux de vouloir forcer le passage.

Cette vue aide à situer la partie profonde du lit de la Laîta.

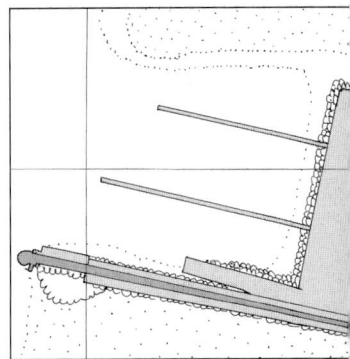

LE GUIDEL- LE POULDU

Sur la rive Est de l'embouchure de la Laïta au **Guidel**, un môle de béton dont le musoir balisé par une perche couvre à marée haute, protège deux longs pontons flottants où une centaine de bateaux peuvent rester à flot dans une souille draguée à 1 m. Une cale borde le môle qui n'est pas accostable.

Sur la rive opposée de la rivière au **Pouldu,** un ponton flottant installé en avant d'un petit quai bordant un groupe de maisons comprenant un restaurant, est utilisé en priorité par les pêcheurs locaux, l'accostage ne peut y être que momentané. On peut toutefois y débarquer en annexe. La sonde indique 1,50 m d'eau à basse mer. Il est fortement déconseillé d'échouer le long des deux cales à chaque extrémité du terre plein où les courants sont forts.

Aussi, bon nombre de bateaux locaux restent au mouillage dans le lit de la Laîta. Si la profondeur est suffisante pour les bateaux qui se tiennent à quelques mètres de la rive ouest, en revanche un vaste banc de sable largement découvrant, coupant en biais la rivière, oblige à échouer en avant de la rive Est. On repère la lisière du banc sur le plan. L'amarrage dans la courbe de la rivière du côté du Pouldu, se fait en ligne sur des grosses bouées en s'amarrant avant/arrière., l'étrave tournée vers l'amont.

Après avoir serré le rivage, on vient arrondir à petite distance la perche balisant les roches de St Julien.

Le quai et les maisons du Pouldu qui font face sur la rive ouest au port du Guidel

Les bateaux dans la souille du Guidel.

Au Pouldu, rive ouest, chaque bateau s'amarre sur deux grosses bouées pour se maintenir en ligne dans les courants forts.

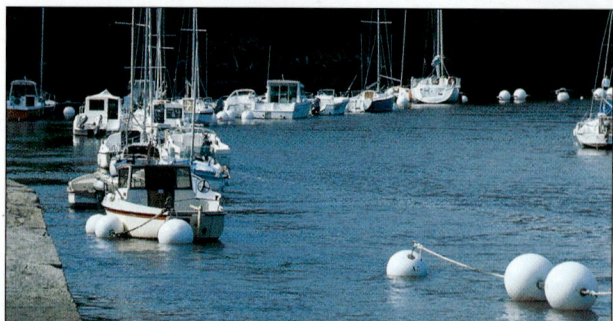

LA LAÏTA

La rivière s'enfonce dans l'intérieur des terres entre deux rives très boisées et peut être remontée sur 7 milles avec la marée jusqu'à Quimperlé, une petite bourgade aux vieilles maisons qui était au siècle dernier un actif port de commerce.

Un nouveau pont de béton de 12 m de tirant d'air vient seul rompre à 2 milles de la mer un décor d'épaisses forêts qui, après un large coude où l'on entrevoit une vieille demeure, va se prolonger pendant plus de 5 milles par la traversée de la grande **forêt de Carnoët**, l'ancien fief de Comorre, le Barbe Bleue breton. Le tirant d'eau admissible est d'environ 1,50 m. La rivière dans ses larges courbes présente plusieurs plans d'eau parfaitement bien abrités où quelques bateaux restent au mouillage au pied de rochers escarpés sous l'ombrage de grands arbres.

Il convient de ne pas trop se rapprocher des rives envasées et de prendre garde aux troncs d'arbres entre deux eaux. Elles sont parfois un peu trop sombres, pour ne pas dire noires, mais la remontée de la Laïta est une promenade très champêtre dans une solitude que l'on rencontre dans peu de rivière bretonne. La Laïta coule au pied de parois rocheuses parfois escarpées, longe une lande bordée de roseaux, passe près d'une belle demeure, s'enfonce dans un bois avant de rejoindre sous les hautes arches d'un viaduc de briques le port de Quimperlé à 7 milles de la mer. Une navigation paisible mais attention toutefois à la présence parfois d'un sablier qui profite de la marée pour remonter jusqu'à Quimperlé.

La rivière coule paisible parfois dans une véritable forêt. Les mouillages tranquilles ne manquent tout au long des deux rives.

Dans l'entrée de la rivière avant le pont, les rives sont encore assez escarpées.

Le nouveau pont ne laisse que 12 m de tirant d'air et interdit la remontée de la Laïta aux voiliers importants.

Voir carte de situation en p 24 et 240

De belles façades s'alignent le long du quai du port de Quimperlé qui n'a plus guère d'activité

LE PORT DE QUIMPERLE

Il s'étend tout en longueur dans le lit de la rivière entre deux rives bordées de quai en avant des façades de vieilles demeures bretonnes. Le site est très tranquille et fort plaisant pour une escale. Les fonds assèchent de 3 m au droit des quais où les posées de vases sont franches. La rivière se termine par un petit ruisseau qui alimentait autrefois les roues d'un moulin. On trouve à proximité du port de nombreux commerces et une station service pour le carburant.

Plusieurs larges courbes de la rivière à mi-parcours de Quimperlé, offrent un plan d'eau assez profond pour y rester à flot.

Après une période de pluie, les courants peuvent être forts entre les quais de Quimperlé.

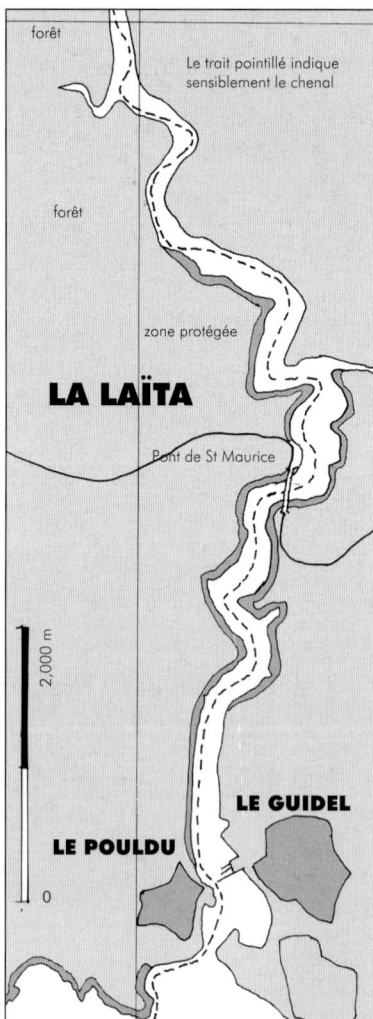

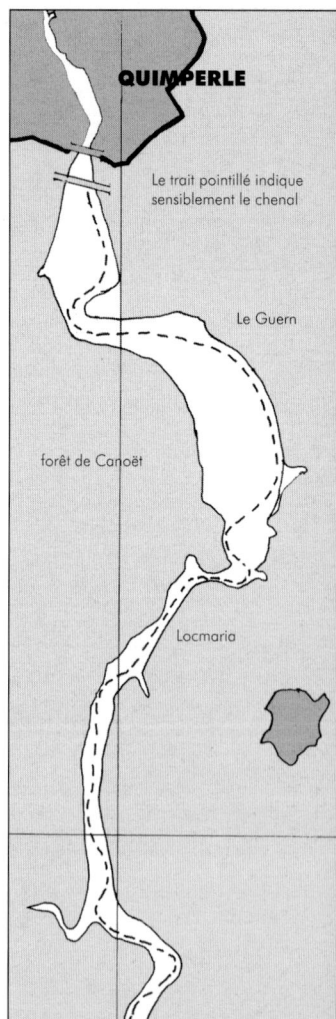

forêt

Le trait pointillé indique sensiblement le chenal

forêt

zone protégée

LA LAÏTA

Pont de St Maurice

2.000 m

0

LE GUIDEL

LE POULDU

QUIMPERLE

Le trait pointillé indique sensiblement le chenal

Le Guern

forêt de Carnoët

Locmaria

FORT BLOQUE

À un mille au Nord de la tourelle Sud du Grand Cochon qui signale un semis de roches affleurantes débordant la côte au S.E de l'anse du Pouldu, un vieux fort sur un plateau rocheux, isolé à marée haute, protège partiellement des vents d'ouest, une anse où, en été, viennent mouiller quelques bateaux de plaisance.

Entre l'embouchure de la **Laïta** et la pointe du **Talut**, la dernière avant la rade de Lorient, le rivage est partout assez malsain car débordé par de larges plateaux rocheux. où la mer brise dès que la houle d'ouest se lève. Ces dangers sont balisés à l'ouest par la tourelle sud du **Grand Cochon**. Fort bloque se situe en arrière du plateau des **Loriots** qui découvre de 3,30 m. L'approche ne peut se faire que par le N.W ou le S.W direction dans laquelle le passage est étroit. Il faut faire route au 38° sur le sommet du fort.

Trois perches délimitent le passage étroit à l'extrémité du banc de sable qui prolonge le plateau rocheux du fort vers l'Est. On laisse deux perches sur bâbord et une sur tribord pour venir sur la zone de mouillage en avant de la plage dont on se tiendra à distance car elle est débordée par un large plateau de roches. Une chaussée relie le fort au rivage dans le prolongement de la cale. Le mouillage n'offre aucune protection contre les vents de S. W au S.E.
Le mouillage n'est accessible que deux heures avant et après la pleine mer. La tenue des fonds de sable est médiocre et l'accès délicat par vent supérieur à force 4.

Les bateaux se tiennent dans l'Est du fort. Attention à bien suivre le balisage des perches

POINTS GPS :
Approche par le S.W
47° 43.86 - 3° 30.52
Grand Cochon
47° 43.18 - 3° 30.73

De nuit : La tourelle du **Grand Cochon** non éclairée est couverte par le secteur vert (305° à 314°) du feu blanc de **Doëlan** (3 occ. 12 sec.) et le secteur vert (112°5 à 132°) du feu de **Kerroc'h** (2 occ. 6 sec) de la pointe du **Loup**. Aucun feu ne signale le mouillage de Fort Bloqué qui est inaccessible dans l'obscurité.

La zone de mouillage sous la protection du fort et du plateau rocheux. L'échouage est de rigueur.

Voir carte de situation en p 25

La côte à l'approche de la pointe du Talus présente des roches agressives qu'il faut tenir à distance.

L'ANSE DE COUREGAN

À 1,5 mille dans le 103° de la tourelle du Grand Cochon, une petite anse bordée d'une plage creuse le rivage. L'abri est convenable par vent de N. à E.. On rejoint ce mouillage sauvage assez plaisant en faisant route au **45°** sur un grand bâtiment blanc en bord de plage. Quelques résidences de vacances dans le style immeuble moderne, ont été construites à proximité de l'anse ce qui enlève un peu de beauté au site. On mouille par 2 à 3 m d'eau. Un quia qui couvre à marée haute occupe l'angle N.W dans le fond de l'anse. Il sert uniquement à protéger du clapot une cale utilisable à mi-marée.

Le fond de l'anse est ourlé d'une belle plage de sable où s'avance une cale du côté ouest.

Les bateaux mouillent à petite distance d'un quai qui couvre avec la marée.

Le rivage dans l'ouest de la pointe du Talus. En premier plan le petit port de pêche de Kerroc'h sur le flanc nord de la pointe des Loups et plus au loin, l'anse de Couregan.

KERROC'H

Ce petit port de pêche est un abri presque naturel sur le flanc nord de la pointe du Talut dans un creux du rivage très rocheux et légèrement escarpé.

Derrière la pointe du **Talut** que surmonte un ancien sémaphore face à l'île de Groix, la pointe des **Loups** se signale par un petit phare accolé à un amer en forme de losange. Cette pointe protège des vents de S.W. à l'Est le petit port de pêche de Kerroc'h mais le mur abri ne peut casser que partiellement la houle par vent d'ouest qui brise sur les hauts fonds des **Sœurs dans l'ouest de Kerroc'h.**

Remontant vers le N.E.sur la perche ouest des Deux Têtes qui balise l'extrémité d'un éperon rocheux prolongeant la pointe des Loups vers l'ouest, on arrondira la perche par l'ouest d'une cinquantaine de mètres pour venir mouiller au milieu des canots dans le prolongement de la cale. Le mur abri est accostable intérieurement à marée haute mais il serait dangereux de vouloir y échouer car les posées présentent des blocs de roche. et le ressac peut être dur par vent d'ouest.

Le port de Kerroc'h vu du S.W. La cale s'avance près d'une petite grève mais tout le reste du rivage est inapprochable.

Le môle n'améliore que partiellement la protection du mouillage où le clapot peut être désagréable.

Kerroc'h est un port de pêche où les plaisanciers sont tolérés et ne doivent pas occuper les bouées.

Voir carte de situation en p 25

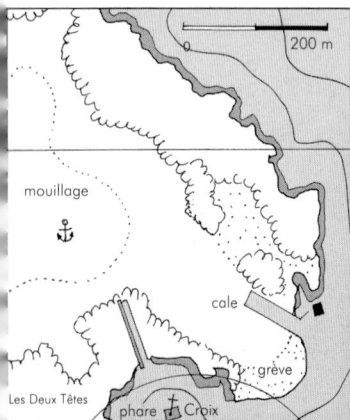

Les chalutiers restent au mouillage dans le milieu du port et s'amarrent sur des chaînes traversières. Aussi est-il déconseillé de mouiller une ancre sans un orin. Si l'on est certain que le clapot ne va pas se lever, on peut échouer sur la petite plage au sud de la cale. Mais Kerroc'h est un port de pêche où les plaisanciers sont simplement tolérés.

La pointe des Loups que prolonge vers l'ouest le banc des Deux têtes où il serait dangereux de venir talonner.

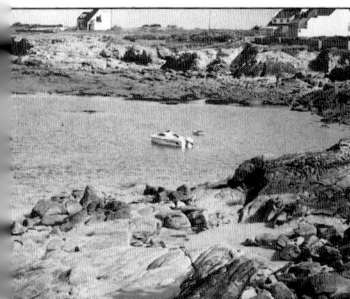

Les plaisanciers peuvent venir échouer dans la petite crique au nord de la cale où un peu de sable se niche entre les roches

POINT GPS :
Entrée de Kerroch :
47° 42.24 - 3° 27.87
Les Deux Têtes, balise
47°42,17 - 3°27,87
Sud banc des Soeurs;
47°42,14 - 3°28,30

Les installations se limitent à une cale souvent encombrée. Tout autour du mouillage le rivage est très malsain à l'exception de la grève de sable.

De nuit : Le phare de la pointe des **Loups** montre un feu blanc (2 occ. 6 sec.) qui couvre d'un secteur rouge (96°5 à 112°5) les hauts fonds des **Sœurs** et d'un secteur vert plus au nord, les dangers de la côte et la perche ouest. Vers l'Est, le phare couvre les dangers du rivage en avant de **Lomener** d'une coloration rouge au relèvement inférieur à 302°.

Naviguant dans le secteur blanc 302° à 96°5, on s'écartera vers l'ouest du feu du **Loup** jusqu'à relever le feu blanc (4 éclats 25 sec.) de **Pen-Men** à la pointe ouest de l'île de **Groix** au **195°**. On pourra alors remonter au nord jusqu'à la limite des secteurs rouge et vert **112°5** du feu du Loup, limite sur laquelle on se tiendra pour revenir vers le feu en fouillant l'obscurité au projecteur afin d'apercevoir la perche qui est à laisser sur tribord. Une entrée délicate, à déconseiller dès que la mer est un peu agitée.

L'ANSE DE PERELLO

À 0,7 mille à l'Est de la pointe du **Talut** que surmontent quelques constructions, que l'on identifie mal comme ayant été un fortin et un ancien sémaphore, deux anses ourlées d'une belle plage de sable creusent profondément le rivage. La plus grande, **Perello** est un excellent mouillage, sauf par vent de S.E. Si la houle reste sensible par vent d'ouest, les fonds de sable sont clairs de tout danger et l'accès est parfaitement dégagé par le S.E. Deux cales bordent la rive Est très rocheuse. On mouille par 1 à 2 m d'eau en avant de la plage.

Enserrée entre deux avancées de roches, l'anse offre un bon mouillage en avant d'une belle plage de sable fin. La cale se situe sur la gauche en entrant.

Sur plusieurs milles entre le Pouldu et la pointe du Talus, le rivage est formé de petites falaises escarpées que débordent de larges plages.

La houle à tôt fait de déferler en gros rouleaux sur le sable des plages par vents frais d'ouest.

POINT GPS :
Axe de l'anse de Perello à l'ouvert
47°41.91 - 3° 26.47

LOMENER

Au nord de la tourelle sud **Grasu** qui débordent tous les dangers de la côte à 2 milles à l'ouest de Lorient, et que l'on viendra virer par l'ouest, l'anse de Stole est un mouillage bien abrité des vents de N. W au N.E. On y pénètre en faisant cap au nord sur l'axe de l'anse de manière à laisser sur bâbord la perche sud de la basse des **Royaux** qui signale un danger isolé. Une seconde perche Est balise les rochers près du musoir de la jetée. Une autre perche à voyant en croix jaune à petite distance au nord du musoir de la jetée marque l'extrémité S.E d'un éperon rocheux, le **Rochem** qui sépare les deux zones de mouillage. On passera à mi-distance entre cette perche et le musoir.

On peut également pénétrer dans l'anse de Stole en suivant l'alignement à **357°** du clocher de **Ploëmeur** par la tourelle blanche d'un feu en bord de la plage de l'anse.

Les deux zones de mouillages, à l'ouest entre la jetée et le plateau rocheux du Rochenn et au centre de l'anse en avant de la plage.

Une belle étendue de sable plat permet l'échouage sous l'abri de la jetée, les fonds découvrant de 1 m. Cette jetée est bordée intérieurement par une cale accostable presque à basse mer. Elle est elle-même bordée par un large platin de béton pour le carénage.

Dans tout le port de Lomeneur, les bateaux échouent sur des fonds de sable plat et ferme. qui n'assèchent pas au nord du musoir de la jetée où le mouillage est organisé sur corps morts. Mais la place étant assez réduite, bon nombre de bateaux de plaisance et de canots de pêche viennent mouiller dans l'axe de l'anse Stole dans une fosse profonde de 2 à 2,50 m où l'abri est sûr par tous les vents sauf ceux de S. W au S.E.

Une perche balise les roches près du musoir et une tourelle le banc plus au large.

On peut accoster l'escalier de la jetée à basse mer.

POINTS GPS :
Tourelle Grasu
47° 41.59 - 3° 25.08
Axe du mouillage hauteur perche sud
47° 41.98 - 3° 25.45

De nuit : Dans le fond de l'anse de Stole, un feu de guidage (scint. directionnel) présente un secteur blanc étroit de 352°2 à 359° entre une coloration rouge et verte. En empruntant ce secteur, légèrement à l'ouest du feu rouge (éclat 2,5 sec.) de la bouée A2 du grand chenal de Lorient, on arrive à la hauteur du musoir de la jetée de Lomener.

Entre Lomener et Larmor Plage s'avance le **banc des Saisies** que prolonge un épi en enrochements signalé à son extrémité sud par une bouée de marque spéciale, mouillée à 500 m dans l'Est de la tourelle Est de la **Pierre d'Orge**. On la doublera par le sud ainsi

La tourelle du banc du Grasu

Le port est surtout fréquenté par des canots de pêche.

que la bouée délimitant la lisière des roches que l'on arrondit pour se diriger sur le port abri de Larmor Plage. On pare généralement tous ces dangers en naviguant en lisière du grand chenal ouest de Lorient.

Par beau temps, quelques bateaux restent au mouillage en lisière du plateau des roches des **Saisies** qui est accore et est balisé par deux perches jaunes à croix de St André. Une digue submersible s'appuyant sur le plateau est signalée à son musoir en direction du S.S.W par une bouée de marque spéciale. On peut mouiller au nord de la Pierre d'Orge en avant d'une belle plage de sable par 2 à 3 m.

Attention au petit banc de roches du Roliou qui déborde la jetée de Lomener près du musoir.

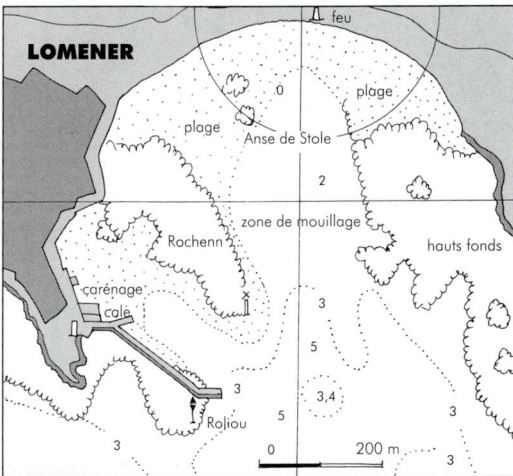

L'extrémité de l'éperon rocheux des Saisies invisible à marée haute dans l'Est de Lomener est signalée par une bouée jaune de marque spéciale.

Un vaste platin en avant des quais que bordent de nouveaux immeubles. Les anciens magasins à poisson ont été détruits.

Voir carte de situation en p 25

LARMOR PLAGE

Cet ancien petit port sardinier, dominé par une belle église du XVe siècle qui saluait autrefois de sa cloche le départ des navires, possède deux petits bassins. Le plus petit, à l'extrémité ouest de la plage, offre un échouage assez sûr derrière une courte jetée mais les places libres sont rares.

L'entrée du bassin au S. E est encadrée par deux cales, dont les extrémités sont signalées par des perches. Les fonds avoisinent le zéro dans la passe. La cale sud est toujours très glissante. Les fonds de sable où les posées sont partout très franches, assèchent de 1 m dans l'entrée et le quai n'est accostable qu'après la mi-marée. L'abri est convenable mais nul par vent de S. E, la houle entrant librement dans le bassin.

De nuit : Seule l'extrémité de la petite jetée du bassin Nord est éclairée par un lampadaire.

Le port de Larmor Plage à l'entrée de la rade de Lorient. À droite la pointe de la Citadelle, en haut à gauche le port de Kernevel et l'île St Michel.

Le port de Larmor Plage vu du sud. Le château d'eau est un bon point de repère.

Le bassin assèche entièrement à basse mer jusqu'au musoir de la cale.

Les deux courtes jetées font office de cales. Attention aux musoirs immergés à marée haute.

Dans tout le bassin les posées de sable plat et ferme facilitent le béquillage.

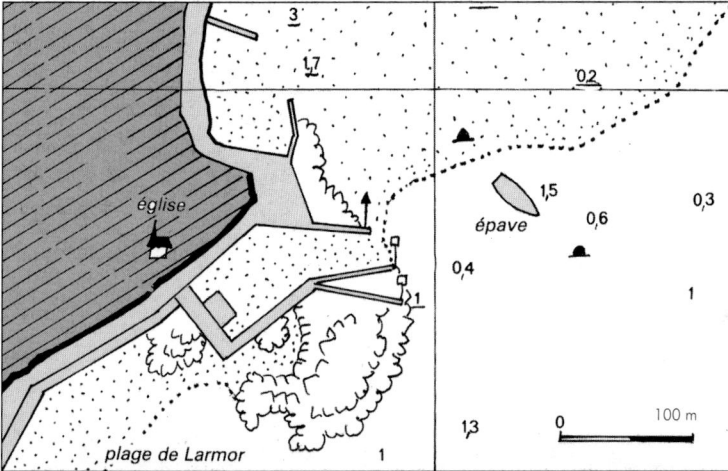

église

épave

plage de Larmor

100 m

HORAIRE D'ACCÈS

Sur un fond découvrant de 2 m en coef de marée de 70, accès possible 3 h 10 après la basse mer avec un tirant d'eau de 1 m, 3 h 50 avec 1,50 m et 4 h 40 avec 2 m.

La plage se prolonge jusqu'au petit abri qui s'appuie sur le flanc nord de la pointe de Larmor.

ÎLE DE GROIX

Longue de 7,5 km et large tout au plus de 2,7 km, l'île de Groix forme un plateau rocheux, qui domine généralement la mer par des falaises escarpées hautes de 20 à 30 m, de sorte que les abris y sont peu nombreux. On ne compte qu'un grand port sur la côte nord et deux mouillages au sud.

Le sommet le plus élevé de Groix atteint 50 m ce qui permet de repérer de loin sur l'horizon la bande sombre de l'île, par bonne visibilité ce qui en ces parages n'est pas toujours le cas. Le courreau large de 3 milles qui sépare l'île de la pointe du **Talut** est fréquenté par les navires qui rejoignent la rade de Lorient. Aucun haut fond n'est à craindre et la mer n'y est pas très forte du fait de courants modérés.

Les courants portent vers l'Est au flot à une vitesse de 1,8 nœud et vers l'ouest au jusant, les renverses ayant lieu sensiblement aux heures des pleines et basses mers.

De nuit : L'île de Groix se repère par trois feux. À l'ouest, la pointe de **Pen Men** montre un feu blanc (4 éclats 25 sec.) visible pratiquement sur tout l'horizon jusqu'à 29 milles et à l'Est à la pointe des **Chats**, on peut voir à une hauteur de 19 m, un feu rouge (éclat 5 sec) qui peut être masqué vers l'ouest par les hauteurs de l'île. Ce feu est doublé à 0,8 mille au nord par le feu blanc de la pointe de la **Croix** (occ. 4 sec.) dont le secteur rouge 336° à 345° en direction du S.E. couvre les hauts fonds de la basse des Chats. Enfin la bouée à sifflet qui balise l'extrémité sud de cette dangereuse chaussée montre un feu blanc scintillant (6) + EL 15 sec.

Par brume : Lorsque la visibilité est réduite, le radiophare de **Pen Men** est un point de repère pour les bateaux équipés d'un radiogonio (indicatif GX fréquence 301,1 khz.).

L'île de Groix forme un plateau qui surplombe presque partout la mer de ses parois escarpées interdisant pratiquement tout débarquement.

Un site géologique étonnant. Des roches striées entourent toute la pointe des Chats. La flèche signale la position du phare.

PORT TUDY

L'unique port de l'île de Groix abritait au début du siècle une flotte de plus de 300 dundees qui allaient pêcher le thon dans tout le golfe de Gascogne. Tous ces thoniers à voile ont disparu. Il ne reste de cette époque que les restes d'anciennes conserveries et un écomusée.

Port Tudy se divise en trois parties. L'avant port dans le prolongement de la passe, le bassin à marée à droite qui donne accès au bassin à flot.

La passe est encadrée par deux hautes tours blanchies remarquables de loin.

L'entrée du bassin à marée.

Les plaisanciers doivent s'amarrer sur les tonnes ou les bouées dans l'avant port.

POINTS GPS :

Basse Melite
47° 38.91 - 3° 25.46
Bouée Edouard de Cougy
47° 37.98 - 3° 23.98
Bouée des Chats :
47° 37.10 - 3° 25.84
Entrée Port Tudy
47° 38.78 - 3° 36.62
Port St Nicolas
47° 37.92 - 3° 29.21
Entrée de Port Lay
47° 38.90 - 3° 27.47
Virage Pte de Pen Men
47° 39.23 - 3° 30.90
Bouée Speerbrecker
47° 39.16 - 3° 26.24

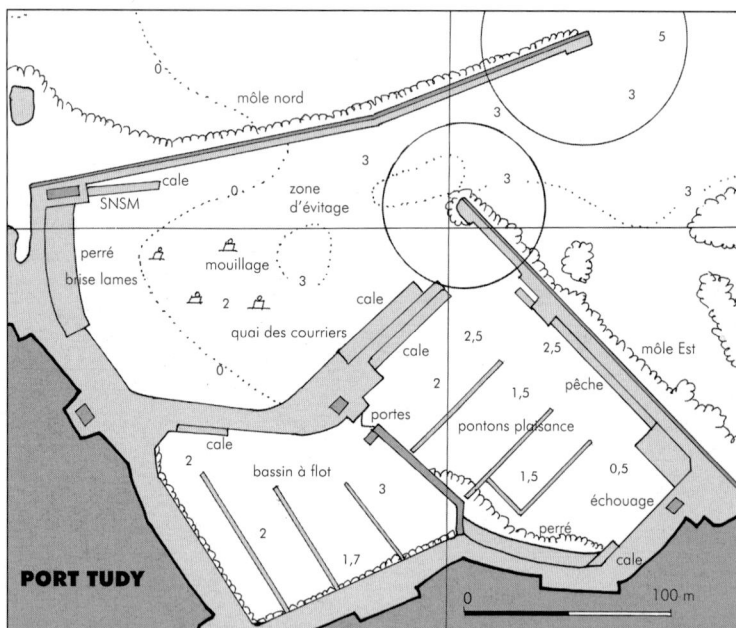

PORT TUDY

Trois nouveaux pontons dans le premier bassin peuvent accueillir des bateaux de plus de 12 m à toute heure de marée.

Les portes du bassin à flot sur la gauche de la cale du môle centrale, réservée aux pêcheurs.

HAUTEUR D'EAU

Coef.	B.M	P.M
35	2,20 m	3,95 m
45	2,05 m	4,05 m
55	1,80 m	4,30 m
65	1,60 m	4,45 m
75	1,35 m	4,75 m
85	1,05 m	4,90 m
95	0,90 m	5,15 m
105	0,60 m	5,35 m
115	0,35 m	5,65 m

Niveau moyen : 3,10 m
Marnages :
V.E moyennes : 4,20 m
Mortes eaux moyennes :
2,00 m.

Port Tudy se situe sur la côte nord à 2,8 milles de **Pen Men** et à 1,4 mille de la pointe de **la Croix.** L'entrée ne présente pas de difficulté et l'abri est sûr par vent de nord et N. W mais la houle du S. W qui vient heurter les escarpements de la côte du continent est renvoyée vers l'île de Groix où elle vient battre la jetée Nord et pénètre en partie dans le bassin en contournant le musoir. Des variations de 1 m peuvent ainsi bloquer les portes du bassin et gêner sérieusement la manœuvre des courriers.
Attention à bien déborder en venant de l'Est, la perche à cylindre qui signale un groupe de roches en avant de la pointe à l'Est de la passe dont la largeur est réduite à 20 m par les enrochements autour des deux musoirs. La profondeur avoisine 4 m à basse mer.

L'avant port dans sa première demi partie doit être maintenu dégagé pour les courriers qui venant de Lorient desservent plusieurs fois par jour Port Tudy et doivent éviter dans l'avant port pour repartir. Il est, par conséquent, formellement interdit d'accoster le long de la digue abri. L'accostage est également interdit le long des deux cales du môle central, la cale ouest étant réservée aux courriers et la Est aux pêcheurs. Les plaisanciers de passage viendront s'amarrer à l'une des 7 grosses tonnes ou aux 8 bouées mouillées en avant de la large cale qui dans le fond du bassin amortit la houle. Les places en été sont souvent très disputées car aucun accostage n'est possible le long de la jetée même près de l'abri du canot de sauvetage, car un passage doit être maintenu constamment libre dans le prolongement de sa cale. On peut estimer à 120 le nombre de places disponibles dans l'avant port.

Attention à ne pas gêner la manœuvre des courriers venant de Lorient. La place est limitée pour l'évitage Le navire accoste le quai du môle central.

Dans le **bassin Est à marée,** les bateaux de plaisance peuvent depuis peu s'amarrer le long de trois longs pontons flottants reliés par deux passerelles au mur du bassin à flot. Une souille a été draguée entre 2,50 m et 0,50 m pour rester à flot aux plus basses mers. Dans le fond du bassin le large perré de carénage a été conservé pour le tirage au sec des canots. Le quai sur pilotis du terre plein de la contre jetée peut être assez difficilement accostable si le plan d'eau est un peu agité par la houle ce qui n'est pas exceptionnel. Ce bassin à marée peut accueillir 100 bateaux jusqu'à 18 m.

En saison, les bateaux sont nombreux à s'amarrer sur les tonnes et bouées dans l'avant port.

Les pontons le long de la jetée dans le bassin à marée sont réservés aux pêcheurs.

253

Les petites embarcations sont tirées au sec sur la grande cale qui borde tout le fond à l'est du bassin à marée.

Le **bassin à flot** est fermé par deux portes qui ouvrent une heure et demie à 2 h avant la pleine mer et ferment une heure et demi à deux heures après à la condition que le ressac ne bloque pas les manœuvres. Le temps d'ouverture des portes peut être réduit en mortes eaux. Le seuil des portes est à 1 m et le niveau du bassin est maintenu à 3,50 m par un déversoir. 2 ou 3 grands bateaux calant jusqu'à 3 m peuvent rentrer dans le bassin et s'amarrer à quai au nord des pontons.

Si en été, les bassins sont tous complets car la flotte de plaisance locale est assez importante,, il ne reste que la solution de mouiller à l'extérieur de Port Tudy près de la jetée Est dans environ 2 m d'eau en prenant garde aux têtes de roche.

Le niveau du bassin est maintenu par un seuil qui lorsqu'il couvre permet l'ouverture des portes et laisse le passage à des bateaux jusqu'à 2,30 de tirant d'eau.

De nuit : la passe d'entrée de Port Tudy est encadrée par un feu (2 éclats 6 sec.) masqué entre 71° et 110° et par un feu vert (isophase 4 sec.). On fera route sur ces deux feux en venant du nord pour parer les 3 coffres de la Marine Nationale et la bouée non lumineuse de l'épave du **Speerbrecker.**

En venant de l'Est, on passera à un mille et demi au nord du feu de la **Croix** (occ. 4 sec.) pour faire route sur **Port Tudy** en relevant le feu rouge du musoir du port à moins de **251°** pour parer la bouée d'épave.

En venant de l'ouest, il faut naviguer à bonne distance de la côte car deux grosses tonnes d'amarrage de la Marine Nationale sont mouillées en avant de **Port Lay** à environ 600 m du rivage. On ne viendra sur les feux des jetées de Port Tudy que lorsqu'ils sont vus dans le sud.

SERVICES PORT TUDY
Capitainerie : terre plein central. T.02 97 86 54 62 VHF canal 9. 6h30/21h. 8h/12h - 14h/17h. hors saison. 204 places sur pontons dans le bassin à flot et à marée. 120 places dans l'avant port sur bouées pour les visiteurs.

Carburant 8h/12h - 13h30 - 19h fermé le dimanche. T. 02 97 86 59 19 . Eau, électricité, sanitaires, glace, tél public. Cale, grue. **Carburant** : au fond du bassin à marée. T. 02 97 86 82 90. 8h/12h - 13h30/19h. 8h/12h - 14h/18h. hors

saison. Ber roulant 12 t. **Avitaillement** : Commerces assez éloignés du port. **Accastillage - Réparation :** Ar C'Hanot quai sud T 02 97 86 81 86 Coopérative maritime 7 quai Port Tudy T.02 97 86 80 03

PORT LAY

C'est le seul véritable abri en dehors de Port Tudy sur la côte Nord. Un pittoresque ancien port de thoniers dans une crique fermée par deux courtes jetées qui ne laissent qu'une passe très étroite pour casser la houle et le ressac.

Cette maison blanche aide à situer le petit abri du Lay.

Le pignon de la maison blanche par le milieu de la passe indique la route d'approche.

L'entrée est déconseillée par mer agitée et l'on prendra garde même par mer calme aux roches isolées qui pointent près de l'entrée ainsi qu'aux lignes de bouées mouillées en avant du port pour l'élevage des moules. On approchera de la passe large seulement de 7 m, en se plaçant de manière à voir, entre les deux jetées, un petit bout de plage ou mieux, le pignon d'une maison au milieu de la passe. Le bassin est bordé par deux quais où les posées sont franches. La hauteur d'eau est de 2 m à la pleine mer. Les fonds découvrent de 1,20 m et de 3 m vers le haut de la grève qui amortit le ressac. Mais par mauvais temps de Nord ou N.E, les bateaux doivent se tenir sur des va et vient à distance des quais car le plan d'eau est très agité.

Un petit bassin dans une faille du plateau entouré par quelques maisons qui forme un décor assez pittoresque.

La passe est très étroite pour limiter l'entrée de la houle mais les bateaux doivent toutefois se tenir sur des va et vient.

De nuit : Aucun feu signale l'abri de Port Lay. Attention en longeant la côte pour rejoindre **Port Tudy** aux deux gros coffres mouillés à 400 et 600 m du rivage en avant de **Port Lay**. Il est déconseillé de naviguer près de la côte si la nuit est sombre.

POINTS GPS :

Basse Melite
47° 38.91 - 3° 25.46
Bouée Edouard de
Cougy
47° 37.98 - 3° 23.98
Bouée des Chats :
47° 37.10 - 3° 25.84
Entrée Port Tudy
47° 38.78 - 3° 36.62
Port St Nicolas
47° 37.92 - 3° 29.22
Entrée de Port Lay
47° 38.90 - 3° 27.47
Virage Pte de Pen Men
47° 39.23 - 3° 30.90
Bouée Speerbrecker
47° 39.16 - 3° 26.24

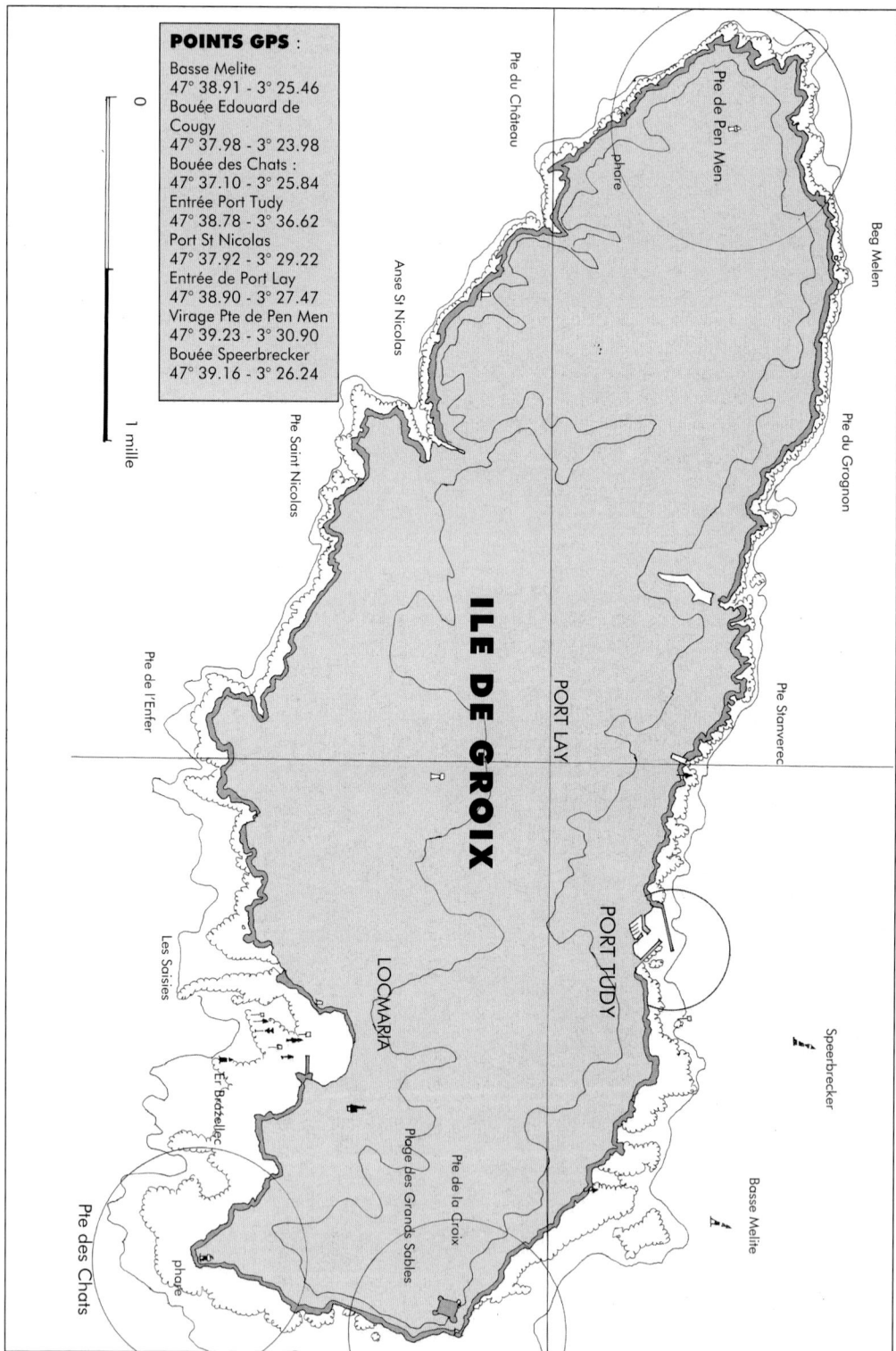

0

1 mille

Pte du Château

Pte de Pen Men

phare

Beg Melen

Anse St Nicolas

Pte du Grognon

Pte Saint Nicolas

ILE DE GROIX

PORT LAY

Pte Stanverec

Pte de l'Enfer

PORT TUDY

Speerbrecker

Les Saisies

LOCMARIA

Basse Melite

Er Brézellec

phare

Plage des Grands Sables

Pte de la Croix

Pte des Chats

phare

PORT MELIN

Cette petite faille dans le plateau sur la côte nord à 1,7 mille de la pointe de **Pen Men**, était autrefois un havre d'échouage utilisé pour le carénage des thoniers. Mais la construction d'un barrage a transformé l'anse en une retenue d'eau douce pour l'alimentation de l'île en eau potable. On ne peut plus mouiller qu'à l'entrée de l'anse où deux ou trois bateaux peuvent s'échouer sur un bout de plage. Le site est sauvage en dehors du mur de béton mais l'abri nul par vent de secteur ouest au N. E dès que la houle agite le courreau. Un monument sur le plateau juste à l'Est de Port Melin aide à situer la faille dans le plateau.

le sémaphore en bordure du plateau à la pointe de Beg Melen.

Passé la pointe du Grognon, on trouve à l'Est une mer plus calme par vent d'ouest.

Le bâtiment blanc d'un sémaphore accolé à de grandes antennes radio domine la pointe de **Beg Melen** à 800 m dans l'Est de la pointe de Pen Men. Passé la pointe de Beg Melen en venant de l'ouest, on commence à trouver une mer plus calme le long de la côte nord de l'île et les premiers abris.

LA POINTE DE PEN MEN

La pointe ouest de l'île de Groix présente partout des falaises escarpées qui bordent le plateau haut de 20 à 30 m. Même par mer calme les débarquements ne sont guère possibles. La tour noire et blanche du phare accolée à une petite maison se situe en retrait de la pointe à plus de 600 m. Dans l'ouest du phare sur la crête des falaises de la côte sud, une petite maison abrite la sirène de brume.

Voir carte de situation en p 25 et 256

Presque toute l'île est ceinturée de hautes falaises escarpées n'offrant pas le moindre abri en dehors de l'anse St Nicolas.

LA COTE SUD DE L'ÎLE DE GROIX

Toute la côte sud de Groix est bordée de hautes falaises jusqu'à l'anse de Locmaria. Kervédan n'est qu'une étroite faille difficile à considérer comme un abri. Seule l'anse St Nicolas offre un mouillage à peu près convenable par mer calme.

PORT SAINT NICOLAS

Port Saint Nicolas, n'est qu'une faille dans le plateau côtier où l'on ne peut venir mouiller que par beau temps. La faille est toutefois suffisamment large pour être repérable à environ 800 m dans l'Est d'une pyramide blanchie et juste à l'ouest de la pointe de **Rho Hir** qui est la seconde pointe la plus avancée après la pointe de l'**Enfer**. On se présentera exactement dans l'axe de l'anse pour parer les roches qui affleurent le long des deux rives, en se dirigeant sur le rocher haut de 10 m de la **Vache**. Attention à une roche à 2 m à peine couverte à mi-marée qui pointe dans le milieu de l'anse. On mouillera de préférence du côté Est. Quelques barques s'amarrent sur une

Attention à la roche qui pointe à mi-marée dans le milieu de l'anse St Nicolas.

ligne au nord de la Vache ou dans un creux où il reste 2 m d'eau à basse mer. Si le passage est libre, on peut venir s'échouer sur la grève dans le fond de l'anse à l'Est.

Au N. W, l'anse Saint Nicolas se prolonge par une étroite calanque de Porz Kerlad où l'on peut également échouer dans le fond.

LOCMARIA

Ce port d'échouage n'offre qu'un médiocre abri par vent du large et son entrée est délicate voire dangereuse. On n'y restera pour la nuit que par beau temps bien établi.

Entre St Nicolas et Locmaria le rivage toujours élevé et escarpé doit être tenu à distance. Il faut même s'en éloigner de 800 m pour virer la pointe des **Saisies** qui découvre entre 1,20 m et 4 m. Le phare de la pointe des **Chats** doit être relevé à plus de **78°** pour être certain de parer ce danger. On notera que l'alignement à **48°** d'une pyramide blanchie à gauche de la tourelle verte de **Er Brazellec** passe à raser cette pointe des Saisies. Mais il est plus prudent de l'arrondir.

Locmaria, le second port de Groix, n'est qu'un mouillage partiellement abrité par un môle.

L'éperon de roches des Saisies et l'amer blanchi qui donne l'alignement d'approche à 334°

La tourelle de Er Brazellec

Si l'on vient de la pointe des Chats, on alignera à **334°** également d'une pyramide blanchie dans l'ouest de l'anse de Locmaria par la tourelle de Er Brazellec. À son approche, on se dirigera vers le musoir du môle en plaçant la pyramide ouest au **335°** entre deux perches à cylindre et à cône et en passant ensuite entre deux autres perches bâbord et nord. La profondeur du chenal est d'environ 0,50 m jusqu'aux deux dernières perches. On peut également, de la tourelle de Er Brazellec, emprunter le passage au nord entre les deux perches bâbord et tribord les plus à l'Est mais le passage n'est praticable qu'a marée haute.

Derrière le môle, quelques barques de pêche s'amarrent à des va et vient pour résister au ressac. Les fonds découvrent d'environ 1,50 m près de la cale.

De nuit : Aucun feu ne permet de rentrer dans l'abri de Locmaria.

La pyramide blanchie qui donne l'alignement à 334° avec la tourelle de Er Brazellec.

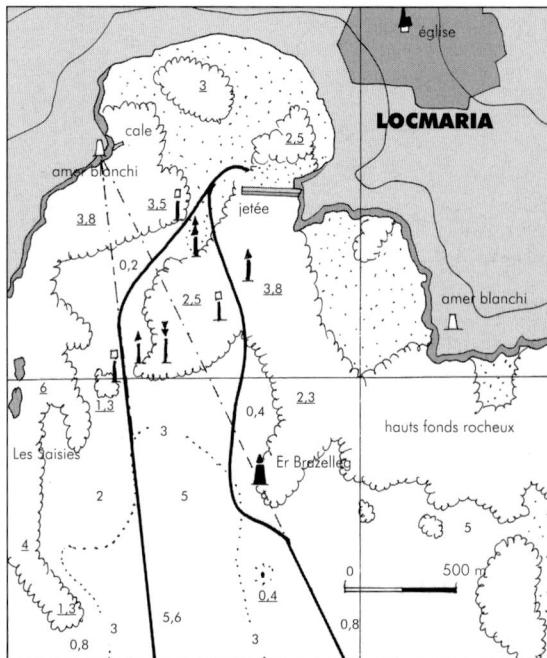

Les bateaux s'amarrent généralement à des va et vient derrière le môle car le plan d'eau est parfois durement agité.

TEMPS D'ACCÈS :
Sur un fond découvrant de 1,50 m avec un coéf. de marée de 70, accès possible 3 h 35 après la basse mer avec un tirant d'eau de 1 m, 3 h 10 avec 1,50 m et 3 h 50 avec 2 m.

LE MOUILLAGE DE LA POINTE DES SAISIES

Immédiatement à l'ouest de l'éperon des **Saisies**, une avancée de roches découvrant entre 1,20 m et 4 m prolonge sur plus de 700 m les deux îlots au S. W de **Locmaria**, une fosse permet de rester à flot à basse mer dans 1 m d'eau. On fera route du sud de l'île sur la pierre blanchie dégagée de la pointe des deux îlots et l'on suivra ensuite l'alignement de la rive ouest des îlots pour venir s'engager dans un passage étroit qui donne accès à la fosse. Le site est très sauvage mais l'abri n'est bon que par vent du nord.

Un mouillage à ne fréquenter que par mer calme garantie.

LA POINTE DES CHATS

Attention par mer agitée en virant la pointe S. E de l'île, à venir passer près de la bouée Les Chats mouillée à 1,9 mille dans le S.S.E de la petite maison du phare des Chats car l'île se prolonge par une dangereuse chaussée de roches affleurantes où plus d'un bateau a fait naufrage, la mer y brisant dangereusement en rouleaux.

La mer peut être extrêmement agitée sur tout le plateau rocheux et la chaussée sous marine qui s'étend dans le S.E de la pointe des Chats.

Sans aller jusqu'à virer par le sud la bouée des **Chats** comme les grands navires en route le long de la Bretagne sud ou entrant à Lorient, il faut arrondir de plus de 500 m les roches de Er Horming de 1m, les plus éloignées vers le S.E de la chaussée des Chats et sur lesquelles la mer brise et forme des paquets d'écume qui aident à les repérer. Mais il est préférable d'utiliser l'alignement à **298°** des deux pointes les plus avancées de la côte sud de Groix, de St Nicolas et de l'Enfer qui passe très près au sud de Er Horming On situe ainsi parfaitement leur position pour virer au plus près la chaussée des Chats.

Très curieusement, la pointe des Chats est ourlée de roches striées, ciselées par la mer et qui vues d'avion prennent des allures de falaises. Elles sont en réalité assez plates, le phare étant peu élevé au-dessus de la mer.

LE PASSAGE A TERRE DE LA POINTE DES CHATS

Par mer peu agitée, il est possible d'éviter le grand virage autour de la bouée des **Chats**, en naviguant sur des fonds de 4 m en empruntant le passage de **Toull er Froud** juste à l'ouest de la perche du plateau de **En Treho**. On double la pointe des Chats de près au sud sur l'alignement derrière soi à **317°** d'un château d'eau ouvert à gauche de la tourelle de **Er Brazellec** jusqu'à bien voir la côte Est de Groix se dégager derrière le phare des Chats. On fait route alors vers la tourelle de En Treho qu'on double à une vingtaine de mètres dans l'ouest. De là on fera route au **45°** vers la bouée Est **Edouard de Cogny** pour s'éloigner de l'île.

Le phare de la pointe des Chats.

Voir carte de situation en p 25 et 256

La côte N.E de l'île de Groix entre Port Tudy et la pointe de la Croix. Port Melite y est à peine un mouillage.

Les **courants** à la pointe des Chats sont sensiblement rotatifs et leurs vitesses sont faibles en moyenne 0,2 à 0,3 nœud. La plus grande vitesse ne dépasse pas 0,6 nœud à mi-marée descendante. Ces courants ne peuvent modifier sensiblement la route.

De nuit : Le secteur rouge 336° à 345° du feu blanc (occ. 4 sec.) du phare de la Croix à la pointe Est de Groix, passe au S.E sur la bouée **Les Chats** qui se signale par un feu blanc scint. (6) + EL 15 sec. d'une portée de 4 milles. La pointe S. E des **Chats** est signalée par le feu rouge (3 éclats 5 sec.) du phare du même nom masqué au relèvement inférieur à **200°** par les hauteurs de la côte Est de Groix. Il est impératif de nuit de venir virer par le sud le feu de la bouée des Chats.

PORT MELITE

À l'Est de Port Tudy, le rivage un peu escarpé est débordé par un large plateau rocheux. Une petite plage dans le S.W de la bouée de la basse Melite est enserrée entre les roches et par mer calme on peut venir mouiller sur un fond de sable entre des fonds à 2,30 m et 3,10 m

LES GRANDS SABLES

Par un phénomène très particulier, le sable s'accumule aux abords de la pointe de la Croix et la plage se déplace lentement. Les bateaux mouillent au voisinage du banc assez accore.

Près de la pointe de la **Croix** que surmonte un fortin avec un feu à mi-pente, le sable en s'accumulant forme au pied de la colline très verdoyante une belle plage de sable qui a l'étonnante particularité de se déplacer de plusieurs dizaines de mètres par an sous l'action vraisemblablement des courants et de la houle. Suivant l'orientation des vents, on mouillera au nord ou au S.E de la plage par 2 à 3 m sur des fonds plats descendant en pente douce ;

LORIENT

Ce grand port de commerce, de guerre et de pêche sur l'estuaire commun du Scorff et du Blavet, abrite dans sa vaste rade plus de 3000 bateaux de plaisance répartis dans trois ports et sur de nombreux mouillages. Deux chenaux mènent entre des hauts fonds rocheux vers l'étroit goulet qui ferme l'entrée de la rade, juste au pied de la citadelle de Port Louis. Le chenal le plus large qu'on emprunte obligatoirement par mauvais temps d'ouest, passe au nord de l'île de Groix.

L'entrée de la rade de Lorient. De droite à gauche, la citadelle de Port Louis, la passe principale, la passe secondaire, le port de plaisance de Kernevel, l'île St Michel et au fond l'estuaire du Blavet.

La tourelle des Sœurs donne avec un panneau l'alignement à 57° du grand chenal. On le repère en faisant route au 60° sur l'ancien phare de Kerbel au loin sur l'horizon.

La tourelle noire et blanche des Trois Pierres et la tourelle verte du banc des Truies.

Voir carte de situation en p 26 et 265

La bouée tribord du banc des Truies près de la tourelle.

La bouée ouest des Truies, la première du Grand Chenal à laisser sur tribord.

POINTS GPS :

Bancs des Truies
47° 40.82 - 3° 24.41
Les Truies Ouest
47° 41.15 - 3° 23.32
Les Trois Pierres
47° 41.59 - 3° 22.40
A2 boué
47°40,90 - 3°24,889
A6 bouée
47°41,59 - 3°23,25
Pierre d'Orge, tourelle
47°41,83 - 3°23,56
Changement de route 57° à 16°
47°41,99 - 3°22,20

Le grand chenal est balisé par de nombreuses bouées sur bâbord et tribord numérotées de 2 à 8.

Par vent frais, la mer brise très vite sur le banc des truies.

LE CHENAL PRINCIPAL OUEST

Ce grand chenal qu'empruntent tous les navires car sa profondeur est d'au moins 8,50 m, débute à environ 3 milles au nord de la pointe de **Pen Men** à l'extrémité ouest de l'île de Groix. Son alignement à **57°** est donné par un panneau à bandes rouges et blanches sur les remparts de Port Louis par la tourelle également rouge et blanche des **Sœurs**. Mais ces deux amers étant assez difficiles à identifier à plus de 2 milles, on se contentera de venir reconnaître à 2 milles dans le S.E de la pointe du Talut ou à 3 milles au nord de la pointe Est de l'île de Groix, la bouée rouge **A2** et la bouée ouest du banc de **la Truie** qui encadrent le début du chenal.

On viendra ensuite reconnaître les deux bouées rouges **A 4** et **A 6**, et les deux bouées vertes **A 5** et **A 7** délimitant la partie profonde du chenal des grands navires. Mais les bateaux de plaisance disposent de 5 à 6 m d'eau jusqu'aux bancs de roches que balise la bouée à sifflet du banc de **la Truie**, mouillée à 250 m dans le S. W. de la tourelle verte assez haute à la pointe N. W du même banc. Aucune roche n'est à craindre au nord de la ligne joignant cette tourelle verte de la Truie à la haute tourelle noire et blanche des **Trois Pierres**. la bouée nord du **Paté du chenal** est à plus de 200 m du rocher.

La tourelle des **Trois Pierres** marque la jonction des chenaux ouest et sud. On pourra au nord de la tourelle, remonter vers le nord en direction du goulet que dominent sur la droite les remparts de la citadelle. Cette route fait passer à petite dis tance des bouées rouges **A 8, Toulhars** et **RVR**.

On naviguera à une vitesse ne dépassant pas 13 nœuds entre la bouée A6 et le goulet se tenant à la lisière du chenal pour s'écarter de la route des navires de plus de 20 m qui ont priorité. En outre une veille sur le canal 16 en VHF est obligatoire.

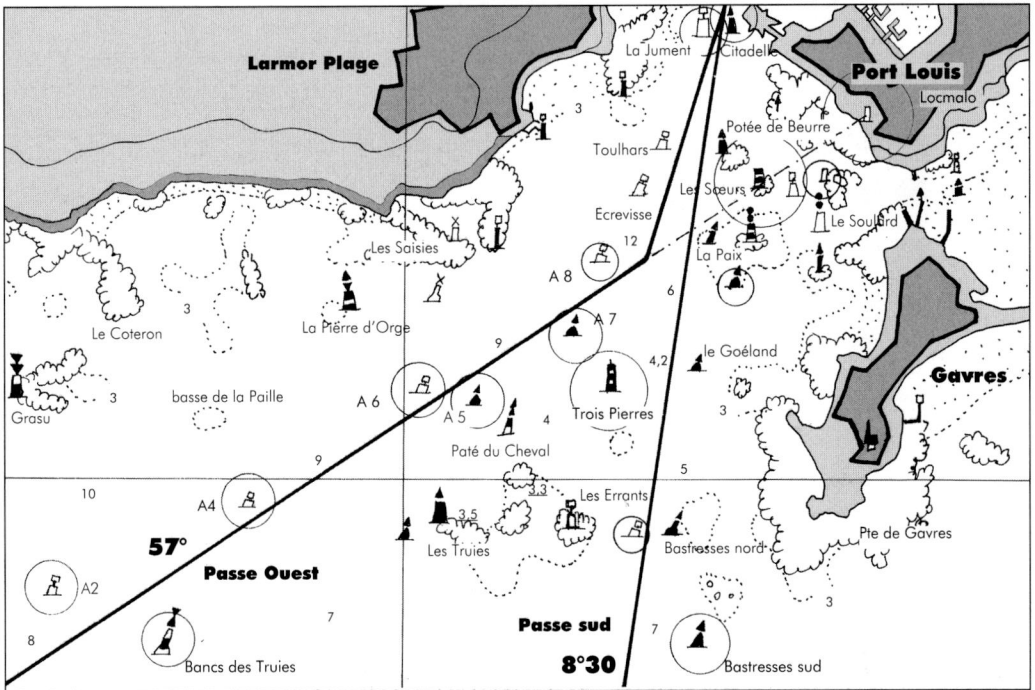

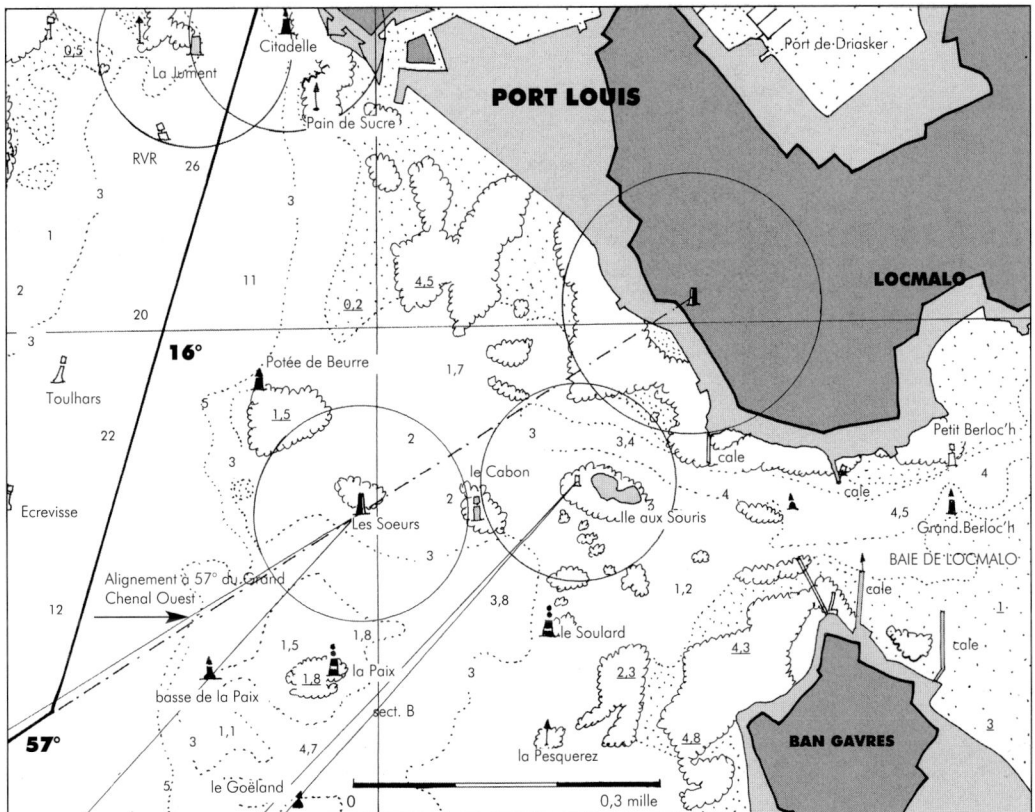

La haute tourelle des Trois Pierres à la jonction des du Grand Chenal ouest et du chenal de la passe sud.

POINTS GPS :

Les Trois Pierres
47° 41.59 - 3° 22.40
Bouée des Errants
47° 41.16 - 3° 22.29
Bouée Bas tresses Sud
47° 40.83 - 3° 22.02
Le Pôt de Beurre
47° 42.30 - 3° 21.91
Le Soulard
47° 42.04 -3° 21.80
Goéland, bouée
47°41,65 - 3°22,01
Basse de la Paix, bouée
47°42,02 - 3°21,96
Potée de Beurre, tourelle
47°42,31 - 3°21,90

La balise sur le plateau des Errants qui présente quelques m2 de sable.

La tourelle verte de la Potée de beurre et la tourelle de danger isolé de la Paix dans l'entrée de la baie de Locmalo.

De nuit : le **Grand Chenal Ouest** forme une large avenue pour les plaisanciers. Il est couvert par l'alignement à **57°**, renforcé de 42°5 à 58°5 de deux feux blancs scintillants. On vient le couper en faisant route plein Est à mi-distance entre le feu blanc (2 occ. 6 sec.) de la pointe de **Kerroc'h** près de la pointe du **Talut** et le feu blanc (4 éclats 25 sec;) de la pointe de **Pen Men** à l'ouest de l'île de Groix. Ce phare est doté d'une radiobalise(indicatif GX fréquence 301,1 Khz).

L'alignement à 57° doit être suivi d'assez près dès que l'on est passé à l'Est du feu rouge (éclat 2,5 sec.) de la première bouée **A 2** puis du feu scintillant (9) 15 sec. de la bouée des **Truies**. Le grand chenal ouest est ensuite bordé par le feu rouge (3 éclats 12 sec.) de la bouée **A 4** puis par le feu également rouge (2 éclats 6 sec.) de la bouée **A 6**. Arrivé au nord du feu vert scintillant des **Trois Pierres**, il sera temps de remonter au nord en laissant sur bâbord le feu rouge (éclat 2,5 sec.) de la bouée **A 8**. Sur tribord, on laisse de près le feu vert (2 éclats 6 sec.) de la bouée **A 5** et le feu vert (éclat 2,5 sec.) de la bouée **A 7**.

LE CHENAL DU SUD

Ce chenal profond de 4 m, ne doit être emprunté que par mer pas trop agitée. C'est un bon raccourci en venant de l'Est pour rentrer en rade de Lorient.

L'alignement à **8°50** du chenal sud est matérialisé par deux pylônes trop éloignés dans l'intérieur de la rade pour être reconnus depuis la pointe de **Gâvres**. On fera donc route tout d'abord vers la bouée verte des **Bastresses Sud,** dès que l'on pourra la localiser à environ un demi mille dans le S. W de la pointe basse de **Gâvres**, où l'on aperçoit quelques maisons.

La route est dégagée jusqu'à cette bouée mais entre 300 et 400 m plus au nord, plusieurs roches pointent de 0,50 m. Il convient donc d'incliner légèrement sa route vers le N.N.W en direction de la bouée **Bastresses Nord** qui balise la frange d'un banc couvert par endroit de moins d'un mètre d'eau. Côté ouest à sa hauteur, la lisière du plateau des **Errants** que surmonte une balise à voyant noir, est nettement plus franche. Elle est toutefois débordée par la bouée rouge des **Errants**.

Entre les bouées des **Errants** et des **Bastresses Nord**, la route est dégagée vers le goulet pour un bateau de plaisance à condition de laisser sur tribord la bouée verte du **Goéland** mouillée à 600 m dans l'Est de la tourelle des Trois Pierres. Sur cette même route, on serrera de près sur tribord, la bouée de la basse de **la Paix** mouillée à moins de 300 m dans l'ouest de la haute tourelle de danger isolé noire et rouge de la Paix. qui doit être laissée sur bâbord lorsque l'on veut rejoindre le port de Locmalo.

De nuit : Le chenal du sud est couvert par l'alignement à **8°50** de deux feux rouges scintillants synchrones renforcés sur 5° (006° à 011°). Cette route fait passer légèrement dans l'ouest du feu vert scintillant de la bouée à cloche des **Bastresses sud** puis à raser le feu rouge (2 éclats 6 sec.) de la bouée des **Errants**. À 700 m plus au nord, le feu scintillant de la tourelle des **Trois Pierres** marque sur bâbord l'approche de la jonction avec le Grand chenal ouest orienté à **57°**.

LA PASSE DU GOULET

Au nord des Trois Pierres, le balisage est commun pour le Grand Chenal ouest et celui du Sud. Il passe entre la bouée rouge Toulhars et la tourelle verte du Pôt de Beurre avant d'atteindre le goulet.

L'entrée de la rade est encadrée après la bouée bâbord RVR et la perche du **Pain de Sucre** par la haute tourelle rouge de la **Petite Jument** et la tourelle verte de la **Citadelle**. Sur bâbord entre la tourelle de la Petite Jument et la tourelle du **Cochon**, 400 m plus au nord, une roche isolée découvrant de 0,70 m, est signalée par la bouée du **Pôt**. La place manquant pour louvoyer, les voiliers doivent franchir le goulet au moteur et si sa puissance est un peu faible, ils peuvent profiter d'un contre courant en serrant de près les remparts de la citadelle. Mais attention en basse mer à la roche qui affleure à 10 m de la lisière des roches et à environ 30 m dans le N. W de la tourelle de la **Citadelle** construite sur le bord du banc.

Des signaux lumineux sur le sémaphore indiquent suivant le code international les interdictions d'entrée et sortie dans le goulet.

La vitesse est limitée à moins de 10 nœuds dans et aux abords du goulet. Rappelons que les bateaux à voile et à moteur de moins de 20 m, doivent impérativement céder le passage aux navires de plus de 20 m. Il est recommandé de se tenir en lisière du chenal et même à l'extérieur si la hauteur d'eau le permet.

Les bateaux doivent également respecter les signaux de manœuvres montrés par le sémaphore de la Citadelle. 3 feux rouges à occultations lentes : interdiction de franchir le goulet. 3 feux verts : autorisation de passer et deux feux verts sur un feu blanc circulation à double sens. L'absence de feu laisse la liberté de naviguer dans le goulet.

Les courants peuvent atteindre 5 nœuds en vives eaux dans le goulet bien que la profondeur dépasse les 16 m du fait de l'énorme masse d'eau qui entre et sort de la rade.

L'entrée du goulet de Lorient vue du sud. La flèche signale les tourelles de la Jument et du Cochon.

La tourelle le Cochon à la sortie du chenal secondaire.

La tourelle de la Jument et les remparts de la citadelle de Port Louis encadrent la passe des grands navires.

Attention à la roche qui affleure en basse mer de vives eaux à 20 m dans le N.W de la tourelle de la Citadelle.

267

POINTS GPS :

Bancs des Truies
47° 40.82 - 3° 24.41
Les Truies Ouest
47° 41.15 - 3° 23.32
Les Trois Pierres
47° 41.59 - 3° 22.40
Bouée des Errants
47° 41.16 - 3° 22.29
Bouée Bastresses Sud
47° 40.83 - 3° 22.02
Le Pôt de Beurre
47° 42.30 - 3° 21.91
Le Soulard
47° 42.04 -3° 21.80

Au jusant en s'opposant à un vent frais du large ces courants forts peuvent lever un **clapot très dur**. On dispose d'environ une heure et demie avant et après les pleines et basses mers pour franchir le goulet sans courant au moment des étales. Toutefois par coefficient supérieur à 80, les courants reprenant très vite de la vitesse, il est recommandé de se présenter juste à la renverse qui se situe 20 minutes avant les heures de pleines et basses mers de Port Louis.

De nuit : L'alignement à **016°** des deux feux verts directionnels (3 occ. 12 sec.) de l'île **Saint Michel** indique exactement la route à suivre vers l'entrée de la rade en quittant l'alignement à **57°** du grand Chenal ou à **8°50** de la passe du sud. On franchit sans difficulté le goulet entre le feu rouge (occ. 4 sec.) de la **Petite Jument** et le feu vert (occ. 4 sec.) de la **Citadelle.**

On laisse ensuite sur bâbord le feu rouge (éclat 4 sec.) de la tourelle du **Cochon**, puis le feu rouge (éclat 2,5 sec.) de la bouée **n° 2** qui marque l'approche du changement de route en avant de la pointe de Kernevel. On quitte en effet peu après l'alignement à **016°** des deux feux verts pour prendre l'alignement à **350°** des deux feux rouges (2 occ. 6 sec.) de la base sous marine pour se diriger vers le port de **Kernevel** tout proche ou remonter vers l'ancien port de Lorient au nord de la rade sur l'alignement à **217°** (voir plus loin).

Pour sortir de la rade, on peut prendre derrière soi la série d'alignements. Toutefois pour faciliter la navigation, à l'alignement à **16°** de l'île Saint Michel, correspond exactement devant soi la limite à **196°** des secteurs rouge et vert du feu scintillant de la tourelle des **Trois Pierres**. La veille sur canal 16 est obligatoire pour écouter les instructions de la Vigie de la citadelle.

La hauteur du niveau de la mer au-dessus du zéro est indiquée automatiquement sur deux panneaux lumineux dans l'entrée du goulet.

LA PASSE SECONDAIRE

Le trafic commercial pouvant être parfois intense dans la partie profonde du goulet, un chenal secondaire a été dérocté pour les bateaux de plaisance. A la hauteur de la tourelle de la **Petite Jument** des hautes perches rouges et vertes indiquent clairement à 120 m dans l'Est de la tourelle, la route à suivre jusqu'à la tourelle du **Cochon** où le chenal passe sur un seuil à un mètre au-dessus du zéro.

Attention au banc de roches qui découvre dans l'ouest de la tourelle du Cochon à basse mer.

Attention donc aux indications données par les deux panneaux fixés sur le mur de la pointe de **Toulhars** et le **fort de Kernevel**. Les chiffres indiquent la hauteur de la marée et non la hauteur sur le seuil. Par mer calme avec un bateau calant 1,50 m, on ne peut s'engager dans le chenal que si la hauteur indiquée est de 2,80 m en comptant 0,30 m pour pied de pilote.

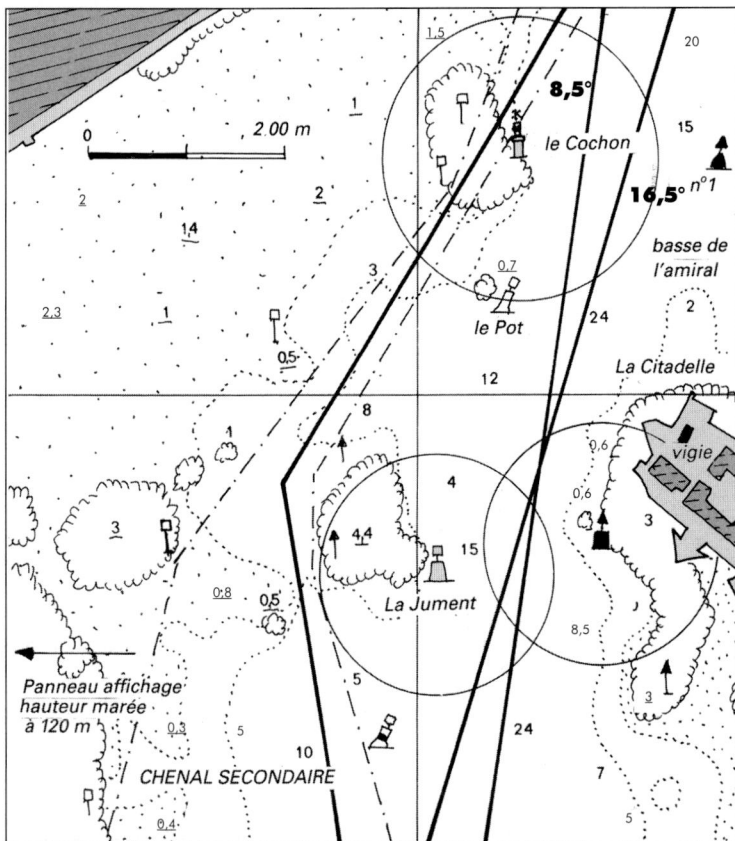

Attention également à la houle. Il est nécessaire d'ajouter un mètre supplémentaire de hauteur d'eau par sécurité si la mer est agitée.

De nuit : Les perches ne sont pas lumineuses mais par nuit claire, on peut les repérer au projecteur en s'aidant des feux des tourelles de la Jument et du Cochon.

Le ponton de la marine en avant de la plage de la pointe de Kernevel.

L'entrée du bassin sud du port de Kernevel à la hauteur de la bouée n° 2.

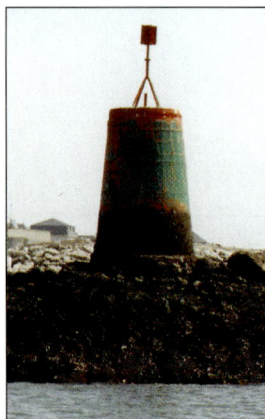

La tourelle Cabon balise un banc largement découvrant.

La tourelle de la Paix est à laisser sur bâbord pour rejoindre l'entrée de la baie de Locmalo.

On peut passer au nord de la Potée de Beurre pour rejoindre le chenal de l'île aux Souris.

La balise lumineuse aide à contourner l'île aux Souris dans l'obscurité.

LA BAIE DE LOCMALO

La baie de Locmalo pénètre profondément dans l'intérieur des terres et certains chenaux sont praticables, mais l'absence de balisage les rend difficilement localisables. Le risque est grand de s'échouer sur de nombreux bancs de sable découvrant.

Il est préférable d'attendre l'heure de la pleine mer pour entrer dans la baie de Locmalo, afin d'avoir suffisamment d'eau sous sa quille et peu de courant. Au jusant, il se forme un courant fort sort de la baie.

En venant par la passe sud de Lorient, une fois doublé la tourelle des **Trois Pierres** sur bâbord, on se dirigera vers le N. E. en direction du clocher de **Port Louis**. Une route qui laisse de près sur tribord une bouée verte et sur bâbord la tourelle rouge et noire de danger isolé de la **Paix** qui balise un banc de roche découvrant de 1,70 m.

On maintient cette route en direction de **l'île aux Souris** qui émerge entre la tourelle rouge **le Cabon** au nord et la tourelle rouge et noire le **Soulard** au sud. Le passage au sud de l'île aux Souris étant encombré de roches, on se glissera dans le goulet entre la tourelle le Cabon et l'île que déborde à l'ouest le pylône d'un feu. Le seuil couvert de moins de 2 m d'eau, se situe dans ce goulet.

Après avoir arrondi l'île aux Souris, on empruntera le passage à terre, au nord, en longeant le rivage jusqu'à l'entrée de la baie de **Locmalo**. Une bouée délimite la lisière sud du chenal qui passe à raser un banc de roches pointant dans le prolongement du premier môle de **Ban Gavres**. Le chenal vient ensuite passer entre les deux tourelles rouge et verte du **Petit** et du **Grand Berloc'h**.

L'ANSE DE GOËREM

Sur la droite du chenal sud, à la hauteur de la petite bouée verte qui marque la bifurcation vers l'entrée de la baie de Locmalo, au nord de la bouée du **Goéland**, le rivage dessine une petite plage entre des bancs de roches. Dans l'anse de Goërenn, face à la bourgade de Ban Gâvres, on peut venir mouiller dans l'axe de la plage à l'abri des vents du sud à l'Est. La sonde indique 1,50 m d'eau à 150 m du bord de mer.

La cale du passeur sur la rive de Port Louis est accostable à basse mer.

L'entrée de la baie de Locmalo. En premier plan l'île aux Souris, à droite le môle de Ban Gavres et à gauche le port de Locmalo en arrière des deux balises.

Les courants peuvent être forts entre les deux tourelles qui délimitent un chenal étroit dans l'entrée de la baie

L'ancien phare de Kerbel dans le fond de la baie de Locmalo.

LE PORT DE BAN GAVRES

Bien que la baie de Locmalo assèche presque entièrement, il est possible de venir mouiller à basse mer dans l'entrée au nord des môles de Ban Gavres, le chenal étant profond d'au moins 2 m. Un mur abri protège de la houle de S.W. une cale unique et le long môle d'accostage du port de **Ban Gavres**.

Voir carte de situation en p 26 et 265

En haut le môle abri qui protège une cale et en bas le môle de Ban Gâvres qu'utilisent les chalutiers.

Mais la plupart des bateaux de plaisance restent à flot en mouillant par beau temps en lisière du chenal, entre le mur abri et le môle dont la plupart des places sont occupées par les chalutiers. Les fonds avoisinent le zéro au musoir de la cale de Ban Gavres et découvre de 1,70 m au musoir du môle que borde à l'Est une cale. Les fonds de sable plat et ferme de la baie offrent partout des posées franches. Il faut se rapprocher de la rive nord pour ne pas échouer trop longtemps.

Sur la rive nord, du côté de **Port Louis,** une grande cale s'avance sur un fond rocheux jusqu'en bordure du chenal. Son musoir marqué par une perche est accostable à B.M.

Les posées sont franches le long des quais du môle de Ban Gâvres.

Les places ne manquent pas sur toute la grève en avant du village pour échouer en toute tranquillité.

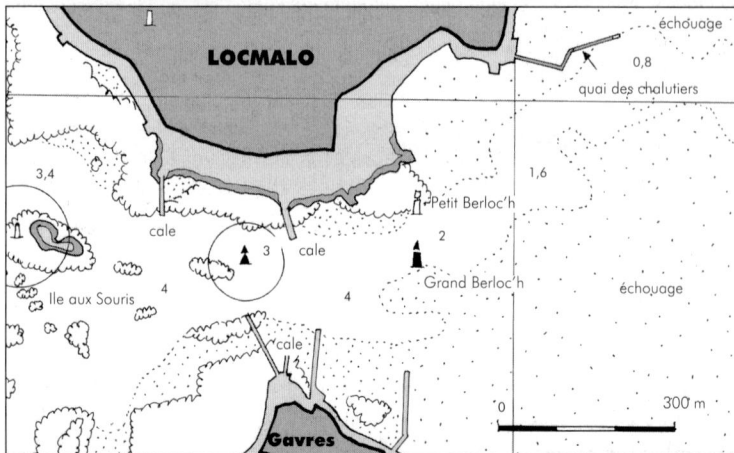

LE PORT DE LOCMALO

En arrière des deux tourelles du Petit et du **Grand Berloc'h** qui encadrent le chenal, une longue jetée coudée sur la rive nord, avec une cale extérieure à son enracinement, délimite le port d'échouage de Locmalo assez vaste et bien abrité de la houle. La jetée accostable des deux bords, où il reste l, 20 m d'eau au musoir à basse mer, est largement utilisée par les chalutiers qui par beau temps s'amarrent au quai extérieur. Les bateaux de plaisance échouent sur des fonds de sable plat et ferme au voisinage d'un terre plein que prolonge deux cales. A la pleine mer en mortes eaux, il reste une bande de sable en avant des perrés. Le site est tranquille avec, au voisinage, la promenade des remparts de la citadelle.

Le port de Locmalo en premier plan avec en arrière le mouillage et les installations de Port Louis.

La jetée de Locmalo forme un quai accostable des deux bords, le clapot n'étant pas très à craindre à l'extérieur du port.

TEMPS D'ACCÈS :

Sur un fond découvrant de 2 m en coéf. de marée de 70, accès possible 3 h 10 après la basse mer avec un tirant d'eau de 1 m, 3 h 50 avec 1,50 m et 4 h 40 avec 2 m.

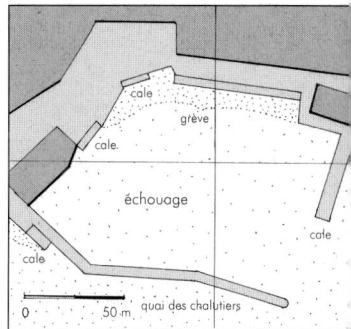

Une vue générale de la rade de Lorient et de la baie de Locmalo. En bas le mouillage de Ban Graves, en haut de gauche à droite , le port de plaisance de Kernevel, le port de Locmiquelic, le vieux port de Lorient et les pontons de Pen Mané.

Les chalutiers restent au mouillage dans l'entrée de la baie de Locmalo pour être plus rapidement en mer.

Il ne reste à basse mer dans la baie de Locmalo que le creux du chenal.

Des fonds d'herbes et de vase derrière le môle de Locmalo où les chalutiers accostent le quai extérieur

Il est interdit de mouiller dans l'entrée de la baie de Locmalo sur une bande délimitée à l'ouest par une ligne orientée à **170°** passant sur la tourelle du **Grand Belorc'h** et à l'Est par une ligne orientée également à **170°** partant de l'enracinement de la jetée du port de Locmalo.

Gardant le milieu de la baie, on peut, sans connaître parfaitement la baie s'enfoncer vers l'Est jusqu'à la pointe de **l'île de Kermer** qu'on laissera sur tribord pour embouquer un étroit chenal où l'abri est sûr par vent d'ouest. Une digue barre le chenal à la hauteur de **Riantec**. La côte sud, de la baie est une zone militaire où les débarquements sont interdits. Les hauts fonds obligent d'ailleurs à s'échouer loin du rivage où quelques installations militaires se perdent dans les dunes.

LOCMALO		
Coef.	B.M	P.M
45	2,05 m	4,05 m
95	0,95 m	5,15 m

La cale à l'Est du port.

De nombreuses constructions s'élèvent sur la langue de sable qui isole la baie de la mer. car les militaires ont aménagé un vaste champ de tir mais qui aujourd'hui est peu utilisé.

De nuit : L'entrée de la baie de Locmalo peut se faire par le chenal sud ou le grand Chenal ouest (voir Lorient le chenal principal). **En venant du sud**, à la hauteur du feu scintillant rouge des **Trois Pierres**, on aperçoit dans le N. E le feu vert scintillant de **l'île aux Souris** qui montre un étroit secteur blanc de 41°5 à 43°5 en passant à raser le feu vert (éclat 2,5 sec.) de la bouée verte du **Goëland**. On vient ensuite arrondir le feu scintillant de l'île aux Souris par le N.W pour embouquer le passage à terre au nord qui n'est délimité que par le petit feu vert (éclat 2,5 sec.) de la bouée verte de la **Basse Jaune** dans l'entrée de la baie de Locmalo. Plus avant toute la baie est plongée dans une obscurité assez dense car le rivage comporte très peu d'habitations. Les tourelles du Petit et du Grand **Berloc'h** ne sont pas lumineuses ce qui ne facilite pas l'accès au port de Locmalo

Voir carte de situation en p 265

Vers 1665, Colbert décida d'installer le siège de la Compagnie des Indes sur la rive droite du Scorff au fond d'une gigantesque rade naturelle. Ce port prit le nom de l'Orient. Une ville se développa rapidement autour du port qui devint en 1770 un arsenal. La ville de Lorient fut pratiquement détruite entre 1944 et 45, les Allemands ayant soutenu un long siège dans la ville. Les bassins du vieux port furent en partie comblés pour former une nouvelle esplanade. On ne pensait pas alors à l'existence future d'une navigation de plaisance.

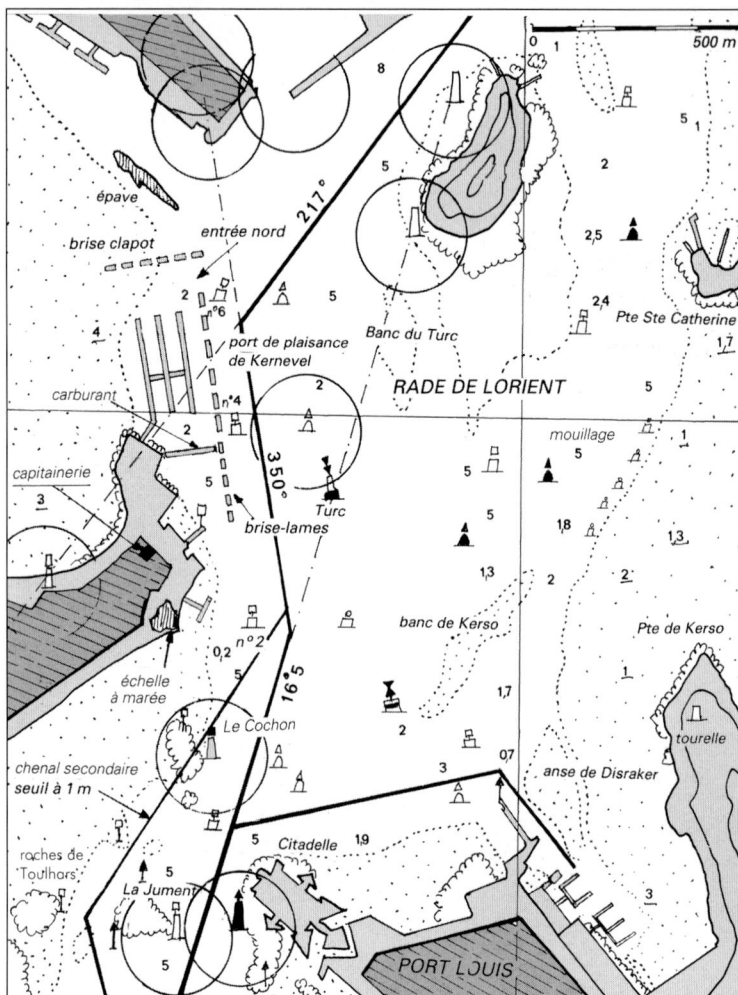

RADE DE LORIENT

épave

brise clapot

entrée nord

port de plaisance de Kernevel

Banc du Turc

Pte Ste Catherine

carburant

capitainerie

brise-lames

Turc

mouillage

banc de Kerso

Pte de Kerso

échelle à marée

Le Cochon

chenal secondaire
seuil à 1 m

roches de Toulhars

La Jument

Citadelle

anse de Disraker

tourelle

PORT LOUIS

500 m

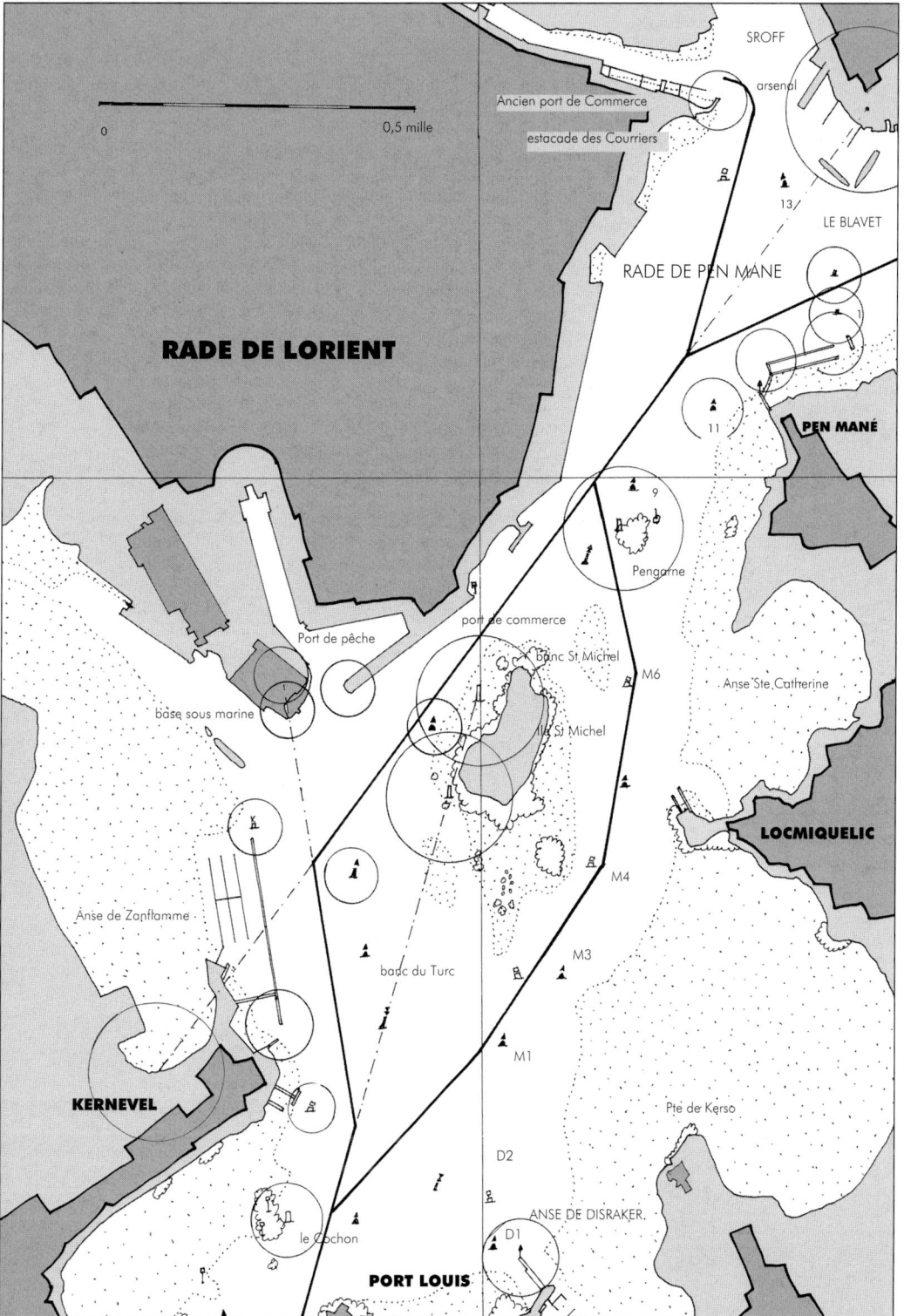

0   0,5 mille

SROFF

arsenal

Ancien port de Commerce

estacade des Courriers

13

LE BLAVET

RADE DE PEN MANE

RADE DE LORIENT

11

PEN MANÉ

9

Pengarne

port de commerce

Port de pêche

Banc St Michel

M6

Anse Ste Catherine

base sous marine

Île St Michel

LOCMIQUELIC

M4

Anse de Zanftamme

M3

banc du Turc

M1

KERNEVEL

Pte de Kerso

D2

ANSE DE DISRAKER

le Cochon

D1

PORT LOUIS

La rade de Lorient vue du S.W. De gauche à droite, l'anse de Zanflamme, la base sous marine, le port de plaisance de Kernevel et le grand silo visible à plusieurs milles en mer.

Le ponton du club de la Marine Nationale au nord du goulet près du port de Kernevel.

L'île St Michel avec les deux pylônes blancs de l'alignement à 16° 5 de la passe sud.

LA RADE DE LORIENT

La rade de Lorient formée par les estuaires communs du Blavet et du Scorff, représente un plan d'eau long de 4 km du nord au sud et de 3,5 km dans sa plus grande largeur. Quatre grands ports de plaisance ont été aménagés sur cette rade remarquablement bien abritée et qui offre également plusieurs centaines de bouées de mouillages.

LE PORT DE PLAISANCE DE KERNEVEL

Les pontons du port de plaisance de Lorient, ont été installés au nord du goulet, sans la construction d'aucun ouvrage fixe, la protection étant assurée par des brise-lames eux-mêmes flottants. Une technique qui se révèle intéressante sur le plan économique.

La bouée n° 2 proche du bassin sud du port de Kernevel.

Les deux entrées du port de Kernevel avec au nord l'épave qui protégeait les alvéoles de la base sous marine contre les torpilles.

Le port se situe au nord de la pointe de **Kernevel** dont la grande villa blanche est repérable de loin. Le rivage sableux est débordé par les deux barges reliées à la plage par une passerelle, du club de la Marine installé dans un fortin voisin. De nombreux bateaux mouillent en été en lisière de la plage à la limite des fonds découvrant.

La villa blanche à la pointe de Kernevel est voisine de la villa Margaret qui abrite la capitainerie.

Les plus grands yachts accostent le bord intérieur du long ponton brise lames Est qui casse le clapot et les sillages.

Le ponton carburant est accessible par le bassin sud.

Les deux feux dans le fond de l'anse de Zanflamme qui donne l'alignement à 217° pour descendre la rade vers le sud.

SERVICES
KERNEVEL

Capitainerie T 02 97 65 48 25 fax 02 97 33 63 56 VHF canal 9. 8h/20h. - H.S 8h30 /12h30 - 14/18h. dimanche et jours fériés 9h/12h30.
582 places sur pontons 25 m maxi 60 places poour visiteurs. accueil ponton sud.
Eau, électricité, sanitaires, Tél, glace
Cale, carénage. grues à l'ancien port.
Carburant sur ponton ouverture heures de la capitainerie et 24/24h avec carte bancaire.

Il est possible de caréner dès la mi-marée le long du quai au sud de la cale proche de la passerelle d'accès au ponton.

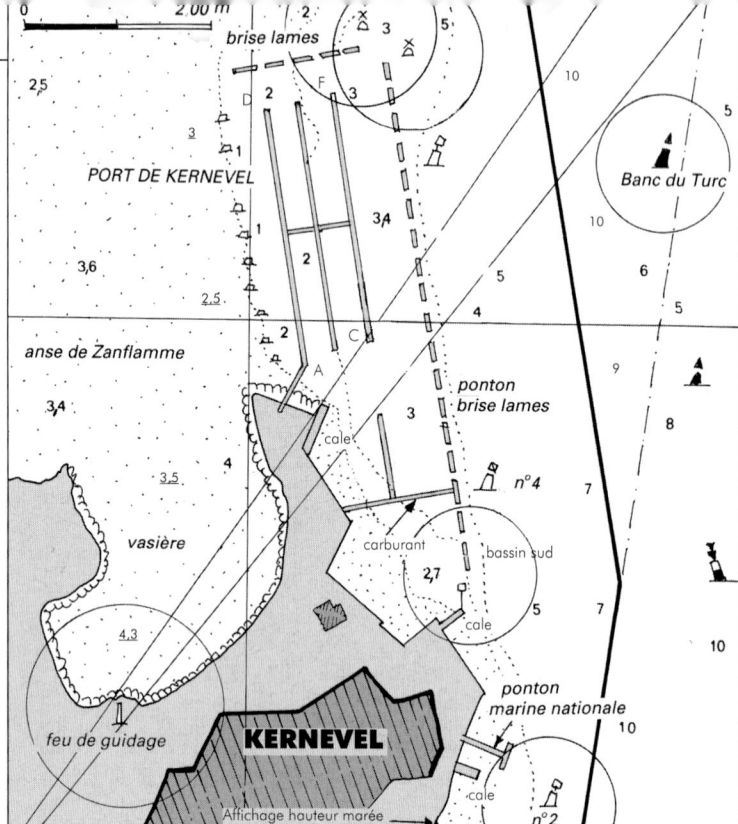

Le port de plaisance de Kernevel a été entièrement gagné sur la rade en avant d'un terre plein. Il peut accueillir 520 bateaux jusqu'à 25 m le long de six rangs de pontons flottants orientés Nord/sud, coulissant le long de pieux. Un long brise-lames lui aussi flottant en bloc de béton les protège du côté Est contre le clapot que lèvent les vents et les sillages des chalutiers naviguant parfois à près de 10 nœuds dans le chenal rasant le port. Un second petit brise-lames au nord protège les pontons des vents de ce secteur, qui sont moins à craindre.

On accède aux pontons par la passe N.E encadrée par deux bouées jaunes au nord du grand brise-lames. Des bateaux de 25 m peuvent accoster contre le bord intérieur du brise lames où la profondeur est la plus grande 4 m. En bout, 60 places sont réservées aux visiteurs ainsi que le long du ponton transversal de carburant servant de passerelle d'accès pontons du brise lames et sur lequel s'appuie un ponton supplémentaire.

Il est possible de caréner dès la mi-marée le long du quai

L'extrémité sud du ponton brise lames de Kernevel.

POINTS GPS :

Sur alignement à 16°, bouée du banc du Turc,
47°43,39 - 3°21,77

L'alignement à 350° est donné par les feux des deux tourelles de droite sur le toit de la base sous marine.

Le grand brise-lames protège également au sud, un petit plan d'eau que le ponton du poste de carburant isole du bassin nord. Ce bassin sud est utilisé par les professionnels et pour l'amarrage des grands catamarans. La passe est délimitée sur bâbord par une perche à cylindre en bout d'une cale retenant le sable de la plage.

Les ouvrages à terre se limitent au vaste terre-plein gagné sur la rade où prend appui l'unique passerelle donnant accès aux pontons. Il est bordé à l'Est par une grande cale où les posées assèchent de 2,50 m et permettent les carénages. On peut également échouer plus au sud le long du quai intérieur de la cale et de l'épi qui retient le sable de la plage de Kernevel où les bateaux échouent étrave tournée vers un ponton de bois bordant le quai du rivage. La grande villa en briques qui domine les terre-pleins abrite la capitainerie et le bar du club nautique. Mais de nouveaux bâtiments pour la capitainerie et les services administratifs vont être mis tout prochainement en service.

De nuit : L'alignement à **350°** des deux feux rouges (2 occ. 6 sec.) sur la base sous marine que l'on prend à 250 m au nord du feu rouge (éclat 2,5 sec.) de la **bouée n° 2**, laisse dans l'Est le feu vert (3 éclats 12 sec.) de la bouée du banc du **Turc**.

À partir du feu rouge (éclat 2,5 sec.) de la bouée n° 2, on peut se diriger en arrondissant sur tribord vers la petite entrée sud du port de plaisance de Kernevel où l'extrémité du ponton brise lames sur tribord dans la passe est signalée par un feu jaune (éclat 2,5 sec.).

L'entrée principale de Kernevel est encadrée au N.E. par les feux jaunes (éclat 2,5 sec.) sur la bouée bâbord et (4 éclats 15 sec.) sur la bouée tribord.

Les deux pylônes de l'île St Michel qui donnent l'alignement à 16°50 de la passe sud.

Le chenal ouest passe entre le grand silo et les deux pylônes de l'île St Michel.

Voir carte de situation en p 277

L'ANSE DE ZANFLAMME

Une centaine de bateaux peuvent échouer dans l'anse à l'ouest du terre plein où les fonds découvrent presque entièrement à basse mer. Ces fonds étant très vaseux, les bateaux restent le plus près possible du rivage en particulier au voisinage du pylône du feu au nord de l'anse, ainsi que d'un petit chantier en bordure de la rive ouest.

La tourelle du feu de guidage pour la traversée de la rade dans le fond de l'anse de Zanflamme qui assèche en grande partie.

Attention à marée haute à l'épave à peine découvrante qui protégeait la base sous marine des torpilles lancées en oblique.

L'ANSE DU TER

Les possibilités d'échouage ne manquent pas près du port mais les bateaux ne bénéficient d'aucune surveillance.

L'anse du Ter offre un décor presque champêtre derrière le port de Kernevel.

Au nord du port de Kernevel, un chenal serre les alvéoles en béton de la base sous-marine construite en 1942. On prendra garde sur bâbord en avant de la base à deux épaves immergées à marée haute mais fort mal balisées par une perche à l'étrave. Ces épaves constituaient un rempart contre les torpilles lancées en oblique par un avion et qui auraient pu pénétrer et exploser dans la base. Le chenal conduit jusqu'au fond de l'anse du Ter, un plan d'eau bien abrité, bordé au sud par des bosquets. Mais les fonds de vase découvrant largement, les bateaux viennent échouer en avant de la petite grève sur la rive sud près des épaves de vieux chalutiers.

PORT LOUIS

À l'entrée de la rade, lorsque Lorient n'était encore qu'un petit village, Port Louis abritait déjà un actif arsenal. Les remparts et la citadelle rappellent le rôle historique de ce petit port de pêche qui dispose également d'un port de plaisance.

Immédiatement au nord des remparts de la citadelle, le plan d'eau est convenablement abrité des vents et une cinquantaine de bouées sont mouillées jusqu'à plus de 100 m du rivage à l'abri des courants forts. Plusieurs appartiennent au club de la Marine installé dans le fort de **Kernevel** sur la rive opposée de la rade. Quelques bateaux se tiennent presque au pied des remparts où les fonds sont accores.

La citadelle de Port Louis sur la droite de l'entrée de la rade. Le mouillage en arrière des remparts et au loin la cale de l'anse de Disraker.

Derrière l'avancée de la citadelle, le mouillage de Port Louis.

Les bateaux mouillent à distance des remparts car des bancs de vase découvrent largement.

Le ponton au musoir du môle de Port Louis est réservé aux pêcheurs.

Voir carte de situation en p 277

Les chalutiers s'amarrent à couple le long du quai en arrière de la grande cale

PORT LOUIS

Coef.	B.M	P.M
45	2,05 m	4,05 m
95	0,95 m	5,15 m

En revanche, un large banc de sable vasard découvre plus à l'Est jusqu'au môle de Port Louis que déborde une longue cale dont le musoir est balisé par une perche verte. On rejoint Port Louis en passant entre deux bouées D1 et D2 mouillées à moins de 100 m au N.W de la cale. Attention à bien respecter le chenal. Les bateaux de pêche restent à flot amarrés à couple sur plusieurs rangs le long du flanc S.W. du môle, dans une petite fosse entre la cale et un autre ouvrage que bien des cartes indiquent comme une cale partiellement en ruine. Le sable en fait a complètement recouvert cet ancien ouvrage.

La première passerelle qui s'appuie sur un ancien môle, est réservée à l'accueil des bateaux de passage.

Attention à ne pas s'écarter de l'extrémité des pontons, les fonds de vase remontent rapidement à l'extérieur de la souille

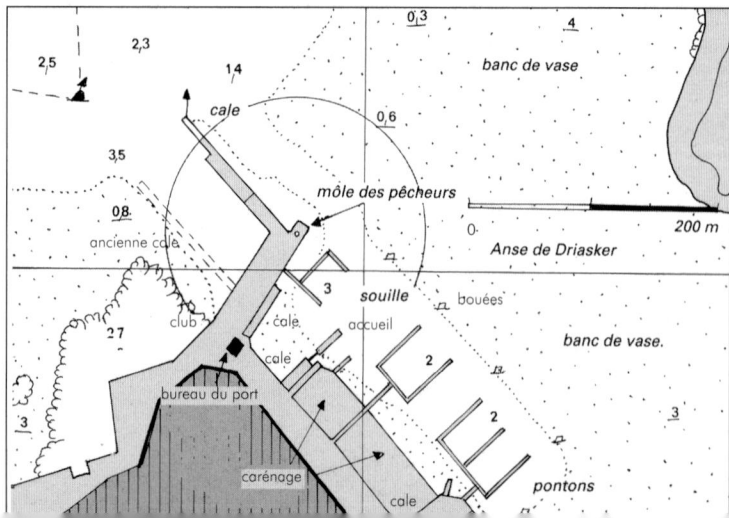

Une vaste souille a été draguée dans l'**anse de Disraker** entre 2 et 3 m et permet à 180 bateaux jusqu'à 12 m de rester à flot à l'abri du clapot, sauf par vent frais de N. W à la pleine mer. Cinq pontons flottants sont reliés au terre plein sud du rivage par deux passerelles. Attention à serrer d'assez près les extrémités des pontons car le banc de vase largement découvrant en lisière de la souille est mal délimité par quelques petites bouées jaunes.

SERVICES
PORT LOUIS
Capitainerie :
T. 02 97 82 59 55. VHF canal
9. 7h30/12h. - 15h/20h30.
en été. 8 h 30/12h -
13 h 30/17h30 hors saison.
VHF canal 9.
Météo : affichage à la
capitainerie.
180 places sur pontons. 20
visiteurs. 12 m maxi.
Eau, électricité, sanitaires,
douches, tél public, laverie,
glace.
Carénage.
Carburant : au port de
Kernevel.

Port Louis vu de l'ouest avec en premier plan la grande cale des pêcheurs Les pontons sont installés dans une souille dont on voit bien le contour.

La première passerelle surplombe une large cale d'échouage où une bonne dizaine de bateaux peuvent béquiller pour caréner. Les petits pontons à l'entrée de la souille contre le quai intérieur du môle sont réservés exclusivement aux pêcheurs ainsi que la cale voisine. Les visiteurs viendront s'amarrer au ponton au centre de la cale de carénage où une dizaine de places sont réservées pour le passage

De nuit : Le musoir du môle de Port Louis montre un feu vert (isophase 4 sec.) mais la cale s'avançant fort loin à basse mer, il est préférable de remonter jusqu'au feu du **Cochon** et de faire route vers l'Est jusqu'à relever le feu vert de **Port Louis** dans le S.E. On se présente ainsi dans l'axe de la cale dont on repère au projecteur la perche. Les installations dans la souille de **Disraker** ne sont pas éclairées.

Le large perré qui borde le rivage derrière les pontons permet de caréner.

LE MOUILLAGE DE KERSOS

Il est possible de mouiller et rester à flot en se tenant en lisière du chenal Est de la rade (voir p 287) sur des fonds de vase couverts de moins de 1 m sur la ligne joignant le môle de Port Louis à la pointe St Catherine. Quelques bouées sont mouillées en ces parages. Attention à bien oringuer son ancre car de nombreuses chaînes et câbles traînent dans les fonds de la rade.

Le silo du port de commerce se voit de toute la rade et même un peu à l'extérieur

Les quais du port de commerce occupent toute la rive ouest au nord du port de pêche.

LE CHENAL OUEST DE LA RADE

Au nord du port de Kernevel, toute la rive ouest de la rade de Lorient est occupée par le port de pêche de **Keroman** et les hauts quais du port de commerce où l'accostage est interdit aux bateaux de plaisance. La hauteur des quais, le clapot et les nuages de poussière des navires en déchargement n'y incitent d'ailleurs guère. Il faut remonter plus au nord en laissant sur tribord l'**île Saint Michel** pour rejoindre le port de plaisance aménagé dans l'ancien port de commerce.

Une navigation sans problème car le chenal est large et profond de plus de 10 m. La lisière des hauts fonds sur tribord est balisée par plusieurs bouées vertes. Attention à l'approche de l'ancien port à bien laisser sur bâbord la bouée **n° 8** car elle déborde un vaste banc de vase découvrant où pointent des pieux et des restes de maçonnerie. La vitesse est limitée à moins de 10 nœuds dans toute la rade.

Les grands navires remontent le chenal jusqu'à l'estacade près du vieux port.

De nuit : L'alignement à **350°** des deux feux rouges directionnels (2 occ. 6 sec.) à la hauteur du port de **Kernevel** conduit vers le feu vert (3 éclats 12 sec.) de la bouée du **Turc** qui doit être arrondie par l'ouest pour venir se placer dans l'étroit secteur blanc (036°7 à 037,2°) du feu scintillant de guidage de la pointe de l'**Espérance** au nord de la rade visible entre deux secteurs rouge et vert.

On laissera ainsi sur tribord le feu vert scintillant de la bouée **n°5** en lisière de l'île Saint Michel puis le feu également vert (éclat 2,5 sec.) de la tourelle de **Pengarne**. Il ne faut pas trop s'écarter du feu de guidage car des bouées et une tonne ne sont pas éclairées.

La balise de Pen Garne

Au nord de **Pengarne**, après avoir laissé à distance sur tribord les feux rouge et vert (éclat 2,5 sec.) et vert (2 + 1 éclats 10 sec.) des deux premières bouées du chenal du **Blavet**, on viendra couper à la hauteur du feu rouge (2 occ. 6 sec.) qui signale l'extrémité de la passerelle des cargos, le secteur blanc étroit (351°5 à 352°5) du feu (isophase 4 sec.) de l'entrée de l'arsenal sur la **rivière Scorff** qui est visible entre un secteur rouge et un secteur vert. Ce troisième et dernier secteur conduit devant l'entrée de l'ancien port de commerce dont la partie profonde du chenal est balisée par le feu rouge (éclat 2,5 sec.) de la bouée **n° 8.**

En route inverse, du port de commerce vers la mer, on peut se placer sur l'alignement à **217°** de deux feux rouges scintillants renforcés sur 4° (215° à 219°) jusqu'à venir couper l'alignement à **350°**.

Les débarquements dans la petite île **Saint Michel** sont interdits car elle est du domaine militaire.

LE CHENAL EST DE LA RADE

Ce chenal qui laisse l'île **Saint Michel** sur bâbord, est praticable à toute heure de marées, mais est plus étroit et moins profond que le chenal ouest. Le changement de route se fait à la hauteur de la tourelle du **Cochon** d'où l'on se dirige au **49°** sur la pointe de **Locmiquelic**. Sur tribord, on longe une rangée de bouées de mouillage appartenant à la Marine Nationale mais que l'on peut utiliser pour quelques heures. Attention sur bâbord au haut fond débordant au S. E. l'île Saint Michel.

Attention également au banc Saint Michel qui affleure légèrement en vives eaux dans le N. E de l'île. On prendra garde également au platin de sable vasard qui ourle toute la rive Est de la rade au nord de l'anse de Locmiquelic. De la bouée **M 6**, on fera route vers le N.W. pour passer entre la bouée nord et la tourelle de **Pengarne** où l'on rejoint le chenal ouest.

De nuit : Ce chenal Est de la rade est impraticable dans l'obscurité.

LOCMIQUELIC - STE CATHERINE

Cette petite bourgade sur la rive Est de la rade de Lorient s'est dotée d'un véritable port de plaisance dans un environnement assez plaisant bien que les fonds de vase découvrent largement tout autour de la souille.

Dans l'Est de l'île **Saint Michel**, une cale protégée par un mur abri et orientée vers le N.W., déborde la pointe **Saint Catherine** où une maison est enclose de murs, qui ferment au sud l'anse de Locmiquelic. On se dirige vers le port à partir de la bouée M5 du chenal Est de la rade. Le ponton qui prolonge la cale doit être maintenu dégagé pour l'accostage des vedettes qui assurent les liaisons régulières avec la ville de Lorient.

Les pontons de Locmiquelic sont installés dans une souille au sud d'une vaste baie très envasée. À gauche le ponton des vedettes.

Le ponton des vedettes de passagers au musoir du môle abri.

Le petit platin de carénage le long du quai du terre plein.

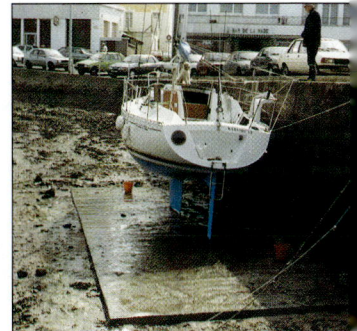

Voir carte de situation en p 277

Un ponton flottant coulissant sur des pieux prolonge le musoir du môle. Accostable aux plus basses mers, il est réservé exclusivement aux vedettes assurant le transport des passagers au travers de la rade de Lorient. Un second point d'accostage mieux protégé mais utilisable qu'à mi-marée déborde intérieurement le môle qui protège du clapot par vent d'ouest et S.W. une souille draguée à 3 m où s'avancent 4 longs pontons flottants pouvant accueillir environ 220 bateaux de moins de 16 m. Une dizaine de places sont réservées pour les visiteurs.

Le pylône vert de la passerelle en bout du môle et une bouée rouge délimitent l'entrée de la souille. Plusieurs petites bouées jaunes signalent la remontée rapide des fonds de vase en bord de la souille. Il convient donc de ne pas s'écarter de l'extrémité des pontons. L'abri est sûr sauf par vent frais de N.W. et tout particulièrement à marée haute quand les fonds de vase sont couverts.

Il est possible d'échouer sur un fond de gravier en bordure du quai ouest où se trouve un gril de carénage près de la première passerelle. À l'extérieur du môle un ancien gril de carénage est protégé par un petit muret. Il convient avant de l'utiliser d'inspecter les tins car certains sont cassés et tous recouverts d'algues.

Au nord de Locmiquelic, une vaste anse assèche entièrement à basse mer. Elle sert de refuge à de petites embarcations qui échouent en bordure d'un rivage encombré de roches et de déblais.

De nuit : L'entrée de Locmiquelic est délimitée par deux feux scintillants rapides vert et rouge sur un pieu et une bouée.

Attention à la lisière accore des bancs autour de la souille.

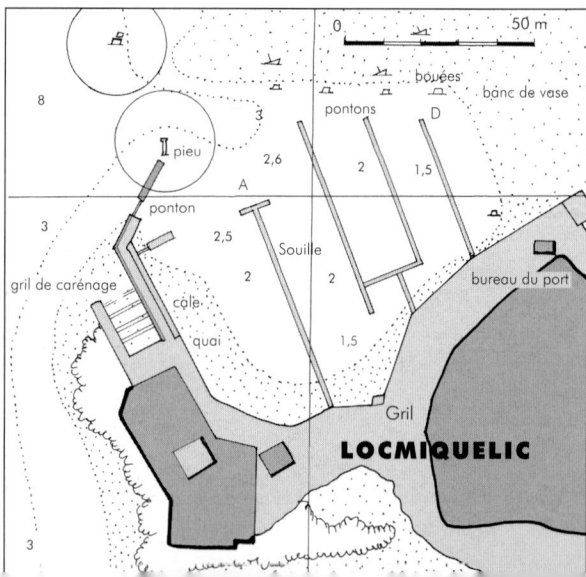

Le brise lames au nord des deux pontons de Pen Mané.

LE PORT DE PEN MANE

Sur la rive Est de la rade, entre l'anse de **Locmiquelic** et la rivière du **Blavet,** une grève a servi pendant longtemps de cimetière pour les bateaux de pêche. En dehors des basses mers de vives eaux, on peut laisser à l'ouest à 50 m la perche noire et blanche, plantée dans l'Est du banc de **Pengarne** pour rejoindre directement l'entrée du Blavet. On double le musoir du môle des chantiers, signalé par une perche à cône, où accostent les vedettes de passagers desservant Lorient.

Entre ce môle et la cale d'un chantier, deux longs pontons parallèles au rivage, le premier faisant office de brise clapot, peuvent recevoir 120 bateaux. Les places extérieures ne sont occupées qu'en l'absence de vent. Un petit ponton indépendant sur 4 pieux brise le clapot par vent du Nord. Les pieux peints en rouge et vert indiquent indiquent clairement l'accès aux pontons. Les bateaux se tiennent à la limite des fonds de vase découvrant. La place à basse mer est réduite pour les manœuvres des bateaux proches du rivage.

De nuit : Le feu vert scintillant de la bouée n° 11, mouillée dans l'ouest de la pointe de **Pen Mané** permet de repérer la zone de mouillage depuis le secteur blanc étroit 036,7° à 037,2° du feu de guidage de la pointe de l'**Espérance**. Le ponton brise lames de Pen Mané est signalé par un feu vert (2 éclats 6 sec.).

LE SCORFF

L'entrée de la rivière est occupée par l'arsenal et la traversée de cette zone militaire est interdite sans autorisation. Il en est de même pour l'accostage aux ouvrages de la pointe de l'**Espérance** face à l'entrée de l'ancien port de commerce. De vieux navires de guerre protègent quelques pontons réservés au club nautique de la Marine Nationale.

L'arsenal occupe toute l'embouchure de la rivière Scorff. À gauche se situe l'entrée de l'ancien port de commerce et le nouveau poste des cargos et des courriers de Groix.

La bouée n° 8 se situe à la hauteur de l'entrée du port de commerce.

Un brise lames métallique vient d'être installé entre la tourelle et l'extrémité du terre plein de la rive sud. Les courriers de Groix viennent désormais accoster le terre plein gagné sur la rade le long de l'estacade des cargos.

HAUTEUR D'EAU

Coef.	B.M	P.M
45	2,00 m	4,05 m
95	0,80 m	5,15 m

Les bateaux s'amarrent le long des pontons de la rive sud.

Le rivage en pente douce permet l'échouage derrière les pontons.

Les quais sont bien aménagés autour du musée de la mer et des boutiques et restaurants.

L'ANCIEN PORT DE COMMERCE

Sur la rive ouest, à l'approche de l'embouchure du Scorff, s'avance une longue estacade métallique où accostent côté sud des navires de commerce. Au nord, le quai d'un terre plein gagné sur la mer, est réservé à l'accostage des courriers qui assurent les liaisons avec Port Tudy dans l'île de Groix. Attention à ne pas gêner leurs manoeuvres car l'espace est réduit entre l'estacade et la perche qui signale la lisière d'un banc.

Au nord de l'estacade, l'ancienne tourelle blanche d'un feu, entourée d'une passerelle métallique circulaire est reliée à la pointe du rivage en forme d'épi par un brise lames également métallique qui améliore sensiblement la protection des bateaux amarrés en bout du premier ponton dans l'entrée de l'avant port. Deux nouvelles cales s'avancent à l'extrémité de l'épi à l'extérieur et à l'intérieur du brise lames.

L'avant port est profond de 2,50 m à 3 m et la vitesse y est limitée à 3 nœuds. Toute la rive sud est bordée par deux longs pontons flottants que sépare le chemin de roulement d'un élévateur de 25 tonnes pour les mises à terre sur l'aire de carénage voisine. Quelques bateaux échouent sur les perrés en arrière des pontons. Au-delà du troisième ponton réservé exclusivement au pilotage et à la gendarmerie, l'ancien quai des courriers de Groix ne peut être occupé sans autorisation.

Les plaisanciers disposent encore le long des quais des deux rives de pontons offrant 220 places, mais la largeur entre ces pontons limite l'accès aux bateaux de moins de 15 m. Il est toutefois possible d'accueillir quelques bateaux jusqu'à 25 m. Renseignements par VHF à la capitainerie sur la place à occuper.

Le site a été embelli par la construction d'une maison de la mer et d'une promenade piétonnière. Les commerces du centre ville sont tout proches.

LE BASSIN A FLOT

Ses portes ouvrent entre 1 h et 1 h 1/2 autour de l'heure de la pleine mer suivant les coefficients, le seuil étant à 1,10 m au-dessus du zéro. Un tirant d'eau de 2,30 m est garanti dans le bassin. Il faut signaler son intention d'y entrer au bureau du port à côté des portes. La superficie du bassin est réduite car une grande partie de l'ancien port de Lorient a été comblée au lendemain de la guerre 39/45. Trois pontons offrent 130 places mais elles sont pour la plupart occupées à l'année.

Deux anciens navires de guerre protègent le plan d'eau du club nautique de la Marine.

Le bassin à flot en plein cœur de la ville où la plupart des places sont occupées à l'année.

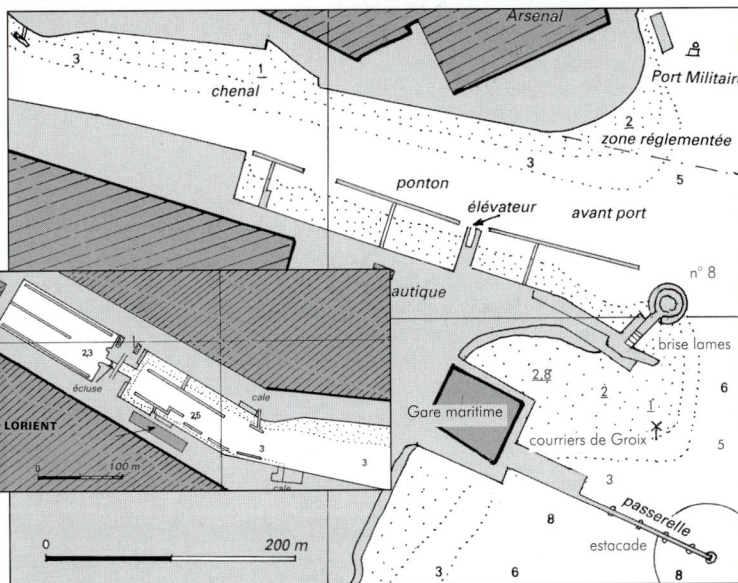

SERVICES LORIENT

Capitainerie : Vieux port quai Rohan. T.02 97 21 10 14 fax 02 97 21 10 15. VHF canal 9.
8/12h30 - 13h30/20h en été.
8h30/12h - 14h/18h. hors saison
VHF canal 12
Météo : affichage à la capitainerie.
370 places, 50 visiteurs. 25 m maxi.
Eau, électricité, sanitaires, douches, glace, tél public.
Elévateur 25 t. grue 1,5 t. cales.
Carburant : à Kernevel.
Avitaillement : Nombreux commerces près du port.
Accastilleurs :
Coopérative Maritime 4 rue A. Rio T. 02 97 87 20 80
Docks de Keroman 12 Bd Abbé Le Cam
T. 02 97 37 32 62
A2S Atlantic Ship Service Tribord Maison de la mer quai de Rohan T. 02 97 64 60 67
Accastimer la Maison Rouge Kernous - Kervignac
T. 02 97 81 26 96
Cap Océans. 14 rue F. Toullec Z.I de Kerolay
T. 02 97 37 34 78
C.N Kernevel Nautic Bd Roger Le Port Larmor Plage
T. 02 97 65 55 72
Librairie :
l'Alcandre Maison de la Mer 2 quai de Rohan
T. 02 97 64 20 41
Voileries :
New Marine rue de Kerandré T. 02 97 36 14 21
Voilerie Tonnerre 35 rue Ing. Verrière. T. 02 97 37 23 55

De nuit : On rejoint l'entrée de l'ancien port par le chenal ouest de la rade. La bouée dans l'axe de l'entrée où la profondeur est la plus grande, montre un feu rouge (éclat 5 sec.). Les quais sont suffisamment bien éclairés pour remonter le chenal comme de jour vers le bassin à flot.

Voir carte de situation en p 277

LE BLAVET

Cette rivière assez large, qui circule dans un paysage boisé, entre des rives non aménagées où de nombreuses carcasses de thoniers finissent de pourrir, est navigable sur 6 milles jusqu'au port d'**Hennebont**, d'où l'on peut rejoindre par **Pontivy** en 74 km et 28 écluses, l'ancien canal de Nantes à Brest qui est interrompu en direction de Brest, mais navigable entre Pontivy et Redon. Le Blavet est remonté par la marée qui crée des courants d'environ 1,5 à 1,8 nœud en vives eaux dans l'embouchure, où la rive Est découvre de vastes étendues de vase. Il ne faut pas trop s'écarter du chenal balisé par des bouées. Les voiliers de 20 m de tirant d'air peuvent remonter jusqu'à Hennebont

Les bateaux mouillent en lisière des deux rives envasées du Blavet que franchit un grand pont routier à hauteur de Lorient.

PORT ROHU

À un mille en amont de la pointe de **Pen Mané**, un quai de 120 m borde la rive ouest. Les fonds sont dragués à 3,50 m pour l'accostage des sabliers. Les tas de sable ne constituent pas un décor très pittoresque.

De nuit : Des bouées lumineuses à feu rouge et vert (éclat 2,5 sec.) permettent de remonter jusqu'au port de **Rohu** depuis le feu vert (éclat 2,5 sec.) de la bouée **n° 1** du Blavet.

Le quai du terre plein de Beg Rohu.

LE MOUILLAGE DE SAINT GWENAEL

À un mille de port **Rohu**, sur la rive ouest, au nord d'une tourelle, 150 bateaux peuvent s'amarrer sur des bouées installées en lisière d'une zone boisée. Une vieille carcasse de thonier protège du clapot une passerelle pour les débarquements sur la rive envasée de **Lanester**. Le grand viaduc en amont laisse un tirant d'air de 26 m. Dans le coude de la rivière, au nord, on croise un ancien cimetière pour les thoniers. Sur la rive gauche à hauteur de **Kervignac** quelques bouées et un ponton forment un mouillage organisé pour la plaisance.

Le mouillage de Saint Gwenaël le long de la rive ouest en aval du grand viaduc.

Dans l'ancienne ville fortifiée de Hennebont se dresse la haute flèche surmontant une tour clocher d'une belle église du XVIe siècle.

HENNEBONT

Après une longue ligne droite, un virage et un second viaduc, on pénètre dans le port d'Hennebont. Sur la gauche, un quai est utilisé par les sabliers. On peut y échouer sur des posées de sable ferme découvrant de 1,20 m. Mais la plupart des bateaux de plaisance restent au mouillage dans le lit de la rivière où 60 bouées sur deux lignes facilitent l'amarrage jusqu'au pont de pierre qui barre le passage aux voiliers. Un petit ponton flottant facilite les débarquements en annexe mais il ne faut pas y stationner plus de 6 h.
De nuit : La rivière du Blavet n'est pas équipée d'un balisage lumineux.

Une rivière paisible qui a longtemps servi de cimetières pour les vieux thoniers.

En amont de Hennebont, l'ancien canal de Nantes à Brest permet de rejoindre en 74 km et 28 écluses, Pontivy en liaison avec le port de Redon et la Vilaine maritime. (**voir Pilote Côtier 5 b.**)

Le quai du port des sabliers en amont du viaduc du chemin de fer.

Le ponton de débarquement de la rive Est sur la zone de mouillage.

Les bateaux s'amarrent sur deux lignes de corps -morts.

293

LA COTE SAUVAGE DE QUIBERON A LORIENT

Une longue plage de sable bordée de dunes, exposée à la houle d'ouest et débordée par quelques petits îlots rocheux s'étend sur 14 milles de Lorient jusqu'à l'enracinement de la presqu'île de Quiberon. La rivière d'Etel étant d'accès toujours difficile, parfois même dangereux, les bateaux longeant les côtes de Bretagne sud suivent une route directe au large, au 135°/315° vers la pointe de Quiberon ou le courreau de l'île de Groix. Cette route laisse à plus de 5 milles au sud le phare des Birvideaux qui pour les plaisanciers ne présente aucun danger.

De nuit : Au départ de Lorient, seul le feu blanc (éclat 5 sec.) de la pointe des **Poulains** à l'extrémité ouest de Belle Ile est visible du fait de sa grande portée 23 milles. Mais on ne tarde pas à voir se lever le feu scint. de Port Maria qui présente en direction du N.W un secteur blanc visible jusqu'à 14 milles, ainsi que le feu blanc (2 éclats 6 sec.) des Birvideaux qui aide à bien se situer.

En route inverse, le feu blanc (éclat 5 sec.) de la pointe des **Chats** au sud de l'île de Groix d'une portée de 19 milles est rapidement visible au départ de Quiberon par temps clair.

Le vaste golfe de la rivière d'Etel, n'est relié à la mer par un étroit goulet qui augmente la violence des courants tandis que les bancs de sable réduisent la hauteur d'eau Les conditions sont remplies pour créer une barre dangereuse.

La tourelle du Chaudronnier qui déborde le musoir du môle partiellement démoli.

Le château d'eau est le meilleur point de repère pour localiser de loin l'entrée de la rivière.

Les anciens appontements de la rive ouest avant le port. On aperçoit en arrière plan la maison du mât fenoux.

ETEL

Situé à mi-distance entre Quiberon et Lorient, sur l'estuaire d'une rivière profondément pénétrée par la marée, le port d'Etel a fort mauvaise réputation. Non sans raison. Les forts courants de jusant, 4 à 6 nœuds, en s'opposant dans l'entrée de l'embouchure, à la houle du large, lèvent sur les hauts fonds de sable une barre qui certains jours, peut être redoutable même pour les puissants chalutiers d'Etel. Mais par mer calme, en fin de flot, un peu avant l'étale de pleine mer, un bateau de plaisance peut pénétrer sans risque dans la rivière d'Etel et découvrir une véritable petite mer intérieure qui, du fait des dangers de l'entrée, a conservé un caractère très sauvage.

L'approche de la rivière d'Etel ne présente guère de difficultés car aucune nécessité de la navigation n'amène à serrer de près les dangers du rivage.

Un grand château d'eau, (le second est détruit) et le clocher d'Etel aident à situer l'entrée de la rivière.

Même en disposant d'une VHF, il faut suivre impérativement les instructions données par la flèche orientable du mât fenoux.

En venant du N.W, la tourelle sud du **Roheu** se situe à 5,5 milles dans le **113°** de la bouée sud des Bastresses à la sortie de la passe sud de **Lorient.** On la laissera au nord à petite distance car la mer doit être calme et haute lorsqu'on aborde la passe. Etel n'est qu'à deux heures de route tout au plus de Lorient en voilier. On peut donc aisément calculer sa route pour se trouver au meilleur moment devant la passe et si les conditions ne sont pas optimum pour franchir la barre, il n'est pas pénible de revenir sur sa route.

Venant du S. E, de la pointe de Quiberon, on viendra reconnaître de près la tourelle des **Pierres Noires** à 7 milles dans le **335°** de la pointe de **Goalennec** qui se situe à 1,2 mille de la bouée des Pouilloux au voisinage de Port Maria (voir p 309). Des Trois Pierres une route au **008°** conduit en 00 milles sur l'entrée d'Etel en laissant de près à l'Est les roches de **Poul Haut** 5 m. Mais les abords de la rivière d'Etel présentent partout des fonds de sable plat sans aucune tête de roche dangereuse.

POINTS GPS : :
Approche S.W de la barre
47° 38.17 - 3° 12.85
Roches du Roheu
47° 38.61 - 3° 14.62
Ile Roëlan
47° 36.58 - 3° 11.88

Les roches de Roheu découvrent de 5 m au voisinage de la tourelle dans l'ouest de la barre.

Voir carte de situation en p 27

Flèche à l'horizontale, la passe est impraticable.

LE PASSAGE DE LA BARRE

La meilleure route pour approcher de l'entrée de la rivière d'Etel est au 42° sur un grand château d'eau mais cette route ne doit être en aucun cas considérée comme la meilleure pour franchir la passe. Il faut se fier aux indications du mât Fenoux.

Les bancs de sable sous l'action de la houle et des courants sont en constants déplacements. Leur position peut rester stable pendant quelques semaines et varier ensuite à plusieurs reprises en 2 ou 3 jours à la suite d'une tempête d'ouest ou même d'un fort coup de vent.

C'est par les vents de ce secteur et également du S.W., lorsque la houle s'oppose aux courants de jusant qui, en vives-eaux, dépassent 4 à 5 nœuds, que les vagues déferlant sur les bancs de sable sont les plus redoutables. Elles forment alors une vague s'étendant sur 4 à 500 m au sud de l'entrée, infranchissable même par les plus puissants chalutiers d'Etel. Mais cette barre disparaît rapidement au retour du flot, la renverse ayant lieu 1 h 30 après la pleine mer de Port Tudy.

L'entrée de la rivière du côté Ouest, près du haut pylône en treillis d'un feu, est débordée par une courte jetée partiellement détruite dont le musoir est signalé par la perche à cylindre rouge du **Chaudronnier**. Mais le **mât Fenoux** du sémaphore sur le pignon d'une maison blanche à toit d'ardoise sur cette même rive ouest est incontestablement plus important car la flèche donne les consignes pour bien franchir la passe.

La tourelle du Chaudronnier qui déborde le musoir partiellement démoli du môle. En arrière plan le pylône du feu et la maison du mât Fenoux.

LES HEURES D'ACCÈS

Flèche à la verticale, rester sur cette route. qui est correcte.

Il est plus que recommandé aux bateaux de plaisance de ne franchir la barre qu'avec le flot, donc **2 heures avant l'heure de la pleine mer locale** qui présente une avance de 45 minutes par rapport à la pleine mer de Port Tudy.

Ces deux heures tiennent compte d'une bonne marge de sécurité, mais elles ne garantissent pas l'entrée immédiate dans la rivière car la hauteur sur les bancs peut varier dans de grandes proportions, particulièrement à la suite d'une tempête du sud. La houle peut en effet amonceler une telle quantité de sable dans l'entrée de la rivière que son accès n'est plus praticable qu'une heure avant la pleine mer. Mais les courants peuvent recreuser en quelques jours un chenal profond qui permettra d'entrer sans risque à Etel presque à mi-marée.

Il convient donc de se renseigner sur les conditions d'accès, auprès du sémaphore par le canal 16 de la VHF, une veille radio étant assurée au moins deux heures avant à deux heures après la pleine mer.

Les plaisanciers qui ne disposent pas d'une VHF peuvent, avant leur appareillage, téléphoner au sémaphore (T. 0297553559) ou à défaut se placer sur l'alignement à 42° en hissant en tête de mât ou dans les haubans un pavillon national de manière à avertir le responsable du mât Fenoux que l'on désire entrer dans la rivière.

LES CONSIGNES DU MAT FENOUX

Un tour complet de la flèche rouge indique que le bateau a été vu et qu'il doit se conformer impérativement aux instructions suivantes.

La flèche vient à l'**horizontale :** la passe est **impraticable.** Mais si un pavillon rouge est hissé au-dessus de la flèche, cette interdiction n'est que momentanée, car la hauteur d'eau sur les bancs est encore insuffisante. Si ce pavillon est remplacé par une boule noire, l'interdiction ne s'applique qu'aux bateaux de moins de 8 m.

Si la flèche prend une inclinaison vers la **droite**, il convient de s'engager dans la passe en incurvant sa route vers la droite, et inversement si la flèche s'oriente vers la gauche.

Une **position verticale** de la flèche indique que la route suivie est **correcte.**

Si la houle est forte, il faut garder un maximum de vitesse pour rester sur une vague et l'accompagner le plus longtemps possible. Rattrapé par une grosse vague, un petit bateau risque d'amorcer une embardée et de se mettre au travers d'une déferlante.

Une règle reste toujours essentielle : **ne jamais forcer le passage**. Si la mer semble trop creuse, il faut savoir rebrousser chemin, même si les eaux calmes de la rivière paraissent toutes proches, pour aller chercher abri dans la rade de Lorient qui n'est distante que de 7 milles.

De nuit : Bien que le pylône du **Chaudronnier** montre un feu blanc (2 occ. 6 sec.) de 022° à 064°, entre une coloration verte au sud et rouge à l'ouest, **l'entrée de nuit dans la rivière d'Etel est interdite.** Les instructions données par le mât Fenoux ne pouvant être vues. Un petit feu rouge (éclat 2,5 sec.) signale le pylône au musoir de l'épi de **Plouhinec.**

La barre ne se situe pas uniquement dans l'entrée de la rivière. Elle s'étend nettement plus au large sur tous les hauts fonds.

L'inclinaison de la flèche indique de venir plus à droite ou à gauche.

Le banc des moules dans le goulet est bien balisé par un pylône et deux bouées.

LE PORT D'ETEL

On se trouve rapidement dans l'intérieur de la rivière, un plan d'eau relativement bien abrité. La rive ouest est bordée d'anciens appontements de béton difficilement accostables et exposés aux courants. Le port d'Etel se situe sur la rive opposée.

Le chenal naturel de la rivière profond de 6 à 8 m, passe dans l'ouest du **banc des Moules** délimité au sud par une bouée verte et au nord par un pylône également vert. Mais ce banc qui ne découvre qu'au voisinage du zéro est toujours largement couvert puisque l'entrée dans la rivière d'Etel n'est possible qu'une bonne heure avant la pleine mer. En amont du pylône du banc des mouettes une bouée rouge balise un banc débordant plus largement la rive ouest.

HAUTEUR D'EAU		
Coef.	B.M	P.M
45	2,20 m	4,10 m
95	1,45 m	4,95 m

Le port d'Etel sur la rive Est du goulet face aux chantiers et au mouillage du Magouer.

À 800 m de la passe, un long quai, exposé au clapot, borde un vaste terre plein en avant des maisons du bourg et se prolonge par un môle sur pilotis dont le quai du côté de la rivière est occupé par les grands chalutiers. Le quai intérieur bordé d'un long ponton est réservé aux canots et barques de pêche.

Les bateaux de plaisance occupent les 200 places qu'offrent les 8 pontons flottants s'appuyant sur le terre plein Est dont le perré n'est pas franc. L'abri est sûr par tous les vents et le plan d'eau reste calme mais les chalutiers qui rentrent ou appareillent au petit matin rendent ce port assez bruyant.

Les grands chalutiers accostent au quai extérieur du môle qui protège les pontons.

De nombreux canots de pêche et quelques dizaines de voiliers ont Etel pour port d'attache.

À quelques dizaines de mètres en amont du port, le rivage retrouve un aspect bucolique qui contraste singulièrement avec les dangers de la barre.

Les pontons ne peuvent accueillir des bateaux de plus de 15 m. Les visiteurs sont invités à s'amarrer en bout où la profondeur est la plus grande 3 m. Les fonds découvrent de 1,50 m au pied des passerelles. À la cale dans le fond du bassin, s'ajoute une autre grande cale à l'extrémité nord du terre-plein qui se prolonge par un vaste platin de vase où sont échouées des carcasses de vieux chalutiers en bois car la rivière d'Etel a toujours été utilisée comme un vaste cimetière pour les vieux bateaux. Pas de ravitaillement en carburant à quai, il faut se rendre à une station service en ville.

Sur la rive opposée de la rivière, à la hauteur du port, un important chantier de réparation peut mettre au sec de gros chalutiers sur un slip.

La pointe de la Garenne avec la rivière Sac'h en premier plan. À droite le Vieux Passage sur la rive ouest et à gauche l'îlot Nohic.

LE MAGOUER

Face au port d'Etel sur la rive ouest, ces fonds de sable plats et fermes découvrent entièrement au nord de la jetée, où l'on peut béquiller, seuls les abords du musoir ne sont pas francs. Mais on peut également rester au mouillage en se tenant à une trentaine de mètres du rivage. Le lit de la rivière est accore et la profondeur atteint vite 7 à 8 m. Le courant, toutefois, fait tirer assez durement sur la ligne de mouillage.

Les bateaux échouent près des chantiers au voisinage des carcasses de vieux thoniers.

Le Magouer

cale

Bureau du port

ETEL

4

7

cale

Le Passage Neuf

Pte Men Du

Piscine

8

Pont Lorois

Pte Pradic

Port Ouen

ancien ponton

4   6

4

2

Pte St Germain

12

3

3

2

banc des Moules

VIEUX PASSAGE

3

8

banc du Stang

2

Coz Castel

8

mât fenoux

1

10

Pte de Royanec

2

15

Pothic

feu

3,4

2

Pte de Secours

1

10

LARMOR

2,4

11

2

0,3

Anse du Nohic

10

Pte de la Garenne

Rivière Sac'h

2

7

Ilot Nohic

14

Fonds variables

3

0,7

12

0,6

Barre position variable

LE MAGOUER

10

ETEL

0,6

3

3

cale

port

0   300 m

0   300 m

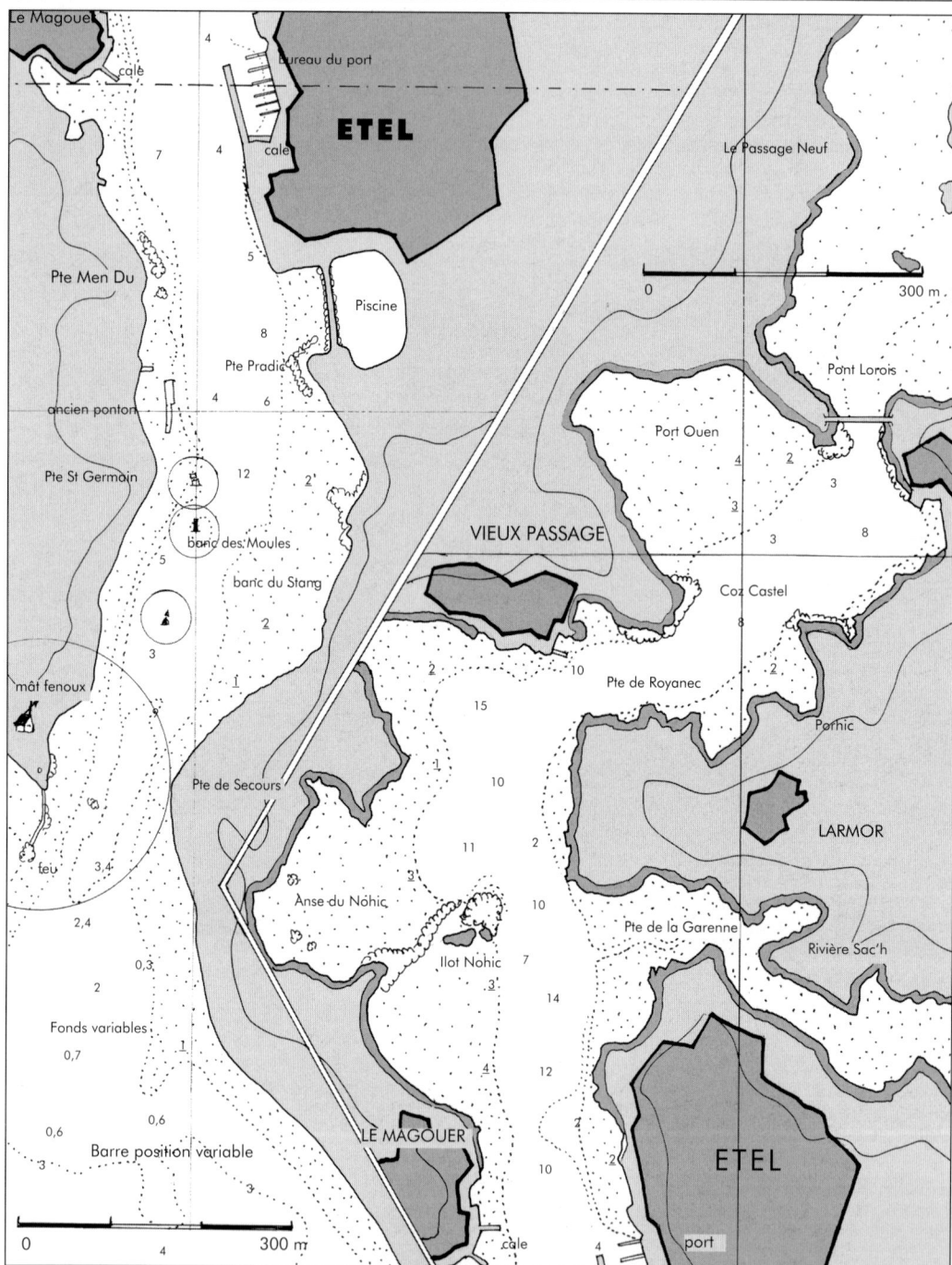

Capitainerie : cours des quais. T.02 97 55 46 62, 8/12 h -14/18 h. VHF canal 13 et 16. Météo : affichage à la capitainerie. 200 places sur pontons. 15 m maxi. Eau, électricité, sanitaires, douches, glace, tél public.
Carburant : station service près du port. Grue 6t, cale.
Avitaillement : Quelques commerces près du port.
Accastillage : Comptoir de la Mer cours des quais T.02 97 55 33 55
Mécanique - Réparation : Kenkiz marine - Forge Marine T.02 97 55 30 90 Rameau T.02 97 55 31 51

LE POUMENO

L'estuaire de ce petit ruisseau, côté Est, juste au nord du port d'Etel offre un mouillage bien abrité des vents et des courants. L'entrée n'est toutefois accessible qu'après la mi-marée et il faut prendre garde à l'ouvert aux enrochements bordant le chenal que balisent quelques perches.

LE VIEUX PASSAGE

Dans le premier coude de la rivière, côté ouest, l'anse du **Vieux Passage** offre, derrière une courte jetée, un charmant petit abri qui a perdu toutefois un peu de son attrait par la construction d'un terre plein ceinturé d'enrochements et bordé d'une cale. Les bateaux restent à flot autour du musoir du môle ou échouent sur une petite grève de sable en avant du perré qui borde les maisons. L'anse au nord du terre plein présente toujours un beau platin de sable vasard où les bateaux viennent échouer en avant de plusieurs belles chaumières. Un veritable décor de théâtre.

Les posées sont franches autour du petit môle du Magouer.

Le mouillage et le petit port abri du Passage sur le flanc sud de la pointe avant le pont Lorois.

La petite darse du Vieux Passage, un site pittoresque entre le môle et un nouveau terre plein.

PORT GUEN

Sur la rive ouest, toujours avant le pont Lorois, l'anse de **Port Guen** offre également un bon abri, particulièrement contre les vents forts d'ouest, mais les fonds assèchent entièrement à basse mer et il faut prendre garde au cordon de roches balisé par quelques perches qui ferment l'anse en lisière du grand chenal.

L'ANSE NISCOP

En bas l'anse Niscop où l'on peut attendre la renverse, le pont Lorois et à droite l'îlot de Gravinez.

Juste avant le **pont Lorois**, rive Est, 4 ou 5 bateaux peuvent venir accoster et échouer le long du quai bordant le terre-plein d'une petite anse, mais la plupart des visiteurs préfèrent rester au mouillage à l'ouvert de l'anse juste en lisière des courants forts. Une cale borde le terre-plein où est installée une grue. De vieux thoniers éventrés sont échoués sur le rivage tout autour de l'anse en attendant que le temps détruise peu à peu les membrures. La rivière d'Etel était autrefois un des plus grands cimetières pour les bateaux de pêche de la côte bretonne.

La petite darse et le terre plein de l'anse Niscop. L'anse était autrefois un grand cimetière à bateaux

LE GOULET DU PONT LOROIS

Ce pont suspendu marque incontestablement une barrière. Non seulement par son tirant d'air limité à 9 m, au-dessus du plan d'eau à la pleine mer en coefficient de 95, mais également du fait des courants violents qui s'engouffrent dans cet étroit passage bordé de roches et qui peuvent atteindre près de 8 à 9 nœuds en vives eaux. C'est dire qu'en dehors des étales qui ont lieu 45 minutes après celle de Port Tudy, seuls les bateaux disposant d'un bon moteur peuvent s'engager sous le pont.

Toutefois les petits voiliers peuvent passer avec moins de 12 m de tirant d'air à l'heure de l'étale de basse mer en marée moyenne de coefficient 70, la hauteur d'eau sous la quille restant toujours largement suffisante dans cet étroit goulet par où se vide la mer d'Etel. Attention cependant à bien garder le milieu du chenal car un banc de roches affleure du côté ouest. La rive opposée est en revanche assez franche. Incurvant sa route vers l'ouest, on viendra arrondir la perche plantée sur une roche isolée qui déborde l'îlot **Nod Vihan**. Cet îlot délimite à l'Est, une petite anse qui assèche en avant d'une cale et d'un groupe de maisons.

Le pont Lorois enjambe
un étroit goulet où les
courants peuvent
atteindre près de 9
nœuds en V.E. Il marque
l'entrée dans la partie
sauvage de la rivière
d'Etel.

L'île de Gravignez et le petit îlot
de Men Halen vus de l'Est en
avant de la première anse qui
creuse la rive ouest en amont du
pont Lorois. Il faut passer au sud
de Gravignez à mi distance entre
deux petits îlots en laissant au
sud une roche signalée par une
perche à cône.

303

SAINT CADO

L'abri le plus prisé dans la rivière d'Etel est sans conteste le petit village de Saint-Cado, à 0,8 mille au nord du Pont Lorois. On le rejoint après le pont en arrondissant sa route vers la rive ouest pour laisser à distance sur tribord le petit îlot dénommé **Nord Vihan** ou **Tog Ru**. On revient alors plein Est pour passer à mi-distance entre cet îlot et celui de **Men Halen** qui déborde l'île **Gravignez**. Il faut laisser au sud la perche à cône qui signale une roche couvrante à marée haute. Le passage est assez large mais il faut tenir compte de la dérive provoquée par les courants forts. Attention plus en amont à un long banc de sable s'étendant jusqu'à hauteur de **St-Cado**. Ce banc découvre par fort coefficient et la couleur plus claire de l'eau renseigne sur sa position. On prendra garde également aux roches qui débordent la rive ouest à hauteur du banc. Le bras ouest offre une plus grande profondeur à basse mer que le bras Est.

Le village de **St-Cado** aux vieilles chaumières se serre sur un îlot accessible uniquement par une étroite chaussée en forme de pont. Un simple petit môle où s'amarrent quelques canots protège une large cale à l'enracinement de la chaussée. L'extrémité de la cale n'est couverte que de 1 m d'eau à la pleine mer en mortes eaux. Les bateaux de passage peuvent rester au mouillage, en avant du port, à l'Est d'un îlot que couronne une petite maison . Un joli panorama qui a fait l'objet de nombreuses photos. On prendra garde aux hauts-fonds qui débordent l'îlot vers le nord.

Un village très pittoresque avec encore quelques maisons au toit de chaume

Les canots et barques s'amarrent au petit môle au voisinage de la large cale.

L'île St Cado est reliée au rivage par une digue carrossable.

LA RIVIÈRE D'ETEL

En amont de St-Cado, la rivière d'Etel est navigable à marée haute sur plusieurs centaines d'hectares et offre aux petits voiliers et aux canots pneumatiques, un vaste plan d'eau d'évolution au milieu des landes, des ajoncs et des bancs de vase. Un paysage où rarement la mer et la campagne bretonne se sont aussi intimement liées.

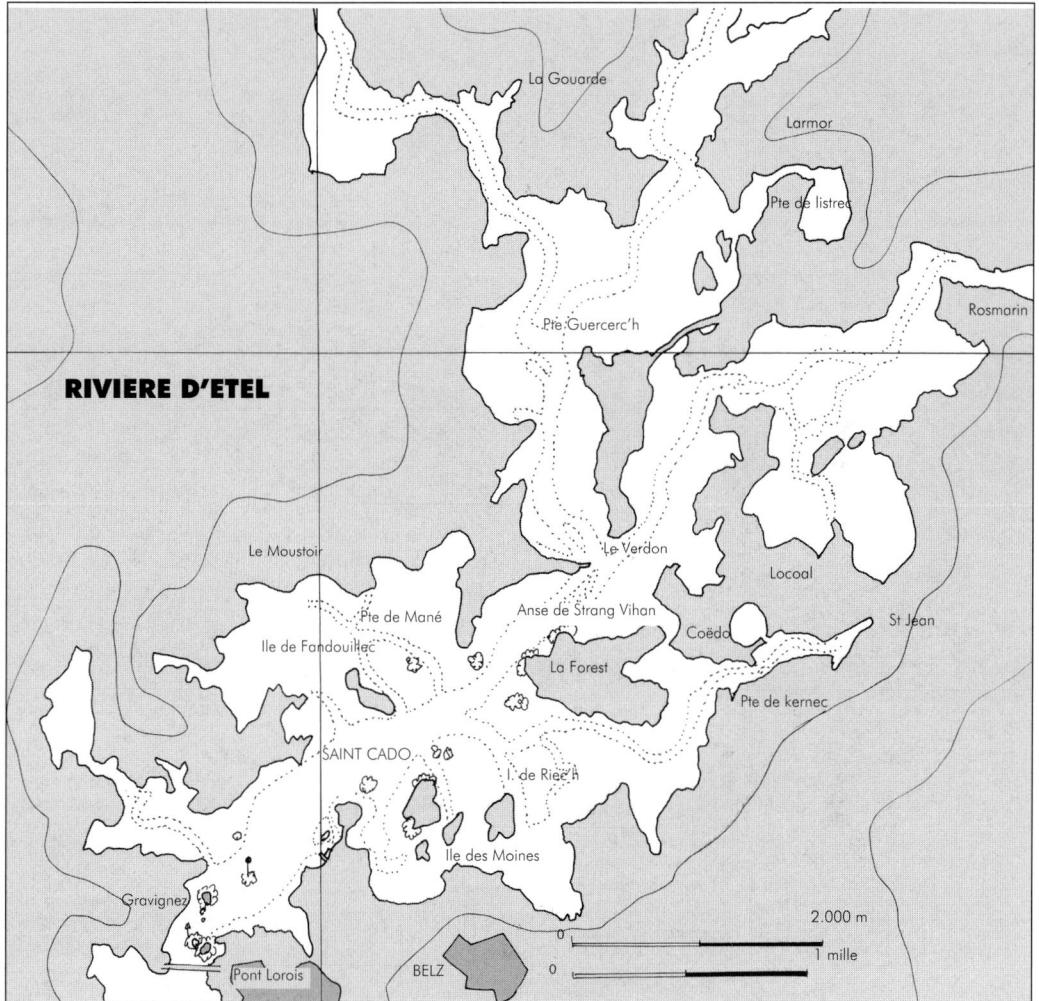

La Gouarde

Larmor

Pte de listreo

Rosmarin

Pte Guercerc'h

RIVIERE D'ETEL

Le Moustoir

Le Verdon

Locoal

Pte de Mané

Anse de Strang Vihan

Coëdo

St Jean

Ile de Fandouillec

La Forest

Pte de kernec

SAINT CADO

I. de Riec'h

Gravignez

Ile des Moines

2.000 m

1 mille

Pont Lorois

BELZ

Voir carte en page 000

À basse mer, il ne reste plus qu'un chenal principal large de moins de 500 m qui se dirige vers le N.E., où la profondeur ne dépasse guère 2 m. Bien que fort mal balisé, ce large chenal est assez facile à suivre en se tenant à égale distance d'îlots et des pointes qui le bordent. On rejoint ainsi le passage entre la pointe de **Mané** à l'ouest et l'île de **la Forest**, à l'Est, qui doit sans doute son nom au bois de pins qui la couvre. Une ferme abandonnée en bord du rivage est un point de repère assez remarquable. Mais attention à l'Est de l'île **Fandouillet** au banc de sable près du chenal.

Le petit port de St Cado avec la maison isolée sur son banc, le petit môle, la cale et la digue qui donne accès à l'île.

Dans toute la rivière la profondeur est réduite et de vastes bancs de vase découvrent avec la marée.

Le fond de la rivière au nord de la pointe du Listrec.

Ces grandes étendues d'eau et de bancs de vase ne manquent pas de poésie sous les constantes variations de lumière des cieux bretons. Mais les repères pour suivre les chenaux font singulièrement défaut.

La maison sur un banc près de St Cado est une image assez répendue dans les dépliants touristiques.

Les posées sont franches le long de la digue qui laisse passer les courants.

Voir carte de situation en p 305

Plus au nord, dans l'anse de **Strang Vihan**, le grand chenal se sépare en deux branches. L'une remonte vers le nord dans une large baie pour venir serrer une pointe disposant d'une cale privée. Quelques bateaux hivernent à sa hauteur, côté Est, en lisière du rivage. L'autre branche du chenal se dirige vers le N.E. Plus étroit, il est balisé par endroits par quelques perches, mais la profondeur réduite à moins de 1,50 m oblige bien vite à rebrousser chemin, si l'on ne veut pas s'échouer dans la vase au milieu de quelques parcs. Aussi, pour éviter d'être bloqué pendant 6 à 8 heures, il est préférable d'explorer la rivière d'Etel en partant de Saint-Cado peu après l'étale de basse mer.

Rappelons que la vitesse est limitée à 5 nœuds à moins de 300 m du rivage dans toute la rivière, à basse mer les sillages pouvant abîmer les parcs

L'île St Cado vue de l'Est. Quelques barques viennent mouiller sous l'abri du village où la protection est bonne par vent d'ouest

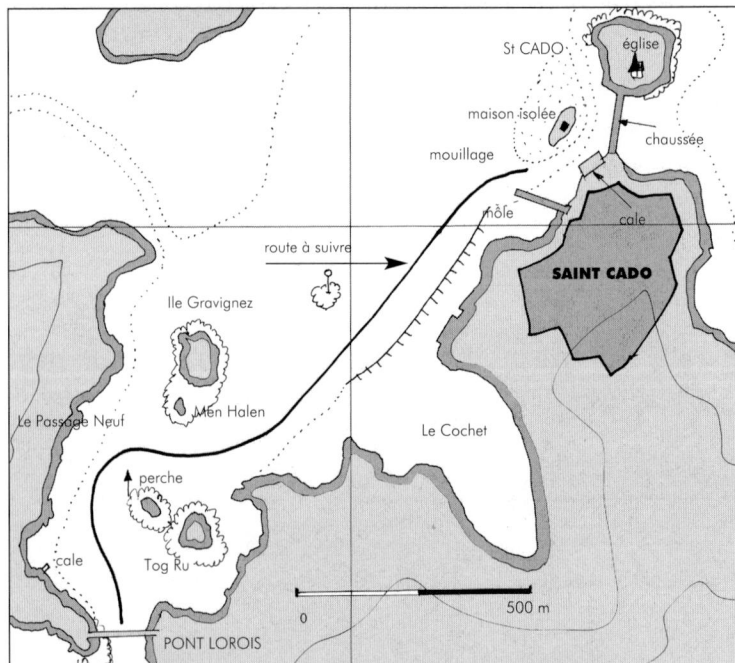

LE PASSAGE DE LA TEIGNOUSE

Pour plus d'informations consulter le Pilote Côtier n° 5 B Quiberon - la Rochelle.

Cette chaussée de roches qui relie l'île de Houat à la pointe de Quiberon laisse quelques larges passages aisément praticables. Mais par mauvais temps, la mer brise avec violence sur tous les hauts fonds, particulièrement par vent d'ouest au jusant et le passage est fortement déconseillé par temps de brume. Ce passage de la Teignouse est toutefois fort bien balisé pour une navigation de jour comme de nuit et long seulement de 2,5 milles, il se franchit rapidement au moment de l'étale même à bord d'un petit voilier.

Les nombreuses bouées et tourelles peuvent créer à priori une certaine hésitation dans la route à suivre. En fait, il n'y a que deux routes à bien connaître : un passage à terre qui reste praticable à basse mer par beau temps, le chenal de **Er Toul Bras**, et une large passe qu'il faut emprunter impérativement si la mer est agitée ou de nuit, et de préférence aux environs de l'étale avec par la suite un courant favorable si les vents sont forts.

LA PASSE PRINCIPALE

Lorsque la mer est agitée, il est impératif d'emprunter la passe principale du passage de la Teignouse et de préférence aux environs de l'étale par vents forts. Il en est de même dans l'obscurité.

En venant de l'ouest, la seule difficulté est de repérer la position des bouées. Si l'on possède un **GPS**, on naviguera à la latitude 47° 25 jusqu'à venir par 3° 06. On se trouve alors sur le début du passage de la Teignouse d'où l'on se dirigera au **36°** sur le phare

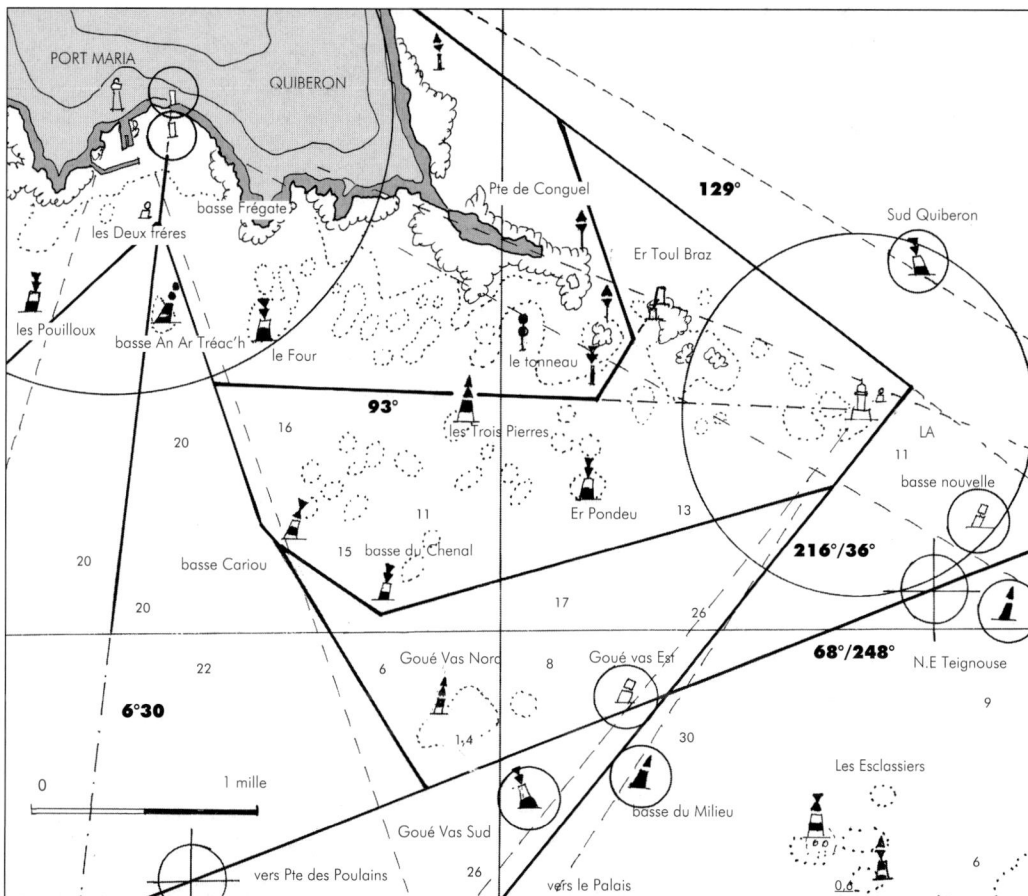

Le phare de la Teignouse

Plusieurs grandes bouées délimitent parfaitement le passage. Une large avenue pour un bateau de plaisance

de la Teignouse ce qui fait passer entre la bouée rouge de **Goué Vas Sud** et la bouée verte de la **basse du Milieu**. Arrivé par le travers de la bouée rouge de Goué Vas Est, on prend une route au **068°** pour laisser à distance la bouée rouge de la **basse Nouvelle** sur bâbord et la bouée verte **N.E Teignouse** sur tribord, ce qui dispense de relever le clocher de St Gildas de Rhuys qui distant de 10 milles n'est pas toujours visible. **Sans GPS,** on naviguera sensiblement à égale distance de la pointe de **Quiberon** et de **Belle île**, et l'on cherchera à repérer à la jumelle dans le nord les îlots de la **chaussée de Béniguet** qui barrent l'horizon, les tourelles des **Esclassiers** où par mer agitée, les vagues brisent sur ces tourelles contrairement aux bouées.On n'a pas de difficulté ainsi à situer le groupe des trois bouées qui délimite l'entrée du passage et l'on se dirigera sur la bouée de **Goué Vas du sud,** la plus au sud. La tourelle blanche du phare de la Teignouse vue dans le N.E confirme la bonne route. La bouée Goué Vas du sud étant virée à petite distance, on remontera vers le phare comme indiqué précédemment.

En venant du N.W, à l'approche de l'extrémité sud de la presqu'île de Quiberon, il faut s'écarter franchement de la pointe de Beg er Lan qui porte un château remarquable de loin. Il est même prudent de virer par le sud la bouée de **Pouilloux.**

En venant de l'Est, la haute tour blanche du phare de la Teignouse, est un excellent point de repère visible de loin qui aide à localiser ensuite à un mille dans le S. E du phare, les bouées rouge et verte de la **Basse Nouvelle** et de la **basse de la Teignouse** qui délimitent l'entrée du passage principal.

Le phare de la Teignouse placé au **293°** sur le phare de **Port Maria** près de la lisière ouest de la presqu'île de Quiberon, est la meilleure route d'approche si la visibilité est convenable.

On peut **en venant du nord,** de la baie de Quiberon, emprunter une route au plus court en passant à environ 100 m au S. S. E du phare de la Teignouse de manière à parer sur bâbord le haut fond de la **Basse Nouvelle**, couvert seulement de 1, 00 m et qui peut présenter un réel danger en basse mer de vives eaux avec de la houle. Cette basse gît à mi-distance entre le phare et la bouée rouge de la Basse Nouvelle.

Après s'être dirigé vers le S.W pendant environ 7 à 800 m, on suivra une route au **251°** sur la bouée sud de la **Basse du Chenal**. Les fonds de 10 à 13 m remontent à 5 m aux abords de cette bouée. La route est donc praticable en basse mer de vives eaux si la mer est modérément agitée. Il ne faut pas toutefois tenter de couper encore plus court au travers de la Chaussée de la Teignouse en dehors du passage de Er Toul Braz ou des chenaux voisins. (voir page 34). De nombreuses têtes de roches affleurent dangereusement.

Par brume : Il est déconseillé d'utiliser la méthode des sondes pour déterminer sa position car la ligne des fonds de 20 m qui pourrait paraître rassurante, passe à raser la dangereuse chaussée des Esclassiers. Seule la bouée **Goué Vas du Sud** étant équipée d'un sifflet et la **basse Cariou** d'une cloche, il est difficile de se situer dans le passage par visibilité très réduite. Mieux vaut alors ne pas tenter le passage à moins de disposer d'un GPS pour progresser d'une bouée à l'autre.

LES COURANTS

Les courants entre Quiberon et Belle Ile sont sensiblement giratoires dans le sens des aiguilles d'une montre. Ils portent vers le N. W. à basse mer, vers le N. E à mi-marée montante et vers le E.S.E. à la pleine mer pour achever leur giration vers l'ouest à mi-marée descendante.

L'**étale de basse mer** se situe environ 4 h et demie avant la pleine mer de **Port Louis** et les courants commencent à porter vers la baie de Quiberon et se maintiennent dans cette direction jusqu'à environ une heure à 1 heure 1/2 avant la pleine mer.

Les courants restent ensuite incertains dans le passage jusqu'à une bonne heure après la pleine mer où ils s'établissent franchement vers le S. W. jusqu'à une heure après la basse mer de **Port Louis**. Les vitesses peuvent atteindre 3 à 3,5 nœuds en vives eaux.

LA COTE OUEST DE QUIBERON

Le contraste avec la côte Est bordée de plages et offrant de nombreux mouillages bien abrités est particulièrement frappant De petites falaises profondément entaillées, des roches brisées, démantelées par les tempêtes d'hiver rendent la côte ouest de la presqu'île de Quiberon particulièrement inhospitalière. De la pointe de Beg an Aud à celle de Beg er Lan où se dresse un grand château, on ne compte sur 4 milles aucune possibilité d'abri. Ce n'est que par mer parfaitement calme, et avec une embarcation légère, que l'on peut se risquer à aborder les grèves et pénétrer dans les grottes. Seul Portivy à l'enracinement de la presqu'île offre une possibilité d'abri. Par mer agitée, il faut s'écarter assez largement de la presqu'île et gagner directement l'île de Groix ou Lorient.

Un rivage rocheux profondément ciselé par les rudes tempêtes d'ouest qui battent de plein fouet toute la côte.

Le fort de Penthièvre qui gardait le passage sur l'étroit isthme de sable reliant Quiberon au continent.

Lacôte sauvage de Quiberon est superbe mais redoutable pour les marins par gros temps.

Suite de la page 310.

Leur direction est alors nettement N. E. au flot et S. W. au jusant. À mi-marée, on note des courants de 1,8 nœud au flot et de 2,1 nœuds au jusant.

Mais si l'on tient compte des courants les plus forts à la mi-marée, ils apparaissent alternatifs. Le flot déporte vers le N.N.E à des vitesses de 1,8 nœud en vives eaux et le jusant vers le S.W. au 250° à environ 2 nœuds.

Le meilleur moment pour franchir le passage de la Teignouse se situe à l'étale de pleine mer ou dans l'heure qui suit l'étale de basse mer (4h30 après la basse mer de Port Louis.) car les courants restent alors incertains en direction. (Voir la carte des courants en P 56.).

LE PASSAGE DE NUIT DE LA TEIGNOUSE

Le feu rouge (éclat 4 sec.) du phare de la **Teignouse** commande tout le passage.

En venant de l'Est, la meilleure approche se fait sur l'alignement à **293°** du feu blanc scint. (291° à 297°) de **Port Maria** par le feu rouge du phare de la Teignouse. On viendra par mer peu agitée virer le feu rouge de la Teignouse par le sud pour se placer en regardant derrière soi, dans son étroit pinceau blanc (033° à 039°) de manière à venir s'engager entre le feu rouge (3 éclats 12 sec.) de la bouée **Goué Vas Est** et le feu vert (2 éclats 6 sec.) de bouée de la **basse du Milieu**. On passe ensuite à petite distance au sud du feu blanc scintillant (6) + EL 15 sec. de la bouée à sifflet de **Goué Vas du Sud**. De là, on peut faire route directement sur les feux rouge et vert du **Palais** ou cap plein ouest jusqu'à venir couper l'alignement à **006°5** des deux feux d'approche de **Port Maria** qui annonce la sortie du coureau de Belle Ile.

Par mer agitée, il est préférable de virer le phare de la Teignouse à distance en venant passer entre le feu rouge (éclat 2,5 sec) de la bouée de la **Basse Nouvelle** et le feu vert (3 éclats 12 sec.) de la bouée N. **E de la Teignouse.** On suit ensuite une route au **242°** pour passer entre les bouées Goué Vas du Sud et Basse du Milieu.

En venant de l'ouest, la difficulté est de bien identifier en l'absence d'un GPS, la position du feu blanc de la bouée de **Goué Vas du Sud.** Ce feu blanc étant le seul en ces parages, on le localise aisément en sachant que tant que le feu de **Port Maria** reste blanc en le relevant à plus de **340°**; on se trouve dans l'ouest de tous les dangers de la chaussée. Le secteur blanc étroit (33° à 39°) du feu rouge (éclat 4 sec.) du phare de la Teignouse passe à raser le feu blanc de la bouée de Goué Vas du Sud.

En **venant de Port Haliguen**, on naviguera dès la sortie du port dans le secteur blanc (299° à 306°) du feu du musoir (2 occ. 6 sec.) pour venir passer à mi-distance entre le feu rouge de la **Teignouse** (éclat 4 sec.) et le feu blanc scintillant (6) + E. L 15 sec de la bouée **Sud banc de Quiberon.** On arrondira le feu du phare par l'Est.

Si la mer n'est pas trop agitée, on peut, de la Teignouse, piquer au **216°** droit sur le feu rouge (3 éclats 12 sec.) de la bouée **Goué Vas Est** et le feu vert (2 éclats 6 sec.) de la bouée de la **Basse du Milieu** sans aller emprunter la porte entre les feux des bouées de la **Basse Nouvelle** et N. **E Teignouse.**

La plage au pied du fort de Penthièvre est souvent couverte de gros rouleaux

Tout le rivage entre Etel et le fort de Penthièvre sur la presqu'île de Quiberon est bordé par une longue plage de sable sans aucune interruption.

ILE DE TEVIEC

Cette petite île qui porte un amer blanchi, se situe à 1,3 mille au N. W du fort de **Penthiévre** en avant de la côte plate et basse qui ne compte aucun abri entre Portivy et Etel. Elle n'offre qu'un petit mouillage moyennement abrité de la houle d'ouest

Ce mouillage est toutefois plus sûr à basse mer lorsque les roches découvrantes cassent la houle. On aborde aisément le mouillage par le N.W. en arrondissant à petite distance l'îlot de **Men Toul** qui pointe à 900 m dans le N. W de l'île Teviec. Attention à la **basse** couverte seulement de 0,30 m d'eau à 900 m également dans le N.W. de Men Toul.

On peut également rejoindre le mouillage en venant du S. W, mais le passage est nettement plus délicat car il faut s'engager entre des roches découvrantes. En plaçant à **60°** le clocher de **Carnac** à gauche de l'îlot **Guernic** au sud de Teviec, on passe entre la roche de **An Aoter** 3 m et la basse **Ledan** pour venir arrondir par le sud l'îlot Guernic à la pointe de Teviec. On peut également passer au sud de An Aoter en alignant à **37°** le clocher de **Plouharnel** à droite de l'îlot **Guernic**.

Entre Beg an Aud et l'Île Teviec s'étend une chaussée de roches qu'il faut aborder en repèrant bien sa position.

La pointe de Beg an Aud vue du N.E. Elle marque le début de la côte sauvage de Quiberon.

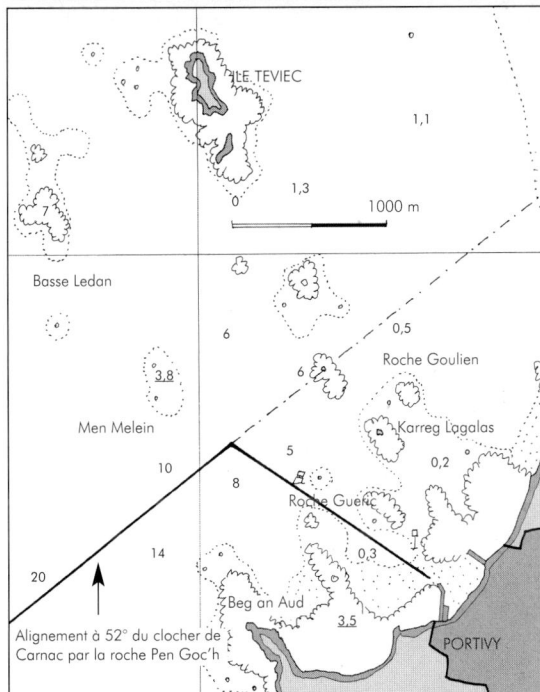

Une mer d'huile est peu fréquente en ces parages largement exposés aux vents dominants d'ouest.

PORTIVY

A l'enracinement de la presqu'île de Quiberon, à trois quarts de mille au sud du fort massif de **Penthièvre** reconnaissable de loin, ce petit port se dissimule entre deux bancs de roches. L'alignement à **67°** du **fort de Penthièvre** par la bouée de la Roche Guédic permet de doubler sans danger les hauts fonds prolongeant la pointe de **Beg an Aud.** Par vent d'ouest, la mer brise aux abords du port et du chenal. La bouée de la **Roche Guédic** et une perche à cylindre qu'on laisse l'une et l'autre à bâbord indiquent le chenal d'accès au port dont on peut s'approcher presque jusqu'au musoir à basse mer.

L'entrée du port est bordée par un large platin rocheux mais qui a l'avantage en découvrant de casser le clapot.

Un môle légèrement coudé protège une zone d'échouage sur des posées de sable plat et de varech mais les fonds en bordure du rivage sont partout très rocheux. Les bateaux se serrent le plus près possible du môle en s'amarrant sur des chaînes traversières. Le quai du môle où les posées sont franches est accostable et les fonds assèchent presque jusqu'à la passe. Deux cales bordent la digue et le perré. Une troisième cale occupe la position d'une contre jetée. Elle est utilisable vers la mi-marée ou un peu moins de la moitié du port est en eau.

De nuit : Pas de feu. Portivy est inaccessible.

Les bateaux se serrent derrière la digue pour profiter au mieux de sa protection.

HORAIRE D'ACCÈS :

Sur un fond découvrant de 1,40 m en coéf. de marée de 70, accès possible 2 h 30 après la basse mer avec 1 m de tirant d'eau, 3 h 20 avec 1,50 m et 3 h 15 avec 2 m.

Le ressac est parfois trop dur pour que Portivy puissent accueillir des bateaux de croisière.

PORT MARIA

Le contraste avec Port Haliguen, distant par la terre de moins d'un km, est assez marqué. Port Maria ne profite pas de la protection de la presqu'île de Quiberon et est exposé aux vents d'ouest. Le port présente ainsi un caractère nettement plus sauvage. C'est un port essentiellement consacré à la pêche en dehors des liaisons avec Belle Ile. Les bateaux de plaisance ne viennent que pour de courtes escales. L'entrée est praticable à toute heure de marée même par gros temps.

Le **château** à la pointe de **Beg ar Lan** est un repère important à bien localiser lorsqu'on s'approche de Port Maria dont la passe se situe à 700 m dans l'Est du château. Cette pointe de **Beg er Lan,** au S.W. de la presqu'île de Quiberon est débordée par un éperon rocheux sous-marin fort dangereux qu'il faut arrondir largement en venant passer assez près de la bouée sud à sifflet **le Pouilloux** mouillée par 20 m à 900 m dans le sud du château de Beg ar Lan.

La réplique d'un vieux château à la pointe de Beg ar Lan est un excellent point de repère.

Dès que les vents d'ouest soufflent, la mer brise en gros rouleaux sur tout le plateau rocheux affleurant de la pointe de Beg ar Lan.

Par grosse houle d'ouest, le ressac peut être dur et les vagues qui brisent peuvent rendre l'entrée du port dangereuse. Mieux vaut chercher en ce cas refuge au Palais sur la côte nord de Belle Ile distante de moins de 8 milles.

En venant de l'ouest, après avoir arrondi par le sud la bouée le **Pouilloux,** on se dirige vers le N.E sur la haute tourelle rouge des **Deux Fréres** qui encadre avec une autre tourelle verte le chenal d'approche sur la passe de Port Maria.

Port Maria est un actif port de pêche et le point d'embarquement pour Belle Ile. Le port a été entièrement gagné sur la mer.

Voir carte de situation en p 27

Deux tourelles blanches en bord de plage donnent un alignement à **006°5** qui passe à petite distance à l'ouest de la bouée de danger isolé de **An Treac'h** et laisse sur bâbord la tourelle des Deux Frères. Mais le balisage est suffisamment clair pour ne pas avoir à utiliser l'alignement à 006°5 d'autant qu'il faut laisser la route dégagée aux courriers et vedettes rapides de passagers qui assurent constamment les liaisons entre Quiberon et Belle Ile en naviguant à bonne vitesse dès la sortie du port.

En venant de l'Est, du Passage de la Teignouse, on laisse sur tribord toutes les bouées délimitant la chaussée de roches de La Teignouse depuis le chenal des grands navires, c'est-à-dire la bouée nord **Goué Vas nord** puis la bouée sud de la **basse du Chenal** et la bouée ouest de la **basse Cariou**. De cette dernière une route au **340°** conduit sur bâbord la bouée de danger isolé de la basse de **An Treac'h** où l'on retrouve l'alignement à 006°5.

Le mur abri de Port Maria masque la passe d'entrée orientée vers l'Est. Attention à basse mer au courrier qui assure le service de Belle-Ile et accoste la cale de la contre jetée juste à l'entrée. Le môle central sur pilotis qui lui est parallèle est réservé au déchargement du poisson. Les quais de la digue abri n'étant pas accostables, les visiteurs n'ont pas d'autres ressources que de mouiller dans le milieu du port en compagnie de quelques chalutiers. On ne compte qu'une soixantaine de places pour des bateaux de moins de 15 m, dont 12 pour le passage. Par vent frais de S.W. à S.E. le ressac est désagréable dans tout le port et par gros temps d'ouest en marée haute de vives eaux, les vagues passent par dessus la jetée sud.

Les deux tourelles lumineuses en bord de plage donnent l'alignement d'approche à 6°50.

Les plaisanciers doivent rester au mouillage amarrés sur des corps morts au centre du bassin.

Les courriers de Belle Ile viennent accoster la cale derrière la jetée nord. Attention à leurs manoeuvres.

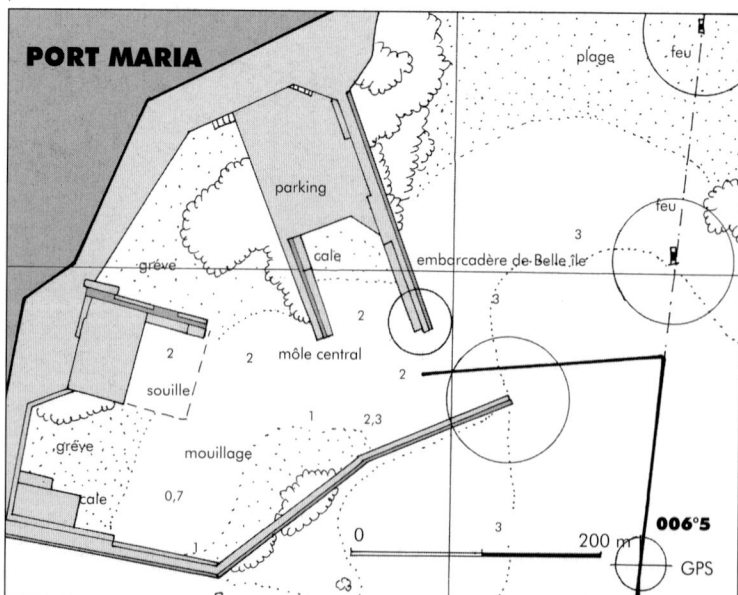

PORT MARIA

plage · feu

parking

grève · cale · embarcadère de Belle Ile

3

feu

3

2

môle central

2

2

2,3

souille

mouillage

grève

1

cale · 0,7

0 · 3 · **006°5**

200 m · GPS

La seconde cale que borde une estacade facilitant les débarquements à marée haute.

Au sud de ce môle central, un terre plein gagné sur la grève est bordé d'un quai où les chalutiers peuvent rester à flot à basse mer dans une souille draguée à 2 m. On ne peut y accoster que très momentanément et les débarquements ne sont pas faciles du fait de la grande hauteur du quai. Mieux vaut utiliser les deux cales le long du premier tronçon de la digue abri sud. La plus éloignée du rivage est accostable à basse mer avec environ 1 m d'eau. Une petite plage de sable où quelques roches affleurent, découvre largement à basse mer au nord du port, offrant ainsi la possibilité de béquiller et de caréner.

Le quai en bordure de la souille creusée à 2 m est réservé aux chalutiers.

De nuit : Deux feux verts scintillants renforcés de 005° à 008° en alignement à **006°50** indiquent très exactement la route à suivre dans le secteur blanc (340° à 017°) du feu scintillant du phare de **Port Maria** qui présente une coloration rouge vers l'ouest et verte vers l'Est. Cet alignement à 006°50 passe à raser la bouée de danger isolé de **An Tréac'h** non éclairée. La tourelle des Deux Frères en revanche est signalée par un feu rouge (éc lat 2,5 sec;) visible de 175° à 047°. La passe d'entrée du port est encadrée par un feu vert (isophase 4 sec.) et par un feu rouge (2 occ. 6 sec.).

En venant de l'ouest, la bouée à sifflet le **Pouilloux** n'est pas éclairée, ce qui est assez regrettable en ces parages difficiles par mauvais temps. Il convient donc de prendre largement ses distances avec le feu scintillant du phare de **Port Maria** pour venir se placer dans le sud de l'alignement à **6°50** en relevant le feu des **Birvidaux** dans l'ouest (2 éclats 6 sec.) à plus de 282°.

Le grand phare de **Port Maria** d'une portée de 14 milles, montre un second secteur blanc de 051° à 081° en direction de la pointe des **Poulains** à l'ouest de Belle Île pour les navires qui veulent emprunter le courreau au nord de l'île. Son secteur rouge de 017° à 051° passe sur le phare des **Birvidaux**.

Voir carte de situation en p 27

BELLE ÎLE

A 7 milles de la pointe de Quiberon, Belle Ile, la plus grande des îles bretonnes, 17 km d'Est en Ouest, apparaît vue de la mer, comme un plateau relevé au rivage escarpé. Les vents dominants d'ouest en heurtant les falaises de la côte sud ont façonné des aiguilles de pierre, creusé des grottes. Une côte sauvage d'une grande beauté mais qui n'offre pas le moindre véritable abri. Les nombreux porz qui émaillent les cartes marines ne sont que d'étroites criques que le ressac transforme vite en redoutables pièges. Les deux seuls ports de l'île : Le Palais et Sauzon, tournent le dos au large en se dissimulant dans le creux des deux plus grandes vallées qui entament le plateau.

La superbe pointe des Poulains aux rochers déchiquetés par les rudes tempêtes d'hiver, mais ces parages sont moins enchanteurs pour le navigateur lorsque la mer est agitée.

Le sémaphore sur la pointe de Taillefer qui protège la rade du Palais contre les vents d'ouest.

Dans le bras de mer, large de 7 milles, les **courants** giratoires tournent dans le sens des aiguilles d'une montre. Ils portent vers le N.W. à basse mer, vers le N.E. à mi-marée montante et vers l'E.S.E. à la pleine mer pour achever leur giration vers l'ouest à mi-marée descendante. Les vitesses atteignent au maximum 1,5 nœud en vives eaux en direction du N.N.E. On notera que le flot autour de Belle-Ile débute un quart d'heure environ avant la basse mer de **Port Louis**. Le clapot peut être dur par vent contre courant.

Aucun haut fond n'est à craindre dans ce passage à terre, Belle île présentant partout un rivage franc assez accore, si l'on excepte quelques têtes de roches affleurantes à la pointe N.W. des **Poulains**.

LE PALAIS

Dominé par la vieille citadelle, au cœur d'un petit bourg accueillant, le Palais est un pittoresque port d'escale fréquenté en saison où les places sont parfois très disputées.

L'entrée du Palais se trouve bien abritée des tempêtes d'ouest par les hauteurs de la pointe de Taillefer. Une mer peu agitée facilite l'approche sur le port dont les abords sont bien dégagés de toute roche dangereuse. Le Palais est un bon port de refuge.

La passe profonde de 5 m est assez étroite et il faut prendre garde aux courriers que la jetée peut masquer à basse mer, ainsi qu'aux enrochements débordant sur 5 à 8 m les musoirs. Une zone est réservée aux courriers de la liaison Quiberon Belle île, non en service au nord de l'avant port près de l'enracinement de la digue abri. Une marque blanche indique la limite à ne pas dépasser par les plaisanciers qui peuvent eux aussi s'abriter derrière ce haut mur, dont il faut se tenir à une dizaine de mètres pour ne pas talonner sur le soubassement.

Un vaste avant port que se partagent les plaisanciers et les courriers venant de Port Maria Les places libres sont souvent rares en été.

Le bassin à marée au pied des remparts de l'imposante citadelle.

Le sémaphore sur la pointe de Taillefer qui masque le Palais vers l'ouest.

Pte des Poulains

Pte du Vieux Château

Ile Ouin

phare

10

10

Vras

Porz Kerledan

Porz Skeul

SAUZON

Pte Gareau

Iles Baguenères

basse Coton

Les Aiguilles

Port Coton

phare

Port Goulphar

Pte du Talus

Porz Donnant

Pte Kerzo

Les Domois

Bornor

Porz Kerel

10

La Truie

Ile de Bangor

BANGOR

Pte du Skeul

Pte des grands Villes

Port Hellin

Porz Guen

Pte Marc

LE PALAIS

Porz Guen

Pte Toullefer

Porz Guen

Pte Ramonette

RADE DU PALAIS

Pte Poulorio

Porz Pouldon

Ile de Bortig

Port York

Pte Gros Rocher

10

La Truie

Les Grands Sables

Skeul

Pierres des Canons

Pte d'Arzic

Port Blanc

Port Maria

Port Dro

Pte de Kerzo

phare

Les galères

LOCMARIA

10

0

3 milles

Par vent d'Est, la houle agite le plan d'eau et les débarquements ne sont guère possibles par manque d'échelles. Les bateaux s'amarrent sur une ligne de bouées parallèle à la digue. Même en se tenant dans la zone réservée à la plaisance, il faut rester vigilant car les courriers manquent de place pour éviter et les remous des hélices provoquent chaque été des petits problèmes.

La rive sud est presque entièrement bordée par un large perré qui amortit le ressac. Un coffre permet l'amarrage de plusieurs bateaux par au moins 2 m d'eau à basse mer. Il est interdit de mouiller sur son ancre dans l'avant port. L'accostage est également défendu le long de la contre jetée réservée à la pêche et au grand quai ouest où les passagers embarquent sur les courriers qui accostent le long d'une cale. Cet avant port offre 100 places à flot mais par vent fort de S.E au N.E, le clapot peut y être désagréable.

Des bouées permettent de se tenir à distance de la digue abri difficilement accostable.

POINTS GPS :
Entrée du Palais
47° 20.86 - 3° 08.94
Pointe de Taillefer
47°21,95 - 3°09,37

Les bateaux de plaisance mouillent également dans l'avant port en avant du large perré de la rive S.W.

Si la place manque dans le port pour rester à flot, il est possible de venir mouiller à l'extérieur du port en lisière du rivage à l'Est des jetées par 2 à 3 m jusqu'à la pointe de **Ramonette.** Les débarquements se font en annexe sur la plage. Mais les bateaux doivent se tenir assez près du rivage car les courriers sont obligés d'aborder la passe d'assez loin par l'Est afin de parer une tête de roche. L'alignement à 310° de l'angle des remparts de la citadelle par la tourelle S.W de la passe marque la limite à ne pas dépasser vers le large. Les qutare coffres à l'extérieur de la jetée nord sont normalement réservés au stationnement des vedettes de passagers. Ils peuvent être occupés de 20 h à 9 h par des grands bateaux aprés autorisation de la capitainerie par VHF canal 9.

LE BASSIN A MARÉE
Avec ses cafés, ses restaurants en harmonie avec les vieilles façades des maisons du Palais, ce bassin est un site très agréable. On y accède par un chenal dragué à 2 m le long du quai, les fonds découvrant de 1 m au pied des murailles de la citadelle. L'abri du bassin est très sûr. Les fonds découvrent entre 1,50 m et 2 m et le gril de carénage au pied de la citadelle est à la cote 1,65 m. Pas de ponton, les bateaux accostent le long des quais et s'amarrent souvent à couple. Des bandes blanches sur les quais signalent les zones réservées aux pêcheurs.

Le fort du Palais a été renforcé en 1650 par le surintendant Fouquet qui propriétaire de Belle Ile redoutait qu'on porte atteinte à ses richesses. Il n'eût pas à combattre dans sa citadelle car il fut arrêté à Nantes. Belle ile fut occupée à deux reprises par les Anglais en 1512 et 1761. En 1766, près de 80 familles refusant l'occupation de la Nouvelle Ecosse au Canada par les Anglais vinrent s'établir dans l'île.

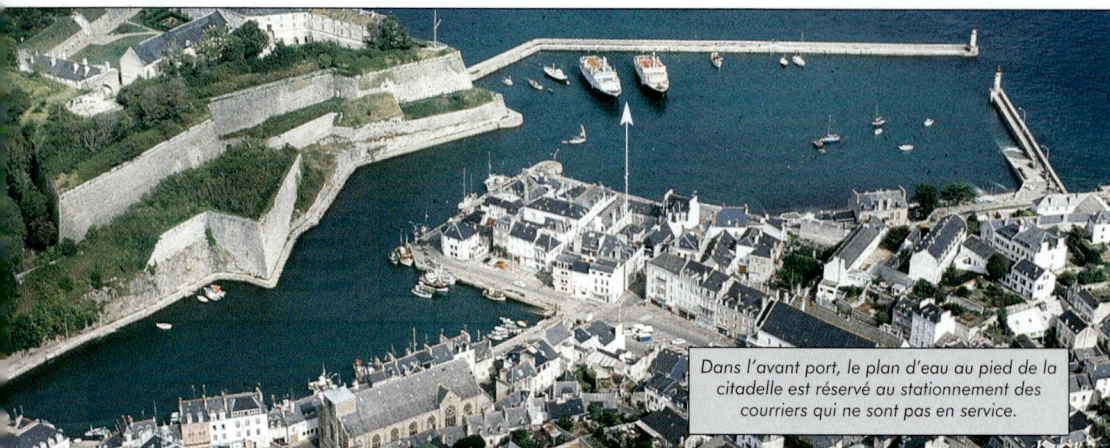

Dans l'avant port, le plan d'eau au pied de la citadelle est réservé au stationnement des courriers qui ne sont pas en service.

Les bateaux de plaisance doivent s'amarrer dans l'avant port sur des bouées ou à une tonne sans gêner l'évitage des courriers.

Les bateaux s'amarrent le long des quais du bassin à marée. L'environnement est plaisant mais les places parfois très disputées le soir en été.

LE BASSIN A FLOT

C'est un peu la zone industrielle du Palais mais ce bassin, tout en longueur, conserve un aspect sympathique. Les deux portes et le petit pont ouvrent entre une heure et demie avant et une heure après la pleine mer de jour sauf le dimanche. L'ouverture est assurée de 6 h à 22 h. mais l'accès du bassin est possible en saison sur demande la nuit et le dimanche. Une échelle indique la hauteur sur le radier à 1,50 m au-dessus du zéro.

Le quai nord dans le premier bassin est réservé aux caboteurs venant approvisionner Belle Île. Quelques places sont disponibles le long du quai sud mais la plupart des bateaux de plaisance se tiennent dans le second bassin des **Salines** séparé par un pont qui bascule sur demande 1/2 h avant et après la P.M.. 50 places sont disponibles sur pontons le long de la rive sud et une trentaine sur bouées. La profondeur varie entre 1,70 m et 2 m.

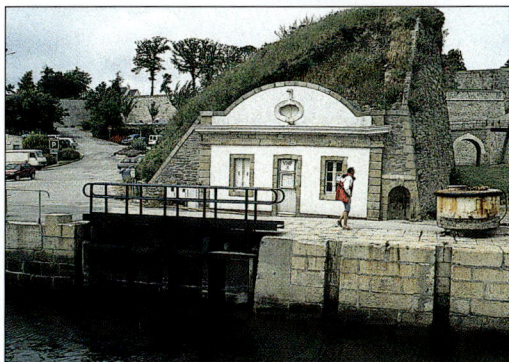

De nuit : Le puissant feu blanc de la pointe des **Poulains** (éclat 5 sec.) visible jusqu'à 23 milles et le feu rouge du phare de **Kerdonis** (3 éclats 15 sec.) d'une portée de 15 milles encadrent Belle Île, tandis que la côte sud est couverte par le feu blanc (2 éclats 10 sec.) du phare de **Goulphar** qui, d'une portée de 27 milles, jalonne la route des navires qui longent à distance les côtes de Bretagne sud. Ce feu de Goulphar peut servir avec celui des Poulains, de feu d'atterrissage sur Belle Île.

En venant de l'ouest, une route dans le secteur blanc scintillant (51° à 81°) du feu de **Port Maria** à la limite à **051°**, fait parer la bouée à sifflet de la basse des Poulains qui n'est pas éclairée.

Tout le bassin à marée est dominé au nord par les hauts remparts de la citadelle.

Les portes du bassin à flot ouvrent aux environs de la pleine mer.

On peut échouer au pied des remparts et caréner sur un grill.

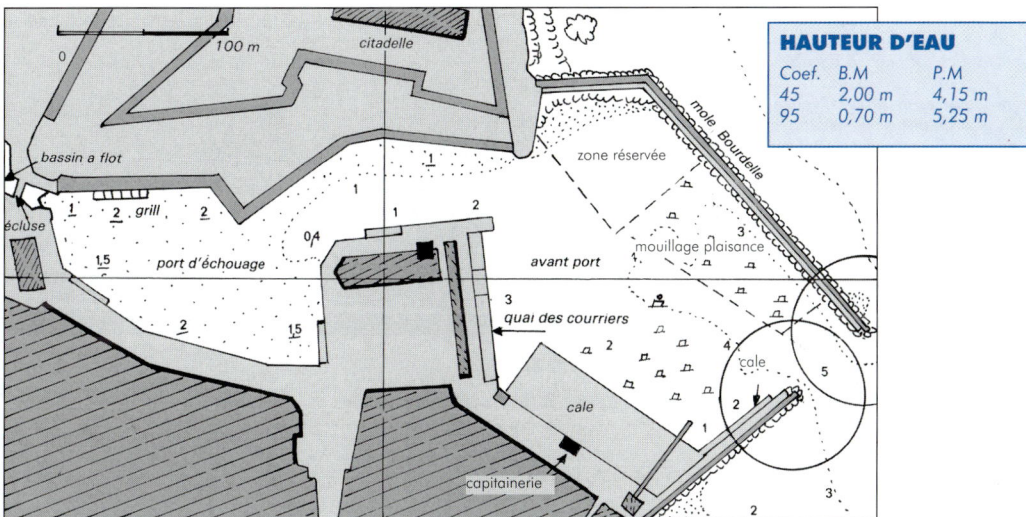

HAUTEUR D'EAU		
Coef.	B.M	P.M
45	2,00 m	4,15 m
95	0,70 m	5,25 m

Voir carte de situation en p 27 et 320

Le bassin à flot est partagé entre la plaisance qui occupe les quais sud et les navires assurant l'approvisionnement de l'île.

En amont du second pont levant s'étend un dernier bassin utilisé uniquement par la plaisance.

Le passage à terre de l'îlot du Gros Rocher que surmonte un fortin n'est guère praticable.

Le rivage assez escarpé est coupé de belles petites plages à l'Est du Palais.

Les feux du **Palais** sont masqués vers l'ouest au relèvement inférieur à **170°** par la pointe de **Taillefer**. On longera la côte nord de belle Ile en maintenant dégagé le feu rouge de Kerdonis de la pointe de Taillefer. La passe d'entrée de l'avant port est encadrée par un feu vert (2 + 1 éclats 12 sec.) au musoir de la jetée nord et par un feu rouge (2 occ. 6 sec.) à l'autre musoir. Ces deux feux d'une portée de 7 à 11 milles, sont visibles depuis le phare de la Teignouse.

On notera qu'en conservant derrière soi le secteur blanc 33° à 39° du feu scintillant de la Teignouse, on peut faire route presque directe sur le Palais. Il en est de même pour les deux feux verts scintillants de Port Maria en alignement à 006°50. L'avant port du Palais est assez mal éclairé par quelques lampadaires sur les quais.

SERVICES LE PALAIS

Bureau du port : quai Bonnelle (entrée bassin à marée.). T.02 97 31 42 90 fax 02 97 31 49 21
VHF canal 9. 8h/12h - 14h/20h. 8h/12h - 15h/18h hors saison.
100 places avant port. 100 places bassin à marée. 25 m maxi. accueil sur coffres dans l'avant port.
4 tonnes de mouillages en rade pour grands bateaux de 20h à 9h. accord VHF canal 9.
Eau, électricité, sanitaires, douches, glace, laverie, tél. public.

Grue 9 t, cale, gril
Carburant : quai Bonnelle. T.02 97 31 84 68. 10h/12h - 17h/19h.
Avitaillement : Commerces autour du port.
Accastillage - mécaniciens :
ILO Marine La Saline le Palais T. 02 97 31 82 05
Coopérative Maritime du Sud Morbihan Av Carnot le Palais T. 02 97 31 82 48
Kerlan Plaisance T. 02 97 31 82 17.
Marec route de Bangor Le Palais T. 02 97 31 83 60
La Mer route de Bordery Sauzon T.02 97 31 60 58

À l'Est du port du Palais, la côte nord de Belle-île est assez relevée mais peu escarpée et coupée par quelques belles plages de sable devant lesquelles on peut mouiller bien à l'abri des vents dominants d'ouest afin d'attendre le moment favorable pour franchir le passage de la Teignouse.

Aucune roche n'est à redouter en se tenant à une cinquantaine de mètres des plages.

PORZ GUEN

A 1 000 m au sud de la pointe de **Ramonette**, le rivage dessine un creux près d'une ancienne poudrière. On peut y mouiller par 1 à 2 m bien à l'abri des tous les vents sauf de ceux de Nord à l'Est.

PORT YOC'H

Ce mouillage se situe entre le **Gros Rocher** que surmontent des fortifications et dont le passage à terre est praticable qu'à la pleine mer et la tourelle de la **Truie** qui balise un éperon rocheux découvrant de 1,20 m. Les fonds sont d'une bonne tenue. en avant de la plage.

LES GRANDS SABLES

A l'Est de la pointe de **Bugull**, cette longue plage est réservée à la baignade et il ne faut pas franchir la ligne des bouées jaunes mais on peut mouiller par 1 à 2 m à l'extrémité ouest sous la protection de la pointe de Bugull. Même par vent d'ouest, le plan d'eau reste calme. D'anciennes fortifications bordent tout le rivage bas que longe une route.

SAUZON

Ce petit port pittoresque avec ses maisons de couleurs vives sur un petit estuaire qui pénètre profondément dans le plateau de Belle Ile offre un abri très sûr dans un cadre champêtre mais les fonds découvrent assez largement.

De la pointe de **Taillefer** qui porte un sémaphore jusqu'au port de **Sauzon**, distant de 2,5 milles, le rivage de Belle Île n'offre pas d'abri. On peut tout au plus mouiller pour quelques heures à proximité des escarpements rocheux par vent d'ouest au S.E par le sud. De la pointe de Taillefer, on piquera directement sur la pointe du **Cardinal** que déborde la perche plantée sur le socle de l'ancienne tourelle à demi détruite du **Gareau.**

La pointe de Taillefer qui protège le Palais de la houle d'ouest.

L'avant port de Sauzon forme une première zone de mouillage où les bateaux restent à flot. A gauche le quai submersible.

La passe entre les enrochements des jetées se repèrerait mal sans les deux tourelles blanchies.

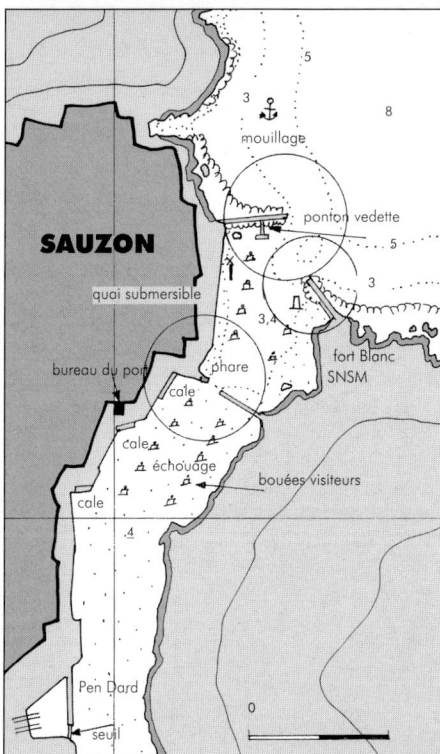

Voir carte de situation en p 27 et 320

Une étroite faille dans le plateau côtier qui offre dans l'intérieur des terres un abri remarquablement sûr mais les fonds découvrent jusqu'au pied du phare

Le flanc Est de la pointe du Cardinal avant l'entrée dans le port assure une protection convenable contre les vents d'ouest et N.W. 22 bouées sont disposées sur des fonds de 2 à 3 m dans cette zone dénommée **Port Bellec**. Toutes les bouées appartiennent à la S.N de Sauzon et il ne reste en saison bien souvent que la possibilité de mouiller au voisinage. Attention à l'évitage sous l'action des courants.

Des bateaux de pêche restent au mouillage dans l'avant port mais le plan d'eau est rouleur par vent d'Est.

Deux petits épis en enrochements délimitent un avant port en eaux profondes abrité des vent d'ouest mais rouleur par vent d'Est. Le ponton en arrière de l'épi ouest est réservé exclusivement aux vedettes et catamarans rapides qui assurent le transport des touristes. Le quai couvert d'algues glissantes sur la rive ouest recouvre entièrement à mi-marée. Une perche jaune signale l'angle N.E. Les bateaux s'amarrent à petite distance avant / arrière sur deux lignes de mouillage comportant 40 bouées , pour éviter avec les courants assez sensibles dans cette entrée de ria. En saison l'affluence est grande et oblige à s'amarrer souvent à couple. Le mouillage sur ancre est interdit.
Du côté Est de l'avant port, les bouées sont réservées aux pêcheurs qui y amarrent leurs viviers près d'une ancienne tourelle et de la cale du canot de sauvetage.

Sauzon a conservé le caractère pittoresque et traditionnel des petits ports bretons..

Les bouées rouges sont réservées aux visiteurs, les vertes aux plaisanciers locaux.

Deux petits môles intérieurs qui constituaient autrefois l'unique protection contre les vents du nord, encadrent au pied du phare la passe d'entrée dans le havre d'échouage où les bateaux s'amarrent en plusieurs lignes parallèles sur 110 petites bouées, vertes pour les résidents, rouges pour les visiteurs. Elles sont réparties par couleur en deux zones qui laissent un passage central. Les fonds découvrent entre 1,50 m et 2 m dans l'entrée et remontent doucement jusqu'à 4 et 5 m dans le fond de la ria.

En béquillant derrière le môle, on bénéficie à la fois d'une bonne protection contre le clapot et les fonds plats et fermes ne découvrent que de 1 à 1,50 m ce qui limite le temps d'échouage. Tout le rivage de ce côté Est de l'estuaire est resté à l'état naturel

De nuit : En venant de l'ouest, le puissant feu blanc de la pointe des **Poulains** (éclats 5 sec.) d'une portée de 23 milles constitue naturellement le feu d'approche sur Sauzon. On fera route de manière à se placer dans le nord du feu à environ 2 milles et l'on poursuit sa route jusqu'à voir sortir de l'obscurité derrière la pointe du Cardinal le feu vert scintillant au musoir de la jetée ouest de Sauzon, visible de 194° à 45°. La passe de l'avant port est encadrée par un feu vert (éclat 4 sec.) et un feu rouge (éclat 4 sec.) L'estuaire est naturellement plongé en grande partie dans l'obscurité. On n'aperçoit que les lumières des maisons bordant le quai ouest et peu de bateaux arborent un feu de mouillage. Il convient donc d'avancer très prudemment si l'obscurité est dense.

Le temps d'échouage est le plus réduit le long du quai à l'opposé du phare

POINTS GPS :

Balise le Gareau
47° 22.85 - 3° 12.92
Entrée de Sauzon
47° 22.60 - 3° 12.84

Le succès touristique de Sauzon n'a pas altéré la beauté du petit bourg ni son ambiance sympathique.

PORT PEN DARD

En amont des quais de Sauzon et de l'église, un petit creux de la rive ouest a été aménagé en un bassin en arrière d'une courte digue. Un seuil maintient une trentaine de bateaux à flot, l'amarrage se faisant sur des bouées le long des quais. La profondeur du bassin est d'environ 1,50 m. Une large cale plonge dans ce petit bassin où l'on n'occupera pas une place sans se renseigner au restaurant voisin.

De nuit : aucun feu ne signale ce petit abri.

En amont de Pen Dard, la ria est restée à l'état naturel. On peut échouer aux environs de la pleine mer sur des fonds assez plats et fermes entre deux rives verdoyantes. L'abri est très sûr par gros temps, mais les vents du nord lèvent du clapot. Il est obligatoire de s'embosser pour réduire l'évitage . 80 bateaux peuvent se tenir sur cette zone d'échouage assez bien abritée de tous les vents.

PEN DARD
Bureau du port :
T.02 97 31 63 40
VHF canal 9.

Les quais de la rive ouest entre le vieux phare et l'abri de Pen Dard.

SERVICES SAUZON
Bureau du port : T. 02 97 31 63 40 VHF canal 9. 9h à 18h. Port Bellec 22 bouées dont 15 pour visiteurs.
Avant port 40 place sur bouées. 13 m maxi. Echouage 110 places sur bouées rouges pour les visiteurs .

L'abri de Pen Dard est maintenu en eau par un seuil.

LA POINTE DES POULAINS

La pointe ouest de Belle Île, que domine dans la lande la tour carrée blanche du phare accolée à une petite maison, présente des rochers très déchiquetés par les tempêtes d'hiver. Elle est débordée par plusieurs têtes de roches découvrantes balisées par une bouée Nord et la bouée ouest **Les Poulains** mouillée à un demi-mille du phare. Par mer agitée, les deux bouées doivent être arrondies par le large. Mais l'exploration de la côte sud ne pouvant se faire que par mer calme, la pointe des Poulains peut être arrondie dans ces conditions d'assez près. Avant la mi-marée les rochers du **Cochon** et des **Chambres**, hauts de 4,20 m, sont même découverts ou tout au moins se localisent aisément par la mousse d'écume qui s'y forme. Passant à mi-distance des deux roches, on peut raser la pointe des Poulains à moins d'une cinquantaine de mètres.

Le rivage dechiqueté de la pointe des Poulains qu'il est dangereux de serrer de près par mauvais temps présente un panorama d'une impressionnante beauté.

La pointe et la phare vus de l'ouest de la basse des Poulains.

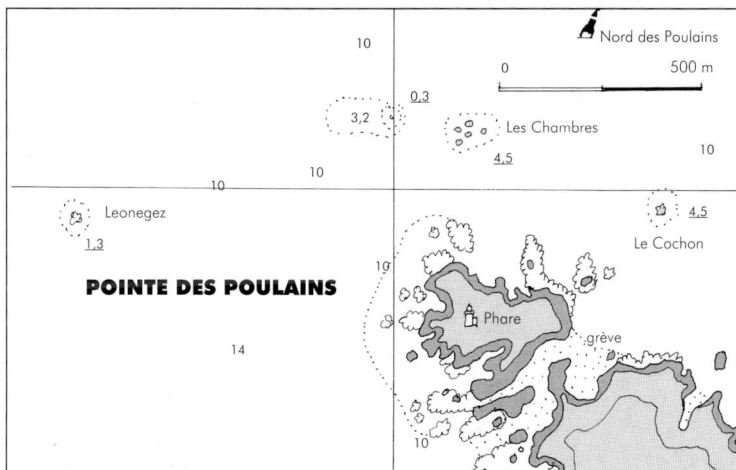

POINTS GPS :

Bouée des Poulains
47° 23.4 - 3° 16.61
Roche le Cochon
47° 23.55 - 3° 14.64

Voir carte de situation en p 27 et 320

POINT GPS :
Entrée de Stern Vras
47° 22.54 - 3° 15.27
Iloe Kerledan
47°20,42 - 3°15,25
Port Skeul
47°19,77 - 3°14,70
Port Donnant
47° 19.52 - 3° 14.53
Iles Bagueneres
47°18,72 - 3°15,10

LA COTE SUD DE BELLE ÎLE

Cette côte est constituée d'un chaos de roches d'aspect parfois dantesque, qu'il ne peut être question de serrer dès que la mer est un peu agitée. Les mots porz mentionnés plusieurs fois sur les cartes ne sont que de petites failles au débouché des ruisseaux où la houle pénètre en sourds grondements.

Cette côte sauvage, l'une des plus belles de toute la Bretagne sud, n'est praticable que par vent modéré de secteur Nord à l'Est et par faible houle, en disposant d'un bon moteur de manière à pouvoir se dégager rapidement d'une anse ou d'un passage étroit sans trop se soucier des courants.

STERN VRAS OU LE VIEUX CHÂTEAU

Juste au nord de la pointe de **Vieux Château**, la dernière avant la pointe des **Poulains** au nord de Belle île, une anse creuse profondément le rivage. Par mer calme, on peut venir y mouiller en laissant sur bâbord les deux gros îlots puis un chapelet de rochers jusqu'en avant de la grève. Mais le meilleur abri est la calanque de **Stern Wen.**

STERN WEN

La rive sud de l'anse de Stern Vras est creusée par une étroite calanque qui s'enfonce dans les collines couvertes d'herbes et d'ajoncs. Un site très sauvage, d'une grande beauté et un abri contre tous les vents.

Attention dans l'entrée à une roche qui pointe près de l'axe, On la laissera sur bâbord. Les fonds sont ensuite bien dégagés. La sonde indique 3,50 m à mi-marée dans l'axe de la calanque. Un câble entre les deux rives peut être utilisé pour se maintenir à distance des rochers. Une dizaine de bateaux tout au plus peuvent s'abriter dans l'anse si le plan d'eau est calme. Ce mouillage est le plus fréquenté de la côte sud de Belle Ile.

La mer peut être agitée de puissants remous autour des roches comme ici à la pointe du Vieux Château.

L'anse de Stern Vras avec à droite l'étroite calanque de Stern Wen à peine visible. Le mouillage le plus célèbre de Belle Ile.

LA GROTTE DE L'APOTHICAIRERIE

Un restaurant sur la croupe d'une avancée de roche signale à 1,000 m au sud de la pointe du Vieux Château la célèbre grotte de l'Apothicairerie qui doit son nom aux milliers de nids de cormorans, logés comme des bocaux de pharmacie dans les anfractuosités de la roche. Cette grotte, constituée par une imposante arche de pierre n'est guère accessible même en canot pneumatique car la houle bat les roches dès que la mer est un peu agitée. Il est préférable de venir la visiter par la terre depuis le mouillage de Stern Wen.

LA BAIE DE DONNANT

Les trois vallons qui débouchent sur cette petite baie sont très ensablés mais on peut mouiller dans le centre de la baie par 2 à 3 m sur fond de sable plat, clair de toute roche. Port **Skeul** au nord est une étroite calanque où un bateau ne peut se tenir sans porter des amarres à terre.

Sur 3 milles au sud de Stern Vras, le rivage est escarpé, inhospitalier dès que la mer s'agite. Les nombreuses petites criques ne peuvent être explorées qu'à bord d'une annexe à moteur à partir du bateau qu'on laisse au mouillage à Stern Vras ou dans la baie de Donnant. Attention à la hauteur de port **Kerledan** que ferme partiellement un îlot à la roche isolée de **Vebeg** à 300 m du rivage où la mer brise presque en permanence.

L'impressionnante grotte de l'Apothicairerie où il est difficile d'entrer même en annexe par mer peu agitée.

L'îlot de Kerledan proche de deux étroites criques.

La baie de Donnant que borde une belle plage de sable. On remarque sur la gauche l'entrée de la petite crique de Port Skeul.

La basse coton doit son nom à l'écume qui s'y forme presque en permanence.

PORT COTON

La **basse Coton** qui découvre de 3,50 m se repère assez aisément à l'écume qui s'y forme dès que la mer est un peu agitée, ce qui est fréquent en ces parages.

A la hauteur de la roche, le rivage présente des aiguilles de roche qui constituent un des paysages les plus célèbres de Belle île par leur beauté sauvage les jours de tempête.

A 600 m au nord de la basse Coton, une étroite calanque est dénommée **Port Coton** mais ce n'est qu'une faille dans le rivage rocheux. Un ou deux bateaux tout au plus peuvent s'y engager lorsque la mer est bien calme.

Le passage à terre des **îles Bagnères** hautes de 26 et 28 m forme un étroit goulet ou il peut être dangereux de s'engager. Immédiatement au sud les deux criques de Port Coton creusent le rivage Les hauts fonds se prolongent jusqu'à la roche découvrant de 5,10 m du **Four** dans l'ouest de la pointe du **Guet**, qu'il faut arrondir d'au moins 300 m par le large. Il suffit que la mer soit légèrement agitée par la houle pour que tous ces parages soient le siège de violents remous, dont il faut s'éloigner. prudemment.

Tout autour de Goulphar le plateau côtier est bordé d'escarpements très abrupts ourlés par de véritables aiguilles de pierre. Un des plus beaux sites de Belle Ile très prisé les jours de tempêtes.

Le passage à terre des îles Baguenères est impraticable au milieu des roches.

PORT GOULPHAR

C'est le meilleur abri de la côte sauvage de Belle Île. Il était autrefois utilisé par les bateaux pilotes. Le site est fort joli avec ses collines verdoyantes et ses ajoncs. L'abri n'est toutefois convenable que par vents modérés d'ouest.

Une route au **51°** sur la haute tour grise du phare de Goulphar conduit sur l'entrée de l'anse où l'on aperçoit le grand bâtiment à toit d'ardoise d'un hôtel sur les hauteurs du rivage dans le fond de l'anse. Les aiguilles de pierre dans l'entrée laissent un passage assez large à l'Est. Quelques barques s'amarrent sur des bouées près de la rive nord sur des fonds à 0,50 m. Une petite cale s'avance au pied de l'hôtel au débouché d'un vallon. On peut mouiller au voisinage sur des fonds d'herbe découvrant entre 1 et 2 m. La houle rentre aisément dans l'anse par vents forts de N.W au S.W.

L'amas des hauts rochers dans l'entrée de la calanque de Goulphar, une faille profonde dans le plateau. Il faut les arrondir prudemment même par mer calme.

Du large, on repère bien l'entrée de la calanque de Goulphar au grand hotel sur les hauteurs dans le fond.

Quelques barques se tiennent sur des va et vient le long de la rive nord.

La haute tour du phare de Goulphar

On comprend en voyant ces remous par mer presque calme que Goulphar n'est pas un abri aisément accessible par mer agitée.

La pointe du Talut qui porte un sémaphore et une grande antenne radio. On voit en premier plan les îles de Domois, les roches de Bornord à la hauteur de l'antenne et en arrière plan l'entrée de l'anse de Kerel.

LA POINTE DU TALUT

Cette croupe massive et élevée porte la tour blanche d'un sémaphore et une haute antenne radio. Attention également aux roches de **Bornord** haute de 10 m qui gisent à plus de 400 m du rivage abrupt. Il faut donner du tour à la pointe du **Talut** de même qu'à l'îlot **Domois** que déborde un gros rocher de 5,80 m toujours découvrant à une centaine de mètres dans l'ouest. La calanque au N. E est impraticable.

CASTEL BORNORD

Sur le flanc nord, une étroite calanque pour 2 ou 3 bateaux où il faut porter une amarre à terre pour ne pas éviter. Les fonds découvrent d'environ 1 m. Une petite grotte creuse le rivage à l'entrée.

L'anse de Kerel assez large et profonde se termine par une belle plage. La maison sur la pointe à droite est un bon point de repère.

Port Herlin (flèche) une étroite plage de sable à l'Est de la pointe de Grand Village. Le rivage est partout élevé et escarpé.

L'île de Bangor (flèche) entre Port Kerel et Port Herlin à l'extrême sud de Belle ile. En cartouche, Le passage étroit et délicat, mais profond des l'îlots de Domois à l'ouest de la pointe du Talut.

Voir carte de situation en p 320

POINTS GPS :

Entrée de Port Kerel
47° 17.75 - 3° 12.04
Tourelle de la Truie
47°19.59 - 3° 06.42
Port Herlin
47° 18.06 - 3° 10.30
Entrée Pouldhon
47.17.35 - 3° 08.40
Sud des roches de Bornor
47°17,56 - 3°13,01

PORT KEREL

C'est un des meilleurs abris de la côte sud de Belle île au N. W de l'îlot de **Bangor** et de la tourelle de **la Truie** qui balise une roche isolée. Le passage à terre de l'îlot est praticable avec une profondeur de 5 m mais il est très étroit et il faut s'y engager prudemment.

L'anse de **Kerel** s'enfonce de 500 m dans le plateau et offre un abri sûr sauf par vent du sud. Les fonds de sable découvrent assez largement et pour rester à flot, il faut se tenir à l'ouvert de l'anse un peu en arrière de l'avancée qui porte une maison isolée. Quelques barques de pêche s'alignent et échouent le long du rivage au N. W sous l'abri des collines.

La maison sur la pointe dans l'entrée de port Kerel, est un excellent point de repère.

Quelques barques se tiennent en lisière de la rive ouest assez fortement escarpée de Port Kerel.

PORT HERLIN

Cette petite baie entre la pointe de Grand Village et la pointe de **Saint Marc**. L'anse offre une zone de mouillage pas trop mal abritée sur des fonds de sable ne dépassant pas 10 m en avant de belles plages de couleur légèrement ocre. La meilleure place se situe à l'ouest de la baie où l'on bénéficie de la protection des hauteurs de **Grand Village.** Mais par vent un peu frais d'ouest, la houle a vite fait de contourner la pointe et d'agiter le mouillage. Partout le rivage élevé et escarpé rend difficiles les débarquements à terre.

La plage dans le fond de l'anse de Port Herlin, un site sauvage.

L'avancée de la pointe Saint Marc, que débordent deux gros rochers, des abords aussi malsains à l'est qu'à l'ouest.

ANSE DE POULDHON

Juste à l'ouest de la pointe du **Pouldhon**, une avancée très déchiquetée, la plus importante de la côte sud de Belle Ile avec la pointe de l'Echelle, la calanque de Pouldhon est en partie masquée par une passe en chicane On piquera sur cette entrée au N.E pour venir mouiller entre deux rives un peu escarpées sur un fond de sable plat. La hauteur d'eau avoisine 1,50 m à mi-marée à égale distance de l'entrée et de la plage de sable qui borde le fond. Le site est totalement désert et l'abri sûr par vent de sud à l'Est. Mais par vent de S.W, l'entrée est impraticable.

La pointe du Poulhon vue du S.E, une avancée du plateau côtier toujours très élevé et bordé de falaises souvent escarpées.

L'entrée de la calanque de Pouldhon sur la gauche de la pointe où la mer déferle fréquemment.

Le fond de la calanque offre un abri sûr, dans un site totalement désert.

Voir carte de situation en p 320

POINTS GPS :

Port en Dro
47° 18.44 - 3° 03.59
Port maria
47° 17.62 - 3° 04.27
Port Blanc
47° 17.39 - 3° 04.31
Pte de l'Echelle
47° 16.60 - 3° 05.54
Bouée des Galéres
47° 18.81 - 3° 02. 70

La pointe de l'Echelle ou de Skeul marque la fin de la côte sauvage au sud de Belle Ile

LA COTE EST DE BELLE ÎLE

Cette côte est plus aisément abordable que la côte sud et ouest exposée à la houle du large. Elles offrent les meilleurs mouillages sauvages de l'île.

La pointe de l'**Echelle** ou de **Er Squele** forme un gros chaos de roches dont les abords ne sont pas francs. Elle marque la fin de la côte sud sauvage au sud de Belle Ile. A l'est, le rivage devient nettement moins inhospitalier. **Port Loscah** est difficile à localiser et trop petit pour abriter un bateau tandis que près de l'îlot de **Bourich** la crique est fermée par un étranglement de roches.

PORT BLANC

Juste au pied de la pointe d'**Arzic** qui porte à mi-hauteur une maison, le creux du rivage est ourlé d'une belle plage. Le mouillage est abrité par vent de N. W au S.W. Des bouées blanches de mouillage sont installées sur deux rangs.

L'anse de Port blanc au nord de la pointe d'Arzic où les bateaux mouillent sur une ligne de corps morts sous l'abri des hauteurs de l'île.

La pointe d'Arzic forme un massif promontoir qui protège une belle plage de sable.

PORT MARIA

Entre les pointes d'**Arzic** et de **Kerzo**, cet abri dans une faille étroite et profonde du plateau de Belle Île, était autrefois fréquenté par les pêcheurs. Un muret protégeait quelques barques mais les fonds se sont ensablés. On peut échouer dans le milieu de la calanque par 2 m sur des fonds de sable ou rester à flot dans l'entrée à l'abri des vents dominants d'ouest. La seule petite maison dans ce site désert très tranquille, à mi-pente, n'est pas visible de l'extérieur de la calanque. Un petit épi en enrochements protège quelques m2 de sable.

A l'Est de Belle Ile, le rivage reste toujours escarpé et rocheux.

le mouillage de Port Maria se cache dans une faille étroite difficile à repérer de loin.

Un petit abri aménagé autrefois pour les canots de pêche. La maison est un bon point de repère.

PORT AN DRO

Au sud de la pointe de **Kerdonis**, une croupe élevée, arrondie, mais bordée d'un rivage assez escarpé, inabordable, Port An Dro est une petite plage au débouché d'un vallon bordé par un mur. Un fortin se dissimule dans la verdure. On peut mouiller par 3 à 4 m en avant de la plage à l'abri des vents de Nord au S.W. Le feu est en retrait de la pointe.

La croupe de la pointe de Kerdonis avec la maison du phare. A gauche, le mouillage devant la plage de Port an Dro.

Voir carte de situation en p 320

Plans des principaux mouillages de Belle île

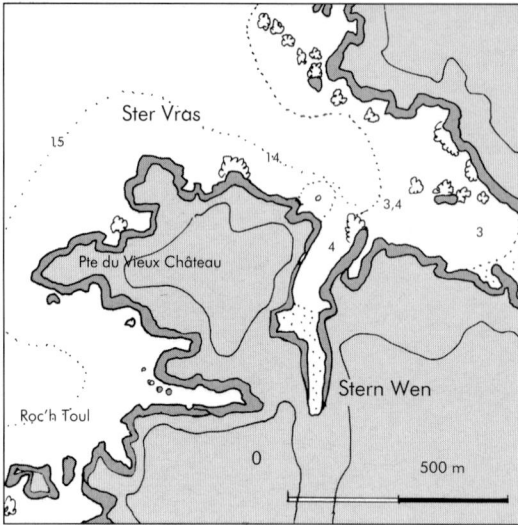

Ster Vras
1,5
1,4
3,4
3
Pte du Vieux Château
4
Stern Wen
Roc'h Toul
0
500 m

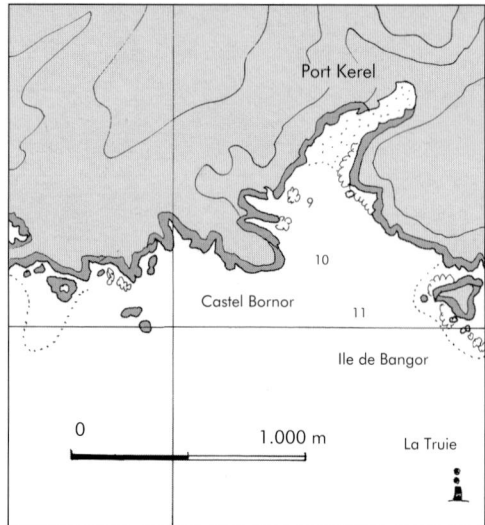

Port Kerel
9
10
Castel Bornor
11
Ile de Bangor
0   1.000 m
La Truie

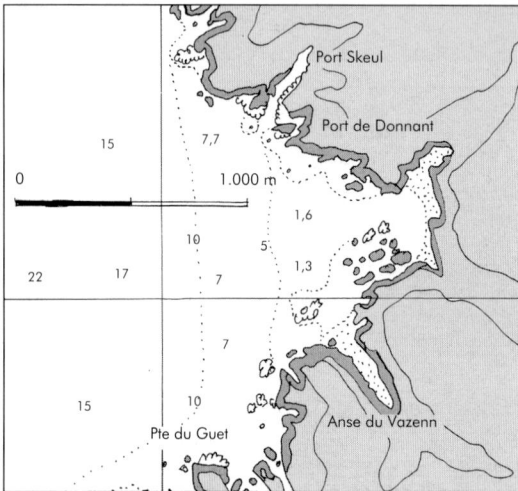

Port Skeul
7,7
Port de Donnant
15
0   1.000 m
1,6
10
5
1,3
22   17   7
7
15   10
Pte du Guet
Anse du Vazenn

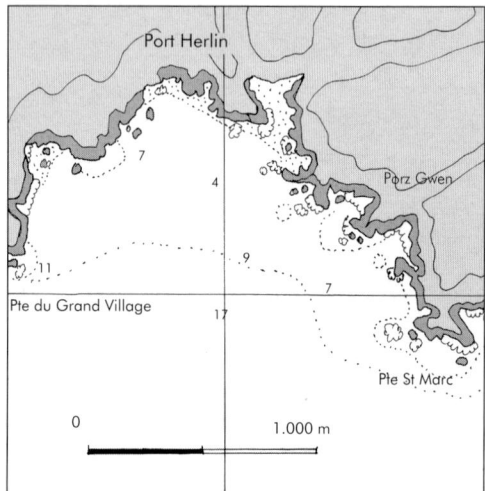

Port Herlin
7
4
Porz Gwen
11
9
7
Pte du Grand Village
17
Pte St Marc

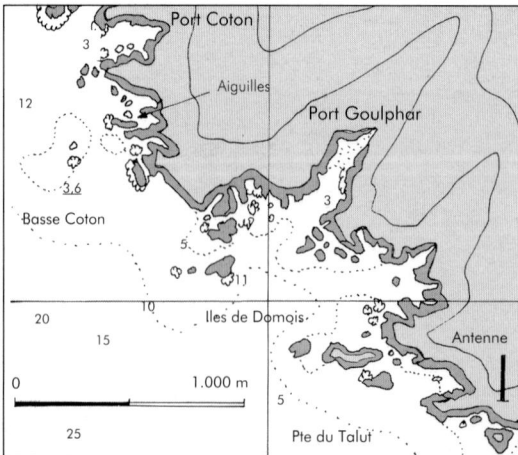

Port Coton
3
Aiguilles
12
Port Goulphar
3,6
3
Basse Coton
5
11
20   10   Iles de Domois
15
Antenne
0   1.000 m
5
25   Pte du Talut

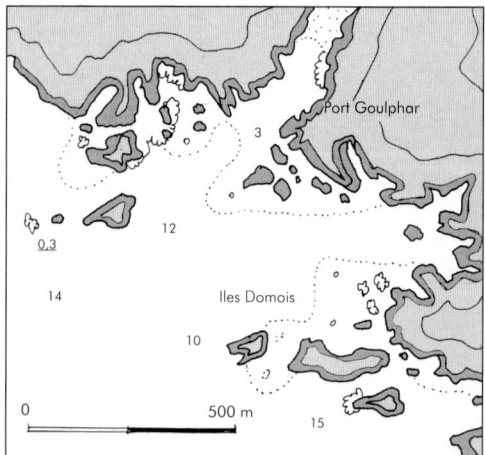

Port Goulphar
3
0,3   12
14
Iles Domois
10
0   500 m
15

LA COTE N.E DE BELLE-ILE

A l'Est du port du Palais, la côte nord de Belle-île est assez relevée mais peu escarpée et coupée par quelques belles plages de sable devant lesquelles on peut mouiller bien à l'abri des vents dominants d'ouest afin d'attendre le moment favorable pour franchir le passage de la Teignouse.

Aucune roche n'est à redouter en se tenant à une cinquantaine de mètres des plages.

PORZ GUEN

A 1 000 m au sud de la pointe de **Ramonette**, le rivage dessine un creux près d'une ancienne poudrière. On peut y mouiller par 1 à 2 m bien à l'abri des tous les vents sauf de ceux de Nord à l'Est.

PORT YOC'H

Ce mouillage se situe entre le **Gros Rocher** que surmontent des fortifications et dont le passage à terre est praticable qu'à la pleine mer et la tourelle de la **Truie** qui balise un éperon rocheux découvrant de 1,20 m. Les fonds sont d'une bonne tenue. en avant de la plage.

Le passage à terre de l'îlot du Gros Rocher que surmonte un fortin n'est guère praticable.

LES GRANDS SABLES

A l'Est de la pointe de **Bugull**, cette longue plage est réservée à la baignade et il ne faut pas franchir la ligne des bouées jaunes mais on peut mouiller par 1 à 2 m à l'extrémité ouest sous la protection de la pointe de Bugull. Même par vent d'ouest, le plan d'eau reste calme. D'anciennes fortifications bordent tout le rivage bas que longe une route.

Le rivage assez escarpé est coupé de belles petites plages à l'Est du Palais.

LE PASSAGE DE ER TOUL BRAS

C'est un bon raccourci lorsque la mer est calme, pour rejoindre Port Haliguen en baie de Quiberon depuis Port Haliguen au travers de la chaussée de roches qui prolonge la pointe extrême S. E de Quiberon. On profite en venant de l'ouest, de la renverse du courant de jusant en avance de 1 h 30 sur le passage de la Teignouse.

Le passage de Er Toul Braz entre les deux îlots les plus éloignés de la pointe S.E de Quiberon.

Deux petites pyramides blanchies donnent l'alignement à 40° qui vient couper celui à 93°.

Le passage est plus commode à emprunter pour la première fois en venant de la baie de Quiberon car la lisière des roches est plus accore et l'entrée facile à localiser. On fera route vers la pointe S.E. de Quiberon que prolonge l'île de **Conguel**, jusqu'à repérer deux perches à voyant Est, dans l'ouest du petit îlot de **Er Toul Braz**. Une route au **163°** les laisse sur tribord et l'on prend ensuite derrière soi l'alignement à **40°** de deux petites pyramides blanches sur le haut de l'îlot. Un alignement qui fait passer à petite distance au sud de la perche sud de **Roc ar Vy**. On restera sur cet alignement à 40° jusqu'à voir le phare de la Teignouse dans l'Est et l'on se dirigera vers l'ouest en passant un peu au nord de la tourelle des **Trois** Pierres. Plus à l'ouest de la tourelle, les fonds sont dégagés.

Venant de l'Est par le Passage de la Teignouse, on peut par mer calme, éviter d'arrondir par le sud la chaussée en se plaçant sur l'alignement à **310°** du clocher de **Port Maria** par la perche du **Tonneau**. On vient ainsi couper l'alignement à **93°** sur lequel on s'éloigne vers l'ouest . On peut encore citer une petite variante : l'alignement à **318°** du clocher de Port Maria un peu à droite de la tourelle des **Trois Pierres**.

Il est possible de doubler la pointe de Conguel (en haut) à l'extrémité S.E de Quiberon par l'étroit passage à terre de l'îlot de Er Toul Bihan que prolonge un banc de sable.
En cartouche les 2 perches qui délimitent les roches à l'ouest du passage de Er Toul Braz.

En venant de l'ouest, il est recommandé de se placer exactement sur l'alignement à **93°** du phare de la Teignouse par la tourelle des **Trois Pierres** qui vient couper l'alignement à **40°**.

On notera que sur l'alignement à 40° à hauteur de la perche sud de Roc ar Vy, en la plaçant légèrement à gauche de la perche Est la plus au nord, on peut se diriger au **170°** directement sur la passe de la Teignouse en laissant dans l'ouest à petite distance la tourelle sud de **Er Pondeu**.

Les courants dans le passage de Er Toul Braz peuvent atteindre 4 noeuds et forment des trains de vagues assez creuses. Le flot débute 45 minutes avant la basse mer de Port Louis et disparaît 1h30 avant la P.M. L'étale ne dépasse pas 15 minutes. Dans le chenal des Trois Pierres, le flot qui porte à l'Est se manifeste de 45 minutes avant la basse mer à 1h 30 avant la pleine mer de Port Louis en V.E. Le jusant suit 15 minutes après et dure jusqu'à une heure avant la basse mer. L'état de la mer peut être très différent entre la Teignouse et la baie de Quiberon.

La tourelle des Trois Pierres en alignement avec le phare de la Teignouse donne l'alignement à 93°. On double la tourelle au nord.

Dès que la mer est un peu agitée, les vagues brisent avec violence sur la tourelle sud du Four.

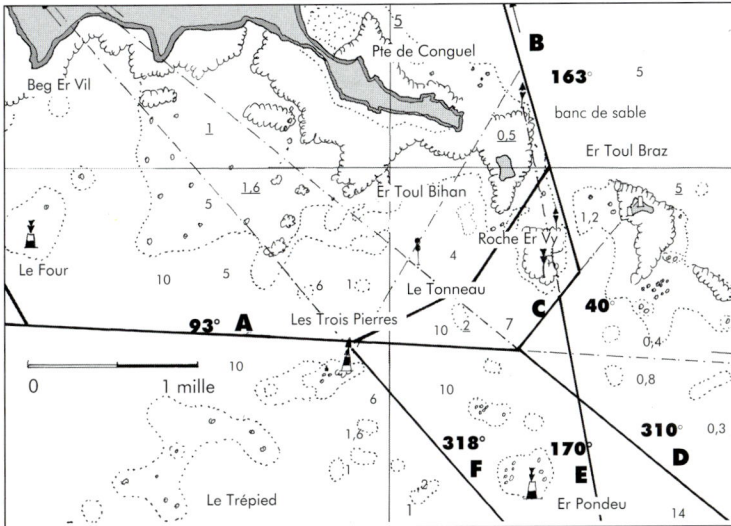

A : Le phare de la Teignouse à gauche des Trois Pierres à 93°
B : Chenal de Er Toul Braz au 163° à l'Est et parallèle aux deux perches Est.
C : Alignement à 40° des deux petites pyramides sur l'îlot.
D : Le clocher de Port Maria par la perche du Tonneau à 310°.
E : La seconde perche Est à droite de la perche sud de la roche Vy.
F : Le clocher de Port Maria à droite des Trois Pierres à 318°.

Depuis la tourelle des **Trois Pierres**, on peut mettre le cap sur la tourelle sud du **Four** pour rejoindre **Port Maria** en se plaçant, arrivé à la hauteur de la bouée de **An Tréac'h**, sur l'alignement à **6°30** des deux tourelles en bord de plage.

LE PASSAGE DE ER TOUL BIHAN

C'est la route la plus courte pour arrondir la pointe S.E. de Quiberon, mais qui assèche à basse mer.
L'approche de la pointe de **Conguel** se fait comme pour le passage de Er Toul Braz, mais si la hauteur d'eau le permet, le seuil découvrant de 0,50 m, on pique directement sur la tourelle nord des **Trois Pierres** lorsque, entre la pointe de **Conguel** et l'îlot de **Er Toul Bihan**, on aperçoit cette tourelle légèrement à droite de la perche à sphère du **Tonneau** qui doit être laissée de près à l'Est. Avec un tirant d'eau réduit, ce passage est presque toujours praticable, mais il faut prendre garde au banc de sable qui prolonge vers le nord la perche Est de l'îlot de Er Toull Bihan.
Lorsque le passage de Er Toul Bras est franchi, on se trouve bien à l'abri dans la baie de Quiberon. On poursuit la navigation avec le Pilote Côtier n° 5 B. Quiberon - La Rochelle.

POINTS GPS :
Entrée nord de Er Toul Bras
1 ere perche Est.
47° 27.092 - 3° 04.26e
Tonneau :
47°27,835 - 3°04831
Er Pondeu :
47°27.200 - 3° 04.370
Les Trois Pierres :
47°27,515 - 3°05,140
Le Four :
47° 27.840 - 3° 06.470

LE CHENAL DES ESCLASSIERS

Ce passage est la route la plus courte entre le Palais et la baie de Quiberon, mais il doit être emprunté avec grande précaution dès que la mer est un peu agitée.

Les îlots de Glazik et de Valhuec sur le plateau des Esclassiers, sont une réserve d'oiseaux de mer mais on imagine mal les débarquements dans ce chaos de roches battues par la houle.

À 2 milles dans le sud du phare de la Teignouse, deux tourelles balisent les hauts fonds des **Esclassiers**, où même par temps calme, la mer déferle violemment. Ces tourelles Est et Ouest ne sont séparées des plus gros îlots de la **chaussée du Béniguet** un vaste semis de roches, que par l'étroit chenal des **Esclassiers** praticable à toute heure de marée.

Le chenal passe à 200 m dans l'Est de la tourelle. Au loin, la tourelle ouest des Esclassiers.

POINTS GPS :

Le Rouleau :
47°23,72 - 3°00,22

Esclassiers Ouest :
47° 25.75. - 3° 02.96.

Esclassiers Est :
47° 25.60 - 3° 02.37

Laissant, en suivant un cap au S.W., la tourelle Est légèrement conique à environ 200 m sur tribord, on pare tous les dangers, de même qu'en laissant sur bâbord sur une même route la tourelle ouest à une centaine de mètres, toutes les roches étant couvertes d'au moins 5 m d'eau. En revanche, il serait dramatique d'imaginer que les deux tourelles encadrent la passe navigable. Partout les roches affleurent et la mer y brise dangereusement. Le plateau des Esclassiers est formé de petits îlots assez relevés sur la mer mais les débarquements y sont dangereux car une houle presque permanente déferle sur les rochers. Ces îlots sauvages classés parcs naturels, sont le domaine des oiseaux de mer. Les débarquements sont interdits du 15 avril au 31 août.

Par mer bien calme, il est possible de mouiller pendant quelques heures entre les îlots du plateau des Esclassiers. Le site est très sauvage. Il faut naturellement avancer avec la plus grande prudence car de nombreuses roches affleurent. Par mer agitée le plateau doit être en revanche contourné à bonne distance car plusieurs roches pointent isolées à plus de 30 m en lisière.

Les **courants** dans ce chenal des Esclassiers qui est praticable uniquement par mer peu agitée et de jour, sont sensiblement les mêmes que dans la Teignouse, 3 nœuds en vives eaux et 1,5 nœud en mortes eaux, le flot portant au N. E et le jusant au S. W. La renverse se situe 15 minutes après les pleines et basses mers de Port Louis. La mer brise le plus dangereusement au jusant par vent d'ouest.

De nuit : Le passage, faute d'un balisage lumineux, est impraticable.

Les deux tourelles délimitent le plateau rocheux des Esclassiers . Il serait dramatique de penser qu'elles encadrent la passe navigable.

La tourelle ouest des Esclassiers proche du passage de la Teignouse, est plantée sur un banc de roches un peu isolé où la mer déferle vite.

LE PASSAGE DU BENIGUET

Ce passage du Béniguet permet en venant de Belle Ile de rejoindre la baie de Quiberon sans en emprunter le passage de la Teignouse. Un bon raccourci si des vents frais ne soufflent pas du N.W au N.E. au flot.

POINTS GPS :
Grand Coin :
47°24,50 - 3°00,18
Bonnenn Braz :
47°24,32 - 2°59,832

Le passage, large de 500 m et profond d'une trentaine de mètres, est parfaitement délimité par la tourelle Est du **Grand Coin** et la tourelle ouest de **Bonnenn Braz** qui se détachent nettement sur les îlots. À 0,7 mille au sud, la tourelle ouest du **Rouleau**, sur un petit îlot, balise la limite extrême ouest des dangers de l'île de Houat. Le passage à terre en serrant la tourelle ouest à 30 m en direction du N.N.E est praticable à toute heure de marée. On peut venir s'abriter par vent d'Est, dans l'anse sauvage de **Treac'h er Béniguet** en avant d'une belle plage de sable. Un mouillage bien abrité d'une grande beauté où aucune tête de roche entre les deux îlots de **Guric** et de **Seniz** ne gêne l'accès par l'ouest.

La tourelle du grand Coin sur un banc de roches en lisière ouest du passage du Béniguet.

La tourelle de Bonnenn Braz délimite les hauts fonds au N.W de Houat. On s'engage entre le Grand Coin et Bonnenn Braz.

Les **courants** paraissent d'autant plus forts que le passage du Béniguet est étroit. Ils atteignent 3 nœuds en vives eaux, le courant de **jusant** portant au S.S.W. tandis que le courant de **flot** s'engouffre en direction du N.E. De 2 h avant à 5 h après la P.M un courant traversier est assez sensible dans la passe.

La tourelle du Rouleau dont le passage à terre est praticable en se rapprochant de l'îlot

En arrondissant la tourelle de **Men Er Broc**, on laisse à distance la pointe N.W. de l'île de Houat qui présente un magnifique et impressionnant chaos de roches sombres déchiquetées, édentées par la mer.

Par gros temps, la mer peut briser avec une violence lorsque les vents de N.E au S.W s'opposent aux courants. Le passage du Béniguet peut alors devenir dangereux.

De nuit : le passage plongé dans l'obscurité est totalement impraticable.

Au nord de la passe du Béniguet, on se trouve en baie de Quiberon tout proche du port de l'île de Houat. Voir Pilote Côtier n° 5 B.

La tourelle du Rouleau balise l'extrémité des hauts fonds très accores dans l'ouest de Houat

L'île Guric et les roches à la pointe de Beg ar Vachif que surmonte un fortin en lisière Est du passage du Béniguet.

Liste alphabétique des ports et mouillages

Gravure numérique PICTOCOM 78400 Chatou
Imprimé par Lesaffre à Tournai Belgique
- Dépôt légal 2^{éme} trimestre 1999